Noche y Niebla en los campos nazis

MÓNICA G. ÁLVAREZ

NOCHE Y NIEBLA EN LOS CAMPOS NAZIS

Historias heroicas de españolas que sobrevivieron al horror

ESPASA

Obra editada en colaboración con Editorial Planeta – España

Bajo el sello editorial ESPASA M.R.
Avenida Presidente Masarik núm. 111,
Piso 2, Polanco V Sección, Miguel Hidalgo
C.P. 11560, Ciudad de México
www.planetadelibros.com.mx

Iconografía: Grupo Planeta

Primera edición impresa en España: mayo de 2021
ISBN: 978-84-670-6250-2

Primera edición impresa en México: marzo de 2023
ISBN: 978-607-07-9738-5

Impreso en los talleres de Impresora Tauro, S.A. de C.V.
Av. Año de Juárez 343, colonia Granjas San Antonio, Ciudad de México
Impreso en México - *Printed in Mexico*

Yo les dije que éramos como los demás:
que teníamos manos, cara y ojos. Que no éramos animales.
Pero ya no éramos personas.
Ya no éramos nadie.

ANNETTE CABELLI, superviviente de Auschwitz

Índice

Vivir en el infierno

«Dante ha descrito el infierno, pero no ha conocido Ravensbrück, ni Mauthausen, ni Auschwitz, ni Buchenwald. ¡Dante no podía ni imaginar el infierno! Yo tengo una película en la cabeza en blanco y negro, tal como era todo, porque allí no había colores».

Durante toda mi visita a este complejo concentracionario nazi en la localidad prusiana de Fürstenberg/Havel, a noventa kilómetros de Berlín, tuve muy presentes estas palabras de Neus Català, deportada española en el campo de concentración de Ravensbrück. Pese a que llevaba casi una década dedicada a la investigación del Holocausto y que durante ese tiempo me había empapado de centenares de libros, dosieres, conferencias, entrevistas, imágenes, documentales y películas, nunca había sido capaz de poner un pie en un campo de concentración. Sin embargo, en enero de 2020, decidí que era hora de enfrentarme a los recuerdos que aún se conservan de aquella barbarie y que tenía que ponerme en la piel de las protagonistas de *Noche y Niebla en los campos nazis*.

Tal y como hicieron estas prisioneras en su momento, caminé por un sendero a través del bosque cubierto de tilos que lleva directo al recinto y observé una especie de zona residencial compuesta por varias casas unifamiliares y adosados con jardín.

En esta colonia vivían los trabajadores de las SS en Ravensbrück.

A medida que me aproximaba, solo veía un paraje casi idílico con el lago Schwedt al fondo. Sin embargo, al llegar al final del camino, una imponente entrada me dio el alto: era la puerta del infierno. Porque no hay otro término posible para describir esa primera impresión al traspasar las puertas de Ravensbrück.

Durante horas, paseé por la gran explanada fortificada y que, de 1939 a 1945, estuvo distribuida de la siguiente forma: en medio del campo se encontraba la plaza central donde se realizaban los interminables e insoportables *Appells* para hacer los pases de revista, seleccionar y separar a quienes morían de aquellas que vivían. Mientras que al primer grupo lo llevaban directamente a la cámara de gas y al crematorio, el segundo era asignado a diferentes *Kommandos* de trabajo, donde debían realizar distintas tareas en condiciones de esclavitud. Alrededor del *Appellplatz,* los nazis levantaron decenas de barracones para albergar a las prisioneras, que vivían hacinadas en condiciones infrahumanas de hambre, enfermedad y tortura. Además de las barracas, había una enfermería donde, más que labores para sanar a las presas, se efectuaban experimentos médicos; un «bloque penal» a modo de prisión, un edificio de celdas que las presas denominaban búnker de castigo, la sala del crematorio y la cámara de gas.

Cada vez que un convoy llegaba a Ravensbrück, las deportadas sufrían la violencia de los SS y de las guardianas nazis ataviados con látigos, pistolas y perros. A partir de ese momento, iniciaban el ritual de la deshumanización despojándolas de sus ropas y de su identidad. Para los nazis, las mujeres dejaban de ser personas y se convertían en números de identificación que se agrupaban por barracones, según su condición de prisioneras: judías, gitanas, homosexuales, testigos de Jehová, delincuentes comunes, presas políticas…

Uno de los estatus más temidos por todos los prisioneros, tanto hombres como mujeres, y que da nombre a este libro, fue el de *Nacht und Nebel* (NN). Los *Noche y Niebla*, además de estar privados de libertad, tenían prohibida cualquier comunicación con el exterior, vivían en precarias condiciones que dificultaban mucho su supervivencia y, por tanto, estaban condenados, literalmente, a desaparecer. Es decir, su destino final era la cámara de gas. Algunas de nuestras protagonistas fueron calificadas como NN, pero tuvieron la suerte de sobrevivir.

Transcurrido un tiempo en el infierno, la mayoría de mujeres eran trasladadas a otros campos y *Kommandos* de Alemania, Polonia o Austria, como Saarbrücken, HASAG-Leipzig, Mauthausen o Bergen-Belsen. Solo una de todas las historias que aquí se narran no comienza en Ravensbrück, sino en Auschwitz. Si bien todos los testimonios son espeluznantes, quizá ese sea, a mi juicio, el más terrible, pues la protagonista de tal infernal odisea era una niña de catorce años en aquel momento.

Entre las 132.000 mujeres capturadas de cuarenta países que padecieron humillaciones y atrocidades a lo largo de su estancia en el campo de concentración de Ravensbrück, se encontraba un grupo de cuatrocientas españolas que llegaron al recinto alzando su puño en busca de libertad. Fueron capturadas por sus ideales comunistas tras luchar contra el fascismo y huir principalmente a Francia y Rusia para participar en la Resistencia como miembros destacados. Su función fue fundamental para que los camaradas masculinos pudieran operar sin ser descubiertos. Las resistentes, camufladas bajo otras identidades y más expuestas a ser detectadas, hicieron de enlace y de correo distribuyendo información y propaganda antifascista, dotando de armas y de escondite a los miembros de la red, controlando los pasos de montaña, alertando de la presencia de patrullas policiales, suministrando toda clase de cuidados sanitarios cuando se requería y aportando sus conocimientos como taquígrafas y dactilógrafas. Para su lucha no hizo falta empuñar un arma, pero sí saber combinar una vida cotidiana que les permitiera pasar desapercibidas con la complejidad de trabajar para la Resistencia.

Una vez detenidas, lo único que empujó a estas integrantes femeninas a sobrevivir fue su creencia acérrima en la democracia, en la justicia social y, sobre todo, en la igualdad. Lejos de amilanarse ante las torturas sufridas a manos de los nazis se rebelaron para luchar contra la opresión y el totalitarismo y, una vez libres, la mayoría dedicó gran parte de su vida a levantar la voz para que nadie olvidase la tragedia del Holocausto. Su voz fue y sigue siendo un ejemplo de heroicidad.

OLVIDO FANJUL CAMÍN

El silencio de la gijonesa

Yo sabía que había estado en un campo de concentración, pero jamás pasó por mi mente una historia como la que descubrimos luego. Jamás. Y la pobre se murió llevándoselo al otro mundo.

ELOÍNA BLANCO FANJUL, hija de Olvido

Los veranos en el Bois du Commandeur, una zona boscosa con áreas de descanso y picnic en la población francesa de Ibos, estaban llenos de alborozo y diversión. La familia Blanco-Fanjul, compuesta por Olvido, Gerardo y sus tres hijos, acudía a este paraje idílico para reunirse con otros deportados españoles y disfrutar de unas horas de asueto alejados de la ciudad.

Allí, bajo los árboles, extendían mesas con platos típicos de la patria (empanadas, tortillas, frisuelos, caracoles…), decoraban las ramas con farolillos y banderitas de España y de Asturias, y daban comienzo a una gran celebración en la que no faltaban las bromas, los bailes y la música. Un año, incluso, llegaron a participar en una carroza artistas como Gloria Lasso con su canción *Venus,* o Luis Mariano con *Violetas imperiales,* para animar la fiesta. En aquellas celebraciones, entre fuegos artificiales y algarabía, Olvido no dejaba de reír, contar chistes, cantar y bailar. «Le encantaba. Se lo pasaba muy bien», asegura Eloína, su primogénita[1].

Aquel bosque, en el que su marido llegó a hacer una fuente en honor a los deportados, sería un lugar imborrable para Olvido, porque allí fue realmente «feliz». «Mis mejores años fueron en Rusia y en Francia», contaba Olvido a su hija, quien dice que en España su madre vivió «la peor época de su vida» tras su salida de los campos de concentración, porque le faltaron «ayudas, comprensión, calor…».

Vida en La Calzada

De raíces asturianas, Olvido Fanjul Camín nació el 28 de septiembre de 1910 en el barrio gijonés de Tremañes, aunque poco después de su nacimiento los padres, junto con sus cincos hijos, se mudaron al vecindario obrero de La Calzada, donde la fábrica textil de La Algodonera de Gijón había construido viviendas para sus trabajadores en la carretera de Avilés[2]. «En las casas vivían los maestros [de hilados]; era una industria paternalista. Te daban casa, luz, agua, huerta, corrales y hasta carbón. Se vivía bien», explicaba Armando Paesa, una de las personas que de niño vivió en estos pisos[3].

La rutina del día a día estaba marcada por la industria del barrio, por las sirenas de sus fábricas y con La Algodonera como pieza fundamental para las familias que se mudaban a La Calzada buscando un porvenir mejor. Esta zona oeste de Gijón albergaba al 80 % de la industria de toda la urbe[4], y la citada empresa, fundada en 1899, se convirtió en un referente nacional del empleo femenino y de la lucha por los derechos de las mujeres. Junto a las cigarreras, protagonistas de la primera huelga de trabajadoras en Asturias en 1903, las tejedoras, bobineras y urdidoras de La Algodonera no se achicaron y levantaron el puño para pedir una mejora salarial. «El trabajo de las mujeres fue fundamental» y su ejemplo fue puesto en valor por el rey Alfonso XIII y por miembros de la República española[5].

Fue aquí donde Olvido, con apenas catorce años, se inició en el mundo laboral y descubrió el sindicato de la CNT (Confederación Nacional del Trabajo), al que se afilió casi inmediatamente. A partir de 1933, impulsada por Dolores Ibárruri,

«La Pasionaria», también militó en la Agrupación de Mujeres Antifascistas (AMA), una entidad de carácter feminista y unitaria creada por el Partido Comunista español, que, tras la Guerra Civil española, sería un movimiento crucial para asistir a los combatientes republicanos en los frentes de batalla[6]. Por otra parte, la joven colaboró con el Socorro Rojo Internacional (SRI), se formó en enfermería y cooperó con el Hospitalillo del Natahoyo como auxiliar sanitario. Su incursión en dicho sector se debió, según explica su hija Eloína, a su afán de ayudar a las mujeres con escasos recursos económicos que, tras dar a luz, se encontraban prácticamente en la miseria.

«Los niños de Rusia»

En abril de 1937, las tropas franquistas comenzaron su ofensiva en el norte de España con el histórico bombardeo de Guernica, también denominado Operación Rügen. El ataque aéreo, realizado el 26 de abril por la Legión Cóndor alemana y la Aviación Legionaria italiana (ambas combatían a favor del bando nacional) sobre la población civil de este municipio vasco, terminó con más de un centenar de personas fallecidas[7]. A partir de entonces, el bando sublevado contra el Gobierno de la Segunda República fue tomando posiciones y apoderándose de las ciudades más importantes del norte español. La ofensiva de Asturias y la caída de Gijón propiciaron el dominio franquista de esta ciudad republicana en septiembre de ese mismo año, así como la huida de muchos de sus ciudadanos.

Tras los últimos bombardeos, Olvido se planteó poner tierra de por medio y, finalmente, animada por sus cuatro hermanos, el 23 de septiembre de 1937 se embarcó en el carguero francés Dairiguerrme en una expedición con 1.100 niños —los llamados «niños de Rusia» o «niños de la guerra»— y decenas de profesores y educadores con destino a Leningrado [actual San Petersburgo], en la Unión Soviética. El barco zarpó del puerto gijonés de El Musel hacia Saint Nazaire (Francia), donde los pasajeros tuvieron que hacer transbordo al trasatlántico Kooperasia, que navegó rumbo a Londres. Desde allí, días más tarde, se embarcaron en el buque Félix Dzerznsky, que finalmente los transportó a la ciudad rusa.

La travesía de casi dos semanas hasta Leningrado fue «terrorífica porque los pequeños, con edades entre los dos y los cinco años, no paraban de llorar y de llamar a sus padres», explica Eloína. Tan pronto como atracaron, Olvido y un grupo de esos niños fueron destinados a Pushkin, ciudad a veinticinco kilómetros al sur de la actual San Petersburgo, donde se alojaron en las denominadas «Casas de Niños españoles».

La asturiana trabajó como cuidadora y educadora de los pequeños. Su labor consistía en «ayudarlos a vestirse, a comer o a calzarse, a que salieran en fila, pero no les dio clases», recalca su primogénita, quien añade que aquellos años en Pushkin fueron los más felices de la vida de su madre.

> Mamá siempre nos habló maravillas de Rusia porque sus recuerdos, su felicidad, estuvo allí. Por eso, para nosotros, Rusia es como Francia: un referente. Adoramos el país, incluso con todos los problemas que puede haber, como los puede haber en cualquier país[8].

Sin noticias de Dimitri

La española encontró su felicidad no solo en el trabajo, porque «adoraba a los pequeños», sino también en su vida privada. Olvido se enamoró de Dimitri, un comandante de aviación ruso originario de Leningrado con el que mantuvo un romance y se casó. Justo cuando Olvido se quedó embarazada, en verano de

1941, Hitler activó la Operación Barbarroja* y su marido fue movilizado para incorporarse a filas. «Creemos que fue hecho prisionero porque nunca más supo de él», relata Eloína. Esta invasión se saldó con el «sitio de Leningrado», tras el cual los soviéticos respondieron con una intrincada defensa de la ciudad mediante la construcción de redes que camuflaban edificaciones históricas. El asedio duró 900 días, entre septiembre de 1941 y enero de 1944, y afectó a tres millones de habitantes. «La intención era no ocupar el territorio y dejar que los habitantes se muriesen de hambre. Cuando ya no quedaban ni ratas para comer, muchos empezaron a cocer sus propios cinturones», cuenta Manuel Blanco, el segundo hijo de Olvido[9]. Los datos extraoficiales indican que hubo 1.200.000 ciudadanos muertos[10].

Tan pronto como se desencadenaron los acontecimientos en Leningrado, se decidió evacuar a los niños a zonas más seguras del territorio. Sin embargo, Olvido decidió quedarse. Por un lado, pensó que los nazis no alcanzarían Pushkin y que estaría a salvo, y por el otro, según cree la familia, «se quedó esperando por si volvía su marido y tenía noticias de él»[11]. Sin embargo, durante la espera fue detenida.

Una amiga de Olvido, la asturiana Águeda Ruiz Toribio, quien durante años la creyó muerta, relató cómo se produjeron los instantes previos a su arresto:

> Al declararse la guerra en Europa, los niños fueron evacuados y nosotras nos quedamos. Olvido Fanjul vino a visitarnos a Leningrado un poco antes de que las tropas alemanas tomaran Pushkin. Yo le aconsejé que se quedara con nosotras, pero ella nos dijo que iba a buscar algo de ropa y algunos objetos más…[12].

---

* La invasión a la Unión Soviética por parte de las Fuerzas del Eje durante la Segunda Guerra Mundial.

Entre las hipótesis que se barajan en torno a la detención de Olvido, hay una que apunta a que fue la 250ª División de la *Wehrmacht**, la conocida División Azul**, la encargada de asaltar la «Casa de Niños» de Pushkin, donde se encontraba Olvido.

> Me llevaron a la cárcel en Tallin (Estonia) en febrero de 1942. Nos hacían trabajar en los talleres de costura. En esa cárcel me visitó el general Muñoz Grandes*** y otros más cuyos nombres no recuerdo bien[13].

Durante el año que permaneció entre rejas, Olvido dio a luz a un niño, al que llamó Dimitri, como el padre de la criatura, pero, pese a sus súplicas y ruegos, a los tres meses «se lo quitaron y le dijeron que era para el servicio de Hitler****. Y tal como le pasó con su marido, tampoco volvió a ver a su bebé. No sabemos si lo mataron o no. Los pocos datos que hay al respecto nos hacen creer que sí, aunque pudo haber sido adoptado por algún matrimonio alemán que no podía tener hijos», narra Eloína, cuya mayor ilusión sería que su hermano viviese y poder conocerlo.

---

* Nombre que recibieron las fuerzas armadas unificadas de la Alemania nazi desde 1935 a 1945.

** Unidad de voluntarios españoles que formó una división de infantería para luchar contra la Unión Soviética durante la Segunda Guerra Mundial.

*** Agustín Muñoz Grandes fue el jefe de la División Azul durante la Segunda Guerra Mundial y vicepresidente del Gobierno de Franco de 1962 a 1967.

**** El secuestro de niños extranjeros durante la Alemania nazi formaba parte del *Generalplan Ost (GPO)* o Plan General del Este (plan secreto de genocidio y limpieza étnica realizado por los nazis en los territorios ocupados en la Europa del Este) para trasladar a niños considerados «arios» del resto de Europa a la Alemania nazi con el objetivo de adoctrinarlos para que se convirtieran en alemanes oficiales. Este proceso comenzó en Polonia y Francia y se extendió a Europa del Este, donde se calcula que unos 20.000 niños fueron secuestrados de la Unión Soviética.

La primera presa

Olvido Fanjul es uno de los pocos casos de españoles deportados desde la Unión Soviética a los campos de concentración alemanes. De hecho, en los listados figuraba como prisionera rusa y no como española, de ahí la confusión y pérdida de datos biográficos durante estos años[14].

El 26 de marzo de 1943, los nazis sacaron a Olvido de la cárcel de Tallin para trasladarla al campo de Ravensbrück, también conocido como «Puente de los Cuervos», a unos noventa kilómetros al norte de Berlín, convirtiéndose así en la primera de las cuatrocientas mujeres españolas que enviaron a estas instalaciones. Además, fue una de las últimas en abandonarlo[15]. Mientras la mayoría de estas presas llegaron a los campos por ser antifascistas o miembros de la Resistencia (tanto en España como en Francia), ella lo hizo como prisionera soviética, por lo que se le asignó un lugar en el barracón de las rusas, además del número de matrícula 18217. La prisionera checa Hanka Houskova escribió acerca de la llegada de Olvido al campo en una carta enviada a la asturiana en 1987:

> Mi querida pequeña Olvi, Olvido, pajarito mojado de rocío:
>
> Ya ves, así sigo viéndote: pequeña, asustada, perpleja y gris como un pajarito mojado, parada en la *straibstube** del «revir» cuando anotábamos tu amnesia. Las dos polacas de al lado, Pela y Tusa, no sabían qué hacer contigo y siempre cuando no sabían comunicarse se dirigían a mí: y yo te hablaba probando con paciencia todos los idiomas que conocía un poco para saber informaciones básicas sobre ti, necesarias para apuntarlas en ese documento. Porque los alemanes eran (y son) sólidos y, antes

* Ambas palabras aparecen así escritas en la carta de la prisionera checa y también así fue publicado.

de extenuar y liquidar a muerte necesitan saber cómo y dónde nació y si tuvo sarampión a la edad de un año o dos. Por fin me di cuenta de que eras española. Fuiste el primer prisionero de aquella hermosa nación, para nosotras tan famosa por la guerra española en que participaron tantos de nuestros chicos, y sobre la que cantábamos «Yo quiero tanto el país español...» y que venías de Estonia, no con el grupo soviético, sino con otro, mezclado, con gente recogida en los países ocupados del Este. Entonces todavía no conocía todo tu destino cruel, pero me di cuenta de que debía protegerte, que no debía perderte de vista, y todo mi corazón se abría hacia ti. Luego hablábamos, ¿recuerdas?, durante horas interminables, en la *lagerstrasse**...[16].

La desesperación

A pesar de todas las atrocidades que la española tuvo que soportar a su llegada al campo, nada era comparable al constante sentimiento de angustia y dolor provocado por el secuestro y la desaparición de su hijo. Olvido estaba tan afectada psicológicamente que «se estaba dejando morir, no tenía ningunas ganas de vivir. Estaba desesperada»[17]. Si no hubiese sido por la solidaridad de sus compañeras, la asturiana habría muerto por inanición o, lo que es peor, asesinada en la cámara de gas.

La anarquista Elisa Garrido Gracia, «La Mañica», fue uno de sus grandes apoyos en Ravensbrück y gracias a su testimonio se conocen numerosos detalles del paso de Olvido por el campo y de las aflicciones que padeció:

Como no tuvo cuidados, ni alimentos y el disgusto porque le quitaron al hijo, pues se quedó como tontica y entre todas

---

* Según la grafía alemana, debería ir en mayúscula. Significa «calle del campo».

> empezamos a darle la poca margarina que nos quedaba: no quería comer ni nada, ni lo poco que nos daban. Entonces le apretábamos las narices, la sujetábamos las manos y le metíamos aquellas pequeñas cantidades de margarina que nos daban para alimentarla y la salvamos[18].

Las «redes de solidaridad» que se crearon en este campo de mujeres contribuyeron a la organización de «familias de tres y cinco miembros, no necesariamente sanguíneas, con una madre que ejercía de núcleo para poder redistribuir alimentos, piezas de abrigo y repartir afectos»[19]. Había necesidad de caricias y de abrazos, de celebrar cumpleaños o festividades, como la Navidad. Fueron esa «especie de alimento moral para poder sobrevivir a la muerte»[20] y el respaldo de Elisa y del resto de compañeras los que proporcionaron a Olvido el empuje necesario para vencer la depresión, aguantar los maltratos y el trabajo esclavo, y luchar para salir adelante. El pensamiento común de todas estas mujeres era aguantar y sobrevivir. En su mente solo existía el día a día, no el mañana.

Gracias a los cuidados del resto de deportadas, Olvido logró reponerse anímicamente, recuperar la salud y reincorporarse a algunas de las faenas obligatorias del campo, principalmente en fábricas de material militar de guerra, como la industria Siemens, en la que se producían bombas para la *Luftwaffe,* la Fuerza Aérea de la Alemania nazi.

> Hacíamos trabajo de guerra. Este trabajo se puede constatar por los obreros civiles que nos dirigían, que llevaban lentes, mientras nosotras soldábamos a la autógena sin nada. Al ser puesta en libertad no volví a recuperar bien la vista para ganarme la vida, como siempre lo hubiera hecho[21].

Prácticamente un año después de que Olvido hiciese «los trabajos de peonaje más duros que puedan existir para una mujer»[22] y de que sufriese una lesión ocular definitiva, su compañera Alfonsina Bueno también tuvo que montar dichas bombas en este mismo taller y sufrir el cansancio extremo. Las largas jornadas en la fábrica, de hasta dieciséis horas seguidas, dejaban a las presas sin un ápice de energía y, cuando llegaban a su barracón, ni siquiera lograban dormir o reponerse a causa de la falta de comida. Apenas les daban una sopa aguada y un poco de pan en todo el día, por lo que el estómago les rugía sin cesar, sobre todo cuando veían a las carceleras comer piezas de fruta fresca delante de ellas, situación ante la cual las presas salivaban esperando que les cayese algo. Pero, en vez de comida, recibían una buena tunda de golpes. En una de estas palizas de las nazis, Olvido, ya castigada del sentido de la vista, también perdió la audición de un oído y quedó muy afectada físicamente.

> Ellas se quedaron mirando a las guardianas comiendo naranjas por el hambre que tenían. Las guardianas se dieron cuenta y las empezaron a golpear. A mi madre le dieron varios golpes y uno de esos fue tan fuerte, con la mano abierta en el oído, que mi madre dice que la había dejado parcialmente sorda. Y era cierto, porque después, con el paso de los años, quedó sorda al 100 % de ese oído. Ella decía: «Me dieron tal tortazo a mano abierta que del impacto nunca más volví a oír bien por ese oído»[23].

Autobuses blancos

Unos días antes de la liberación de Ravensbrück y de que el personal del campo de concentración destruyese documentación comprometida y procediese a su evacuación mediante las llamadas «marchas de la muerte»*, la Cruz Roja Internacional pactó

---

* Se trataba de marchas forzadas en las que los reclusos, escoltados por grupos de oficiales de las SS, recorrían largas distancias a pie de hasta 700 ki-

con Heinrich Himmler la liberación de grupos de prisioneras, principalmente francesas, hacia territorio sueco. Su director en Suecia, el conde Folke Bernadotte, fue el artífice de que el 23 de abril de 1945, siete días antes de que el Ejército Rojo entrase en el campo, trescientas mujeres se marchasen con vida del «Puente de los Cuervos». Olvido fue una de las elegidas, pero, debido a su pésimo estado de salud, tuvo que ser evacuada en los autobuses blancos de la organización para después recuperarse en hospitales de Göteborg y Malmö.

Durante los siguientes meses, la asturiana se dedicó a recobrar la salud perdida en los dos últimos años de cautiverio y, cuando se vio con fuerzas, solicitó su repatriación a Francia junto a otras camaradas españolas y francesas. «Quizá pensó que si la llevaban más cerca de España podría tener más comunicación con su familia, así que la enviaron a otra casa de reposo en Arcachón y comenzó a cartearse con sus hermanos», relata su hija Eloína. Este municipio del oeste francés, con paisajes idílicos y una bahía que asoma al océano Atlántico, fue su hogar durante varias semanas hasta que, superado su abatimiento físico y psicológico, se mudó a Tarbes en 1946. En esta localidad al sur de Francia, en los Altos Pirineos, Olvido emprendió una nueva vida y trabajó como costurera en un hogar para niños huérfanos.

En Tarbes

No había transcurrido mucho tiempo desde su llegada cuando, gracias a un acto de compasión, conoció a su futuro marido. Uno de sus hermanos le había pedido que visitase a su cuñado en el Hospital de Tarbes, pues este se encontraba «en una situa-

---

lómetros. Durante el camino, miles de ellos morían víctimas del frío, el cansancio extremo, el hambre o las palizas de sus captores.

ción terrorífica» tanto física como mentalmente. Se llamaba Gerardo Blanco Menéndez, estaba casado y tenía un hijo. Sin embargo, su mujer, al no tener noticias de él, lo había dado por muerto tras su exilio durante la Guerra Civil española, por lo que había decidido desposarse de nuevo. El republicano, completamente abatido por la noticia y ante la imposibilidad de regresar a su tierra por las represalias políticas, se afincó cerca de la frontera junto con otros refugiados para trabajar en la construcción, pero entró en una fuerte depresión. La visita de Olvido, a la que ya conocía de vista de sus años en Gijón, hizo que poco a poco recobrara el ánimo. La amistad del principio evolucionó hasta convertirse en amor y poco tiempo después contrajeron matrimonio y tuvieron tres hijos: Eloína, nacida en 1949, Manuel en 1951 y Amelia en 1953.

Amparados por la Convención del 28 de octubre de 1933, se les había reconocido la condición de refugiados, por lo que conservaron la nacionalidad española, pudieron afincarse en Francia y tener trabajo y alojamiento durante las casi dos décadas que permanecieron en el país.

La felicidad

Hasta que nació su tercera hija, Olvido continuó trabajando como costurera, una labor con la que disfrutaba y que, como asegura Eloína, «se le daba muy bien y para la que tenía mucho gusto». Sin embargo, tras el nacimiento de Amelia, la asturiana vio imposible compaginar la crianza de tres niños con un trabajo de ocho horas fuera de casa. Los siguientes diez años, la superviviente de Ravensbrück disfrutó viendo crecer a los pequeños, yendo a buscarlos al colegio, ayudándolos con los deberes o preparando la comida para toda la familia. La primogénita recuerda la piperrada que preparaba su madre o la «deliciosa tarta de moras» y se relame. Y, aunque Olvido intentaba cocinar la tradicional fabada, «se enfadaba mucho» porque no lo conseguía, ya que no disponía del chorizo o la morcilla típicos para elaborar este famoso plato.

Entre algunos de los recuerdos de su infancia, Eloína cuenta cómo unas navidades, siendo muy pequeños, un vecino, amigo de sus padres, se disfrazó de Papá Noel y llamó a la puerta: «Cuando abrimos, casi nos desmayamos». Tras dejarles una caja de bombones y preguntarles por los regalos que deseaban, al día siguiente vieron materializada su petición: un oso, un muñeco y un tren eléctrico. La alegría inmensa de los retoños contrastaba con la tristeza de Olvido, que, además de acordarse de sus hermanos en esas fechas, sentía nostalgia de su infancia y de su tierra. La asturiana tenía a su marido y a sus hijos, pero le faltaba el resto de su familia. De hecho, Eloína asegura que, ante la ausencia de los hermanos de sus padres, los camaradas del partido ejercían como tíos de sangre y «murieron siendo nuestros tíos».

Por casa de los Blanco-Fanjul pasaban a menudo refugiados, socialistas y comunistas que, como ellos, habían tenido que huir de España porque de lo contrario su destino podría haber sido la cárcel o incluso la muerte. Alejados de sus familias biológicas, estos camaradas, que luchaban codo con codo por los mismos ideales y principios de libertad y justicia social, formaron su propia familia elegida, en la que se ayudaban, respetaban y querían por encima de todo. Además de reunirse para comentar la situación política del momento, recordaban su pasado como resistentes en los campos de concentración. Sin embargo, Gerardo insistió tanto en regresar a casa, a su tierra y con la familia que Olvido cedió, pese a las advertencias de algunos de sus amigos: «Olvido, no vayas para España porque lo vas a pasar muy mal. Quédate aquí». Y no se equivocaron. «Vi llorar muchas veces a mamá», relata pesarosa su hija, que considera que su madre regresó a España «forzada, porque en realidad no quería ir».

Vuelta a Gijón

El regreso de los Blanco-Fanjul a España se produjo en 1963, en pleno franquismo, y no sin numerosos impedimentos. El primero y el más importante era que la pareja no estaba casada por la Iglesia, una condición imprescindible para la vuelta a un país donde los matrimonios civiles estaban prohibidos desde abril de 1939. El propio Gerardo conocía bien esta circunstancia porque, de hecho, con la llegada del Caudillo, la unión civil con su primera mujer había quedado anulada. Según la ley[25], «los matrimonios civiles contraídos en zona republicana y ante funcionarios de la República ya no tenían validez». Es decir, «desaparecían de la vida española», salvo que los dos contrayentes fuesen de una religión distinta de la católica o apostatasen, esto es, que renunciasen a formar parte de la Iglesia, una osadía que podía conllevar la pérdida del trabajo y un estigma social.

Además, se añadía el inconveniente de que sus hijos no estaban bautizados. «En diciembre de 1962, dos días antes de venir para aquí [Asturias], de golpe, ellos se casaron y a nosotros nos bautizaron en una iglesia cuando ya estábamos bastante grandecillos», explicaba su hijo Manuel. «Mucha fe no había», bromeaba[26]. Aunque el matrimonio canónico subsanaba parte del problema, el hecho de que Gerardo estuviese afiliado al Partido Comunista desde 1929 tampoco ayudaba. La única manera de poder afincarse en Gijón con todos los papeles en regla era conseguir una serie de avales *sine qua non*. El Gobierno español exigía un certificado de buena conducta de la Guardia Civil, otro de la Falange y, por último, uno de la Iglesia católica. «¿Cómo es posible que papá pudiera venir aquí si estaba fichado? ¿Y con una certificación del párroco? ¡Pero si mi padre jamás fue a la iglesia para nada!», asegura Eloína entre risas.

Nunca lo sabremos. Sospechamos que logró los certificados a través de su hermano, que era un poco menor, trabajaba en los astilleros y era un jefazo ahí, conocía a mucha gente en toda La Calzada. Su cuñado también era una persona muy conocida en el barrio. Supongo que ellos les ayudaron a conseguir esos avales del cura diciendo que era un creyente tremendo; de la Falange, diciendo que era un buen falangista, cuando era un comunista sindicado en el Partido Comunista hasta el día de su muerte en 2005[27].

Con los trámites a punto, solo faltaba deshacerse de cualquier material sensible que pudiese señalarlos como afiliados comunistas o miembros de la Resistencia. La noche antes de su regreso a Gijón quemaron todos los libros y documentos que pudieran delatarlos. Eloína, a sus trece años, no entendía por qué sus padres, que siempre le habían inculcado el amor por la cultura, estaban cometiendo tal herejía. «Si los libros son sagrados, ¿por qué los quemáis? No entiendo nada», les dijo. Su padre le respondió: «No podemos tenerlos, por el régimen». Años más tarde, la por entonces adolescente comprendería las palabras de Gerardo, a consecuencia de la persecución política a la que estaban sometidos. No obstante, el hombre jamás dejó la lucha política contra la dictadura y siempre mantuvo contacto con otros camaradas, como Ángel León Camblor, dirigente del Partido Comunista de Asturias, con los que compartía sus inquietudes.

Miedo y tristeza

«Los comienzos en Gijón no fueron fáciles. En Francia éramos los españoles y, en España, los franceses. No tenemos patria», recuerda Eloína[28].

Cuando por fin toda la familia se había instalado en el barrio de La Calzada —Gerardo llegó primero a Gijón con Manuel y Amelia, mientras Olvido lo hizo cinco meses después con Eloína—, por primera vez la pareja fue consciente de que serían estrechamente vigilados por las autoridades. Para más inri, su vivienda se encontraba próxima al cuartel de la Guardia Civil, que «se presentaba a cualquier hora», cuenta la hija mayor. Olvido «siempre vivía con miedo, con auténtico terror» a que su marido fuese detenido por sus ideas republicanas. En aquellas visitas, los agentes de la Benemérita, además de interrogarlo para averiguar datos sobre sus amistades, le recordaban que estaba fichado y le metían miedo en el cuerpo diciéndole: «Ándate derecho. No busques complicaciones, que ya sabes lo que te puede pasar, que puedes ir a la cárcel», parafrasea Eloína.

El recibimiento familiar, distante y frío, especialmente con Olvido, tampoco ayudó en nada a mejorar su estado anímico.

> Recuerdo que, cuando llegamos, estaba nevado en Gijón. Yo era muy chiquillo, pero sí veía temor tanto en mi padre como en mi madre. Vi temor y también emoción porque llevaban muchos años sin ver a sus familias. Luego, ese temor fue desapareciendo con el paso de los años. Sin embargo, ahora me doy cuenta de esa tristeza que había en la cara de mi madre[29].

Habían dejado atrás una vida próspera y feliz en Francia para llegar a «tierra de nadie, con lo puesto, apátridas y rehacer su vida de cero y con tres hijos. Ahí estábamos solos», explica Eloína, que achaca la tristeza que acompañó a su madre durante una larga temporada a la falta de empatía y de respaldo emocional por parte de su familia política.

Olvido, de carácter reservado y sumiso, se callaba ante los desplantes de sus suegros y cuñadas —no era bienvenida en las celebraciones familiares— para evitar conflictos. Siempre reaccionaba manteniéndose al margen, algo que enfadaba sobremanera a su hija mayor, que no compartía la actitud subyugada de su madre. «A mí me sacaba de quicio que se dejara pisar», reconoce Eloína, que cuenta que incluso llegó a enfrentarse a su padre por la falta de educación y de consideración que mostraba su familia. Hubo un momento en que la situación se volvió tan insoportable para Olvido que a punto estuvo de regresar a Francia sin Gerardo, pero con sus hijos.

> Se veía sola y no podía más. No era feliz en Gijón. Lloraba muchas veces porque se veía muy mal, sin apoyo ni porvenir, y con un sueldo bajísimo que no alcanzaba[30].

Mientras que en Francia los Blanco-Fanjul disfrutaban de una situación económica de clase media, sin grandes lujos, pero sin importantes carencias, al llegar a España cayeron «en un pozo sin fondo», asegura la primogénita.

Aunque en un primer momento Gerardo había recuperado su antiguo trabajo como maquinista de grúas en el puerto de El Musel, la muerte del director de la antigua junta de obras y la incorporación de un nuevo ingeniero falangista provocaron que lo bajasen de categoría y lo relegasen a peón con «un salario de miseria».

Olvido, por su parte, intentó regresar a La Algodonera, pero los graves problemas financieros por los que atravesaba la empresa impidieron su vuelta. De hecho, finalmente cerró en 1967 y aquello hundió aún más a la asturiana. «Ella tenía la esperanza de aportar otro sueldo a la economía familiar», relata Eloína. Aunque intentó conseguir otros trabajos, no lo consiguió y «ahí cayó en picado», porque para Olvido «la mujer debía tener su independencia. Decía: "No dejes nunca de trabajar, porque así tienes tu salario y no tienes que dar explicaciones a nadie"».

Con una economía familiar tan justa, era impensable salir a comer, ir al cine, organizar fiestas o planificar un viaje. La situación únicamente mejoró cuando los dos hijos mayores, Eloína y Manuel, empezaron a trabajar y a llevar su sueldo a casa. Las primeras vacaciones de toda la familia no llegaron hasta el verano de 1972, época en la que por fin pudieron pasar un mes entero de descanso en León. A partir de entonces, siempre trataron de reunirse para pasar juntos las vacaciones.

Basta de silencio

Durante la etapa que vivieron en Francia, Olvido jamás habló de su paso por los campos de concentración. Prefería obviar lo ocurrido y disfrutar de la libertad sin narrar sus traumas del pasado. Sin embargo, algunos meses después de llegar a España, la asturiana abrió la caja de los secretos tras relacionarse con algunos camaradas. Estas amistades acudían a la casa de los Blanco-Fanjul, conversaban sobre los años vividos en Rusia, sobre la guerra y la deportación y, gracias a ello, Olvido empezó a relajarse y a querer contar su historia. Sus hijos, que no sabían bien lo que era un campo de concentración, creían que aquellas «batallitas» solo estaban en la imaginación de su madre y «que se estaba volviendo mal de la cabeza», dice con tristeza Eloína. Cuando por fin fueron conscientes de que todo era verdad y de que Olvido había sido prisionera de los nazis, los hijos optaron por evadir el tema para evitar que su madre rememorase sus sufrimientos. «Mamá necesitaba hablar, necesitaba desahogarse, que la escucháramos... Yo, sinceramente, veía que sufría y no quería que me contara nada —asegura Eloína, arrepentida de su actitud—. Me siento culpable porque tendría que haber estado ahí al pie del cañón y tomando apuntes. Pero ahora es demasiado tarde».

Un ejemplo del silencio que imperaba entre los hijos es el secreto que Amelia mantuvo hasta la muerte de su madre. Cuando tenía doce años, la menor de los hermanos conoció a través de una tía paterna la historia sobre el bebé que Olvido había dado a luz en la cárcel de Tallin. Al llegar a casa, le preguntó a su madre por esos hechos, y ella no se los ocultó; por el contrario, le detalló lo sucedido. Sin embargo, la pequeña no contó nunca nada a sus hermanos: trataba de impedir que la interrogasen y que, de esa forma, aumentase su sufrimiento. «Ella quería que la escucháramos y nosotros pensábamos que la hacíamos sufrir», cuenta Eloína.

El martirio vivido en la década de 1940 produjo numerosas secuelas en Olvido, entre ellas, la pérdida de visión y audición y diversas depresiones, por las que años después recibiría tratamiento psiquiátrico. Se pasaba horas llorando, sufría ansiedad y muchos nervios, pero sus hijos no conocerían los auténticos motivos de la angustia de su madre hasta mucho tiempo después.

En 1977, un tribunal médico de Bilbao, compuesto por facultativos alemanes, verificó el testimonio de Olvido como superviviente de los campos de concentración tras haberla sometido a un sinfín de pruebas médicas para confirmar la veracidad de sus palabras. Según relata Eloína, su madre incluso buscó a otras compañeras deportadas, cuyas declaraciones sirvieron para corroborar las fechas y los datos proporcionados.

Habían transcurrido más de treinta años desde su deportación y Olvido aún tenía muy presentes todas sus terribles vivencias, pero también sus momentos felices. Por eso, cuando aparecía alguna noticia sobre la Unión Soviética en televisión, solía mandar callar a los presentes para, a continuación, relatar con nostalgia anécdotas vividas allí. Sin embargo, no ocurría lo mismo cuando hablaba de Alemania, país por el que sentía «mucho odio porque le quitaron a su hijo».

En una ocasión, Eloína fue testigo de cómo su madre llegó incluso a escupir en la cara a un joven alemán, «muy educado y gentil», que quiso estrecharle la mano tras firmar una fe de vida en una oficina de Gijón. «¡Es que los odio!», se excusó Olvido ante la reprimenda de su hija. «Yo me quedé parada, porque mamá era una persona muy, muy prudente y supereducada. Creí que me moría de vergüenza», explica Eloína. Más tarde, la joven telefoneó al hombre para disculparse. Sin embargo, pese a este rechazo exacerbado hacia los alemanes, Olvido jamás inculcó a sus hijos valores de rencor o animadversión; muy al contrario, les enseñó a respetar, a ser tolerantes, honestos en cualquier circunstancia y a luchar por la libertad. «Que no te pisen», decía.

EL PESAR DE LOS HIJOS

Olvido jamás regresó a los campos de concentración, tampoco participó en charlas, simposios o reuniones de deportadas, pero sí mantuvo el contacto con algunas viejas compañeras de Ravensbrück. A pesar de su prolongado silencio, la asturiana tenía la ilusión de escribir un libro sobre su vida —como en su momento hicieron otras camaradas— para relatar su huida de los franquistas, sus años en la Unión Soviética y su vía crucis desde su encarcelamiento hasta el fin de la Segunda Guerra Mundial. De hecho, tres años antes de fallecer, Olvido le dijo a su hijo: «Yo ya estoy muy mayor y antes de morir me gustaría contar mi historia. Quisiera que buscaras a alguien para que la escriba»[31]. Sin embargo, Manuel no dio importancia a esta petición de su madre y ni siquiera le ofreció la oportunidad de contársela a él mismo.

Yo sabía que había estado en un campo de concentración, pero jamás pasó por mi mente una historia como la que descubrimos luego. Jamás. Y la pobre se murió llevándoselo al otro mundo; cosa que me ha pesado muchísimo el resto de mi vida[32].

El lamento de Manuel es el mismo que sienten sus hermanas: todos cambiarían el pasado para poder escuchar sin cortapisas los relatos de su madre y para que los centenares de experiencias hubiesen terminado plasmadas sobre el papel. Solo de esa forma se habrían resuelto la gran cantidad de interrogantes que hoy les quedan por descubrir. «No hay que ocultar ni callar», insiste Eloína, que entona el *mea culpa* por haber silenciado a su madre.

El 8 de agosto de 2001, Olvido Fanjul Camín falleció a los noventa años en Gijón, y con su muerte se abrió un camino de revelaciones que todavía perdura. «Hasta esa fecha no sabíamos prácticamente nada, pero cuando fallece mi madre es cuando nos empezamos a enterar de la historia», confesaba su hijo Manuel[33]. Sin embargo, no sería hasta el fallecimiento del padre, el 10 de febrero de 2005, cuando los hijos comenzaron a tirar del hilo.

El proceso de investigación surgió casi por casualidad: Manuel se topó con el libro *De la resistencia y la deportación,* de la también superviviente española Neus Català, y comprobó con sorpresa que, entre sus líneas, aparecía el nombre de su madre.

> Le pregunté a mi hermana mayor si sabía algo y me dijo que no sabía nada. Llamé a mi hermana menor, que vive en Francia desde 1977, y le pregunté si sabía si nuestra madre había tenido un hijo antes que a nosotros y mi hermana me dijo que ella sí lo sabía. Me contó que una vez ella le preguntó a mi mamá si era cierto lo que alguna vez había dicho mi tía, que había tenido un niño, y mi madre dijo: «Sí, y me lo quitaron». Entonces mi hermana le dijo: «Te prometo que no se lo voy a decir a nadie». Y así quedó[34].

Las indagaciones que realizaron los tres hijos de Olvido para conocer la historia de su madre pasaron por visitar el campo de concentración de Ravensbrück, en la localidad de Fürstenberg/Havel, donde vivieron una experiencia «horrible», sobre todo cuando estuvieron ante la cámara de gas. El sentimiento de angustia se agravó al rodear el muro que da al lago Schwedt, atravesado por el río Havel, y sobre el que Olvido contaba a Eloína: «Tiran las cenizas en un lago». La primogénita pensaba que su madre fabulaba en aquellos momentos, pero, cuando décadas más tarde vio ese lugar con sus propios ojos, no pudo por menos que derrumbarse.

Después de visitar Ravensbrück, los hijos y sus respectivas parejas viajaron hasta Rusia para conocer la casa en la que Olvido había vivido. Luego recorrieron parte de la costa mediterránea con el fin de descubrir los lugares en los que había estado Gerardo. Gracias a todo ello han podido reconciliarse de alguna manera con la memoria de sus padres.

Sin homenajes

«Es vergonzoso que nunca los hayan homenajeado», se queja Eloína ante la falta de reconocimiento a personas deportadas como su madre por parte de los sucesivos Gobiernos españoles. Mientras que en países como Francia muchos exiliados españoles fueron condecorados con la Medalla de la Legión de Honor, e incluso recibieron homenajes mediante la asignación de sus nombres a calles o plazas, en el caso de Olvido jamás ha ocurrido. No obstante, esta situación podría cambiar próximamente, porque el Ayuntamiento de Gijón tiene previsto otorgarle una calle a Olvido Fanjul Camín, aunque Eloína no está del todo de acuerdo:

> Lo agradezco porque el gesto me parece muy bonito, pero entiendo que mamá fue una, solo una de las personas que fue-

ron a Ravensbrück, pero aquí en Gijón hay más gente. Considero más factible que se ponga una placa con el nombre de esas personas, hombres y mujeres, que estuvieron deportados, en un sitio que sea de mucho tránsito de gente. Pero no solamente la calle «Olvido Fanjul, deportada». El sufrimiento fue de mi madre, pero también el de los vecinos de al lado.

En septiembre de 2017, una exposición fotográfica inaugurada en el Ateneo de La Calzada para conmemorar el 80º aniversario de la evacuación de los denominados «Niños de la guerra» a la Unión Soviética supuso un descubrimiento sorprendente para los hijos de Olvido Fanjul: una fotografía inédita de su madre con una cariñosa dedicatoria.

Eloína y Manuel, que visitaron la muestra para localizar más información sobre la etapa de la asturiana en Rusia, se toparon con una historia desconocida para ellos, además de con un retrato del que tampoco tenían constancia. Olvido había regalado aquella imagen a uno de los pequeños que cuidó en Pushkin, José Vicente Martínez, «el niño de Bañugues», cuya viuda, Emilia Kalinkina, todavía la conservaba tras la muerte de su marido. Aquella coincidencia reveló nuevos datos en torno a su etapa en Rusia.

Dos años después, esta misma fotografía también formó parte de otra exposición, «La Algodonera de Gijón», en la que Olvido ocupaba un lugar destacado por haber sido una de las trabajadoras de esta histórica fábrica.

> Olvido Fanjul y Gerardo Blanco pertenecen ya a esa especie de héroes anónimos sobre los que pasa de puntillas la historia que no pasa a los libros de Historia, pero sobre la que se asientan las bases morales para que el mundo tenga alguna esperanza de redención*.

---

* Texto que aparecía en uno de los paneles de la exposición «La Algodonera de Gijón», en mayo de 2019.

Notas

[1] Entrevista con Eloína Blanco Fanjul, hija de Olvido Fanjul, el 21 de diciembre de 2020.

[2] Toda la información biográfica aportada sobre Olvido Fanjul fue facilitada por su hija Eloína.

[3] «Historias de la Algodonera de Gijón», *La Voz de Asturias,* 7 de mayo de 2019.

[4] Ibíd.

[5] Ibíd.

[6] «Género e identidad política femenina en el exilio: mujeres antifascistas españolas (1946-1950)», *Pasado y Memoria. Revista de Historia Contemporánea,* núm. 7 (2008), págs. 143-163.

[7] «Refugios de vida para Gernika», *El Correo,* 27 de abril de 2008.

[8] Entrevista con Eloína Blanco Fanjul, hija de Olvido Fanjul, el 21 de diciembre de 2020.

[9] «Asturianos en campos de concentración», *AsturiasLaica.org,* 5 de mayo de 2019.

[10] Alexander Werth, *Russia at War 1941-1945,* Skyhorse Publishing, Nueva York, 2017; y Harrison Salisbury, *The 900 Days; the Siege of Leningrad,* Da Capo Press, Cambridge, 2003.

[11] Entrevista con Eloína Blanco Fanjul, hija de Olvido Fanjul, el 21 de diciembre de 2020.

[12] «El olvido tiene nombre de mujer», *Clarín,* núm. 134 (marzo-abril de 2018).

[13] Amical de Ravensbrück.

[14] Declaraciones de Antonio Muñoz Sánchez en la charla «De Gijón a los campos de concentración nazis / Estudiar y difundir la historia del exilio asturiano de la Guerra Civil», organizada por el Ateneo Obrero en colaboración con FAMYR, Amical de Mauthausen y otros campos y del Grupo Eleuterio Quintanilla, el 3 de enero de 2019, en Gijón.

[15] Entrevista con Eloína Blanco Fanjul, hija de Olvido Fanjul, el 21 de diciembre de 2020.

[16] «El olvido tiene nombre de mujer», *Clarín,* ob. cit.

[17] Declaraciones de Antonio Muñoz Sánchez en la charla «De Gijón a los campos de concentración nazis», ob. cit.

[18] Neus Català, *De la resistencia y la deportación,* Generalitat de Cataluña, Barcelona, 2005, pág. 390.

[19] Declaraciones de Aquil·les Rubio, *elDiario.es,* 26 de enero de 2019.

[20] Ibíd.

[21] Amical de Ravensbrück.

[22] Ibíd.

[23] «Olvido Fanjul, la española víctima del nazismo», *Sputnik News,* 30 de abril de 2020.

[24] «Convención y protocolo sobre el Estatuto de los Refugiados», *BOE,* núm. 252 (21 de octubre de 1978). Corrección de errores en *BOE,* núm. 272 (14 de noviembre).

[25] Información extraída del artículo «Casarse por "lo civil" en España», *El País,* 19 de marzo de 1977.

[26] «El exilio republicano asturiano se niega a seguir en el olvido», *La Voz de Asturias,* 3 de julio de 2019.

[27] «Olvido Fanjul, la española víctima del nazismo», *Sputnik News,* ob. cit.

[28] «El exilio republicano asturiano se niega a seguir en el olvido», *La Voz de Asturias,* ob. cit.

[29] «Olvido Fanjul, la española víctima del nazismo», *Sputnik News,* ob. cit.

[30] Entrevista con Eloína Blanco Fanjul, hija de Olvido Fanjul, el 21 de diciembre de 2020.

[31] Artículo «Olvido Fanjul, la española víctima del nazismo», *Sputnik News,* ob. cit.

[32] Ibíd.

[33] Ibíd.

[34] Ibíd.

ELISA GARRIDO GRACIA

«FRANÇOISE»

Vino la *Aufseherin** y empezó a golpearme con una vara que llevaba, empezó a darme vergajazos y como vio que del suelo tampoco me levantaba ni a fuerza de vergajazos, fueron y me llevaron al hospital.

ELISA GARRIDO

No había navidades en casa de la «tía de Francia», como la apodaban cariñosamente sus sobrinos, donde no se echase una buena partida de cartas. A Elisa le gustaban mucho los naipes, y más aún si competía contra su hermano Manuel, con el que se pasaba horas jugando al tute, a la brisca o al chinchón, mientras el resto de los familiares, también sentados a la mesa, observaban la escena con cierta dosis de cachondeo: esperaban el momento en que los hermanos elevasen la voz y terminasen discutiendo, porque a ninguno le gustaba perder. «Como si su vida estuviese en juego, aunque jugaban con judías o garbanzos», cuenta entre carcajadas su ahijada y sobrina Sylvie Verdi[1]. Parece ser que, tanto para su madrina como para su padre, «lo importante era no soltar nada». Elisa odiaba perder a las cartas, pero sobre todo a la lotería: nada podía hacerla más feliz que recibir un buen premio, aunque esto casi nunca sucedía, para enfado de la española. Sin embargo, los disgustos le duraban bien poco gracias a una personalidad «fuerte, lúcida, alegre y divertida». Porque si algo caracterizaba a Elisa Garrido Gracia era su sonrisa y el *glamour* que desprendía: «Dejaba huella», bien por su vestuario —iba en pantalones a finales de los cincuenta—, bien por ser una mujer

* Guardiana.

adelantada a su tiempo y acudir recién separada a su pueblo natal en compañía de su nuevo novio, algo que en aquellos tiempos estaba mal visto. Su respuesta ante cualquier habladuría: «Tres narices me importa lo que diga la gente»[2].

«Los Galletas»

Nacida el 14 de junio de 1909 en Magallón (Zaragoza), Elisa creció en el seno de una familia numerosa muy humilde, apodada «Los Galletas», donde la labranza de «algún trozo de tierra»[3] apenas les reportaba el suficiente beneficio para sustentar una casa tan modesta como la suya. «Vivíamos en la miseria total y, si uno de nosotros no era contratado por un propietario rico, no teníamos para comer más que algo de pan y las olivas que robábamos»[4], recordó años después un sobrino de Elisa, Luciano, hijo de su hermano Eugenio[5]. No obstante, la escasez de medios no impedía que el padre, Luciano Garrido Gracia, apodado «El Tostón», ayudase «a los pobres todo lo que podía; cuando volvía de coger olivas preparaba un saquete para dárselo a uno que no tenía nada», relata Clemente Arellano Lázaro, otro sobrino nieto de Elisa, hijo de su hermana Francisca, la «abuela Paca»[6].

Sin embargo, pese a su naturaleza trabajadora y solidaria, Luciano, que tenía un ojo de cada color, fue muy perseguido y castigado por sus ideas progresistas y de izquierdas. En este contexto, los niños crecieron con una sensación constante de injusticia, lo que motivó que Elisa y dos de sus hermanos terminasen rebelándose contra el sistema político y apoyasen ideologías anarquistas y comunistas.

Aquella niña, de naturaleza presumida y coqueta, «se preparaba los domingos para ir a misa muy temprano para observar cómo reflejaba la luz que entraba por las cristaleras en los pendientes de brillantes que llevaban dos magalloneras pudientes»[7], porque, desde muy pequeña, Elisa soñaba con tener dinero, como esas paisanas suyas, y salir del pozo de la pobreza.

Aquellas carencias económicas y la necesidad apremiante de que entrase un sueldo fijo en el domicilio de los Garrido-Gracia motivaron que Elisa comenzase a trabajar desde muy jovencita. Primero se marchó a servir a Zaragoza y, tiempo después, se mudó a Barcelona, donde fue empleada del servicio doméstico en la casa de una familia aristocrática catalana. Durante esa época se afilió a las milicias de la CNT y se hizo miembro de la agrupación feminista Mujeres Libres, que encajaba dentro del anarcosindicalismo* español. Dicha asociación logró organizar en España a más de veinte mil mujeres obreras y campesinas de la zona republicana entre 1936 y 1939, y en ella «se creó una solidaridad femenina como respuesta alternativa a injusticias específicas por ser mujer»[8].

Miliciana en el frente

Tras el estallido de la Guerra Civil, el bando republicano pidió la ayuda voluntaria de mujeres para combatir en el frente y Elisa no dudó en cooperar. Fue por aquel entonces cuando conoció a Marino Ruiz de Angulo García, un segoviano oriundo de Rapariegos (Segovia), con el que se casaría y marcharía al exilio como parte de la retirada republicana a principios de 1939[9]. Sin embargo, antes de esto, Elisa aún tendría que calzarse las botas de miliciana y partir junto a centenares de republicanos desde el cuartel de Ausias March de la Ciudad Condal hacia el frente de Aragón con el objetivo de liberar Zara-

* Según la RAE: 1. m. Movimiento sindical de carácter revolucionario y orientación anarquista.

goza de los sublevados[10]. Era julio de 1936 y la contienda acababa de comenzar.

En el mes de septiembre, Elisa formó parte del asedio al Alcázar de Toledo, concretamente desde la localidad de Maqueda, que fue bombardeada por militares sublevados contra el Gobierno de la República después de que una guarnición de 1.300 hombres bajo las órdenes del comandante de Toledo y coronel director de la Escuela Central de Gimnasia, José Moscardó, se refugiase en el fortín manchego durante setenta días. Pese a que las tropas republicanas trataron de defender el municipio maquedano, finalmente optaron por la retirada a Aranjuez tras la ofensiva de las fuerzas sublevadas del Ejército del Sur del teniente coronel Juan Yagüe y ante la posibilidad de acabar atrapadas en un nuevo cerco. El 27 de septiembre, las tropas franquistas al mando del general Varela liberaron el Alcázar en ruinas y terminó el asedio[11].

Meses más tarde, en junio de 1937, la joven veinteañera participó también en la ofensiva de Huesca, una operación iniciada por el Ejército Popular de la República con el fin de tomar la ciudad, que desde el inicio de la contienda se encontraba bajo el dominio del bando nacional. El 12 de junio de 1937, un acotado bombardeo artillero inició el ataque contra Huesca, en simultaneidad con otro de apoyo, el de Chimillas, donde Elisa estaba en un peligroso cielo abierto, sin trincheras ni protección alguna de follaje para camuflarse. A pesar de que esta milicia libertaria superaba en número a las tropas franquistas, la ofensiva de ambos municipios fue repelida fácilmente por estas últimas, por lo que los republicanos se replegaron y dejaron la operación en manos de la aviación, que, sin embargo, también fracasó[12].

Una vez terminada la batalla del Ebro, en la que sufrieron «infinidad de bombardeos», Elisa Garrido y Marino Ruiz, como miles de republicanos españoles, huyeron de España y cruzaron los Pirineos hacia Francia en calidad de refugiados.

«Françoise» en la Resistencia

La pareja se estableció en Toulouse, donde mantuvieron comunicación con otros compatriotas anarcosindicalistas, e iniciaron su vinculación con organizaciones clandestinas, como la liderada por el anarquista Paco Ponzán Vidal, que tejió una red de guías y pasadores que sacaban a personas de España por los Pirineos —la misma en la que también participó Alfonsina Bueno Vela y su familia*—, para unirse a la Resistencia.

> Mucha gente de los que yo conocía no estaba bien enterada de mi forma de pensar; me mandaron llamar y me dijeron: «Mira, mañica, hay que continuar la lucha, porque si la continuamos quizás lleguemos a algo, y tiene que ser unidos todos los que hemos sufrido allí». Entonces todavía no se había producido el contacto con la Resistencia. Esto era, digamos, una cosa como de amistad entre los cenetistas y gente conocida que nos ayudábamos.
>
> Cuando ya vivía aquí, en Toulouse, me llamaron y me dijeron que procurara acercarme… Y yo les dije: «¿Qué tengo que hacer?». «Pues mira, de momento, pequeños trabajos sin importancia, porque nosotros, como no tenemos mucha capacidad, no tenemos más que tener mucha valentía y mucho coraje y eso es una de las cosas que tú y yo tenemos que hacer». El que me habló así se llamaba Paco. Y me inscribió en la organización clandestina como «Françoise» (Francisca)[13].

La elección del nombre de guerra por parte de Ponzán se debió a que el grupo en el que operaba Elisa se llamaba «Evasión Françoise». Sin embargo, no es el único que nuestra protagonista utilizaría para proteger su verdadera identidad y despis-

---

* Véanse las págs. 173-198.

tar a los gendarmes franceses y los miembros de la Gestapo: «La Mañica», Elisa Ruiz de Angulo —tomó el apellido de su marido—, Elisa Ruiz Garrido o Madame Masealles o Masalles fueron otros de sus apelativos.

Entre las numerosas misiones que llevó a cabo destacan las de los Altos Alpes, que conllevaban un gran peligro: hacía de enlace y de guía, salía por las noches para ayudar a gente a pasar la frontera y operaba como correo para entregar documentos de un lado a otro, siempre junto a su marido, hasta que este fue detenido en la primavera de 1940. Casi un año después, en enero de 1941, Marino fue internado como prisionero de guerra en el campo de concentración de Mauthausen[14]. Durante su ausencia, Elisa relevó a su esposo como correo de la Resistencia, pero en uno de aquellos viajes fue detenida.

> Una de las veces llevé una carta a Perpiñán y me detuvieron los gendarmes. Me hincharon la cara a bofetadas porque la carta hablaba de tomates y yo de tomates no sabía nada; la carta sabía lo que decía, quien no lo sabía era yo[15].

Elisa luchaba por la libertad y la justicia, sus banderas, pero fueron su generosidad y su valentía las que motivaron que en octubre de 1943 le encomendasen la misión de llevar comida y ropa limpia al jefe del grupo, Paco Ponzán, que había sido detenido recientemente. Nadie se atrevía a hacerlo, excepto la aragonesa. «Tendrías que entrevistarte con el cura de la cárcel», le dijo otro miembro de la Resistencia. Elisa contactó con el sacerdote, que también colaboraba con los resistentes, y aunque en un principio la recibió «muy mal», las tornas cambiaron cuando la joven le explicó quién era.

> Le dije: «Yo vengo de parte de fulano de tal». «Ah —dijo—, pase, pase». Llamó a su hermana: «Sírvele a esta señora un café

caliente». Entonces me recibió y me dio su confianza, como yo le di la mía. Los servicios de este hombre eran para ponernos en contacto con el jefe que estaba detenido y todos los demás.

Desde que los alemanes culminaron la invasión de Francia en junio de 1940, los grupos clandestinos habían tenido sumo cuidado en no ser descubiertos en el pleno ejercicio de sus funciones. Sin embargo, el arresto de Ponzán en octubre de 1943 y la designación de un nuevo jefe de grupo desencadenaron el estrechamiento del cerco para dar caza a miembros de esa red secreta.

Una noche del mes de noviembre, a las tres y media de la madrugada, la Gestapo hizo una redada en casa de nuestra protagonista: alguien los había delatado después de que Elisa diese refugio a este cabecilla estrechamente vigilado por los nazis.

> Cuando llamaron a la puerta dije: «¿Quién hay?», y me contestaron: «La Gestapo. ¿Madame Masallés?». Y yo dije: «Sí». «Abra usted». Yo abrí. Dijeron: «Venga con nosotros». «Déjenme vestir». Entonces vieron que en la habitación había una persona acostada y le dijeron, sin pedirle la documentación, esto fue muy extraño, ¿eh?, muy extraño, le dijeron: «Y usted también. Vístase y venga con nosotros». Cuando salíamos, incluso me dio con el pie, al tiempo que me hacía como diciéndome: «Hemos caído» (es lo que pensé yo). Tenemos la seguridad de que fue un chivatazo. Él se pudo evadir. Había cuatro de la Gestapo, dos dentro y otros dos fuera; el uno estaba al lado del motor del coche, el otro estaba abriendo la puerta y los que nos sacaban, uno iba delante por el pasillo y yo detrás, y fue cuando el chico resistente me dio con el pie. Hubo un tiroteo terrible, pero pudo salvarse. Lo supe después de la Liberación.

En la Comandancia de Pétain, Elisa fue sometida a larguísimos interrogatorios y a brutales torturas por parte de los nazis y de los agentes franceses. Ella, como la mayoría de las resistentes españolas que llegaban aquí, pasó por un terrible proceso de golpes y arrinconamientos con los que trataban de sacarle el nombre de algún camarada escondido.

> Primero te hablan… por las buenas, luego por las malas, de todas las formas, y me presentaron fotografías; pero en ninguna de las fotografías que me presentaron iba ni al lado ni del brazo ni hablando; con ellas, pues, no pudieron justificar nada, porque ibas incluso por la calle en aquella época y te hacían fotografías y no sabías quién te las había hecho, pero eran ellos mismos quienes las hacían para ir cogiendo datos.

Los nazis buscaban a un delator, pero en Elisa jamás encontraron a una traidora, pese a las vejaciones que sufrió.

> En el interrogatorio los alemanes me pegaron, no mucho; pero me quemaron las uñas con un cigarro puro. Y como me asusté tanto, estaba tan asustadica, acobardada, pues… me ensucié toda y ellos… la peste. La peste, por la gran descomposición que me entró, provocó que me acabaran echando. Eso me salvó de que me torturaran más. Me llevaron a una celda donde estuve veintiún días incomunicada.

Ravensbrück y «las 27.000»

Después de pasar tres semanas en aislamiento, Elisa fue enviada a la cárcel de Saint Michel, donde compartió celda con otras dieciocho mujeres más. Tiempo después se procedió a su traslado a París y más tarde a Compiègne, desde donde la metieron en un transporte para su deportación hacia el campo de concentración de Ravensbrück. El convoy, conocido como «las 27.000» —en memoria de los números de matrícula que se asignaron a las presas a su llegada al campo, entre 27030 y 27988[16]—, partió el 31 de enero de 1944 con mil mujeres deportadas en su interior. La mayoría eran de nacionalidad francesa, aunque había un pequeño grupo de quince españolas, entre las que se encontraban Elisa y Neus Català.

A lo largo del trayecto, el tren hizo diversas paradas hasta arribar a Ravensbrück el 3 de febrero de 1944. Tras su llegada, Elisa pasó por un proceso de desinfección y selección similar al resto de sus compañeras españolas. Al contrario que a otras compañeras, a las que perder su larga cabellera les supuso una buena llantina, a la aragonesa le impactó, sobre todo, la imagen que tenía ante sí de unas instalaciones repletas de mujeres desfiguradas, desaseadas, con la mirada perdida y que eran tratadas a golpes y como mulas de carga por las vigilantes del campo. Las brutales vejaciones que cometieron los nazis durante su estancia en el campo de concentración la estremecieron siempre soberanamente, en especial los infanticidios. Hubo uno en concreto que la marcaría de por vida[17]:

> Una de las veces me encontré con una señora que era judía y tenía una niña de pecho. Lloraba la criatura; claro, como la madre no comía, la criatura tampoco sacaba nada y la llevamos al hospital del campo. Allí le explicó al doctor, un comandante, que la niña lloraba día y noche y estaba muy delgada. El doctor le dijo: «Venga usted mañana que le traeré algo que darle para su niña». Volvimos al día siguiente, a la hora que el doctor nos dijo. Cuando llegamos, en lugar de darle una medicina sacó la pistola, la cogió por el cañón y con la culata le pegó al bebé en la tapita de los sesos. Como era tan pequeñita le hizo saltar la tapa de los sesos, le ensució el traje y gritaba: «*Raus! Raus!* [¡Fuera, Fuera!]».
>
> La pobre mujer lloraba con su niña muerta en los brazos. Yo le dije: «Traiga, se la voy a llevar yo». «No. La muerte de

> mi padre, la perdono, la de mi madre, la de mis hermanos, pero la de mi bebé la vengaré, la vengaré, la vengaré». Y así fue todo el camino hasta que la dejó en el crematorio. Ella misma llevó el bebé al crematorio.

Otro de sus tristes recuerdos tiene como protagonista a Olvido Fanjul, una más de las supervivientes españolas que se incluyen en este libro* y con la que trabó una gran amistad. Cabe destacar que, gracias al testimonio de Elisa, los hijos de Olvido pudieron situar a su madre en el contexto del campo de Ravensbrück. En su fehaciente relato, Elisa cuenta que la asturiana se encontraba en una situación psicológica deplorable, dado que los nazis le habían arrebatado a su hijo en una cárcel de Tallin «para el servicio de Hitler», antes de que ella fuera deportada al «Puente de los Cuervos». Debido a su estado mental, Elisa y otras compañeras de barracón la obligaban a comer para que siguiese con vida[18].

La violencia que ejercían las guardianas nazis contra las prisioneras se hacía más patente cuando las detenidas eran soviéticas. Las sometían —igual que a sus equivalentes masculinos en otros recintos concentracionarios— a implacables castigos y agresiones, e incluso muchas veces acababan asesinándolas brutalmente, como sucedió con un grupo de prisioneras rusas que se autodenominaban «soldados»: después de que los nazis les asignasen el triángulo rojo invertido, símbolo de distinción de las presas políticas, las rusas se declararon en huelga de hambre.

> Para escarmentarlas, [los nazis] cogieron a diez de ellas, las cortaron a pedazos, las metieron cada una en una gran *gamelle* (fiambrera en la que cabían todos los trozos de una persona),

* Véanse las págs. 21-47.

> y a nosotras, a las prisioneras, nos hacían llevar, a la hora de pasar lista, las diez *gamelles* en cada una de las cuales estaban los restos de una persona.

De esta guisa, los nazis obligaron a decenas de prisioneras, entre ellas a Elisa, a desfilar «ante las *gamelles* como diciendo "aquí, el que la hace…"». Llegada la noche, sacaron a algunas de estas mujeres de su correspondiente barracón y las dejaron completamente desnudas en medio del *Appellplatz**. Pero en vista de que el escarmiento no funcionaba y de que se negaban a comer, a los nazis no les tembló el pulso y perpetraron un nuevo asesinato colectivo.

> Cogieron a diez mujeres de entre ellas, las mataron y las despedazaron… Y durante días, llevábamos entre dos prisioneras la *gamelle* cuando íbamos a pasar lista a la plaza, pues todas las mañanas allí, antes de salir de trabajar, te recontaban, lo mismo cuando entras al campo después del trabajo. Formábamos en filas de diez y las *gamelles* las poníamos delante de todas las demás filas. Los primeros días no olían, porque estaban herméticamente cerradas, pero ya luego las llevaron y no las vimos más.

A pesar de que Elisa sí contó algunas de sus experiencias traumáticas en el campo, nunca quiso dejar constancia por escrito —como sí hicieron otras deportadas, como Neus Català o Mercedes Núñez, entre otras— de los experimentos médicos que los SS practicaron en ella y en otras presas en el campo de concentración de Ravensbrück, y que les produjeron graves secuelas físicas y psicológicas. Según explican Pilar Gimeno o Clemente Arellano, su tía fue violada, así como vaciada, para

---

* La gran plaza central del campo de concentración en la que se daban las instrucciones y las órdenes y donde mañana y tarde se hacía el recuento de los prisioneros: el *Appell.*

evitar que se quedase embarazada y, en consecuencia, jamás pudo ser madre.

> Vaciaron a todas las mujeres para que no tuviesen hijos, les dejaban con el vientre abierto para que muriesen, pero a ella la volvieron a coser. [...]
>
> Le abrieron para sacarle un feto, como hacían con todas las mujeres que quedaban embarazadas por los abusos y las violaciones a las que las sometían los soldados alemanes, y sobrevivió[19].

El «Kommando» de HASAG

El 12 de septiembre de 1944, Elisa y los cientos de prisioneras que habían integrado el convoy de «las 27.000» fueron enviadas a la ciudad de Leipzig para trabajar en el *Kommando*[*] HASAG, un complejo industrial administrado por el campo de concentración de Buchenwald, que se dedicaba a fabricar obuses para la *Luftwaffe*. Allí le adjudicaron un nuevo número de identificación, el 2924[20], y junto al resto de compañeras comenzó «un trabajo verdaderamente durísimo» en el que se las obligaba a hacer siete mil obuses diarios. Curiosamente, los nazis la habían sacado de los trabajos duros de Ravensbrück por ser «regordeta», pero sus labores en Leipzig fueron aún más agotadoras. Aquí «llevaría a cabo una de sus acciones más arriesgadas, pues hizo saltar por los aires buena parte de la factoría: dejaba parte de la carga explosiva en las bombas defectuosas que debían pasar de nuevo por la fresadora para ser pulidas hasta que la

---

* Designa un equipo de trabajo o un servicio del campo. El *Kommando* exterior es un campo anexo dependiente de un campo. Se subdivide a su vez en distintos *Kommandos* de trabajo.

propia máquina acabó haciendo de percutor y provocando una explosión en cadena», relata su sobrina Sylvie.

Así narró Elisa a su amiga Neus Català lo ocurrido años después:

> El ingeniero de la fábrica, como tenía simpatía por los españoles porque había corrido mucho por España, noté que el hombre no me trataba mal. Me dijo que, si yo era capaz de hacer su trabajo, porque ese trabajo, como era difícil, lo tenía que hacer él, y si yo lo hacía, para él era un alivio, yo salía ganando y él también.
>
> Le tenía un odio terrible a la máquina, la del ruido. Yo ya no trabajaba en esa máquina y había una chica que era ucraniana con la que me entendía muy bien, y una de las veces que vino la aviación aliada, ellos apagan las luces. Dejas de trabajar y bajas a los sótanos, pero ya lo teníamos convenido; ella le tenía odio y yo también; ella porque la hacían trabajar, y yo porque había trabajado con ella, y me pasó lo que me pasó. Pusimos tres obuses —los puse yo— y ella se escapó haciendo ver que daba la vuelta cuando todos se marchaban al refugio. Se produjo una gran explosión y saltó la máquina. Buscaron, buscaron, pero la prueba de que no encontraron nada es que estoy aquí[21].

Aquel reventón supuso una gran alegría para el resto de las internas, que, sin saber que todo había sido una maniobra de sabotaje por parte de una de las suyas, vieron aliviada su carga de trabajo por unos días. «Las tenían como esclavas», describe Pilar Gimeno. Por este motivo, muchas de ellas se tomaban la justicia por su mano y cometían sabotajes. Carentes de armas que empuñar, para las prisioneras esta era la mejor forma de combatir la tiranía.

Mercedes Núñez entendía mejor que nadie a Elisa. La gallega, que había llegado al mismo *Kommando* en julio de 1944, emprendió numerosas acciones para inutilizar el armamento nazi: era «un deber primordial», explicaría orgullosa tiempo después. Además, ella misma fue testigo de cómo Elisa confesó su intencionado sabotaje aun a riesgo de morir o de ser inculpada[22].

> Un día, las mujeres de otra sección de la HASAG llegan al campo todas excitadas.
>
> —Una máquina ha explotado —nos cuentan— y han muerto dos alemanes.
>
> La noticia corre por el campo como un relámpago.
>
> Toda pálida, Elisa se acerca a nosotras.
>
> —He sido yo.
>
> Nuestra emoción es inmensa.
>
> —¿Tú? ¿Cómo lo has hecho?
>
> —Vaciaba de explosivos los obuses que habían sido rechazados por el control de salida, pero que eran recuperables. Los tenía que pasar, después, por una máquina para desbarbarlos...
>
> Elisa había dejado en cada uno de los obuses una pequeña cantidad de explosivo y los introducía. El explosivo se había acumulado dentro de la máquina y la hizo explotar. Fue un milagro que la misma Elisa no hubiese terminado troceada. Quizás esta probabilidad no la habría hecho dudar un segundo. Es una mujer valiente.

Gracias a aquel arrojo, Elisa se ganó el cariño de sus compatriotas, que le tenían gran admiración: «Callaos todas, no os preocupéis. He sido yo. Si hay que matar a alguien, que me maten a mí». Por supuesto, ninguna la denunció.

La solidaridad

Elisa también se ganó el respeto de sus compañeras, especialmente de Mercè, después de idear la manera de conseguir ropa limpia y cambiarla por la sucia, aun con la amenaza de ser descubierta por los guardias vigilantes. En una situación extrema como aquella, que las prisioneras tuviesen vestido, camisa, medias de lana y bragas limpias a diario, aunque fuese de extranjis, era una cuestión esencial y la mejor forma de mantener su dignidad humana. «¿Cómo limpiar, por ejemplo, el vestido? —se preguntaba Núñez—. A cualquier hora, de día o bien de noche, te pueden llamar para hacer el *Appell**». La solución a esta importante cuestión se la dieron dos españolas: Elisa y María.

> Presentarse sin el uniforme significa recibir una buena tunda de azotes. Salir con el vestido mojado y quedarse inmóvil, una pulmonía. Y las pulmonías pueden acabar en el crematorio. Por otro lado, los nazis, con su falta de lógica habitual, no nos dan ninguna muda, pero sí que exigen vernos siempre limpias y pulcras. Y ¡ay de ti si vas sucia! A bofetadas y zurriagazos te inoculan la limpieza.
>
> Pues Elisa y María, por no sé qué procedimientos, *«comme ci, comme ça»,* nos traen una muda completa, sin estrenar. Así cada una de nosotras ocho puede lavarse la ropa cada semana y ponerse, mientras se seca la colada, la ropa «recuperada». Cuando ya está bastante sucia, la limpiamos y aquel día nadie puede mudarse. Eso lo hacemos del inicio al final, respetando cuidadosamente los turnos, sin ser nunca descubiertas, por suerte, porque nos habría costado un buen zurriagazo[23].

La relación de Mercedes y Elisa era de cariño y admiración mutua: la gallega aplaudía la audacia y la solidez de la aragonesa, «con la que se puede contar para lo que sea», y a la que describía como una «anarquista convencida, partidaria acérrima del "amor libre"». Además, muy divertida: «Nos hace reír de buena

* Recuento de las prisioneras del campo, en posición de firmes durante horas.

gana», recordaba Mercedes, que era conocida como Paquita dentro del campo. Ambas prisioneras siempre mantuvieron una muy buena relación.

Rutinas y castigos

El apoyo y la solidaridad entre compañeras hacían más llevadera la estancia en el campo de concentración, aunque no siempre conseguían mantener el ánimo: la inanición, la enfermedad, los accidentes, además de los castigos, las palizas y los asesinatos a manos de las guardianas hacían que las obligatorias rutinas, como el pase de revista, se tornasen en situaciones insoportables.

> El comandante del campo nos condenó a estar ocho días sin comer, porque no habíamos formado bien un domingo en que fue a visitarnos. Incluso nos hizo coger la mierda que cagábamos nosotras en unas cajas que eran como las cajas de sardinas; la mierda era para abonar las flores de su jardín. Ese fue el primer castigo que nos impuso el domingo, porque los demás días, como íbamos a trabajar, no teníamos tiempo para coger eso como abono. Lo cogíamos con las manos; no quería que lo hiciéramos con la pala, tenía que ser con las manos. Venían y, bueno, nos daban cada palo que temblaba Dios.

La hambruna que experimentaban las presas era atroz y las jornadas de trabajos forzados en la fábrica, agotadoras, lo que provocaba desmayos por el esfuerzo y una lógica disminución de su rendimiento. Sin alimento que llevarse a la boca, permanecer de pie doce horas, de día o de noche, ensamblando piezas de artillería militar era casi imposible. Elisa fue una de las muchas cautivas que no soportó la extenuante situación y terminó sufriendo en sus propias carnes la ira de las guardianas por su falta de aptitud para el trabajo.

> Cuando no llegué a hacer los siete mil obuses, primero me echaron los perros, después me pegaron, luego me dieron éter… [enseña la cicatriz en la pierna en la que se ven marcados los dientes del animal][24].

Soltar a uno de estos pastores alemanes adiestrados explícitamente para atacar era otra de las múltiples formas de tortura ejercidas contra las prisioneras. De esta manera, los nazis les infundían terror y conseguían que obedeciesen, independientemente de su estado de extenuación. Por supuesto, no fue el único castigo que Elisa recibió por mostrarse exánime.

> Como no podía trabajar, porque no comía, dejé de hacer los siete mil obuses, entonces vino la *Aufseherin* y empezó a golpearme con una vara que llevaba —una verga—, empezó a darme vergajazos y como vio que del suelo tampoco me levantaba ni a fuerza de vergajazos, fueron y me llevaron al hospital. Y, para ver si conseguían reanimarme, me dieron algo de beber y al ver que no había nada que hacer me llevaron al hospital provisional.

Con esas pésimas condiciones físicas, los nazis informaron a Elisa de que había dejado de ser «buena para los trabajos alemanes», por lo que la devolvieron al campo de Ravensbrück con la orden de quemarla, aunque ella regresó sin saberlo. Tras visitar a sus compañeras, la deportada se enteró del fatal destino que le esperaba.

> Me preguntaron: «En qué barracón estás», y dije que en el 28, en el barracón de las gitanas. «Ay, hija mía, qué pena me das».

«¿Por qué, si estoy muy bien?». «Es que las que llevan allí van para el crematorio».

Aquella información impresionó mucho a Elisa, pero lejos de amilanarse o derrumbarse ante el inminente peligro de muerte, tomó una decisión que salvaría su vida: presentarse como voluntaria para descargar carbón y patatas de los vagones. Esa actitud proactiva y espontánea a pocos días del final de la guerra fue muy bien recibida por los nazis. Sin embargo, en un momento de agotamiento durante la labor de descarga, y cuando aún faltaba medio vagón por vaciar, la española levantó los brazos. La *Aufseherin,* enfadada por el gesto, se subió al carromato y la emprendió a vergajazos contra ella hasta hacerla caer. Elisa tuvo tan mala fortuna que cayó sobre unas piedras y se rompió un brazo, pero la guardiana continuó con los latigazos hasta que se cansó.

Más tarde, cuando vio a la jefa del bloque, le contó lo que había ocurrido y decidieron ir a la *Revier* —la enfermería del campo— para que le pusieran una escayola, pero cuando llegaron, la médica no estaba y tampoco había yeso, así que las propias prisioneras que se encontraban en el hospital tomaron la decisión de vendarle el brazo y sujetárselo con unas maderas. Al día siguiente, con el brazo ya frío, trataron de colocarle el hueso: unas tiraban por delante y otras por detrás, y, aunque consiguieron arreglárselo, lógicamente no quedó igual de bien. Pero a Elisa poco le importaba si el brazo estaba mejor o peor que antes; todavía se encontraba en el barracón 28 y su prioridad era evitar el crematorio. Si para ello tenía que volver a presentarse voluntaria para trabajar, lo haría las veces que hicieran falta. «Empecé a trabajar de nuevo y así continué hasta, digamos, la liberación del campo», explicó años después.

Zyklon B

Días antes de que el Ejército Rojo liberase a las prisioneras del «Puente de los Cuervos» todavía se producían situaciones particularmente espeluznantes y trágicas, como las selecciones y ejecuciones masivas para eliminar a las más frágiles mediante el gas Zyklon B. Elisa, junto a Felisa, otra deportada española, presenció una de aquellas terribles situaciones en las que las reclusas imploraban por su vida para poder reencontrarse con sus hijos.

> La Felisa de Montalbán estaba delante de mí cuando vimos a unas alemanas en unos carros en donde llevaban a las muertas y a las enfermas a los hospitales y al crematorio. Era como si fuera una caja de muertos, pero en grande, de madera blanca. Estábamos próximas a la Liberación… Siento una voz que dice: «Ay, ayyy»… Las alemanas cogían los cuerpos. A la una, a las dos, a las tres, y, hala, ¡bom!, al carro… A la una, a las dos, a las tres, ¡bom!, al carro. Esqueléticas, sin vestido, desnudicas, en cueros las llevaban a quemar… Yo le dije a Felisa: «Felisa, ¡si están vivas!…». «No», y yo digo: «Sí». Y entonces se oyó a una de las mujeres que decía con una vocecita muy débil: «¡Ay!…, yo no quiero morir. Yo quiero ver a mis hijos, yo quiero ver a mis hijos». Lo decía en francés, era una francesa; pero la echaron a la carreta y se la llevaron al crematorio. Las llevaban vivas. Las sacaban de los hospitales y, como tenían vergüenza, como ya se veían perdidas, pues procuraban deshacerse de todas estas mujeres vivas o muertas[25].

Permuta por la libertad

Aunque la liberación del campo de concentración de Ravensbrück tuvo lugar el 30 de abril de 1945, la excarcelación de Elisa y de otros cientos de deportadas, especialmente francesas, no se produjo con la llegada de los soviéticos a Fürstenberg/Havel, sino con un intercambio previo de prisioneros entre las SS y la Cruz Roja Internacional. Después de este canje de presos, el 8 de abril de 1945, las supervivientes debían ser trasladadas a Suiza, pero, antes de llegar a su destino, el transporte sufrió «dos ametrallamientos en la carretera», que ocasionaron numerosas muertes: «Nos dejaron deshecho el transporte —relataba Elisa—. Fue terrible: estaba toda la carretera llena de muertos. [...] Las demás se quedaron allí ametralladas en la carretera». Nunca se supo si fueron los alemanes o los americanos.

Cuando finalmente las supervivientes lograron llegar a Fráncfort, los Aliados decidieron trasladarlas a Dinamarca y, después, a Suecia. Elisa fue liberada en Estocolmo y enviada a París en avión, donde se reencontraría con su marido en el hotel Lutetia.

La pareja se reúne

Desde la detención de Marino en la primavera de 1940, Elisa no había vuelto a tener noticias de él. Su marido se había pasado un total de cuatro años y casi cuatro meses entre los barrotes de Mauthausen y Gusen con las matrículas 3354 y 44029, respectivamente[26], hasta su liberación en mayo de 1945.

A partir de entonces, Elisa y Marino trataron de encontrar su lugar de residencia definitiva. Después de su paso por París y sus más o menos prolongadas estancias en diferentes localidades al sur de Francia, llegaron a Toulouse, donde se establecieron durante unos años, entre otros motivos, por su conexión pasada con miembros de la Resistencia[27].

Aquellos primeros tiempos tras el fin de la guerra no fueron nada fáciles para Elisa. Arrastraba graves problemas de salud tras su cautiverio en Ravensbrück y se sentía muy confusa y perdida, de forma que acostumbrarse a la vida tal y como la conocía antes del Holocausto le costó más de lo que le habría gustado. Sin embargo, esta «mujer tenaz, lúcida, valiente y generosa» tenía claro que quería disfrutar de la vida tanto como fuese posible. «Y pudo conseguirlo», aplaude cariñosamente su sobrina Sylvie. Esas ansias de aprovechar cada día motivaron su regreso a España, en concreto a Mallén, en Zaragoza. Elisa necesitaba sentir el calor de su familia y estar cerca de sus hermanos Juan y Paca, después de tanto tiempo separados. Elisa había obtenido el estatus de refugiada en Francia tras la batalla del Ebro y no había regresado a España desde entonces.

De vuelta a casa

En 1955, y durante cinco años aproximadamente, Elisa y Marino se establecieron en esta localidad aragonesa con el fin de recomponerse anímicamente y reinventarse a nivel profesional: el segoviano trabajó como taxista, mientras que Elisa abrió una pescadería en el municipio de Cortes, en Navarra. Además, a menudo acudían a Zaragoza para visitar a sus hermanos y sobrinos. Uno de ellos, Clemente, recordaba así a la «tía de Francia».

> A los sobrinos nos traía regalos todos los años, yo aún conservo una *Historia de la Revolución y Guerra de España* en varios volúmenes, muy bien encuadernada. Le gustaba mucho arreglarse y hacer vida social, le encantaba ir al bingo porque allí se relacionaba con gente y hacía amistades. Mi tía Elisa insistió mucho a mis padres para que yo estudiase, diciéndoles: «El chico, que estudie, que es la mejor forma de prepararse para la vida»[28].

Elisa adoraba a sus sobrinos y se preocupaba por ellos como si fueran sus hijos. Al fin y al cabo, jamás pudo tener los suyos propios debido a los experimentos médicos que sufrió en Ravensbrück, y sobre los que nunca quiso dar demasiados detalles. «Lo hablaba más con su hermana o con los adultos», contaba Clemente. Y aunque «daba pena oírla explicar todo lo que pasó en Alemania», Elisa se mostraba como «una mujer fuerte y con carácter».

De hecho, siempre llevó peor las secuelas físicas —tuvo numerosos problemas cardíacos y óseos debido al exceso de peso cargado en el campo de internamiento— que las psicológicas. Su mente, de naturaleza sólida y resistente, supo sobreponerse al sufrimiento profundo y a los traumas. «Elisa no estaba amargada, amaba a su familia y amigos y siempre estaba muy bien rodeada», cuenta su sobrina Sylvie, que subraya, además, la necesidad que tenía su tía de mantener relaciones honestas y alejarse de personas hipócritas.

Aun así, la vida durante la dictadura franquista no fue fácil para la pareja y sus negocios no prosperaron como hubiesen deseado, por lo que decidieron volver a Toulouse, donde tuvieron una vida mucho más solvente. No obstante, a pesar de que su situación económica mejoró, la relación de pareja se deterioró y, después de un tiempo, decidieron separarse.

Una celebridad

Tras la ruptura, Elisa vivió largas temporadas en soledad y aprovechó para recuperar viejas amistades de la Resistencia. Durante esa época se dedicó también a tramitar las indemnizaciones que le correspondía recibir de parte de los Gobiernos alemán y francés. Aquella pensión, con la que pudo vivir cómodamente, era la constatación del reconocimiento y agradecimiento públicos por su heroica labor como resistente durante el conflicto bélico, y suponía para ella una enorme alegría.

Mientras que en España Elisa era una completa desconocida, en Francia vio recompensado su sacrificio con la condecoración de la Medalla de la Orden Nacional de la Legión de Honor y con el grado honorífico de teniente de la Resistencia francesa que le otorgó el Gobierno francés. Elisa contaba con grandísimo orgullo que, a veces, cuando salía a pasear con sus insignias, había quien le hacía el saludo militar, sobre todo cuando pasaba por delante de la Gendarmería, a lo que ella respondía de la misma forma. «Yo luché más por la Francia que por la España», decía.

Todo era nuevo para la española: pasó de estar a punto de morir por defender la libertad a ser elogiada por su heroísmo, circunstancia que en algunos momentos la hizo sentirse un tanto perdida y sobrepasada. Su falta de conocimiento sobre determinados asuntos provocó incluso situaciones cómicas, como la que vivió tras recibir una carta del Estado francés en la que la informaban de que su indemnización estaba disponible y podía retirarla del banco. Al ser un monto importante de dinero, Elisa pensó que necesitaba algo grande donde guardar tantos billetes, así que acudió con una maleta, pero, cuando llegó a la ventanilla, le entregaron un mero sobre con la cantidad total. Su cara fue un poema y la anécdota de la maleta quedó como gracieta para los restos[29].

Al cabo del tiempo, Elisa rehízo su vida al lado de Teo, un refugiado republicano que se convirtió en su gran apoyo y compañero de viaje hasta el final de sus días. Junto a él visitó España y a la familia de la aragonesa en Zaragoza y Magallón, donde las malas lenguas criticaban su reciente separación y el hecho de que acudiese en compañía de otro hombre. ¡Qué osadía! Pero esta «mujer tan adelantada a su tiempo», como reconoce su sobrina Pilar, respondía con contundencia: «Me importa tres narices lo que diga la gente».

Las sobrinas

Pilar debía de tener unos tres años cuando vio por primera a vez Elisa, en 1958, a la que llamaba «tía», aunque en realidad era hermana de un tío político de Pilar. Esta «sobrina» siempre vio en ella a «una persona alegre, con mucho sentido del humor y de gran fortaleza psicológica. Yo la recuerdo como una mujer feliz», cuenta sonriente. Era «muy coqueta, le gustaba ir de punta en blanco, vestía pantalones, algo llamativo en una mujer de la época, y ahora que lo pienso, con todo lo que pasó, ¿cómo es posible que le gustase el *glamour?»,* reflexiona.

A partir de aquel año, las visitas se sucedieron por ambas partes: Elisa acudía de vez en cuando a Magallón y Pilar y su familia viajaban los veranos a Toulouse para visitar a la hermana de su madre. Entonces, Elisa se reunía con ellos en una especie de reencuentro: cada vez que un español llegaba a la ciudad, «acudían todos los que tenían familias exiliadas» para ponerse al día, contar vivencias del pueblo y hablar durante largas horas. A Elisa «le encantaba charlar» y disfrutar de sus sobrinos, a los que estaba muy unida.

A Sylvie le gustaba pasar unos días junto a su madrina, pues estar con Elisa podía ser de lo más entretenido. Recuerda con gran cariño cuando salían juntas a pasear por la ciudad y terminaban en un salón de té donde todo el mundo conocía y mostraba su cariño a la española. La imagen de su tía rodeada de tantos amigos le sigue pareciendo de lo más entrañable.

El silencio

Elisa afrontaba «la vida con filosofía y cierto desapego, jamás estaba triste y su alegría y generosidad lo inundaban todo», asevera su ahijada. Estos valores calaron muy hondo en sus sobrinos, que a través de su ejemplo aprendieron a afrontar las dificultades con entereza, a disfrutar de los buenos momentos, a ser valientes, a luchar por la libertad y la justicia social, y, principalmente, a no odiar «para que el pasado no vuelva a repetirse».

Si bien Elisa nunca contó nada acerca de su etapa en Ravensbrück directamente a sus sobrinos, estos se enteraron de diferentes detalles gracias a las reuniones de los adultos. Escuchando a hurtadillas detrás de la puerta, los pequeños descubrieron el motivo de las cicatrices de su tía en las piernas —ella decía: «Esto es por los perros de los alemanes»—, de su mala salud cardíaca por «todas las palizas» que recibió de los nazis y del número tatuado en el antebrazo. Pese a todo, Elisa hablaba sin acritud y sin mostrar rencor alguno. «Saber que mi tía había soportado aquellos horrores me aterrorizaba y le tenía una gran admiración por su tenacidad y valentía», afirma Sylvie. No obstante, Elisa nunca ocultó a sus sobrinos la irritación que le provocaba ver coches con matrícula alemana. «No lo soportaba y le salían hasta juramentos», se ríe Pilar. «Sentía un odio profundo, como si estuviera escrito en su piel», apunta Sylvie.

En aquella época en la que Magallón era considerado «el pueblo del silencio», la familia Garrido-Gracia, como tantas otras, optó por obviar su pasado republicano de puertas para fuera. El miedo a hablar y a las represalias siempre estuvo presente, por lo que consideraron que la mejor opción era callar.

Sin embargo, esto no impidió que, desde la liberación del campo de concentración y hasta el último día de su vida, Elisa, de personalidad «cariñosa y altruista», fuese solidaria y llevase a cabo una «impresionante labor humanitaria» mediante la protección y el apoyo moral y económico a otros deportados. «La tenacidad que desprendía en su vida cotidiana —cuenta Sylvie— era encomiable». «Para mí es todo un referente. Hacen falta personas como ella en nuestra sociedad actual», dice por su parte Pilar.

¿Y la calle en París?

Su fortaleza mental y física le permitió resistir los envites de la enfermedad hasta el 19 de marzo de 1990, que se fue en paz. En el tramo final de su vida, Elisa quiso «vestirse con lindas ropas y joyas para proyectar una imagen hermosa de sí misma. Fue el modo de compensar los malos momentos sufridos como esclava de los nazis. «Verse bella», cuenta Sylvie. Asimismo, tiempo antes de morir, Elisa planificó concienzudamente su entierro, para el que preparó incluso un panteón con su fotografía y sus datos. Lo único que faltaba era grabar la fecha del óbito. Después de haber convivido tan de cerca con la muerte, su mayor satisfacción era que la enterrasen «en una tumba, con nombre y apellidos», explica Pilar. Su último deseo se hizo realidad y así le dieron sepultura.

A sus ochenta años, Elisa falleció en Toulouse con la conciencia tranquila: había hecho y logrado todo lo que había deseado, salvo recibir un reconocimiento por parte del Gobierno español. Aunque es cierto que en España no obtuvo ningún homenaje en vida, una de las calles de Magallón, su pueblo natal, lleva su nombre desde junio de 2019. Asimismo, gracias al trabajo de investigación de la Asociación de Familiares y Amigos de los Asesinados y Enterrados en Magallón (Afaem), presidida por su sobrina Pilar Gimeno y por Juan Manuel Calvo, miembro de la Amical de Mauthausen, Elisa y otras personas exiliadas de la comarca aragonesa recibieron un reconocimiento en el marco de unas jornadas de Memoria Histórica. Esta organización zaragozana, además, ha solicitado al Ayuntamiento de París que se le dedique una calle a Elisa, dentro del proceso de feminización del callejero de la capital francesa impulsado por la alcaldesa Anne Hidalgo, gracias al cual ya se han incorporado nombres como el de Neus Català. Esta petición iba acompañada de un estudio elaborado por la periodista Pilar Barranco, miembro de Afaem, que también participó en el homenaje a La Nueve* en el verano de 2019[30].

«Ya vale de silencios —dice una solícita Pilar—. Hay que dar la palabra al dolor, porque, si no se hace, el corazón se encoge». De hecho, si Elisa todavía viviera, su sobrina «le diría que fundase una asociación para inculcar sus principios y valores, que tanta falta hacen en esta sociedad actual».

Desde el comienzo, un halo de sentimentalismo se alojó en la conversación con Pilar al rememorar a la «tía de Francia», el mismo que ahora muestra Sylvie al explicarme que fue su madrina quien le enseñó «a amar las cosas bonitas de la vida, tal y como ella las amaba: cualquier objeto, momento o lugar que pudieran ser agradable». También confiesa que le gustaría decirle: «Gracias por haberme servido de ejemplo y por hacerme entender la vida, y enseñarme a afrontar las dificultades y a disfrutar de los buenos momentos que nos ofrece». Incluso en circunstancias como las actuales, en las que hemos de convivir con una enfermedad como la COVID-19, Elisa habría aceptado la situación «sin ningún temor particular, tomando las precauciones necesarias», sostiene Sylvie. Pero, ante todo, se preocuparía y estaría pendiente constantemente de su familia, de mostrar su cercanía y calidez y, sobre todo, desplegaría esa capacidad suya de protección que la caracterizaba. Porque Elisa era eso: seguridad y refugio, de la cabeza a los pies.

---

* Nombre de la compañía de republicanos que liberó el Ayuntamiento de París y capturó al comandante nazi Dietrich von Choltitz a finales de 1944.

Notas

[1] Entrevista con Sylvie Verdi, sobrina de Elisa Garrido, el 25 noviembre de 2020.

[2] Entrevista con Pilar Gimeno, sobrina de Elisa Garrido, el 24 de noviembre de 2020.

[3] Juan M. Gascón, «Dentro de poco os podré abrazar», CELAN-Gobierno de Aragón, Andorra (TE), 2021 (2ª edición), pág. 179.

[4] «Lucien Garrido a connu l'horreur de la répression», en Grand Delta de La Provence, 15 de febrero de 2001.

[5] Juan M. Gascón, ob. cit., pág. 179.

[6] Ibíd.

[7] Entrevista realizada a Clemente Arellano Lázaro, en Zaragoza, el 25 de septiembre de 2018, por Juan Manuel Calvo Gascón.

[8] «Pepita Carpena, luchadora libertaria de Mujeres Libres», *El País,* 10 de junio de 2005.

[9] Juan M. Gascón, ob. cit., pág. 181.

[10] «Elisa Garrido, la libertaria que voló una fábrica nazi de bombas», *Publico.es,* 8 de noviembre de 2019.

[11] «La batalla del Alcázar de Toledo, el encarnizado asedio que forjó una leyenda», en *ABC*, 14 de septiembre de 2013, y «Sin novedad en el Alcázar de Toledo: la victoria que hizo dictador a Franco», en *El Mundo*, 27 de septiembre de 2016.

[12] Hugh Thomas, *Historia de la Guerra Civil Española*, Ruedo Ibérico, Madrid, 1976, págs. 742-743.

[13] El testimonio en primera persona de Elisa Garrido corresponde al libro *De la Resistencia y la deportación,* Generalitat de Cataluña, Barcelona, 2015, págs. 383-392.

[14] Apunte biográfico aportado por Juan Manuel Calvo Gascón en conversación privada.

[15] Todas las declaraciones de Elisa Garrido corresponden al libro de Neus Català, *De la resistencia y la deportación,* Generalitat de Cataluña, Barcelona, 2015, págs. 383-392.

[16] Pierre-Emmanuel Dufayel, *Un convoi de femmes 1944-1945,* Éditions Vendémiaire, París, 2012, pág. 224.

[17] Carlos Hernández de Miguel, *Los últimos españoles de Mauthausen* (edición digital), Ediciones B, Barcelona, 2015, pág. 258.

[18] Neus Català, ob. cit., págs. 383-392.

[19] Datos aportados por Pilar Gimeno en la entrevista realizada el 24 de noviembre de 2020 y por el libro de Juan M. Gascón, ob. cit., pág. 194.

[20] Amical de Ravensbrück.

[21] Neus Català, ob. cit., págs. 383-392.

[22] Mercedes Núñez, *Destinada al crematorio,* Editorial Renacimiento, Sevilla, 2011, pág. 21.

[23] Ibíd.

[24] Neus Català, ob. cit., págs. 383-392.

[25] Ibíd.

[26] Apunte aportado por Juan Manuel Calvo Gascón.

[27] Datos biográficos aportados por Sylvie Verdi.

[28] Juan M. Gascón, ob. cit., pág. 193.

[29] Datos biográficos aportados por Sylvie Verdi.

[30] Artículo «Elisa Garrido, la libertaria que voló una fábrica nazi de bombas», *Publico.es,* 8 de noviembre de 2019.

NEUS CATALÀ PALLEJÀ

«La Paloma de Ravensbrück»

> Se equivocan los que creen que la tortura mata el espíritu de combate. Cuanta más represión, más ánimo de lucha y más conciencia. Esto es el legado que nos han dejado, y nosotros lo transmitiremos hasta nuestro último momento.
>
> NEUS CATALÀ

Neus estaba enamorada de la vida. Tenía una personalidad alegre, mucho sentido del humor, le gustaba cantar, contar chistes y rodearse de buenos amigos con los que compartir una buena velada. «Decía que la vida era bella, que había que aprovecharla», recuerda su hija, Margarita Català[1]. «Su risa era un cascabel», cuenta sonriente.

Pese a las «muchas subidas y bajadas» emocionales debido a la depresión que sufrió a raíz de la deportación al campo de concentración de Ravensbrück, Neus siempre sacó a relucir un «carácter fuerte y combativo, tozudo, incluso». La marcada personalidad de su madre chocaba irremediablemente con Margarita, quien, en plena adolescencia, se rebelaba contra ella, entre otras cosas, porque le imponía una forma de vestir distinta a la que en aquel momento se llevaba entre los jóvenes. Mientras que la hija quería ponerse unos vaqueros para ir al teatro, la madre le decía: «No, por respeto a la gente tienes que ir bien vestida». Así que, para no enojarla, Margarita elegía un vestido o una falda y, cuando cerraba la puerta, se «cambiaba en las escaleras y salía con un tejano. Así evitaba el enfrentamiento y un buen disgusto», cuenta.

El temperamento de Neus era de armas tomar, no ya porque elevase la voz o abroncase sin sentido, sino porque defendió sus ideas y puso en valor sus principios hasta el final. Aquello, lejos de ser un obstáculo, le valió para luchar con uñas y dientes contra el totalitarismo, la dictadura y la injusticia.

Conciencia comunista

Natural de Els Guiamets (Tarragona), Neus Català Pallejà nació el 6 de octubre de 1915 en una familia de campesinos donde su padre, Baltasar, un labrador con aspiraciones de montañero[2], le inculcó «una conciencia revolucionaria»[3]. Neus siempre contaba que era «comunista de nacimiento», que lo llevaba «dentro» porque su padre «fue su maestro» y le enseñó a ser una mujer independiente. Entre otras cosas, le decía: «Nadie está por debajo ni por encima de ti. ¡No bajes los ojos por nadie!»[4].

Baltasar, un hombre sencillo y autodidacta, que utilizaba un lenguaje llano para discutir de política y explicar el significado del término «socialismo», se ganó el respeto y la admiración ideológica de sus vecinos en las conversaciones en las que participaba con los más pudientes del pueblo. En aquellas charlas, Neus lo observaba atenta y hasta replicaba a quienes los señalaban despectivamente como comunistas.

> Yo soy como soy, y si comunista quiere decir que no quiero que haya pobres, porque no quiero que la gente sufra y quiero que sea feliz, pues claro que soy comunista. Y qué pasa, ¡¡que las mujeres no podemos defender esto!![5].

Tras la instauración de la Segunda República en España, y en un período en el que el Partido Comunista de Cataluña (PCC) apenas tenía presencia en la región —se fundó en 1932—, Neus se aferró a unos ideales políticos fuertemente arraigados. Aunque Margarita reconoce que en aquella época ni su madre ni sus abuelos «sabían lo que significaba ser comunista. Ellos lo que querían era paz y justicia social».

Los Català-Pallejà habían puesto en práctica la defensa de estos valores años antes de la llegada del régimen democrático, ya durante la dictadura de Primo de Rivera, entonando «*La Marsellesa,* el *Himno de Riego, La Internacional* y *Els Segadors*»[6] en casa. Incluso en plena Guerra Civil, Neus recordaba cómo su padre «arriesgaba su vida» para acoger a los fugitivos que cruzaban la montaña y a los maquis heridos en combate. «Los albergaba, los curaba, escondía sus armas hasta que podían reemprender la marcha», escribió[7].

El PSUC y las JSUC

Con la llegada de la pubertad, Neus tuvo que dejar la escuela para ayudar a la familia en las tareas del campo[8], pero ese cambio, lejos de suponer un engorro, fue toda una revolución. La adolescente organizó la primera huelga en el pueblo para que las mujeres disfrutasen de las mismas condiciones económicas que los hombres. Por entonces, ellas cobraban muchísimo menos que ellos por el mismo trabajo. «Desde el principio fue muy feminista —cuenta su hija—, siempre luchó por la igualdad de las mujeres». Además, se incorporó al Sindicato Agrícola en tareas administrativas[9] para pagarse sus estudios de enfermera y, en septiembre de 1936, a raíz del golpe de Estado contra la Segunda República, fue una de los fundadores del PSUC (Partido Socialista Unificado de Cataluña) y organizó las JSUC (Juventudes Socialistas Unificadas de Cataluña) junto a su padre, su grupo de amigos de Els Guiamets y algunos lugareños. «Es en estas dos organizaciones donde por fin encuentro mi lugar», aseguraba Neus[10].

Al año siguiente, decidió trasladarse a Barcelona y continuar con sus estudios de enfermería, que compaginaba con el cuidado de ancianos en una residencia y una participación activa en el partido. Neus representaba lo que se entendía antes como «mujer de partido». Según la historiadora Elisenda Belenguer, gran amiga de la superviviente, Neus «era perseverante y entregada, pero, a la vez, también crítica y comprensiva. Una mujer que lo daba todo por la libertad y la democracia de nuestro país, que era lo que defendía en su partido, lo que ella escogió»[11].

Tras diplomarse en enfermería, Neus comenzó a trabajar como jefa sanitaria en Las Acacias, una colonia de niños refugiados en la localidad de Premià de Dalt, y fue testigo de los bombardeos indiscriminados sobre la ciudad de Barcelona por parte de la Aviación Legionaria italiana, después de que el bando franquista pidiese ayuda a Mussolini.

Las bombas de Barcelona

Desde el 13 de febrero de 1937 hasta el 24 de enero de 1939, la capital catalana fue la «primera gran ciudad europea situada en la retaguardia» en sufrir los estragos de unos ataques «que afectaron gravemente a la población civil»[12]. Según el estudio realizado por Santiago y Elisenda Albertí[13], en Barcelona hubo 385 ataques, 180 en su término municipal, con un total de 1.903 impactos que descargaron más de un millón de toneladas de explosivos y dañaron más de 1.800 edificios. En cuanto al balance aproximado de víctimas: casi 3.000 muertos y más de 7.000 heridos que precisaron hospitalización.

Aunque las áreas más afectadas fueron el puerto, la Barceloneta, la Plaza de Cataluña, el casco antiguo, el Poble Sec y la izquierda del Eximple, los bombardeos también se centraron en fábricas, almacenes, talleres, industrias, estaciones de ferrocarril, instalaciones militares, edificios oficiales y objetivos civiles y zonas densamente pobladas[14]. Un ejemplo de la virulencia de los ataques fueron los bombardeos de marzo de 1938, los más devastadores que sufrió la Ciudad Condal, que alcanzaron el Coliseum y causaron casi un millar de muertos y más de 1.500 heridos en tres días[15].

Tras la evacuación de los organismos oficiales de la República y de la Generalitat de Cataluña el 22 de diciembre de 1939, las vanguardias del Cuerpo del Ejército navarro y del Cuerpo marroquí llegaron al Tibidabo sin la presencia de tropas republicanas que las confrontasen[16]. Barcelona presentaba una imagen desierta y sin capacidad de defensa después del último bombardeo con artillería italiana del 31 de diciembre. Mientras las tanquetas franquistas penetraban por la calle Sarrià en dirección al paseo de Gracia, Neus organizó la evacuación de los ciento ochenta niños de Las Acacias hacia Francia.

> La obra más bien hecha de mi vida fue evitar que estos niños cayeran bajo las garras de Pilar Primo de Rivera, la Sección Femenina y las Casas de Auxilio Social[17].

Aquella madrugada del mes de enero, la catalana dejaba atrás una Barcelona «sumida en el más total y angustioso silencio» para emprender «el triste exilio»[18]. El 10 de febrero, Neus y el grupo de niños cruzaron la frontera por el municipio español de Portbou. Sin embargo, a la joven le embargó un sentimiento de profundo pesar cuando vio cómo desarmaban a los soldados republicanos al pasar la frontera francesa.

> Era ver cómo, por un lado, pasábamos las mujeres y los niños y, por el otro, los soldados de la República que habían estado luchando durante treinta y dos meses con aquel heroísmo, con

aquella valentía, y que debían dejar las armas. Esto fue un golpe muy fuerte para mí[19].

Días más tarde, las autoridades francesas los alojaron en un castillo en Trélissac, próximo a Périgueux, donde pudo reunirse con varios miembros de su familia. Meses después, los trasladaron a un refugio en Carsac-Aillac y, cuando se había asentado definitivamente, Neus inició contacto con la Resistencia, más concretamente con el grupo de Turnac, donde conoció al que sería su marido, el francés Albert Roger[20].

Peligros en la Resistencia

Una de sus actividades principales antes de contraer matrimonio fue escuchar y transportar verbalmente cualquier mensaje que pudiese interesar a la propaganda antinazi. Para la divulgación «exclusivamente oral», todos los sábados, Neus recorría mercados y granjas para pedir a la gente que no colaborase con los enemigos de Francia. «Me pasaba horas y horas hablando y exponiéndome peligrosamente», contaba[21]. Incluso llegó a ser denunciada en dos ocasiones ante la *Kommandantur*[*] de las SS de Périgueux por un farmacéutico de Sarlat, aunque la queja nunca llegó a trámite.

El mismo día en que Neus y Albert celebraron su boda, el 29 de diciembre de 1942, la pareja escondió a dos maquis de Turnac: acababan de convertir su casa en «un punto clave para ocultar guerrilleros españoles y franceses y antiguos combatientes de las Brigadas Internacionales»[22]. A partir de ese momento, centralizaron la transmisión de mensajes y documentación falsa, y organizaron el suministro, la recepción y la fabricación de

* Comandancia, en alemán.

explosivos, además de la obtención de armas. A cambio, la Resistencia les ofrecía tabaco, conservas, carne o chocolate[23].

Mujeres como Neus Català fueron clave para la lucha contra el fascismo en Francia, pues llevaban a cabo la misión más arriesgada: hacer de enlace. Esta función consistía en distribuir información y dotar de armas a la red, controlar los pasos por las montañas y fronteras, suministrar los cuidados sanitarios en las cárceles y vigilar los controles de la policía francesa y de las patrullas alemanas para alertar a sus camaradas. Neus, como la mayoría de las integrantes femeninas en los grupos maquis, realizaba este «trabajo en apariencia fácil, pero sumamente peligroso, que requería una gran resistencia moral y física», explicaba la catalana[24]. Las mujeres eran las resistentes «más expuestas a ser descubiertas y ser torturadas en caso de detención».

Arrestada y torturada

El 11 de noviembre de 1943, una nueva denuncia precipitó la detención de Neus y Albert por parte de la Gestapo. Los llevaron de su granja en Turnac a la prefectura de Périgueux, donde los SS iniciaron los primeros interrogatorios.

> Sabíamos lo que nos jugábamos, por eso siempre tuvimos claro que cuando nos detuvieran, torturaran o maltrataran, debíamos pensar en los motivos que nos habían llevado hasta allá, la búsqueda de la libertad, la justicia social y la defensa de la democracia, y por eso nunca perdimos la conciencia de por qué luchábamos, eso fue lo que nos hizo resistir[25].

En el primer interrogatorio de Neus, los nazis no le propinaron ni un solo golpe y, aun así, fue igualmente «terrible», describió la catalana. Porque durante más de media hora, además de tener una pistola en cada sien y una ametralladora a la espalda en continuo movimiento para infundirle miedo, no dejaron de asegurarle que Albert la había traicionado. La tortura psicológica para derrotarla fue brutal. «Habla, no seas tonta; si tu marido lo ha dicho todo y te lo carga todo a ti… Si te engaña con otras mujeres», le decían.

Esa misma noche Neus fue trasladada de Périgueux a la prisión de Limoges, donde la maltrataron salvajemente. En este recinto eran especialistas «en arrancar la piel, clavar un hierro al rojo en el talón hasta atravesar el hueso o romper la espina dorsal a palos». Cuando Neus se vio encerrada en una celda y separada de su grupo, le dio tal ataque de desesperación que empezó a gritar y a dar patadas a la puerta. Armó tanto escándalo que cuando uno de los carceleros preguntó qué sucedía, ella tan solo tuvo fuerzas para pedir comida. «Me quedé absorta. No podía pedirle la libertad a un verdugo», contaba Neus completamente aterrada ante la pesadilla que se le avecinaba.

Las paredes de la cárcel, llenas de inscripciones grabadas con las uñas de anteriores prisioneros, daban buena cuenta del horror que le esperaba:

> Camarada, tú que ocuparás mi sitio cuando yo haya dejado de existir, di al mundo, si te salvas, que los antifascistas vamos a la muerte con la frente alta, con fe absoluta en la Victoria. ¡Viva la France![26].

Aunque, tras aquella primera noche, Neus fue víctima de toda clase de torturas físicas, nunca pudo olvidar las que sufrió durante su segundo interrogatorio:

> Ese día me dieron una gran paliza. Luego pretendían que firmara una declaración que yo no había hecho; además estaba escrita en alemán. Les dije que, si querían matarme que lo

hicieran, pero que nunca firmaría. «Te aseguramos que lo harás: tenemos los medios y el tiempo, ¡demonios!»[27].

Mientras sus torturadores la apaleaban, le propinaban patadas y latigazos en la cabeza y en el resto del cuerpo, la española se concentraba en el odio que sentía hacia ellos para no perder el conocimiento. Ni siquiera lograron que cayese al suelo después de romperle la mandíbula. «No quería darles esa alegría. Me sujetaba por donde podía y me mantuve derecha», reconocía orgullosa[28].

Transcurridos dos meses desde su llegada a la prisión de Limoges, fue enviada al campo de concentración de Compiègne, donde decenas de miles de prisioneros esperaban para ser transportados a los centros de exterminio nazi. Aquí conoció a Geneviève de Gaulle, sobrina del general de Gaulle, compañera de cautiverio con la que mantuvo una gran amistad tras la guerra.

Durante cinco días, la catalana y sus camaradas vislumbraron que lo que habían sufrido no era nada en comparación con lo que les esperaba. Las mujeres vivían hacinadas y disponían de un trozo de pan y un poco de agua al día para beber y lavarse. Sin higiene ni aire, «aquello fue la antesala de la muerte».

Sin haber pasado por ningún tribunal, después de un tiempo llegó su sentencia: «Condenada a trabajos forzados a perpetuidad», le comunicó un oficial de las SS a Neus. Al día siguiente, la joven dejó Compiègne y se embarcó con unas mil mujeres en un tren de ganado con destino a Ravensbrück.

En cada vagón, ochenta mujeres compartían el habitáculo en pésimas condiciones de salubridad: sin comida ni agua que ingerir, se tumbaban sobre la paja, utilizaban un cubo para hacer sus necesidades, y apenas podían respirar debido al escaso oxígeno que entraba a través de la pequeña abertura de la pared.

Los primeros tres días de los cinco que duró el trayecto, las deportadas lanzaron mensajes de papel a los ferroviarios franceses —que se jugaban la vida al recogerlos—, con la esperanza de que los hicieran llegar a sus familias para que supieran que todavía seguían vivas. Sin embargo, cuando abandonaron Francia y entraron en territorio alemán, se cerró «el cepo con todos sus dientes».

El mundo de los muertos

Mil kilómetros después, el larguísimo tren de ganado arribó a la estación de Fürstenberg/Havel, en el estado federado de Brandeburgo, en una zona conocida como «la Pequeña Siberia».

A las tres de la madrugada del 3 de febrero de 1944 y con una temperatura de 22 grados bajo cero, decenas de SS abrieron los vagones y empezaron a gritar a las prisioneras para que desembarcasen: algunas cayeron «al suelo como borrachas»; otras nunca salieron: no habían sobrevivido. Entre las que llegaron con vida, Neus recordaba que había checas, polacas y un grupo de españolas de todas las cárceles y campos de Francia.

> Con diez SS y sus diez ametralladoras, diez *aufseherin* y diez *schlage* [látigo para caballos], con diez perros lobos dispuestos a devorarnos, empujadas bestialmente, hicimos nuestra triunfal entrada en el mundo de los muertos[29].

Neus nunca fue capaz de describir su primera impresión al traspasar las puertas del «Puente de los Cuervos». Tampoco encontró a nadie que le diese una respuesta aproximada para definir lo que sintió al entrar en aquel infierno. «No se han inventado palabras para describirlo. Nunca podrá salir de los labios de un deportado la intensidad de nuestro ser moral», aseguraba[30].

Cuando llegaron al recinto, a Neus y a sus compañeras les impactó, sobre todo, la imagen de las presas que las miraban.

«Eran mujeres, pero al verlas nos pensamos que estaban muertas, ¡que salían de una tumba!»[31].

Enseguida dio comienzo el ritual concentracionario: las duchas de «desinfección», pelo rapado al cero, inspección de todos los rincones del cuerpo, uniforme de rayas y la asignación del número de prisionera[32]. El de Neus fue el 27534. La registraron como prisionera política francesa bajo la identidad de Neige Roger y le pusieron el triángulo rojo, insignia de los presos políticos, con la «F» de *Frankreich* (Francia) en vez de la «S» de *Spanien* (España). «La intención de los nazis era que dejáramos de ser personas para convertirnos en números»[33], afirmaba.

Pasado este trámite, de camino al bloque designado, Neus se dio de bruces con una espantosa realidad: una mujer electrocutada, enroscada y enganchada en la alambrada eléctrica; dos *Kapos** arrastraban a otra prisionera mientras una SS la golpeaba con el látigo sin darse cuenta de que ya había muerto hacía unas horas...[34]. «En Ravensbrück se acabó mi juventud»[35], escribió la catalana.

Las cloacas del campo

La recién llegada se instaló en el barracón 22, un gigantesco habitáculo construido para albergar a cuatrocientas prisioneras —aunque llegó a haber hasta mil doscientas mujeres hacinadas—, en el que difícilmente podían tumbarse o dormir cómodamente debido a la falta de espacio.

A la izquierda de la entrada principal había unos váteres atascados. La habitación de la *blockova,* la jefa de barraca, esta-

---

* Prisioneras elegidas por las guardianas nazis para supervisar a sus compañeras. Tenían mejores condiciones en el campo de concentración. Eran conocidas por su brutalidad.

ba a la derecha y, enfrente, los lavabos, que casi nunca tenían agua. Por tanto, las presas apenas podían lavarse o cambiarse de ropa; esta ausencia total de higiene, sumada a una ventilación insuficiente, generaba toda clase de epidemias e infecciones. Tener piojos estaba a la orden del día.

El *Block*[*] 22, como el resto de los que componían este campo de concentración, jamás se desinfectaba y en él las internas tenían que compartir literas de tres pisos superpuestos, cuyos camastros, de ochenta centímetros de ancho, contenían virutas de madera a modo de colchón. En las temporadas de mayor masificación, en este reducido espacio llegaba a haber hasta seis presas.

En el exterior de los bloques, la falta de salubridad era aún mayor. Las cloacas del campo o «zanjas a cielo abierto», como las denominaba Neus, se encontraban al mismo nivel que la conducción del agua y entre dos barracones; uno de ellos era el comedor, de manera que, mientras comían, las presas respiraban aquel olor nauseabundo.

Durante la primera semana, Neus aprendió a peinarse sin peine, a asearse sin agua, a aguantar «la sed más torturadora que el hambre» o a «ejercitar el cerebro para que no se convirtiera en bestia, que era lo que querían los nazis»[36]. También entendió que, si en cuarenta y ocho horas las presas más enfermas no recibían asistencia médica, terminaban falleciendo de septicemia, como les sucedió a ocho de sus amigas. «Ravensbrück, ¡mil veces maldito campo!», maldecía constantemente, sobre todo cuando llegaba la hora de los temidos *Appells*.

> La sirena nos arrancaba de la cama a las tres de la madrugada, y después tocaba vestirse, calzarse, hacer la cama, tomar algo poco parecido a café, y pasar el primer recuento de delante de

---

* En el lenguaje del campo, barracas de las prisioneras. Oficialmente, sección del campo con varias barracas.

> la barraca. Después desfilábamos hacia la plaza central para pasar el recuento, obligándonos a formar derechas durante horas bajo el viento, la lluvia o el frío bajo cero. Y a partir de ahí, lo que teníamos que hacer era esperar a ver cuál sería el primer crimen del día o esperar a ver qué trabajo nos mandaban hacer para exprimirnos, agotarnos físicamente y aprovecharse de nuestro trabajo[37].

En los largos pases de revista, se llevaban a cabo distintas selecciones. Los grupos destinados a un *Kommando* de trabajo desfilaban hacia la salida ataviadas con un pico y una pala, cantando el *Allí, Allo,* un cántico marcial que estremecía particularmente a Neus. Las prisioneras más ancianas y, por consiguiente, no aptas para el trabajo, terminaban en el *Betrieb,* el taller, haciendo calceta a la espera de su muerte. Las madres y los niños judíos también participaban en la formación, aunque lo hacían con un miedo especial: eran conscientes del peligro que se cernía sobre ellos cuando se aproximaban las guardianas de las SS. «Eran malas bestias, unas mujeres muy violentas —explicaba Neus—. Nosotros enseguida les pusimos apodos para distinguirlas y que no supieran que hablábamos de ellas»[38]. Quien no moría a palos lo hacía gaseado. Todos terminaban en el crematorio.

> Dante ha descrito el infierno, pero no ha conocido Ravensbrück, ni Mauthausen, ni Auschwitz, ni Buchenwald. ¡Dante no podía ni imaginar el infierno! Yo tengo una película en la cabeza en blanco y negro, tal como era todo, porque allí no había colores[39].

Pero sí había olores. Olores a carne quemada, a llagas, gangrena, suciedad… Ese olor de Ravensbrück era indescriptible[40].

> Los hornos crematorios, que no cesaban día y noche hasta tragarse por turnos a las encargadas de alimentarlos de carne

> humana. De muertas o de vivas. Y los cuervos siempre graznando [...] atraídos por el olor a carne quemada y a cadaverina de aquellas supliciadas que, sin tregua, día y noche, salían con humareda escalofriante y a llamaradas de mil colores por la chimenea de los cuatro hornos crematorios[41].

Evasión mental

Entrar en Ravensbrück significaba acceder a un mundo inconcebible para la mente del ser humano, el infierno en la tierra, como describieron muchos de los supervivientes. «Todo lo que nos envolvía era terror»[42]. Por ello, las prisioneras buscaban en sus recuerdos una especie de evasión momentánea o un mecanismo de defensa que les proporcionase cierta dosis de esperanza. Neus conseguía que su mente la transportase hacia Els Guiamets, su pueblecito del Priorat, donde había disfrutado de una infancia rebelde, de una juventud alegre y de la creación de las primeras organizaciones comunistas de la época.

> Todas estas evocaciones las quería guardar en mi mente. Visiones alegres y exaltantes para dejar este mundo con mi fe intacta en la Victoria; satisfecha de haber sido feliz en paz con mi conciencia[43].

Durante las primeras semanas en Ravensbrück, la catalana se sintió muy fatigada y apenas podía trasladar los sacos de pan de veinticinco kilos que tenía que llevar al bloque correspondiente. Los últimos meses como enlace de la Resistencia habían sido muy peligrosos y, tras su detención, las torturas en la cárcel y la deportación, su cuerpo estaba resentido y exhausto, pero, además, su mente también estaba afectada. Neus había entrado en un primer período de tristeza y depresión, en el que constantemente preguntaba a sus compañeras:

> ¿Verdad que nos moriremos pronto? Sí —me respondían—, y tú la primera, porque no comes ni duermes y nos creas mala conciencia con tenernos que tragar tu sopa. Come y calla, no nos contagies tu miedo[44].

Gracias al apoyo de sus camaradas, en especial de Geneviève de Gaulle, con la que compartía barracón, pudo recuperarse física y mentalmente. La sobrina del general francés asumió el trabajo de Neus hasta que esta mejoró: cargaba los pesados sacos de pan. «¡Yo me enfadaba, quería hacer como todo el mundo!», decía. Pero si la francesa lo hubiera permitido, el peso habría matado a su amiga[45].

Tan pronto como Neus superó esa primera etapa de depresión y recuperó la energía y la fuerza que la caracterizaban, se propuso como objetivo conocer más a fondo los entresijos del campo de concentración. El motivo: quería memorizar la máxima información posible para explicárselo al mundo, si finalmente salía con vida. Para ello, visitó a escondidas las cocinas, los hornos crematorios y los barracones de las sentenciadas a muerte. En una ocasión, su curiosidad a punto estuvo de causarle un grave problema.

> Una vez quise mirar por la ventana del [barracón] 32 para saber qué ocurría con las otras quinientas que formaron parte de nuestro convoy. Desde lejos oí gritar: «*Achtung! Kapo!*» [¡Atención! ¡Una *Kapo!*]. A veinticinco metros venía una furia con un palo más grueso que su brazo, y estaba gorda esa criminal de triángulo negro. Me escurrí como un lagarto[46].

Experimentos vergonzosos

Entre las vejatorias situaciones que las internas padecieron en Ravensbrück estaban los exhaustivos controles ginecológicos efectuados sin ninguna higiene y en condiciones vergonzosas en la *Revier*[47]. Con un mismo utensilio examinaban y tomaban muestras de la vagina a todas las presas. Poco importaba si algunas tenían tuberculosis o sífilis. Neus lo recordaba con auténtica vergüenza, rabia e impotencia.

> A todo mi grupo nos pusieron una inyección para eliminarnos la menstruación con la excusa de que seríamos más productivas. Ocurrió en 1944; no la volví a tener hasta 1951. [...] Se salvaron muy pocas; los bebés nacidos eran automáticamente exterminados, ahogados en un cubo de agua, o los tiraban contra un muro o los descoyuntaban. Ellas agonizaban por las malas condiciones higiénicas del parto o se volvían locas por la impotencia al presenciar tales asesinatos[48].

Tras la revisión y ante la apariencia esquelética de Neus, los nazis asumieron que tenía tuberculosis y añadieron una raya roja al lado de su nombre: acababan de sentenciarla a la cámara de gas[49]. Sin embargo, los médicos de las SS volvieron a llamarla para que acudiese a la enfermería, le hicieron una radiografía pulmonar y concluyeron que la española era apta para trabajar. Al regresar al barracón, sus compañeras la abrazaron con alegría. «Empiezo a ser un esqueleto, pero no estoy tuberculosa, tengo esperanza», bromeaba Neus. De todos modos, ya le «habían confeccionado otro número de ficha para escapar de la selección»[50].

Los doctores Karl Gebhardt, presidente de la Cruz Roja de Alemania y director de la enfermería de Ravensbrück, y Carl Clauberg, ginecólogo investigador, eran los encargados de realizar insólitos y dolorosos experimentos médicos a las reclusas. Neus, como Conchita Grangé y Alfonsina Bueno, fue víctima de los estudios científicos de estos médicos de las SS, y fue testigo de los terribles tratamientos a los que sometían a algunas jóvenes polacas, las denominadas *Kaninchen*[*], a las que realizaban «horri-

* Conejillos de Indias.

bles mutilaciones» e inoculaban bacterias para analizar el proceso de infección. En una ocasión, inyectaron semen de chimpancé a una interna francesa y esta terminó quitándose la vida[51].

> A las operadas —cuenta además Nina Kifonova— se les anestesiaba lo justo para el tiempo de la operación. Acabada esta, de un empujón, se las tiraba de la mesa y fuera de la sala[52].

Sobrevivir a Ravensbrück era hacerlo al tifus, a la disentería, al hambre, a las torturas, a las inyecciones de bencina en las venas o en el corazón, a los fusilamientos y a los aplastamientos a causa de los vagones de mercancías. Mantenerse en pie en el campo se convirtió en la peor de las pesadillas y algunas se dejaban morir o directamente se quitaban de en medio. Aunque «jamás pensé en el suicidio —comentaba Neus—, sí que deseé un día irme a dormir y no volverme a despertar»[53]. Sin embargo, poco a poco, la catalana logró reconstruirse como persona para dejar de ser un número, una sombra, un despojo o «una *loque**», como ella misma se definía[54]. Para conseguirlo, salía del barracón, abría el grifo y, aunque saliese agua congelada y no tuviese ánimos, se lavaba.

> Veías nuestros cuerpos como esqueletos, con los pechos colgando, aquellos pingajos, dos cavidades en las nalgas. No me quería lavar, pero sabía que si no iba a lavarme todo habría terminado[55].

Gravosas tareas

Cada grupo de trabajo tenía asignada una tarea en el campo y el de Neus era desecar el pantanal durante doce horas al día: abrían zanjas de desagüe sin cordel ni molde que las ayudase y, solo con

* Término francés que significa «despojo». En este contexto, los deportados lo utilizaban para definirse a sí mismos.

las manos desnudas y el agua helada hasta los tobillos, fabricaban unos ladrillos de barro que colocaban en montones de gran altura. Como otra forma más de desaliento, también debían aplanar el campo con un rodillo tirado por cuatro mujeres y amontonar arena en cadena. Tras veinte días de faena, las prisioneras estaban hechas un auténtico guiñapo, prestas «para el matadero»[56].

> Nos ponían en fila y cada una de nosotras llevaba una pala. Íbamos amontonando la arena a un lado y al día siguiente nos hacían llevar la misma arena al otro lado. Era un trabajo completamente inútil, ideado solamente para desmoralizarnos[57].

Asimismo, debían realizar labores aún más desagradables, como las de limpieza y vaciado de los váteres, que se atascaban a diario como consecuencia de los vientres enfermos de las prisioneras. En numerosas ocasiones, además, a Neus y a otras presas se les impuso el castigo de recoger con las manos los excrementos acumulados, lo que llamaban las *Scheisskolonne**: «La mierda nos llegaba hasta medias piernas. Los nazis la utilizaban como abono para sus jardines»[58].

Sin embargo, nada de esto podía compararse con las veces en que los SS querían que hiciesen de verdugos: las presas que estaban libres y no tenían faena debían colgar a sus compañeras. Pero Neus siempre se negó: «Fue una obsesión constante. ¡Antes la tortura o suicidarme electrocutada con las alambradas que rodeaban el campo! Mil veces aquella muerte antes que ser verdugo»[59].

La camaradería

En campos como el de Ravensbrück, las prisioneras tenían los domingos libres, que aprovechaban para asearse, quitarse los piojos, lavar la ropa y reunirse para realizar un montón de acti-

* Columnas de mierda.

vidades distintas: desde intercambiar recetas de cocina, aprender alemán, conversar sobre música o historia, hasta contar cuentos o chistes o crear un coro y pasarse la tarde cantando. Decía Neus que el campo fue su «universidad» y que aquel tiempo de ocio le sirvió para «no perder el espíritu»[60].

La solidaridad y la cultura ayudaron a las internas a mantener la cabeza serena en los peores momentos en el campo. Se organizaban por «grupitos», como si de una «familia» se tratase y, mientras una hacía de madre, las otras ejercían de hermanas.

> Si a una de nosotras le faltaba comida, tú le dabas un poquito de la tuya. Y procurábamos que hubiera calor, sobre todo en los primeros momentos, que son muy duros. Una caricia puede hacer mucho, puede salvar una vida, porque te permite salir de aquel mundo tétrico y ver que hay una persona que te quiere, que hay alguien humano como tú[61].

En la «familia» de Neus, la catalana se sintió madre y, aunque apenas se entendían debido a los diferentes idiomas que hablaban, los gestos y signos ayudaban a crear ese vínculo tan especial.

Estos núcleos estaban conformados por mujeres de todo tipo: comunistas, socialistas, intelectuales, burguesas, obreras, campesinas, judías, católicas, testigos de Jehová o gitanas, que se sintieron unidas «sin ninguna distinción» por encima de las nacionalidades, ideologías o creencias religiosas. «Todas teníamos un enemigo común. Éramos mujeres antifascistas», apuntaba Neus.

> Allí todas éramos hermanas, no importaba cómo pensáramos. Y era posible encontrar belleza y bondad en medio de aquel horror. La belleza de los sentimientos más nobles la he conocido en el campo: la tolerancia, la solidaridad, la amistad. […] Una

de las grandes lecciones que aprendí en el campo fue la solidaridad y la tolerancia respecto a quien piensa diferente a mí[62].

El «Auschwitz de Checoslovaquia»

El 11 de abril de 1944, dos meses después de llegar a Ravensbrück, Neus fue trasladada con el número de matrícula 50446 a Holleischen. Esta antigua granja reconvertida en campamento a las afueras del pueblo Holýšov, en la actual República Checa, funcionaba bajo la administración del «Puente de los Cuervos» y era denominada «el Auschwitz de Checoslovaquia».

A partir de 1944, las SS utilizaron Holleischen para enviar transportes masivos de prisioneros desde distintos lugares dominados por el Tercer Reich como refuerzos laborales para la industria armamentística. A partir del 1 de septiembre, este campo satélite comenzó a operar bajo las directrices del campo de concentración de Flossenbürg, ubicado aproximadamente a noventa kilómetros de distancia[63].

Al llegar, la española no encontró mucha diferencia con respecto a las pésimas condiciones de Ravensbrück: un recinto electrificado con un vasto patio y diversos edificios de tres pisos. En el rellano de la entrada había varios sacos de arena que las presas utilizaban para frotar y lavar su ropa; en la segunda planta estaban ubicados los dormitorios, que albergaban los mismos camastros con colchones de paja y una manta y tenían un ventanuco a la altura del techo por donde entraba la ventilación; y la tercera y última planta estaba habilitada como refectorio, donde las internas apenas degustaban una sopa fría y un pedazo de pan negro tras las extenuantes jornadas de trabajo en la fábrica de armamento[64].

Las internas no encontraron grandes diferencias en la vida en su nuevo emplazamiento, tan solo que se levantaban una hora más tarde. El comandante al mando, apodado «Edmond», era un nazi extravagante y con muchos cambios de humor que tan pronto se refería al grupo de Neus como «las pequeñas francesas» y chapurreaba el idioma, como las amenazaba con prender fuego a todo el campo. «La primera gran "pitada" se la llevó cuando hizo apalear a un preso del barracón de hombres al otro lado de la carretera», relataba Neus, que tampoco pudo olvidar nunca a otros SS aún más sanguinarios, como «Totoche», muy servicial con sus superiores, pero «bestial con las detenidas».

> Sus preferencias eran nuestras gargantas; sus manos y todo su cuerpo se estremecía de placer viéndonos al borde de la estrangulación[66].

Entre los muchos torturadores se encontraba una supervisora nazi, la *Oberaufseherin*[*] Schmidt, «bella como una urraca» y «cínicamente mala», a la que se le deformaba la cara «de forma extraordinaria» cuando pegaba a las prisioneras tras fuertes ataques de rabia. También estaba otra «fiera», a la que Neus apodó «Mouche â miel», mosca de miel, en francés, una «mosca de mierda con ojos felinos, cambiantes» que tenía la «mala costumbre de pegar preferentemente en los ojos con un anillo de piedras preciosas, muy grandes, pero de muy mal gusto. A más de una dejó tuerta».

Aparte de tener que soportar los malos tratos que perpetraban los vigilantes, los prisioneros en Holleischen estaban sometidos a una disciplina con numerosas restricciones: estaba prohibido cantar, hablar en el camino de ida o de vuelta de la fábrica o durante el trabajo, reír, fumar... Todo estaba prohibido. Y cuando las mujeres terminaban la jornada después de dieciséis horas seguidas armando obuses y regresaban al cam-

---

* Guardiana supervisora principal.

pamento para realizar el recuento, los nazis las amenazaban: «¡Seréis todas ahorcadas!»[66]. Este subcampo no se diferenciaba de ningún otro que estuviese dirigido por los nazis: era un lugar de exterminio en el que, siempre y cuando los presos fuesen productivos, les perdonarían la vida. «Caso contrario, estabas perdida»[67]. A pesar de todas las limitaciones, los domingos organizaban fiestas a escondidas.

Cazar moscas

Cuatro *Kommandos* de trabajo integrados por mujeres del campo de Holleischen acudían diariamente a la fábrica de municiones de la empresa Metallwerke Holleischen GmbH (Werk II)[68], donde supuestamente tenían que elaborar material armamentístico para la *Luftwaffe* alemana. Sin embargo, aun a riesgo de morir asesinadas a manos de los SS, las prisioneras realizaban infinidad de sabotajes para inutilizar los obuses antiaéreos que se cargarían en los bombardeos contra los países aliados.

El apoyo entre las mujeres fue siempre absoluto, todas se mantuvieron activas y unidas para estropear el mayor número posible de armas. Para llevar a cabo su misión, se organizaban por turnos, pues no podían despertar sospechas entre los nazis. «Si tenían que salir diez mil armas, solo salían cinco mil —relataba Neus—. En nueve meses en nuestro *Kommando* la producción bajó de las diez mil piezas a la mitad, a unas cinco mil o seis mil»[69].

> Yo tenía que quitar la pólvora incrustada en cada bala y que impedía poner el detonador. En el tiempo de una bala y media pasaba solo una. En cada torno teníamos que hacer ocho agujeros por bala y yo solo hacía seis[70].

Para sabotear las balas que fabricaban se buscaba cualquier pequeña cosa que, mezclada con pólvora, inutilizara el obús. Así fue como organizaron lo que Neus llamó «la caza de moscas»: algunas presas se dedicaban a cazar moscas y después las colocaban en la zona que alojaba el detonador[71].

> Cuando no teníamos moscas, escupíamos. Estoy segura de que muchas de las cajas de balas que salían de allí nunca pudieron utilizarse. Cuando regresábamos a la barraca nos preguntábamos entre nosotras: «¿Cuántas moscas has matado hoy? Veinte, treinta, cincuenta». Cada mosca era una bala que no serviría para acabar con la vida de algún compañero. Estas pequeñas cosas representaban para nosotras una gran victoria. Era peligroso, y si te cogían, no lo contabas, pero seguimos haciéndolo hasta el final.

Para Neus y el resto de sus compañeras, la Resistencia no se quedó a las puertas de la cárcel ni de los campos de concentración. Por el contrario, la lucha fue una constante y, aunque debían mantenerla oculta para evitar represalias o ser asesinadas, el riesgo merecía la pena si aquellas balas terminaban siendo inservibles y salvaban vidas humanas. «No parábamos de escupir. ¡Escupir y sabotear, sabotear, sabotear!», se enorgullecía Neus cada vez que contaba esta historia[72].

Sin embargo, no todas las internas pudieron salir vivas de la fábrica. A quienes descubrían en plena labor de sabotaje les esperaba una muerte terrible: además de someterlas a torturas y darles brutales palizas, las ahorcaban colgándolas de un gancho de carnicero que colocaban por debajo de las mandíbulas para provocar una muerte lenta; cuando fallecían, las llevaban al crematorio. «Pero había que arriesgarse», insistía Neus.

La catalana y Blanca, una de sus compañeras más queridas en el taller 44, formaban un perfecto dueto de saboteadoras, cuyo cometido era romper las prensas del torno por donde pasaban los obuses. Cada vez que las dañaban, tenían que llamar al mecánico. Así se hicieron llamar «Blanca Nieves y los siete mecánicos», un irónico apelativo que empleaban siempre que estropeaban un artefacto y querían avisar al resto[73]. En el momento en que el ingeniero se personaba, las internas se marchaban y colocaban un cartel que decía: «Blanche-Neige et les sept mécaniciens»[74].

Aparte de introducir aceite, moscas o escupitajos en la maquinaria, romper el torno o hacer menos agujeros de los necesarios para que no pasasen las balas, Neus se especializó en ralentizar el trabajo de la máquina introduciendo un tornillo. También aprovechaba el momento de ir al lavabo para arrojar toda la pólvora posible por el inodoro y, cuando los nazis obligaban a limpiar las máquinas con un poco de acetona, las prisioneras «se la ponían a cubos enteros»[75]. De tanto inhalar este disolvente, Neus desarrolló fuertes problemas respiratorios que arrastró el resto de su vida[76]. Pero todo sufrimiento personal valía la pena con tal de desarmar aquella fábrica.

> Aunque el hambre retorciera nuestros estómagos, no éramos capaces de quitarnos una brizna de pan, pero para la lucha éramos unas perfectas ladronas; sabotear, sabotear, sabotear... A eso tendían todas nuestras fuerzas y preocupaciones[77].

Para el mes de mayo, los *Kommandos* de trabajo de Metallwerke Holleischen GmbH ya habían inutilizado todas las máquinas y, al final de la guerra, habían logrado estropear diez millones de balas.

> Éramos una especie de Penélopes, hacíamos y deshacíamos. Si en un mes hacíamos un millón de balas, al mes siguiente deshacíamos otro millón. Yo me volvía loca con tanto contar y descontar. Una vez que se paró la máquina, vino la Graff, a

quien llamábamos «la Pantera Roja», y empezó a pegarme puñetazos en la cara. Me cogía la cabeza y me la apretaba contra el cilindro de hierro. Pero al día siguiente volvíamos otra vez a lo mismo[78].

Las «gandulas»

Al grupo de trabajo de Neus lo apodaron *«Kommando faul»*, es decir, el *«Kommando* de las gandulas», por la falta de productividad durante sus turnos en el taller 44. No había día o noche que no se parase alguna máquina, se perdiese pólvora o hubiese munición dañada. Por ello, las «gandulas» se convirtieron en el blanco perfecto de los castigos de las *Kapos* y las guardianas. Un domingo las hicieron salir de las duchas de los talleres centrales y recorrer en cueros los pasillos ante la mirada de numerosos SS y civiles, mientras las vigilantes las increpaban al grito de: «¿No os da vergüenza, cerdas, más que cerdas? Pasear desnudas delante de los hombres». Las mujeres aguantaron «el chaparrón bien rígidas, sin taparnos. "Estos no son hombres, son bestias", nos decíamos»[79].

En otra ocasión, en pleno mes de octubre, Neus se encaró con la apodada «Mouche â miel», después de que esta la descubriese con uno de los objetos prohibidos durante una revisión: unas ligas. Cuando la guardiana golpeó a Neus con su anillo en los ojos, esta recordó las palabras de su compañera Reinalds: «Cuando te maltraten o te torturen, odia, odia con toda tu alma a tus enemigos y no sentirás ni la mitad del mal». Gracias a aquel consejo, Neus se armó de valor y, aunque «saltaba como una cabra loca», gritaba e insultaba sin parar en catalán a los SS, mientras estos le pegaban con la vara, las botas y con las manos.

Desnuda como estaba, me lanzaron sobre la cama. Yo estaba morada de arriba abajo, me dejaron hecha un guiñapo a golpes y azotes. Pero cuando se fueron chillé con gran rabia:

—¡No me las habéis quitado, malas putas!

Y lloraba y reía al mismo tiempo mientras enseñaba las ligas a mis compañeras[80].

Cada episodio de palizas y castigos servía para que Neus luchara por salir adelante; la impulsaban unas enormes ganas de vivir, que conseguían alargar su vida un poco más. Cierto era que las guardianas imponían sanciones sin que se contravinieran las normas: con que hubiese una prisionera desaliñada, con ropa más sucia de lo normal o sin ella, todo el grupo —compuesto por mil ochocientas mujeres— tenía que formar en el exterior, sin importar la temperatura que hubiera.

Esto ocurrió la víspera de Navidad de 1944. «Nos decían que éramos unas locas y unas gandulas porque rendíamos muy poco», escribía Neus. Antes del correctivo, las *Kapos* revisaron las pertenencias de las presas y les quitaron lápices, papeles, medias...[81]. Las dejaron sin nada. Más tarde, a la hora del almuerzo, comieron *goulash** y, al terminar, las obligaron a permanecer en formación en la parte baja del campo, donde se estancaba el agua. Desde las dos hasta las siete de la tarde, las mujeres aguantaron bajo la lluvia y la nieve y, moviendo ligeramente los pies, intentaron evitar la congelación[81]. Esa misma noche, finalizado el castigo, las católicas del grupo de las «gandulas» propusieron celebrar una misa navideña. Todas se unieron para hacer el pesebre y adornarlo con varias escenas bíblicas pintadas. De hecho, Neus colaboró con la confección de una vara de san José con el papel protector que envolvía las balas y

* Plato elaborado con carne, cebolla, pimiento y pimentón, especiado y originario de Europa del Este.

un punzón que usaban para limpiarlas, ambos sustraídos de la fábrica de municiones.

> Después vino la cena. Cortamos el pan a trocitos muy pequeños, cuadrados, y pusimos mermelada por encima. Teníamos más ganas de llorar que de comer. Titi, que era un demonio, se disfrazó y se puso a bailar encima de la mesa. Una católica se acercó y me dijo:
>
> —Me dais pena. Nosotras tenemos a Dios, que es nuestra esperanza. Pero vosotras no tenéis nada, debéis de ser muy desgraciadas.
>
> —¿Cómo que no tenemos nada? Te tenemos a ti, a aquella y a la otra. ¿Te parece poco?[83].

Las huelgas

Las distintas empresas, industrias y monopolios colaboracionistas del Tercer Reich usaron sus acuerdos empresariales con los nazis para utilizar a los millones de prisioneros recluidos en los campos de concentración como mano de obra esclava a cambio de un ínfimo sueldo, gracias a lo cual obtuvieron abundantes beneficios económicos[84]. A las fábricas les salía más barato pagar a los deportados que a trabajadores civiles o alemanes. No obstante, la letra pequeña de este contrato también favorecía a los propios SS que, por una parte, se quedaban con el grueso de los sueldos de los deportados y, por otra, les hacían entrega de cupones, en vez de dinero en metálico, que solo podían gastar en la cantina del recinto. Por tanto, aquello también se convertía en una doble ganancia para los nazis[85].

Metallwerke Holleischen GmbH fue una de las industrias que firmó un convenio laboral con el campo de Holleischen, mediante el cual varios *Kommandos* de prisioneras debían fabricar los obuses antiaéreos a cambio de una reducida remuneración. Pero las «gandulas» no estaban dispuestas a entrar por el aro, y esas mismas navidades, antes de finalizar el año 1944, el grupo de Neus volvió a rebelarse contra sus captores negándose rotundamente a aceptar cualquier retribución por los trabajos forzados e iniciando una huelga.

> Nos hicieron formar en la *Appellplatz* y nos dijeron que nos darían bonos con los que podríamos comprarnos peines, latas de sardinas, pasta de dientes, cosas sin apenas valor, pero que, para nosotras, allí, eran un lujo[86]. Les dijimos que éramos enemigas del Reich, resistentes, que no aceptaríamos nunca dinero por un trabajo que nos obligaban a hacer por la fuerza[87].
>
> Nos negamos a cobrar. Manteníamos las manos en la espalda mientras nos pegaban. Solo aceptaron cobrar las trabajadoras «voluntarias», pero nosotras dijimos que no queríamos dinero alguno, que éramos antinazis y resistentes. Nos pegaron mucho, pero no consiguieron que aceptásemos ni un solo céntimo de ellos[88].

Afortunadamente para las prisioneras, los ingenieros alemanes que trabajaban en la fábrica de Holleischen nada tenían que ver con los carceleros del campo de concentración: «Hacían ver que no eran buenos para pasar inadvertidos a los SS», pero en cuanto los *Kommandos* les explicaron que eran presas políticas y no comunes, aceptaron su decisión de no cobrar por los trabajos realizados. «Somos forzadas y no cobraremos nunca», les dijeron. «Y oye, nos respetaron», se sorprendía Neus[89].

Asimismo, más adelante, los *Kommandos* decidieron llevar a cabo otra protesta: las condiciones alimentarias de los equipos del turno de noche eran inaceptables. Si la comida era pésima en el turno de día (comían pieles de patatas, caracoles crudos, hojas de trébol o brotes de pino)[90], en el nocturno, las presas recibían «una especie de nabos deshidratados con un gusto horrible», lo que les generaba diversos problemas estomacales. Aquello provocó una gran indignación entre las mujeres y decidieron iniciar una huelga de hambre.

> «Si nos comemos estos nabos infectos tendremos dolor de estómago», nos decíamos a nosotras mismas. «De todas maneras, acabaremos en la cámara de gas».
>
> Así que cuando llegó la hora de comer, todas rechazamos nuestras raciones. Al día siguiente, el comandante del campo nos cogía por el pescuezo y nos sacudía para que comiésemos. Nervios, llamadas telefónicas, pasos precipitados, amenazas, pero nosotras, nada, que no y que no comeríamos. Antes de salir para el campo nos retuvieron un buen rato. No sabíamos cómo iba a terminar la cosa hasta que nos empiezan a repartir lechugas aderezadas con vinagre y azúcar, al estilo alemán. Un banquete que hacía mucho tiempo que no veíamos ni de lejos. ¡Dejamos de comer aquellos nabos asquerosos y ganamos la huelga de hambre para todas![91].

Cada pequeña batalla ganada por las internas se consideraba una gran victoria. El espíritu de resistencia de la mayoría de las mujeres de los *Kommandos* de Holleischen estaba en alza: cada sabotaje, enfrentamiento, protesta o bombardeo a lo lejos les hacía sentir que los nazis estaban más cerca de perder la contienda. «Ellas querían vivir para ver la victoria de los Aliados. Era importantísimo y lo que las mantenía con vida: querer resistir, ver la victoria y volver a casa», explica Margarita Català.

Campanas de resurrección

A principios de mayo de 1945, ante la intensificación de los bombardeos y ametrallamientos por parte de los Aliados y la imposibilidad de trasladar a las prisioneras a Flossenbürg para proceder a su aniquilación, los SS decidieron abandonarlas en Holleischen y huir. «¡Cobardes!», les gritaban las mujeres creyendo que no volverían a verlos. Pero, veinticuatro horas después, regresaron al verse cercados por las fuerzas aliadas: las tropas soviéticas avanzaban hacia Praga, y las norteamericanas, hacia Pilsen. El comportamiento de los nazis tras su regreso fue incluso peor. «Estaban enloquecidos, totalmente fuera de sus casillas —describía Neus—. Nos pegaban más que nunca»[92]. Los SS se sabían perdedores y jugaban a extenuar a las internas con trabajos muy peligrosos, como limpiar los escombros de las fábricas bombardeadas o pelar patatas en unos subterráneos, a sabiendas de que podrían quedar enterradas vivas. Pero «el instinto nos dominaba», contaba la española. En cuanto no las veían, escondían nabos, rábanos, patatas y remolachas en la ropa interior, bajo las axilas, para repartirlas entre las compañeras. «Esto nos ayudó a sobrevivir durante los últimos días», contaba Neus[93].

Desde el campo de concentración, las presas escuchaban el estrépito de los disparos que liberaban la ciudad de Praga y, a ochenta kilómetros de distancia, vieron una especie de «barrera de fuego que avanzaba». Eran los Aliados aproximándose con más rapidez. Los SS, principalmente ellas, tenían tanto miedo a los bombardeos que solo «pensaban en esconderse dentro de los refugios y en dejarnos a nosotras de cualquier manera. Aquellos días murieron muchas compañeras nuestras»[94].

La mañana del 8 de mayo, frente a la inminente liberación del campo de concentración y para no dejar indicios de sus crímenes, los SS tenían órdenes de exterminar a la totalidad de población concentracionaria: bloquearon los barracones con candados y barras de hierro con todas las reclusas dentro y establecieron un campo de minas programado para que saltase por los aires a mediodía. Minutos antes de la hora prevista, unos soldados polacos entraron y obligaron al comandante a desactivar el dispositivo. Después lo fusilaron sin más contemplaciones a cincuenta metros del recinto y lo abandonaron en una cuneta. «¡Podéis ir a verlo!», les decían los liberadores[95].

> No puedo decir que sentí algo. Estaba atónita. No sentí ni odio ni alegría. ¡Nada! ¡Nada! Era libre, y por primera vez lloré lágrimas no de rabia, sino de sentimiento.

Los siguientes dos días, Neus no pudo salir del campo. Sus compañeras cantaban y reían, las campanas de Praga repicaban a Resurrección[96], pero la libertad no le atraía. «No tenía ganas de salir[97] —aseguraba—. Tenía miedo al regreso»[98]. Solo cuando los soldados franceses y americanos llegaron cargados de multitud de provisiones, la española se percató de que por fin era libre. Sin embargo, los Aliados desconocían que ese recinto era un campo de concentración y pensaban que el atuendo a rayas que vestían las mujeres era en realidad el traje regional del país. Y, aunque les proporcionaron ropa limpia para cambiarse, tanto Neus como otras compañeras decidieron conservar el traje de invierno: «Quisimos volver con él»[99].

> Nos trasladaron de Holleischen hacia Núremberg. En esta ciudad vi las fortalezas volantes de los americanos y me puse a llorar, porque vi que en el mundo la guerra aún no había terminado. En un pueblo muy pequeño, cerca del Rin, un grupo de campesinos nos dieron paté, huevos duros, café y un pan bueno que acababan de hacer. Me lo comí todo y me dije que me había reconciliado con la vida[100].

El remordimiento del regreso

Durante las semanas que tardó en organizarse la repatriación de Neus a Francia, la española recorrió varios centros de deportados[101] con el ánimo de encontrarse con sus seres queridos.

En este tiempo, sus únicos pensamientos iban dirigidos hacia su marido, Albert, y al resto de camaradas de la Resistencia en Francia y en España. Cuando por fin llegó a casa de sus padres en Sarlat, le dieron la mala noticia del fallecimiento de su esposo unos días después de la liberación del campo de Bergen-Belsen. Seis meses más tarde, un exdeportado envió a la viuda un paquete con las pertenencias de Albert.

> ¿Qué podía sentir? Nada, mi cerebro no reaccionaba; solo podía llorar. Llorar mucho es lo que humanamente podía hacer, y me salvó[102].

Tras haber permanecido un año y medio entre cárceles y campos de concentración, el regreso de Neus a casa fue muy complicado y peor de lo que esperaba. No fue, en absoluto, bien recibida. «Por culpa de una extranjera, mi hijo ha muerto»[103], le dijo su suegra. Además, una amiga íntima llegó a increparle: «Tú te lo has buscado», y su cuñada, pareja de su hermano Luis, remató con un «porque eres una aventurera»[104]. Esta última quemó las cartas de Albert y el vestido de prisionera porque, según ella, Neus tenía que olvidarse de todo. Pero era imposible.

> Los pocos que se salvaron del Holocausto, que quedamos pocos, continuamos cumpliendo el juramento que hicimos de que, mientras viviéramos, hablaríamos sobre lo que era el nazismo, sobre lo que fueron los campos de la muerte y sobre todo lo que habíamos sufrido[105].

Neus fue una de las pocas españolas que ofreció su testimonio tras la guerra. «No es que no quisieran —asegura Margarita—, sino que les resultaba difícil hablar de ello». Además, el sentimiento de culpabilidad les perseguía en una mezcla entre felicidad y remordimiento.

Se vive con ello, debes conformarte sintiéndote culpable. Porque no aceptamos la muerte de las compañeras y siempre tendremos esta pesadumbre de pensar: «Yo he vuelto, pero aquella no; ¿por qué yo he vuelto y aquella no?»[106].

A partir de ese momento, la vida consistió en intentar olvidar el daño físico y aquella herida moral insuperable de la pérdida, acompañada de ese pesar[107] y «mala conciencia por no haber hecho nada contra los enemigos de la humanidad»[108]. Esta amalgama de sentimientos y el insulso recibimiento por parte de familiares y conocidos provocaron que Neus quisiera mantener más vivos que nunca sus ideales políticos. De inmediato, se entregó a nuevas tareas y responsabilidades en su lucha contra el fascismo, contactó con el Partido Comunista Francés (PCF) y se convirtió en una de sus dirigentes.

Militancia femenina

En julio de 1945 y, tras un mes en Sarlat, Neus ya había encontrado a antiguos resistentes franceses, conocido a nuevos camaradas y preparado un comité español en el que se recogían firmas contra el régimen franquista. Sin embargo, prefirió trasladarse a Toulouse y reorganizar su partido, el PSUC, desde el exilio. Pero, justo antes de comenzar a trabajar en sus nuevas tareas, su amiga Geneviève de Gaulle le propuso acudir a una casa de reposo en Lausana para mejorar su salud, pues se había enterado de que, en aquel momento, los Gobiernos francés y suizo ofrecían sufragar todos los gastos a los antiguos deportados para su recuperación física y psíquica. La española aceptó y permaneció allí cuatro meses[109].

Al regresar a Toulouse, Neus creó y dirigió el comité de la Unió de Dones de Catalunya (UDC) de la Haute Garonne, a petición de Pere Ardiaca, responsable del PSUC en Toulouse. «Tú eres comunista y tu trabajo debe ser atraer a mujeres al partido y concienciarlas de que tienen que luchar y que deben ser políticas. Tú, siendo deportada, ¡no sabes la autoridad que tienes!», le decía[110]. A raíz de este encargo, Neus se puso en marcha y comenzó su militancia junto con otras catalanas exiliadas, como Angelina Descarrega, Maria Puig, Teresa Seguí y Teresa Serra i la Fabregat. A lo largo del tiempo, tal y como ella misma reconocería, este trabajo fue su tabla de salvación ante tanta angustia y dolor[111].

> Soy una privilegiada y tengo que dar testimonio por las que no han podido hacerlo. [...] Decidí que tenía que emprender la memoria de las mujeres, que no podía estar callada. Y fui viendo que éramos muchas más de las que pensábamos[112].

Neus sacaba fuerzas de flaqueza para salir adelante; su fortaleza sorprendía a todos los que la rodeaban, pero los estragos del campo de concentración aún hacían mella en su salud, por lo que en 1947 decidió volver a otra casa de reposo para continuar con su recuperación. El balneario se encontraba en Pau, cerca del río La Grave, y los gastos corrían a cuenta del Unitarien Service, un servicio estadounidense integrado en el Plan Marshall[113]. Allí conoció al que sería su segundo marido, el antiguo combatiente republicano Félix Sancho, que se recuperaba de la tuberculosis que padecía. Un día, mientras él daba una conferencia de literatura en el recinto, Neus lo vio y supo «que sería el segundo hombre de mi vida. Y él también»[114]. Aunque la pareja nunca contó explícitamente a sus hijos cómo sucedió ese flechazo, su hija dice entre risas que, según parece, todo empezó porque su madre «se enamoró [de su padre] escuchándolo hablar de literatura».

En 1948, el matrimonio se trasladó a París para que Neus pudiese proseguir sus labores de coordinación de la Unió de

Dones de Catalunya y de la Unión de Mujeres Antifascistas Españolas (UMAE). Esta organización tenía su propio semanario de doce páginas, en el que participaron supervivientes españolas, como Mercedes Núñez, con «unas excelentes introducciones a primera plana»[115]. La militancia femenina en ambas asociaciones consistía en:

> Despertar la conciencia política de las mujeres, hacerlas ver que existían y que debían aportar. Las mujeres habíamos luchado por la República y continuábamos haciéndolo para lograr la liberación de España[116].

Aparte de lo estrictamente político, ayudaron de diferentes formas a los exiliados, celebraron fiestas y recaudaban fondos para enviar dinero a los presos y a sus familias, y organizaron movimientos por la paz y la infancia[117]. Sin embargo, en 1950 el Gobierno francés inició una «caza de brujas» contra las organizaciones de exiliados españoles para proceder a su ilegalización y, por ello, los comunistas españoles se vieron obligados a continuar con su tarea política en la clandestinidad.

En familia

Durante años, Neus y Félix se alojaron en habitaciones de hotel, porque «la guerra causó mucha destrucción en Francia» y era casi imposible encontrar un inmueble adecuado. Tras el nacimiento de sus hijos —Margarita, en 1952, y Luis, en 1955—, alquilaron una buhardilla con dos habitaciones en la zona de Saint-Mandé, donde vivieron diez años. Durante un tiempo su situación económica fue complicada, pero los problemas financieros terminaron en 1960, cuando Félix dejó el trabajo de liberado del partido para entrar en una fábrica de aviación en Sarcelles. Mientras, Neus compaginaba su actividad política con la crianza de sus hijos[118].

En esos años, Margarita fue testigo de los fuertes altibajos emocionales de su madre: en poco tiempo podía pasar de la alegría a la tristeza o la depresión, y ello le ocasionó un profundo trastorno del sueño. Las secuelas psicológicas eran tan fuertes que le provocaban pesadillas aterradoras donde reproducía sus peores vivencias y aflicciones en los campos, pero protagonizadas por sus hijos. Se despertaba entre gritos y lágrimas y tardaba casi una hora en recuperarse y reconocer que todo había sido un mal sueño[119]. «Cuando dormimos, revivimos los fantasmas del pasado. Era horroroso e insoportable», contaba Neus[120].

Respecto a las repercusiones físicas, padeció de la columna vertebral y de problemas de riñón, que le causaban continuas infecciones urinarias; tenía el diafragma y el estómago caídos, el maxilar izquierdo agrietado por las torturas, pleuritis seca y dos cicatrices en el pulmón derecho debido a la inhalación de acetona en el taller de Holleischen. Además, sufría de fotofobia por el hecho de haber permanecido larguísimas horas bajo los focos de la fábrica, de ahí que siempre llevase gafas oscuras. Durante siete años —de 1944 a 1951—, Neus no tuvo la menstruación como consecuencia de los experimentos ginecológicos que se realizaban en Ravensbrück. A pesar de todo «mi madre era un cascabel —dice su hija mayor—. Era alegre. Le gustaba mucho reírse, cantar, contar chistes. Le gustaba la vida, decía que la vida era bella y había que aprovecharla». También era muy cariñosa, aunque muy estricta, sobre todo con sus hijos. «Sabíamos lo que teníamos que hacer y lo que podíamos hacer. Marcaba muy bien los límites», cuenta Margarita entre sonrisas.

Costumbres familiares

En el hogar de los Sancho-Català, la música sonaba a cualquier hora del día, principalmente clásica y zarzuela, pero también escuchaban a Bob Dylan o Jean Paul Ferrat con su mítica *Nuit et*

Brouillard (Noche y Niebla), todo un himno entre los deportados de los campos de concentración. En cuanto a la televisión, los hijos de Neus y Albert solo tenían permitido verla los sábados y miércoles por la tarde, cuando se emitían programas interesantes de política, conciertos de música clásica o teatro. El resto del tiempo primaba la lectura. De hecho, Neus era una lectora empedernida, le apasionaban tanto los libros y leía tan rápido que podía terminarse un ejemplar de cientos de páginas en una noche.

Una de las costumbres de la casa era cenar una tabla de quesos, alimento que le entusiasmaba, sobre todo el roquefort. «Aunque comía muy poco», recuerda Margarita. A Neus casi nunca le apetecía comer y, cuando lo hacía, siempre eran raciones minúsculas. Ella reconocía que tenía esta costumbre desde la liberación, porque se obsesionó «con todo lo que había pasado» en el campo y llegó a esconder trocitos pequeños de pan por si luego escaseaban[121]. «Mi madre volvió a comer los últimos treinta años de su vida, más o menos cuando regresó a España. Empezó a ir a restaurantes, le gustaba y se acababa el plato», dice entre carcajadas Margarita.

A medida que los niños crecían, Neus iba adquiriendo mayores responsabilidades en el PSUC y, durante un año, llegó a trabajar de enlace entre la dirección del partido en el exilio y la militancia clandestina en España. Su nacionalidad francesa, su pensión del Estado francés como deportada y tener familia en territorio español la hacían idónea para el puesto. Pero, transcurrido ese tiempo, decidió dejarlo: «Ya no podía sacrificarme más, y no por miedo al franquismo, yo no quería estar separada de mis hijos, eso era inhumano»[122].

Las Amicales

La política, la militancia y su lucha por el reconocimiento de las mujeres deportadas siempre fueron cuestiones primordiales en la vida de Neus. «Si volviera a nacer, volvería a hacer lo mismo. Hicimos lo que teníamos que hacer para defender la paz, la libertad y la justicia social», le decía a su gran amiga Elisenda Belenguer, que recogió sus memorias en el libro *Memoria i lluita*. Esa lucha se tradujo en la creación en 1962 de una asociación clandestina en Barcelona, la Amical de Mauthausen y otros campos, donde se agrupaban todos los deportados españoles, y cuyo primer cometido fue reclamar al Estado alemán las pensiones de viudedad de las mujeres que perdieron a sus maridos en los campos[123]. Simultáneamente, la española impulsó el Comité Internacional de Ravensbrück, que se fundó oficialmente en 1965. La francesa Renée Mirande-Laval asumió el cargo de presidenta y Neus Català, Carme Buatell y Lola Casadellà fueron las representantes de España. Este fue el punto de partida para que muchas supervivientes se abriesen a contar su historia sin miedo. «Los que empezamos a recuperar la memoria democrática en España fuimos los deportados», aseveraba Neus[124].

A partir de entonces surgió la idea de encontrar a las mujeres resistentes y deportadas: querían recopilar su testimonio y que narrasen su lucha y padecimientos. Desde París, Neus coordinó una comisión junto con Buatell, Casadellà y otras españolas para localizar a dichas mujeres y, en cuanto terminaron el listado, Neus empezó un recorrido por Francia para entrevistarlas.

> Por suerte, muchas me conocían de cuando dirigía el periódico de la UMAE. Costó que algunas hablaran, estaban resentidas porque los compañeros de lucha las habían hecho invisibles, otras se negaron totalmente, no querían remover el pasado, y otras se prestaron sin ningún problema[125].

El compromiso de Neus con la recuperación de la memoria de las mujeres en los campos de concentración se plasmó en su libro *De la resistencia y la deportación. 50 testimonios de mujeres españolas,* publicado en 1985, en el que por primera vez se daba a conocer el papel primordial de la mujer en la Resistencia y los detalles más escabrosos de la deportación femenina y el posterior exilio, incluido el suyo propio. «Intenté olvidar el sufrimiento, pero lo que me ha obligado a recordar cosas es la voluntad de recuperar la memoria de los otros», decía[126].

Sin embargo, a lo largo de los años, Neus también se topó con la dificultad de identificar a algunas de las resistentes, ya que «durante los años de la Resistencia, las mujeres teníamos un nombre de guerra que hicimos conservar como un título de honor. Pero, enterradas con el nombre civil, es imposible completar la búsqueda para la memoria histórica». Por esta razón, cuando nos referimos a las españolas resistentes en Francia y a aquellas que fueron exterminadas en los campos de concentración, solo se refleja «una ínfima parte de la realidad»[127].

> No supimos valorar lo que habíamos hecho. Por eso permanecimos en silencio, incluso tras la muerte de Franco. Estábamos cansadas, pero al final hicimos algo. Me costó mucho convencer a las mujeres de que contáramos nuestra historia[128].

En esta constante lucha por dar voz a sus compañeras fueron importantes Lola Casadellà, Mercedes Núñez y Carme Buatell, a las que Neus invitaba a menudo a su casa para celebrar reuniones del comité. Margarita recuerda que las mujeres se pasaban largas horas hablando de política, de sus vivencias comunes y de la asociación a la que pertenecían. Pero tanto ella como su hermano desconocían la historia de su madre en el campo de Ravensbrück. «Yo, a mis hijos, al principio no les quise contar nada», reconoció Neus[129], porque «quería que tuvieran una infancia feliz»[130]. Hasta que una tarde de sábado emitieron por televisión una película sobre el Holocausto, *Noche y Niebla*[131], y Neus empezó a llorar desconsoladamente.

> Me caían las lágrimas sin darme cuenta, y mis hijos decían: «Mamá, ¿tú has pasado esto?». Y yo les respondía: «No, yo no he pasado esto, no es posible que yo haya pasado esto». Y ellos no insistían. Era tan gordo que a mí me parecía extraño que yo hubiera pasado por todo esto, porque muchas de aquellas escenas yo las había vivido. Son películas que no son nada comparado con lo que nosotros pasamos, pero que sirven para recordar[132].

Cuando logró recomponerse, Neus les explicó en qué consistían los campos, lo que ocurría dentro y lo que hacían las deportadas. Sin embargo, «no me hablaba de su propia experiencia, de lo que había vivido ella —asegura Margarita—. Me enseñaba libros y fotos y descubrí su testimonio cuando leí su libro. Fue entonces cuando me enteré de cosas que ella nunca nos dijo y sentí tristeza».

El feminismo

Aparte del papel político de Neus y de su lucha por la memoria de las mujeres deportadas, la catalana también participó activamente en el movimiento feminista y trabajó con distintos colectivos. «Mi madre era feminista ya antes de que existieran organizaciones feministas, era algo natural en ella», afirma Margarita.

> Yo me juré que si tenía hijos no haría diferencias y lo he cumplido. A mi hija le dije: «No te sientas nunca inferior, trabaja y no dependas nunca de ningún hombre, porque así te sentirás libre»[132].

El 8 de marzo de 1975, Año Internacional de la Mujer según la ONU, Neus y un grupo de compañeras protagonizaron una protesta feminista en el consulado de España en París. Su intención era entregar al cónsul unos escritos que denunciaban la persecución política en el franquismo y que reivindicaban la liberación de los presos políticos. Las mujeres entraron junto con un gendarme y, cuando le hicieron entrega de las cartas al cónsul, este las tiró al suelo y preguntó:

> «¿Qué es esto?». Y refiriéndose a lo que acababa de hacer, le contesté: «Esto es la España de Franco». Nos insultó y me dijo: «¡Si no fuera porque es el Día Internacional de la Mujer, le daría dos bofetadas como no le ha dado nunca su madre!». Salimos con el gendarme, y este le dijo al cónsul: «Si lo que ha hecho aquí dentro lo hubiera hecho fuera, ahora estaría detenido»[134].

Neus creía firmemente que la única vía posible para conseguir la igualdad entre hombres y mujeres era que el género masculino comprendiese al femenino. «Cuando nosotras tengamos todas las libertades, que no las tenemos, aunque vivamos mejor, porque nos lo hemos ganado, entonces los hombres serán bien libres de verdad», manifestó en una charla que ofreció en Rubí el 8 de marzo de 2006[135].

Regreso a España

Los exiliados españoles y sus camaradas franceses vivieron la muerte de Franco, el 20 de noviembre de 1975, como una auténtica fiesta, y por ir «de celebración en celebración» agotaron las existencias de champán en las tiendas. Tras manifestar su sentimiento de júbilo por el fallecimiento del dictador, Neus y Félix planificaron su regreso a España, que finalmente llegaría con la culminación de la Transición española. El 1 de julio de 1976, fecha en la que el rey Juan Carlos I sustituyó a Arias Navarro por Adolfo Suárez, los Sancho-Català se subieron al coche y pusieron rumbo a Els Guiamets, el pueblo natal de Neus, para instalarse en la antigua casa familiar. Los siguientes dos años, la pareja continuó su labor política y reorganizó el PSUC en la comarca del Priorat junto con otros compañeros. En 1978 se trasladaron a Rubí, desde donde la superviviente compaginó su prolífica actividad política con su dedicación a la recuperación de la memoria de las mujeres deportadas en los campos de concentración. A este respecto, Neus participó como representante española en las reuniones anuales del Comité Internacional de Ravensbrück y emprendió una gran labor testimonial, pedagógica y de difusión, tanto en universidades, institutos, simposios o conferencias como en los medios de comunicación. Además, durante más de treinta años reivindicó sola, sin ninguna ayuda institucional española, y de forma incansable, una celda en honor a las deportadas españolas en el Memorial de Ravensbrück —recinto que conserva las instalaciones del antiguo campo de concentración a los pies del lago Schwedt—, objetivo que finalmente consiguió tras la caída del Muro de Berlín.

Las cenizas en Schwedt

Su tenacidad también le sirvió para oponerse con contundencia a cualquier proyecto que pudiera ocultar o destruir la existencia del campo, como la construcción de un parking o un centro comercial, o que lo atravesara una autopista. En cada una de las discusiones internas con algunos miembros del comité, principalmente con los hijos de algunas deportadas, Neus se mostraba tajante: «Vuestras madres se opondrían como yo, pero vosotros tenéis deberes, no derechos»[136].

Al contrario de lo que ocurre con el recinto de Auschwitz-Birkenau, del que se mantiene prácticamente todo intacto tras el fin del Holocausto, en Ravensbrück solo se conservan dos enormes naves donde se guarda la maquinaria de trabajo, varias torres de vigilancia, los hornos crematorios y las casas donde residían los SS, incluida la *Kommandantur*. Donde antaño se erigían los barracones de las prisioneras, actualmente tan solo hay tierra y árboles. Por este motivo, se decidió construir el denominado «Muro de las Naciones», en el exterior, donde se esculpieron en bronce los nombres de todos los países de las mujeres que fueron prisioneras del campo de concentración de Ravensbrück.

En el trozo de muro que corresponde a España, *Spanien,* también hay dos placas conmemorativas, una en catalán y otra en alemán, colocadas por la Generalitat de Catalunya en 2005, en homenaje a las mujeres catalanas en el 60 aniversario de su liberación. Gracias a este acto conmemorativo, en el que la delegación española acudió acompañada de un representante de la Generalitat y del embajador español en Berlín, Neus vio materializada otra de sus luchas: la fundación de la Amical de Ravensbrück de España dentro del Comité Internacional. Ya en 2002, la catalana había solicitado ante el Parlamento catalán la creación de dicha asociación para poder continuar la tarea de recuperación de la memoria histórica en España, así como para contribuir a la conservación del campo de concentración de Ravensbrück. Pero a estos motivos se sumaba también el juramento citado anteriormente, por el cual Neus y sus compañeras dedicarían su vida a explicar lo que habían visto y sufrido.

> Las razones son las mismas que me llevaron a defender la República, a hacer la Resistencia en Francia y a luchar contra el fascismo: mi amor por la paz, la libertad, la tolerancia y la justicia social[137].

«Han tenido que transcurrir sesenta años hasta que las mujeres, hombres y niños que sufrieron y murieron en Ravensbrück han conseguido el reconocimiento oficial de su país», declaró Neus, que presidió la entidad hasta 2008. Pero nunca se desligó de la asociación, ya que posteriormente fue nombrada presidenta de honor vitalicia. Asimismo, su hija Margarita tomó el relevo y desde 2009 representa a España en el Comité Internacional de Ravensbrück. «Un regalo más importante para mí que cualquier joya», dice orgullosa.

Pese a que la catalana regresó a Ravensbrück en numerosas ocasiones, aquella vez fue distinta. La ceremonia por el sexagésimo aniversario de la liberación del campo le trajo recuerdos tristes y dolorosos, sobre todo cuando entró en la zona del crematorio, donde tantas de sus compañeras fueron reducidas a cenizas y lanzadas al lago Schwedt. Después de observar el célebre monumento de *Tragende,* una escultura en bronce que representa a una prisionera portando a otra en brazos mientras se adentran en el lago, erigido en memoria de las víctimas de Ravensbrück, Neus y el resto de deportadas que la acompañaban se acercaron a la orilla y lanzaron cientos de claveles al fondo del Havel: «Cada clavel, una lágrima, y mil lágrimas para todas, sacrificadas con la más terrible de las torturas»[138]. El agua era el único lugar donde reposaban los restos de sus camaradas muertas. «No tienen ningún sepulcro», aseguraba la española[139].

Con todo, aquella tristeza que sentía siempre fue un importante revulsivo en su lucha contra el olvido de las deportadas. Nadie ni nada la haría quedarse en silencio ante la injusticia.

> Se equivocan los que creen que la tortura mata el espíritu de combate. Cuanta más represión, más ánimo de lucha y más conciencia. Esto es el legado que nos han dejado, y nosotros lo transmitiremos hasta nuestro último momento. Y de una generación a otra, esperamos que el mundo no se vea siempre abocado a la desgracia. Que la Tierra sea un lugar de felicidad, lleno de luz, de flores y de sonrisas[140].

De espíritu joven

Cada vez que Neus Català se ponía frente a un auditorio para contar su historia, aseguraba no estar allí para dar ejemplo, ni consejo, ni siquiera lecciones a los presentes. El único cometido de la superviviente ante quienes la quisieran escuchar era «transmitir esperanza y ganas de continuar en el lugar que las circunstancias me han deparado»[141]. Cada recuerdo «lo explicaba siempre con mucha naturalidad, teniendo claras las razones que la llevaron hasta allí y pocas veces se quejaba ni hacía victimismo de todo lo que le ocurrió», reconoce Elisenda[142]. «Yo tengo un film en blanco y negro —decía Neus—, ¡pero al final salen las rosas!»[143]. Así veía la victoria después de tanta tragedia: en color.

> Hoy no siento odio; pero entonces sí que odiaba a los que me maltrataron, a los que atentaron contra mi dignidad, y eso era insoportable[144].

Incluso llegó a afirmar rotundamente y en más de una ocasión: «Yo en el campo he reído mucho»[145]. Esta declaración, que puede sorprender a la vista de las calamidades sufridas por culpa de los nazis, tenía una explicación: «Era una manera de protegerse, de resistir a los alemanes, pues para ellos eran números, y ellas no se sentían números». En definitiva, «eran mujeres que querían vivir y amaban la vida», afirma su hija. Por esta razón, Neus siempre habló de defender la dignidad desde los ideales de libertad y justicia y de luchar contra cualquier forma de violencia. «Mi madre siempre estuvo en contra de la pena de muerte», pone como ejemplo Margarita. A pesar de todo lo que sufrió, Neus defendió reiteradamente la necesidad de mantener «la fe en el hombre y en la humanidad», sin rencor ni venganza, aunque sin olvido ni perdón. Decía también que jamás se trató de una cuestión de clemencia, sino de justicia, pero lejos de cualquier violencia para conseguirla.

De su experiencia, Neus aprendió «a ser más paciente con las personas y a ser más respetuosa con nuestros jóvenes, a los que quisieron cerrar muchos caminos de superación»[146]. Asimismo, puesto que nunca olvidó el motivo de su lucha, logró superar el sufrimiento y pudo concienciar a otros de los daños que había sufrido. «No creo que yo perdiera mi juventud —aseguraba—, ¡lo que pasa es que me la pasé luchando!». Incluso cuando ya era una anciana y perdía la memoria, Neus sentía que su espíritu aún era muy joven. «Ya sé que soy vieja, pero mis ideas son jóvenes», clamó en una ocasión en una entrevista en la cadena de televisión TV3[147]. Afirmaba también que, si pudiera echar la vista atrás sabiendo todo lo que viviría después, repetiría cada momento y cada lucha, «pero con más conciencia, porque cuanta más conciencia, más combate»[148].

Siempre infatigable

La avanzada edad de Neus nunca le supuso un problema para continuar participando en diferentes actos, conferencias, charlas u homenajes. Pese a los años, seguía muy activa y entregada a la tarea de recuperar la memoria histórica de las mujeres resistentes y deportadas. Sin embargo, tras el fallecimiento de su marido Félix, el 3 de agosto de 2001, se aferró a su tierra en Els Guiamets «para que le diera energías para continuar sin él»[149]. Después pasó temporadas entre su casa de Rubí, donde vivía la mayor parte del tiempo, y Sarcelles, donde residían sus hijos.

Unos años más tarde comenzaron a sucederse los reconocimientos y homenajes a su larga trayectoria como superviviente infatigable por parte de instituciones españolas y extranjeras: en 2005, le hicieron entrega de la Cruz de Sant Jordi; en 2006, fue elegida Catalana del Año; y en 2014 y 2015 recibió la Medalla de Oro al Mérito Cívico del Ayuntamiento de Barcelona y la Medalla de Oro de la Generalitat de Cataluña, respectivamente, en sendos actos donde los representantes políticos catalanes reconocieron y elogiaron su «lucha por la libertad, contra el totalitarismo y por preservar la memoria»[150].

> La importancia de conocer y comprender la historia de lucha de Neus Català es entender las razones por las que luchó y seguir su ejemplo para denunciar las injusticias y barbaries que se están produciendo en la actualidad, y tratar de actuar en consecuencia para conseguir un mundo mejor y más justo que es el que Neus, sencillamente, siempre ha querido[151].

Quienes conocieron a Neus de cerca cuentan que destacaba por su sensibilidad, buen humor y sarcasmo, por su espíritu alegre, divertido, tozudo y sensato. Pero, ante todo, por «su sinceridad al decir las cosas tal como son», explica Elisenda. Esta historiadora, que recibió del Partido Comunista Catalán (PCC) el encargo de «escribir una biografía sobre su camarada más preciada y valorada del partido, como gran referente de entre las militantes comunistas», vio cómo una relación puramente laboral con Neus se convertía en una amistad sólida y entrañable. Desde que se conocieron en 2005 y hasta la muerte de Neus, ambas compartieron centenares de vivencias y anécdotas en las que no faltaban las risas. Cuenta la historiadora que, cuando ambas visitaron la casa de otra compañera en la montaña y ella misma apartó unas gallinas con las manos para poder pasar, Neus le dijo en tono socarrón: «¡Te pareces al general de Gaulle apartando a las multitudes en los Campos Elíseos!». La deportada acababa de hacer un símil con la victoria de los Aliados durante los días de la liberación de París al término de la Segunda Guerra Mundial.

El último adiós

En 2015, Neus se mudó definitivamente a Els Guiamets para vivir en la residencia geriátrica del pueblo, donde disfrutaba recibiendo visitas de periodistas, jóvenes estudiantes y camaradas del partido con los que compartía sus vivencias y charlas sin reloj. «Siempre le gustaba estar rodeada de gente», recuerda su hija. De hecho, si Neus todavía viviera, «se habría sentido triste y sola en el geriátrico debido a las restricciones por la pandemia. No habría podido ir a verla y hubiese echado en falta ese cariño físico —reconoce Margarita—. Pero nos habría dicho: "Paciencia". Y se lo hubiese tomado con tranquilidad. Era enfermera y sabía que cuando hay una pandemia hay que protegerse y proteger a los otros».

Neus disfrutaba dando pequeños paseos con su andador, saludando a forasteros que acudían de visita y gastando bromas siempre que podía. En una ocasión, hasta al propio sacerdote.

> Mi madre se encuentra con un señor joven muy guapo, que estaba mirando la iglesia, la plaza... Entonces, mi madre lo saluda y le dice: «Usted no es del pueblo, no lo conozco». Y él responde: «Soy el nuevo cura, acabo de llegar». Y le contesta mi madre: «¿Usted? ¿Tan joven y tan guapo? ¡Pero qué lástima!».

En 2019, la salud de Neus empeoró a pasos agigantados hasta que, en el mes de abril, a sus ciento tres años, enfermó de un resfriado y su corazón no lo aguantó. Esos últimos días antes del deceso, Neus estuvo acompañada por su hija Margarita, con la que habló durante largas horas y entonó canciones revolucionarias como *El canto de los partisanos* o *Canto de la liberación*[*] y la

[*] Himno de la Resistencia francesa durante la ocupación alemana.

famosa *Bella Ciao**. Estos últimos momentos entre madre e hija fueron muy especiales para Margarita, ya que pudo decirle a Neus lo orgullosa que estaba de ella y lo mucho que la quería.

El 13 de abril, Neus cerró los ojos por última vez: «Mi madre murió como una luchadora y se fue en paz y tranquila».

El reconocimiento

Más de cuatrocientas personas asistieron a su funeral, celebrado en el tanatorio de Móra de la Nova, localidad próxima a Els Guiaments, entre las que se encontraban las principales autoridades del Gobierno de la Generalitat, encabezadas por su presidente, Quim Torra, y la alcaldesa de Barcelona, Ada Colau, así como representantes de distintas entidades memorialistas y de la sociedad civil. Durante la emotiva ceremonia de despedida, seguida por gran parte de los asistentes desde el exterior del recinto, la actriz y amiga personal de Neus, Marina Rosell, cantó *L'emigrant* ante el féretro cubierto por la bandera republicana española y varias coronas de flores. «Su ejemplo será un motor que nos dará fuerza y dignidad para nuestras luchas de cada día y para el gran combate por un mundo libre y justo», expresó Torra, que también anunció la transformación de la casa familiar de la deportada en Els Guiamets en un museo con todos sus recuerdos[152].

Seis meses después del fallecimiento de Neus Català, el Ayuntamiento de París le concedió a título póstumo la Medalla Grand Vermeille, su máxima distinción, y le puso su nombre a una calle. La actual Allée Neus Català o Paseo Neus Català se encuentra en una zona peatonal con mucha relevancia para los

* Canción popular italiana entonada por los partisanos italianos y adoptada como himno de la Resistencia antifascista italiana entre 1943 y 1945.

republicanos españoles, ya que está próxima al cementerio Père Lachaise, donde reposan los restos de muchos exiliados en Francia. A su vez, se halla muy cerca de la calle Alexandre Dumas, símbolo de la lucha contra la esclavitud, de la rue des Vignoles, donde está la sede de la CNT, y del Paseo Maria Doriath y el bulevar de Maya Surduts, dos mujeres que simbolizan la militancia feminista y antirracista.

«Anticolonialismo, feminismo, libertad, resistencia. Creo que Neus Català habría apreciado este símbolo fuerte», dijo la teniente de alcalde de París para la Memoria Histórica, Catherine Vieu-Charnier, en una inauguración con presencia de familiares y autoridades locales y españolas. Margarita, haciendo alusión a la proliferación de movimientos de ultraderecha, también dijo unas palabras en las que quiso destacar que su madre «no hablaba para el pasado, hablaba para el futuro, para que el fascismo no vuelva»[153].

A la fecha de publicación de este libro, el Ayuntamiento de Lleida ha informado de que tiene previsto rendir uno de los últimos homenajes a la superviviente española para incluir su nombre en el nomenclátor de la ciudad, en una apuesta por otorgarle mayor visibilidad a la presencia femenina y por sustituir antiguos nombres con vinculación franquista. El acto de presentación estará organizado por el área de Memoria Democrática del consistorio ilerdense, en el que la luchadora antifascista Neus Català daría nombre a la antigua calle Alcalde Sangenís, en el barrio de Pardinyes[154].

Libre pese a todo

La fuerza del legado de Neus Català se refleja en el impacto que causó en quienes la conocieron y quisieron, en quienes tras su muerte aún echan de menos su «sabiduría y solidaridad, su «optimismo y tenacidad —como apunta Elisenda—, también sus chascarrillos». Pero, principalmente, la humildad que irradiaba al afirmar: «Lo que yo hice no es nada, es solo una parte de lo que hicieron miles de mujeres de toda España». Porque «ella hablaba en nombre de todas ellas, que hubo muchas que jamás pudieron hablar», dice Margarita.

> Con Neus aprendías lo que era la vida de verdad y lo que valía y lo que tenemos en cada mañana de estos tiempos que nos parecen problemáticos. Y a apretar los dientes. Su mirada, ahora que se ha apagado, nos hacía más falta que nunca. Era también poeta. De versos sencillos y directos que recogían el tuétano de su experiencia. Vuela libre, vieja amiga, valerosa paloma a la que jamás darán alcance los cuervos de este mundo. Ojalá fuéramos capaces de seguir el ejemplo de tu compromiso y de tu coraje[155].

Aquella «cabezonería», como ella misma decía, le hizo sobrevivir al infierno, también la suerte y, por supuesto, «la solidaridad de las compañeras, que te salvaban con una caricia»[156]. Sin embargo, la joven republicana, que jamás se doblegó ante sus verdugos y que hasta llegó a reírse durante su cautiverio como un modo de resistencia y protección, hizo una reflexión que destaca por encima de las demás: «He sido deportada, he estado esclava en el campo y me he sentido libre a pesar de todo».

Notas

[1] Entrevista con Margarita Català, hija de Neus Català, el 17 de noviembre de 2020.

[2] Neus Català, *De la resistencia y la deportación,* Generalitat de Cataluña, Barcelona, 2015, págs. 35-76.

[3] «Neus, fundadora de les JSUC y del PSUC», *Nous Horizons,* núm. 213 (2016).

[4] Neus Català, *Memoria i lluita,* Fundación Pere Ardiaca, Barcelona, 2006, pág. 27.

[5] «Neus, fundadora de les JSUC y del PSUC», ob. cit.

[6] Arxiu TVE Catalunya: *Personatges: Neus Català,* 1 de enero de 1978, entrevista de Montserrat Roig.

[7] *De la resistencia y la deportación,* ob. cit., págs. 35-76.

[8] Amical de Ravensbrück.

[9] Ibíd.

[10] «Neus, fundadora de les JSUC y del PSUC», ob. cit.

[11] Ibíd.

[12] «Barcelona bajo las bombas», *La Vanguardia,* 24 de noviembre de 2004.

[13] Santiago y Elisenda Albertí. *Perill de bombardeig! Barcelona sota les bombes (1936-1939),* Albertí Editors, Barcelona, 2006.

[14] «Barcelona bajo las bombas», ob. cit.

[15] «Tres días bajo las bombas», *La Vanguardia,* 16 de marzo de 2013.

[16] «El ejército franquista entra en Barcelona», *La Vanguardia,* 25 de enero de 2019.

[17] *Memòria i lluita,* ob. cit., pág. 47.

[18] *De la resistencia y la deportación,* ob. cit., págs. 35-76.

[19] *Memòria i lluita,* ob. cit., pág. 50

[20] Amical de Ravensbrück.

[21] *De la resistencia y la deportación,* ob. cit., págs. 35-76.

[22] Reportaje sobre las mujeres españolas internadas en Ravensbrück, coincidiendo con el 65° aniversario de la liberación de los campos, *El País,* 13 de junio de 2010.

[23] *De la resistencia y la deportación,* ob. cit., págs. 35-76.

[24] Ibíd.

[25] Neus Català hizo el prólogo al libro de Ramón Espanyol Vall, *Breve historia del holocausto,* Nowtilus, Madrid, 2011.

[26] *De la resistencia y la deportación,* ob. cit., págs. 35-76.

[27] *Memòria i lluita,* ob. cit., pág. 75.

[28] Ibíd.

[29] *De la resistencia y la deportación,* ob. cit., págs. 35-76.

[30] Ibíd.

[31] *Memòria i lluita,* ob. cit., pág. 84.

[32] Mónica G. Álvarez, *Guardianas nazis. El lado femenino del mal* (10ª edición), Edaf, Madrid, 2019, pág. 189.

[33] *Memòria i lluita,* ob. cit., pág. 85.

[34] Mónica G. Álvarez, ob. cit., pág. 189.

[35] *De la resistencia y la deportación,* ob. cit., págs. 35-76.

[36] Ibíd.

[37] Entrevista a Neus Català, *Cadena Perpètua,* núm. 63 (2015).

[38] Carlos Hernández de Miguel, *Los últimos españoles de Mauthausen,* (edición digital), Ediciones B, Barcelona, 2015, pág. 254.

[39] *Memòria i lluita,* ob. cit., pág. 23.

[40] Arxiu TVE Catalunya: *Personatges: Neus Català,* 1 de enero de 1978, entrevista de Montserrat Roig.

[41] *De la resistencia y la deportación,* ob. cit., págs. 35-76.

[42] *El País,* 1 de diciembre de 2005.

[43] *De la resistencia y la deportación,* ob. cit., págs. 35-76.

[44] Ibíd.

[45] *Memòria i lluita,* ob. cit., pág. 87.

[46] *De la resistencia y la deportación,* ob. cit., págs. 35-76.

[47] Mónica G. Álvarez, ob. cit., pág. 190.

[48] *De la resistencia y la deportación,* ob. cit., págs. 35-76.

[49] Montse Armengou y Ricard Belis, *Ravensbrück, l'Infern de les dones,* Angle Editorial, Barcelona, 2007, pág. 67.

[50] *Memòria i lluita,* ob. cit., pág. 86.

[51] Montserrat Roig, *Los catalanes en los campos nazis,* Ediciones Península, Barcelona, 2017, pág. 209.

[52] *De la resistencia y la deportación,* ob. cit., págs. 35-76.

[53] Mónica G. Álvarez, ob. cit., pág. 191.

[54] Montserrat Roig, ob. cit., pág. 487.

[55] Ibíd.

[56] *De la resistencia y la deportación,* ob. cit., págs. 35-76.

[57] Montserrat Roig, ob. cit., págs. 430-431.

[58] *Memòria i lluita,* ob. cit., págs. 88-91.

[59] Ibíd.

[60] Ibíd.

[61] Montse Armengou y Ricard Belis, ob. cit., pág. 71.

[62] *Memòria i lluita,* ob. cit., pág. 92.

[63] Información extraída del *KZ-Gedenkstätte Flossenbürg,* página oficial del campo de Flossenbürg.

[64] Datos extraídos del libro *De la resistencia y la deportación,* ob. cit., y del artículo «Yvonne Châtelaindéportée à Ravensbrück Kommando d'Holleischen (1926-2014)», *Canopé, le réseau de création et d'accompagnement pédagogiques*.

[65] *De la resistencia y la deportación,* ob. cit., págs. 35-76.

[66] Ibíd.

[67] Montserrat Llor, *Vivos en el averno nazi*, Editorial Crítica, Barcelona, 2015.

[68] Información extraída del *KZ-Gedenkstätte Flossenbürg,* página oficial del campo de Flossenbürg.

[69] Montserrat Llor, ob. cit.

[70] Montserrat Roig, ob. cit., pág. 686.

[71] Extracto de Carlos Hernández, *Los últimos españoles de Mauthausen,* ob. cit., pág. 263.

[72] Artículo publicado en la página web del Museo de la Ciencia y de la Tecnología de Cataluña (MNACTEC).

[73] Montserrat Llor, ob. cit.

[74] Montserrat Roig, ob. cit., pág. 686.

[75] Ibíd.

[76] *De la resistencia y la deportación,* ob. cit., págs. 35-76.

[77] Ibíd.

[78] Montserrat Roig, ob. cit., pág. 687.

[79] *De la resistencia y la deportación,* ob. cit., págs. 35-76.

[80] Ibíd.

[81] Montserrat Roig, ob. cit., pág. 687.

[82] *De la resistencia y la deportación,* ob. cit., págs. 35-76.

[83] Montserrat Roig, ob. cit., pág. 691.

[84] *Memòria i lluita,* ob. cit., pág. 95.

[85] Montserrat Roig, ob. cit., págs. 407-408, 689.

[86] Ibíd.

[87] Arxiu TVE Catalunya: *Personatges: Neus Català,* 1 de enero de 1978, entrevista de Montserrat Roig.

[88] Montserrat Roig, ob. cit., pág. 689.

[89] Montserrat Llor, ob. cit.

[90] *De la resistencia y la deportación,* ob. cit., págs. 35-76.

[91] Montserrat Roig, ob. cit., págs. 689, 747-748.

[92] Ibíd.

[93] Ibíd.

[94] Ibíd.

[95] *De la resistencia y la deportación,* ob. cit., págs. 35-76.

[96] Dossier «Els camps nazis. 60 anys després», *L'Avenç,* núm. 203 (mayo de 2005).

[97] Montserrat Roig, ob. cit., pág. 750.

[98] *De la resistencia y la deportación,* ob. cit., págs. 35-76.

[99] *Memòria i lluita,* ob. cit., pág. 152.

[100] Montserrat Roig, ob. cit., pág. 752.

[101] Amical de Ravensbrück.

[102] «Els camps nazis. 60 anys després», ob. cit.

[103] Ibíd.

[104] Ibíd.

[105] Ramón Espanyol Vall, ob. cit., pág. 15.

[106] Montse Armengou y Ricard Belis, ob. cit., pág. 80.

[107] Ibíd.

[108] «Els camps nazis. 60 anys després», ob. cit.

[109] *Memòria i lluita,* ob. cit., págs. 106-108.

[110] Ibíd.

[111] Ibíd.

[112] Montse Armengou y Ricard Belis, ob. cit., pág. 80.

[113] *Memòria i lluita,* ob. cit., pág.108.

[114] Ibíd.

[115] *Memòria i lluita,* ob. cit., págs. 111-112.

[116] Ibíd.

[117] Margarida Abril, *D'un roig encés. Evocacions sobre un símbol del comunisme català*, Àrea d'Història de la Fundació Pere Ardiaca. Col.lecció Memòria sentida núm. 1, Edita Debarris., 2004.

[118] *Memòria i lluita,* ob. cit., págs. 113-114.

[119] Montserrat Roig, ob. cit., pág. 759.

[120] Arxiu TVE Catalunya: *Personatges: Neus Català,* 1 de enero de 1978, entrevista de Montserrat Roig.

[121] Montse Armengou y Ricard Belis, ob. cit., pág. 79.

[122] *Memòria i lluita,* ob. cit., págs. 116-125.

[123] Ibíd.

[124] Ibíd.

[125] Ibíd.

[126] Ibíd.

[127] Ibíd.

[128] Extracto de Carlos Hernández, *Los últimos españoles de Mauthausen.*

[129] Montse Armengou y Ricard Belis, ob. cit., pág. 79.

[130] *Memòria i lluita,* ob. cit., pág. 114.

[131] Película documental dirigida por Alain Resnais en 1955, a partir del material cinematográfico y fotográfico incautado a los nazis.

[132] Montse Armengou y Ricard Belis, ob. cit., pág. 79.

[133] *Memòria i lluita,* ob. cit., págs. 130-143.

[134] Ibíd.

[135] Ibíd.

[136] Ibíd.

[137] Ibíd.

[138] «Els camps nazis. 60 anys després», ob. cit.

[139] «Regreso al infierno de Ravensbrück», *El País,* 17 de abril de 2005.

[140] «Els camps nazis. 60 anys després», ob. cit.

[141] Ibíd.

[142] Entrevista con Elisenda Belenguer Mercadé, amiga de Neus Català, el 19 de diciembre de 2020.

[143] *Memòria i lluita,* ob. cit., pág. 23.

[144] *De la resistencia y la deportación,* ob. cit., págs. 35-76.

[145] Montse Armengou y Ricard Belis, ob. cit., pág. 81.

[146] «Els camps nazis. 60 anys després», ob. cit.

[147] Entrevista a Neus Català en el programa *El convidat* de TV3, 13 de abril de 2019.

[148] Montse Armengou y Ricard Belis, ob. cit., pág. 81.

[149] *Memòria i lluita,* ob. cit., pág. 136.

[150] *La Vanguardia,* 14 de abril de 2019.

[151] Entrevista a Neus Català en la revista *Cadena Perpètua,* núm. 63 (2015).

[152] «Un museo en su casa recordará a Neus Català», *El País,* 17 de abril de 2019.

[153] «Neus Català ya tiene su calle en París», *El País,* 4 de octubre de 2019.

[154] Información extraída de la web del Ayuntamiento de Lleida.

[155] Palabras de Jacinto Antón en su artículo «La paloma de Ravensbrück», *El País,* 13 de abril de 2019.

[156] «Regreso al infierno de Ravensbrück», ob. cit.

BRAULIA CÁNOVAS MULERO

«Monique»

Pensé: «¿Yo tengo que verme así a mis veintitrés años? Pero esto es horrible, esto es la negación total de nosotras mismas», y me recogí tanto en mí misma, en mi negación, que dominó el miedo de que me cortasen el pelo más que todas las miserias físicas y morales que me esperaban.

Braulia Cánovas Mulero

Sentarse bien a la mesa, comer y utilizar correctamente los cubiertos, mantener la habitación ordenada y limpia, cumplir con los horarios de estudio antes de jugar o ser puntual eran algunas de las normas básicas establecidas en casa de los Jené-Cánovas, e incumplirlas era motivo de castigo, porque Braulia siempre quiso que sus hijos recibieran la mejor educación posible y tuvieran buenos modales. Durante algunos años, fue una mujer reservada en cuanto a las muestras de cariño, muy estricta y severa, y contravenir alguna de sus reglas era impensable: «Ni te lo planteabas», dice su primogénito, François[1]. Sin embargo, tras el nacimiento de Marie-Christine, casi doce años después del de su hermano, la española comenzó a mostrarse más tolerante y flexible con respecto a sus propias pautas, así como más cercana y cariñosa. De todos modos, la pequeña de la familia recuerda una de las mayores broncas que le echó su madre en su vida: tenía diecisiete años, estudiaba en Toulouse y, un día, Braulia acudía a visitarla a su residencia de estudiantes. La joven, «tremendamente desordenada», esperó hasta el último momento para organizar su cuarto y, como no le daba tiempo a guardar todas sus cosas, decidió amontonarlas dentro del armario. Por supuesto, lo primero que hizo su madre al entrar en la habitación fue abrir el ropero y… «¡Todo le cayó encima! Me acuerdo de que le dio una crisis tremenda. ¡Dios mío! ¡Un ataque!», relata a carcajadas[2]. Para una mujer tan escrupulosamente limpia, estructurada y organizada como Braulia Cánovas Mulero, aquello era impensable, sobre todo después del calvario padecido en los campos de concentración nazis, donde había tenido que convivir entre porquería.

ENTRE FRANCIA Y ESPAÑA

Nacida el 10 de enero de 1920 en la pedanía de La Costera, en Alhama de Murcia, la pequeña Braulia pronto emigró junto a su familia a Montcada i Reixac, en la provincia de Barcelona. Después de un tiempo, su padre consiguió trabajo como ingeniero eléctrico en la Compagnie Française d'Electrification Ferroviaire, por lo que emigraron a Francia. De los seis a los dieciséis años[3], Braulia vivió en Marcillac, localidad próxima a Burdeos, donde recibió una educación eminentemente francesa. Esto la dotó de un marcado carácter en el que primaban el idealismo, la libertad y la justicia como valores fundamentales. Si bien es cierto que nunca renunció a sus raíces españolas, de las que también estaba muy orgullosa, se sintió más unida cultural y socialmente a la sociedad francesa[4].

En 1935, debido al nuevo destino laboral de su padre, a quien le habían encomendado la electrificación de la línea Madrid-Ávila-Segovia, regresaron a España y se instalaron en la capital. Pero el estallido de la Guerra Civil trajo la desgracia a la familia: Antonio, padre de Braulia, fue víctima de las primeras bombas de Franco, los obuses enviados por los aviones Junkers Ju 52* que la *Luftwaffe* de Adolf Hitler había

* También apodado «Tante Ju» (tía Ju, en alemán), fue el transporte aéreo de tropas y suministros por excelencia del Tercer Reich durante la

mandado en refuerzo del ejército franquista. Una de estas bombas nazis explosionó sobre la casa donde se refugiaron los Cánovas-Mulero, en Collado-Villalba. La deflagración fue tan fuerte que derribó el edificio y Antonio quedó atrapado por una de las paredes caídas. Braulia trató de salvarlo, pero este, consciente de que no sobreviviría, tuvo un gesto de lo más cómplice con ella: a sabiendas de que su rebelde hija fumaba a escondidas, su padre sacó su encendedor y le dijo: «Ahora te toca a ti, ya puedes fumar». Tras su fallecimiento, Braulia, a sus dieciséis años, se convirtió en el bastión de la familia. A partir de ese momento, comenzó la aventura y su éxodo hacia Cataluña junto a su madre y sus cuatro hermanos[5].

Poder de convicción

Para asegurar la subsistencia de su familia, y no por convicciones ideológicas, Braulia trabajó como secretaria para la CNT durante los siguientes tres años. Gracias a su dominio del francés, del español y del catalán, ejerció de traductora y secretaria hasta que el ejército franquista entró en Barcelona.

Al alba del 26 de enero de 1939, las tropas nacionales tomaron la Ciudad Condal, sin organismos de la República y la Generalitat al frente, ya que habían sido evacuados cuatro días antes, y con un ejército republicano incapaz de defender la línea del río Llobregat. Mientras que las tanquetas de Franco se adentraban por la calle Sarrià para llegar al paseo de Gracia y, de ahí, bajar hasta la Plaza de Cataluña, las Ramblas y la Plaza Sant Jaume, centenares de personas —entre ellas, Braulia y toda su fami-

---

Segunda Guerra Mundial. También fue utilizado como bombardero en la Guerra Civil española y plataforma para el lanzamiento de paracaidistas en las campañas de Noruega, Holanda y Creta.

lia— iniciaban una huida en masa hacia la frontera francesa, que duró hasta el 10 de febrero[6]. Su capacidad de decisión y su desenvoltura fueron fundamentales en momentos de extrema importancia en su vida. A sus diecinueve años recién cumplidos, con ese enorme poder de persuasión que siempre la caracterizó, Braulia consiguió convencer a los gendarmes franceses de que le permitiesen cruzar la frontera a la altura de Portbou, asegurándoles que «en Francia tenía familia con dinero», relata François[7].

Aquel éxodo masivo desembocó, en la mayoría de las ocasiones, en miles de refugiados concentrados en campos de internamiento franceses como el de Argelès, al sur del país, donde las condiciones en las que vivieron los refugiados fueron casi tan malas como las de los campos de concentración nazis. Braulia no quería ni podía aceptar aquellas circunstancias infrahumanas, por lo que se las ingenió para localizar a unos familiares que residían en Agde, una pequeña localidad próxima a Montpellier, que los fueron a buscar y los acogieron durante un par de meses.

Poco después, el 1 de abril, se dio por concluida la Guerra Civil española después de que Radio Nacional de España difundiese desde Burgos el último parte bélico, redactado y firmado por el general Francisco Franco.

> En el día de hoy, cautivo y desarmado el Ejército Rojo, han alcanzado las tropas nacionales sus últimos objetivos militares. La guerra ha terminado.

Aquella noticia, sumada a la promesa de Franco de que a partir de 1940 España acogería a todos los refugiados (se calcula que cerca de quinientos mil republicanos se exiliaron en Francia), propició que María, la madre de Braulia, y sus cuatro hermanos regresaran sin dilación a España. Sin embargo, la joven prefirió quedarse en el país vecino, «quizá porque supo que estaba fichada», cuenta Marie-Christine, y se instaló en Perpiñán. De los siguientes dos años no existen datos, pues ni siquiera a sus propios hijos les contó qué hizo, en qué trabajó o dónde vivió durante esta etapa.

De Braulia a «Monique»

A partir de 1942, según escribió ella misma, comenzó a relacionarse con personas que trabajaban en la Resistencia y, como «era joven y entusiasta»[8], empezó a colaborar con ellos. En aquella época, las redes de resistentes operaban en el sur de Francia —Perpiñán representaba el centro neurálgico— y buscaban camaradas que sirvieran de enlace y de correo sin levantar sospechas. Braulia, que creía en la libertad como un valor fundamental en todo ser humano y que veía en la Segunda Guerra Mundial una continuación de la Guerra Civil española con el mismo enemigo —conviene recordar que los nazis habían matado a su padre—, no dudó en empaparse de los preceptos republicanos y en luchar por sus ideales.

Para formar parte de la Resistencia, era fundamental tener un nombre «de guerra» con el fin de esconder su identidad, y Braulia escogió «Monique»*. Desde entonces y hasta el final de sus días, conservaría ese nombre y, en Francia, se presentaría como tal. Sus familiares españoles, sin embargo, continuaron llamándola Braulia. «Siempre hubo esa ambivalencia: Braulia-Monique, Monique-Braulia. Pero yo creo que ella se adhería profundamente a Monique, porque Monique para ella representaba el cambio y la superación», cuenta Marie-Christine. De hecho, su familia estaba tan orgullosa de Monique, la resistente,

---

* A partir de ahora, nos referiremos a Braulia como Monique por expreso deseo de sus hijos.

que a una de sus sobrinas, Mónica Cánovas, le pusieron el nombre en su honor. «Lo llevo con mucho orgullo», explicaba en una entrevista[9].

Solidaridad carcelaria

Hasta su detención en 1943, Monique formó parte de dos redes de opositores contra el nazismo: una red francesa llamada Alibi Maurice y una red belga denominada Wirm, en las que «hacía de enlace de Grenoble a Perpiñán y recogía documentos de los aviadores que tenían que pasar a España»[10].

Sin embargo, alguien delató a los Alibi Maurice, dirigidos por el judío Guy Valí, y el 9 de mayo de 1943 se llevó a cabo una emboscada masiva en la que fueron detenidos casi todos los integrantes del grupo. El chivatazo se había producido después de que algunos resistentes no hubiesen podido soportar las torturas de los nazis durante los interrogatorios. Esta fue la razón por la que Monique y al menos otras dos españolas, Antonia Cristófal y Francisca Escarré, terminaron siendo arrestadas por la Gestapo y trasladadas a la Ciudadela, donde permanecieron quince días.

> Me sacaron el 9 de mayo y me llevaron a la Maison de la Condesse, que era el cuartel general de la Gestapo, en la cual permanecí todo un día; fui interrogada por la Gestapo, pero no fui torturada. [...] A las ocho de la mañana me llevaron a la Ciudadela sin darme un vaso de agua y nos tuvieron encerradas durante trece días en unos sótanos infames e inhumanos. Después vino una orden para llevarnos a otro sitio, no sabíamos adónde; nos llevaron a la estación de Austerlitz y de allí, en camiones, a la cárcel de Fresnes. A mí me tuvieron un mes sola, a oscuras y sin poder hablar con nadie; era para perder la razón, me hablaba a mí misma y me pellizcaba para ver si

existía; al cabo del mes, que me pareció un siglo, me trasladaron a la celda 308, al tercer piso[11].

En aquel pequeño habitáculo, destinado para una sola persona, pero en el que había cinco, Monique tuvo «mucha suerte» porque coincidió con cuatro «mujeres maravillosas»: una señora francesa, la mujer de un diplomático polaco y la de un general francés y su hija, de las que «aprendió mucho» y con las que mantuvo una gran amistad durante décadas. «A algunas de esas personas que conoció en Fresnes llegué a conocerlas yo años más tarde», explica François, quien admira el don que tenía su madre para aprender de las circunstancias más adversas y de personas tan distintas.

En esta segunda etapa de encierro en la cárcel parisina, a Monique y a la hija del general —las más jóvenes— se les ocurrió una idea para que la vida dentro fuera más fácil: pedir trabajo para fregar pasillos, platos y tareas similares. «Y lo conseguimos», contaba la española. Aquello no solo les permitió distraerse, sino también ponerse en contacto con otros prisioneros, que, a su vez, tenían a sus mujeres o a familiares en el sector femenino. Así fue como crearon un movimiento de Resistencia dentro de la prisión.

> Por ejemplo, un hombre que iba a ser fusilado nos pedía por favor si podíamos encontrar a su mujer, que fue detenida en tal fecha. Entonces nosotras, a las siete de la noche, cuando nos encerraban, llamábamos por la ventana para saber si en la cárcel había tal o cual, y dábamos los partes; llegamos a conseguir respuestas por los agujeros de aireación de nuestra celda, que se encontraba cerca del techo.

De esta forma lograron hacer una especie de teléfono y entrar en contacto con «celdas secretas» ocupadas por familiares, madres o hijos. «Creo que hicimos una cosa fabulosa», llegó a decir satisfecha Monique acerca de aquel período en Fresnes. La solidaridad entre prisioneros quedó reflejada en la literatura gracias a la francesa Madame Chambrun[12], apodada «Poupée», que había sido detenida porque pasaba aviadores. En una ocasión, a través del muro por el que hablaban, le dijo a Monique que, si salía de la cárcel, escribiría un libro y le explicaría a la humanidad la labor tan extraordinaria que estaban haciendo allí. Seis meses después, fue liberada y cumplió su promesa y escribió su manuscrito*. Estas dos mujeres conservaron la amistad durante años e, incluso, cuando Monique regresó de Alemania, Poupée fue a esperarla y se la llevó ocho días a su casa.

Convoy a Ravensbrück

En enero de 1944 concluyó el periplo de Monique en la prisión de Fresnes. Tras casi nueve meses encerrada en aquella minúscula celda compartida la llevaron hasta el campo de internamiento administrativo de Compiègne, donde se formaban los convoyes que trasladaban a los prisioneros, principalmente republicanos españoles, a los distintos campos de concentración nazis: los hombres iban a Dachau, y las mujeres, a Ravensbrück.

El 31 de enero, los nazis las «cargaron como bestias» en un vagón de ganado. Entre ochenta y cien mujeres se amontonaron en el interior, sin comida ni bebida, sin váter ni higiene alguna, hasta llegar al «Puente de los Cuervos». Tardaron tres días en alcanzar su destino y, cuando lo hicieron, exhaustas y medio moribundas, se toparon con un tremendo bombardeo de los Aliados. Aquella coincidencia llenó de temor a las deportadas, que no

---

* Pierre Laval, *Laval parle... Notes et mémoirès rédigés à Fresnes, d'août a octobre 1945. (Préface de sa fille, Mme. Josée Laval de Chambrun),* Beranger, París, 1948.

esperaban aquella bienvenida, ni muchísimo menos el resto de las «sorpresas desagradables» con las que se encontrarían en el transcurso de los días. Una de las primeras: la rutina de desinfección[13].

> A las ocho de la mañana empezaron las duchas y la distribución de la ropa, el uniforme concentracionario. Entonces nos distribuyeron en varias salas, por grupos, como tenían por costumbre hacer; a mí no me tocó el turno hasta las doce del día siguiente, y en el mismo momento que tenía mi turno sonó la sirena, que era la hora de comer; entonces me dijeron que esperara y mientras yo esperaba, mis dos amigas, Françoise y Antoinette, pasaron delante de mí, y como las habían pelado la cabeza, yo no las reconocí.

Aquella visión despertó en Monique sentimientos encontrados, como la piedad, el horror e, incluso, la coquetería.

> Pensé: «¿Yo tengo que verme así a mis veintitrés años? Pero esto es horrible, esto es la negación total de nosotras mismas», y me recogí tanto en mí misma, en mi negación, que dominó el miedo de que me cortasen el pelo más que todas las miserias físicas y morales que me esperaban.

Más productiva

Antes de raparle el cabello, entregarle el pijama de rayas y ponerle el número de matrícula 27700*, uno de los médicos del campo inspeccionó su cuerpo —tal y como ya había hecho con

---

* Respecto al número que llevó Braulia Cánovas en Ravensbrück existen varias contradicciones. Ella misma aseguraba en el libro *De la resistencia y la deportación* que le habían asignado el 27700, pero en la Fondation pour la Mémoire de la Déportation consta que llevaba el 27697, y según la Amical de Ravensbrück en Barcelona estaríamos hablando del 27883.

otras compañeras, como Neus Català— en un exhaustivo control ginecológico efectuado en condiciones vergonzosas y antihigiénicas[14]. Conviene mencionar que los doctores realizaban la revisión con el mismo instrumento, normalmente un espéculo*, para todas las presas, y después, en la mayoría de los casos, les inyectaban una sustancia que provocaba la retirada de la menstruación. La excusa: así serían más productivas. Sin embargo, la realidad era que querían evitar que ninguna se quedase embarazada y, de esa forma, pudiese perpetuar lo que ellos consideraban una raza inferior, a la que tanto detestaban porque se alejaba de los preceptos puros de los arios.

Una vez terminado el ritual del terror, Monique siguió a la fila de compañeras y los guardias le devolvieron su cepillo de dientes y su peine, pero no así el anillo ni el reloj que portaba a la entrada del campo y que se quedaron en una bolsa de cartón. Quitar las pertenencias materiales a los presos fue una práctica habitual de los nazis en los centros de internamiento, una forma más de reprimir y deshumanizar a los reclusos.

Más tarde llegó la cuarentena, el encierro de las recién llegadas en distintos barracones, que solía derivar en diversas afecciones provocadas por el hambre y la falta de higiene y limpieza. Monique, que se encontraba en el bloque 47, tuvo una fiebre altísima y, para evitar que contagiase al resto, fue trasladada a la enfermería, donde pasó cinco días. Una vez recuperada, empezó su periplo laboral cargando vagones de arena, una de las tareas que más estragos físicos le causó. Ella misma reconocería con vergüenza años más tarde que «no tenía fuerzas para resistirlo». Incluso llegó a confesar que, si aquella tarea se hubiese prolongado en el tiempo, se «habría matado o tirado contra las alambradas». Valiéndose de distintos «subterfugios y sin perjudicar

---

* Según la RAE: Instrumento que se emplea para examinar por la reflexión luminosa ciertas cavidades del cuerpo.

a las demás», Monique consiguió evitar ir a trabajar a esa extenuante tarea hasta el día de su traslado a una fábrica de máscaras de gas en Hannover, unos meses más tarde.

Sin perder la feminidad

Las prisioneras de Ravensbrück se debatían entre la vida y la muerte, vivían en unas condiciones inhumanas que perjudicaban siempre a la más débil y, por consiguiente, si no querían morir y salir por la chimenea, debían mantener sus facultades físicas y, sobre todo, mentales para aguantar el calvario. En el caso de Monique, «su capacidad de resistencia era increíble», afirma su hija Marie-Christine, que reconoce que su madre «no sufría tanto de hambre como muchas compañeras, porque incluso ella les daba de lo suyo, sino porque tenía mucho frío». En ello influía que no vistiese con ninguna ropa de abrigo, pero, también, que sacrificaba el poco calor que guardaba su cuerpo para mantener una higiene adecuada. Pese a que era muy friolera, Monique se levantaba una hora antes que las demás, a las cinco de la madrugada, para acudir a las duchas y lavarse con agua helada, incluso cuando las temperaturas exteriores estaban por debajo de cero grados.

> Nos explicaba que era tremendo porque hacía un frío horroroso, pero que ella lo hacía porque la hacía reaccionar, le hacía tener una higiene corporal, que era importante, y le daba muchísima fuerza[15].

Esta fuerte disciplina autoimpuesta, nada corriente entre las internas, ayudó mucho a la española a mantener su sistema inmunitario alto y a no enfermar tan rápidamente como otras. Este hecho no pasó desapercibido entre los nazis, que comentaban su proeza refiriéndose a ella como *sauber,* es decir, limpia.

Pero Monique, además, se preocupó mucho por la estética: quería verse femenina y no como un esqueleto viviente, sin nombre ni identidad. Para que los SS no ganasen la partida en cuanto al plan de deshumanización de los prisioneros, hizo todo lo que pudo para mantener la dignidad de las mujeres. Entre otras cosas, se las ingenió para conseguir tijeras, hilo y telas para confeccionar sujetadores. «Ella hacía sostenes y los distribuía a todas las presas —cuenta con emoción Marie-Christine— porque eran mujeres y había que seguir siendo mujeres. Nadie les iba a quitar eso». Por este motivo, a pesar del maltrato psicológico y de los castigos y golpes que recibían de los nazis, cada vez que encontraba un cordel se lo ponía alrededor de la cintura y decía: «Yo soy una mujer y me pongo en valor como mujer».

Para sobrevivir en un contexto de lo más extremo, Monique solo tenía un pensamiento: «Quiero estar viva mañana».

> En ningún momento, desde el primer momento en que entré en los campos de concentración, nunca pensé que no saldría. Yo siempre tenía la fe y la convicción de que saldría[16].

Este pensamiento, generalizado entre las prisioneras, les servía como motivación para no decaer y para mostrarse sólidas aun cuando las guardianas o las *Kapos* les hiciesen la vida imposible con los constantes castigos y palizas.

Los peligros

Precisamente, Monique temía a estas *Kapos,* sobre todo después de haber presenciado el asesinato de una compañera que, muerta de hambre, había tratado de alcanzar unas coles que había tras la alambrada. Al ver la escena, una de las *Kapos* se acercó y le pegó un tiro en la cabeza. «Este hecho la marcó mucho y jamás pudo olvidarlo, porque, además, fue ella quien la arrastró para tratar de socorrerla», relata su hijo François.

Las amistades dentro del campo de concentración eran fundamentales para aguantar el tormento que vivían, y perder a una compañera suponía un fuerte mazazo psicológico para las prisioneras. Sin embargo, gracias a las redes de solidaridad que tejieron, las mujeres siempre se dieron apoyo y fuerzas entre sí y consiguieron que la vida dentro de Ravensbrück fuese más soportable.

Sabotajes en Hannover

El traslado a Hannover para trabajar en la fabricación de máscaras de gas para la empresa Continental Gummi-Werke supuso todo un cambio para Monique y sus compañeras. Durante los turnos de doce horas, tanto de día como de noche, siempre que podían, cometían sabotajes colectivos para evitar que aquellos artilugios funcionasen correctamente durante la contienda contra los Aliados. Asimismo, los sabotajes representaban un modo de protesta por las condiciones laborales extenuantes a las que estaban sometidas las presas, a quienes ni siquiera permitían tomarse un descanso para comer. «Todas poníamos los pies encima de un tapiz sin fin y hacíamos que saltaran los plomos, lo cual representaba treinta o cuarenta minutos de interrupción, y esto paralizaba la confección de máscaras antigás», relataba Monique, contenta de la camaradería que se había establecido entre las mujeres. Aquella solidaridad tocó el corazón de una de las trabajadoras de la fábrica, que quiso ayudar a Monique dándole a escondidas alimentos, como galletas, mermeladas o confituras.

> Le decía: «*Meine kleine Monika* [Mi pequeña Mónica], cuando todo esto haya terminado, que todo esto terminará, ya verás, ¿verdad que me vendrás a ver cuando hayas superado todo eso?»[17].

Monique contaba también que el jefe de la Continental Gummi-Werke, que era «alemán, pero no nazi», salió en defensa de la española después de que uno de los guardias la golpease por no querer quitarse el cordel alrededor de la cintura. El hombre, muy enfadado, se enfrentó a los jefes del campo de concentración de Ravensbrück y les espetó: «A partir de ahora dejáis a Monique tranquila, porque aquí quien manda soy yo. En los campos de concentración mandáis vosotros, pero aquí en la fábrica mando yo. Aquí, la dejáis tranquila». A partir de aquel momento, «a mi madre no la volvieron a molestar más y pudo llevar su cuerda alrededor de la cintura», cuenta entre risas Marie-Christine, que alaba los valores de humanidad, resistencia y esperanza que Monique aprendió durante aquellos años y que, con posterioridad, le inculcaría tanto a ella como a su hermano.

Las zanjas de la muerte

A finales de marzo de 1945, ante el aumento de bombardeos aliados sobre la fábrica de Hannover y el campo de concentración de Ravensbrück, los nazis decidieron trasladar a las prisioneras. Miles de ellas, obligadas por los SS a huir de las tropas soviéticas, salieron por su propio pie de Fürstenberg/Havel en una de las famosas «marchas de la muerte», aunque solo unos pocos centenares llegaron a su destino: Bergen-Belsen, una población a doscientos cincuenta kilómetros al este de Alemania, en la Baja Sajonia.

A su llegada, el 8 de abril, las supervivientes se encontraron con un campo lleno de montañas de cadáveres descompuestos, zanjas con los restos de muchos de ellos, decenas y decenas de zapatos de los fallecidos apilados y un aire contaminado por la putrefacción.

Para Monique, una de las experiencias más traumáticas durante aquellos días fue tener que recoger, por orden de los SS, aquellos despojos humanos con las manos desnudas y lanzarlos en gigantescas fosas: en más de una ocasión, se le quedó entre las manos algún miembro que se estaba descomponiendo. Fue entonces cuando se dio cuenta de que Bergen-Belsen no era otro campo de concentración más, sino uno destinado únicamente a la aniquilación: «A nosotras nos llevaban para exterminarnos».

Pero la precipitación de los acontecimientos salvó a la española: las tropas aliadas intensificaron los bombardeos y, en menos de una semana, liberaron el campo, lo que evitó que los nazis pudieran terminar con las ejecuciones que tenían previstas. Aunque Monique estaba convencida de que saldría adelante, también sentía incertidumbre y mucho miedo cuando escuchaba los cañonazos cada vez más cerca. «Es triste ser matados por los nuestros», llegó a pensar. De hecho, solo escasas horas antes de que los norteamericanos procediesen a su liberación, las prisioneras protagonizaron un acto de rebeldía cuando los nazis les ordenaron cavar otra zanja para ocultar los cadáveres a los Aliados. Ellas se negaron y, afortunadamente, poco después fueron liberadas. Era la una de la tarde del 15 de abril de 1945 y la pesadilla, por fin, había terminado.

A salvo

No obstante, tras la liberación, la situación continuó siendo trágica en el campo, pues seguía repleto de hombres y mujeres hambrientos y moribundos que solo querían comer. Debido a los atracones que se dieron, muchos terminaron muriendo: sus estómagos no soportaron semejante ingesta de alimentos. En cambio, Monique, friolera «como buena meridional», pensaba más en abrigarse que en comer, por lo que se dedicó a buscar ropa de abrigo hasta que, finalmente, encontró una «pelliza de piel, que era uno de esos abrigos que tenían para ir al frente ruso».

Sin embargo, la alegría de Monique durante esos primeros días duró poco, porque contrajo el tifus y los miembros del servicio de sanidad la trasladaron a una antigua escuela de las Juventudes Hitlerianas, a unos cinco o seis kilómetros del campo, donde pasó veinticinco agonizantes días. Permanecer en este recinto era, casi con total seguridad, sinónimo del final, pero, por suerte para Monique, un soldado se apiadó de ella.

> Sé que cuando recuperé el conocimiento, se acercó a mí un soldado rumano y me dijo: «Me debes la vida, pues yo te daba todas las tardes una taza de leche, que robaba a los que estaban tuberculosos, y me daba tanta pena verte que todas las tardes te levantaba la cabeza y te hacia beber leche; por eso vives»[18].

Hasta su completa recuperación, Monique observó a diario desde la ventana junto a su cama cómo unos hombres enfundados en máscaras, guantes y batas blancas llegaban en camiones para llevarse y quemar los cadáveres de los deportados que morían durante la noche. La joven se decía: «Mañana quizá será a ti a quien cargarán en el camión». Pero esta «mujer excepcional», que no quería morir, «se mantuvo viva en aquel infierno» gracias a «un carácter muy fuerte y a su lucha por la dignidad», cuenta orgullosa su hija.

La recuperación

Después de veinticinco meses encerrada en cárceles y campos de concentración, la española había sobrevivido milagrosamente: pesaba apenas treinta y ocho kilos. Tras pasar por una comisión de médicos formada «por un francés, un inglés y un alemán», fue enviada a París, al hotel Lutetia, donde se reencontró con algunas de las mujeres que había conocido en el campo. Durante aquel tiempo, Monique solo había estrechado lazos con cuatro mujeres españolas: María Maranges, Francisca, Antonia y Pepita, con quienes había compartido bloque. «Sé que había más, pero no estábamos en el mismo *Block* ni en el mismo grupo, así que no tuve contacto con otras españolas», aclaraba la murciana cuando le preguntaban si había coincidido con republicanas tan conocidas como Mercedes Núñez, Conchita Grangé, Neus Català o Constanza Martínez Prieto, también deportadas a Ravensbrück.

Aproximadamente diez días después de su llegada, el Gobierno francés dispuso su traslado al Grand Hotel de Font-Romeu, al sur del país, para su completa recuperación, puesto que, según los últimos reconocimientos médicos que le hicieron, Monique seguía muy débil y necesitaba de unos cuidados especiales.

En los siguientes dos meses en este hotel de lujo acondicionado como balneario para el descanso y el reposo, la española, además de reponer fuerzas, también hizo muy buenas amistades, entre ellas, con Jacques Farran, quien años después llegó a ser diputado en la Asamblea Nacional Francesa, teniente de alcalde y presidente de la Cámara de Comercio e Industria en Perpiñán e, incluso, fue compañero de trabajo de François, el hijo mayor de Monique.

Pese al horror que acababa de vivir a nivel físico y psicológico, «la personalidad de Monique desprendía alegría y felicidad» en el hotel de Font-Romeu[19]. En esos dos meses de intensa convalecencia, se dedicó a recuperarse físicamente, pero, también, a tirar las cartas del tarot entre los huéspedes y algunos lugareños para ganar algo de dinero. Cierto es que tenía una habitación donde dormir, comida suficiente, era libre y la guerra había terminado, pero «no tenía ni un duro» y tampoco podía trabajar debido a su pésimo estado de salud, así que en esa afición por lo esotérico encontró una forma de ganarse la vida. Pero quizá lo más curioso es que ella misma no creía en las cartas, como le reconoció a su hijo François: «Todo es psicología. En la vida, todo es psicología. Cuando miras a la cara a la gente, ya sabes lo que piensa». Su fama como echadora de cartas la persiguió durante muchos años: no había reunión o cena entre amigos en la que alguien no le dijese: «Monique, ¿me puedes tirar las cartas?». Ella siempre accedía sonriente, porque sabía que, en el fondo, muchas veces la visitaban simplemente para eso.

Obra del destino

Cuando la renovada Monique recuperó la salud y salió de Font-Romeu, emprendió rumbo a París sin saber que aquel viaje cambiaría su vida para siempre. En el vagón coincidió con un hombre «muy amable y de gran corazón», Francisco Jené de Paula, fiscal general del Tribunal de Casación de Cataluña en tiempos de la República, con el que no paró de conversar durante todo el trayecto. Tanto simpatizaron que, al llegar a París, él la invitó a Perpiñán: quería que conociera también a su mujer y a sus hijos. Por obra del destino, Manolo, uno de los descendientes de Francisco, y Monique se enamoraron locamente. Fue un auténtico flechazo. «Me enamoré de ella por la expresión de sus ojos, por el nivel de profundidad, de intensidad y de sufrimiento que había en su mirada», le contó infinidad de veces a su hija.

La relación se consolidó rápidamente y, a pesar de las adversidades a las que tuvieron que enfrentarse, el respeto, la admiración y el profundo amor que sentían el uno por el otro los mantuvieron unidos durante cuarenta años. Manolo era un hombre soñador, romántico e intelectual, mientras que Monique era una mujer todoterreno y de acción, dos personalidades distintas pero perfectas la una para la otra[20].

«Él se emperró en casarse con mi madre, pese a todas las oposiciones de su familia, que fueron muy, muy fuertes», relata Marie-Christine. Manolo provenía de una conocida familia de Lleida —su padre era fiscal general y diputado de Esquerra Republicana en Madrid— y, de acuerdo con las ideas de su madre, no podía enamorarse de una mujer de bajo estatus social, salida de un campo de concentración, sin familia ni bienes. En definitiva, Monique no era suficiente porque «no era una rica heredera» y, por ello, la despreciaron de manera flagrante.

Polémica boda

Pese a la negativa y a la ausencia de la madre y de las hermanas del novio, la boda se celebró en Perpiñán el 18 de septiembre de 1947. El padre de Manolo, Francisco, un «hombre de gran humanidad y bondad», sí asistió porque, al contrario que su mujer, siempre adoró y respetó profundamente a Monique. «Era un señor», recalca Marie-Christine.

Ante el rechazo familiar, Monique reaccionó sin acritud y con paciencia. Siempre animó a su marido a que mantuviese una buena relación con sus padres y hermanas y a que los visitase con frecuencia. Mientras tanto, ella lo esperaba sentada en un parque cercano. «Ella entendía que para su marido también era importante la familia, su familia, y no quería que cortara con ellos», explica la hija, que aplaude el carácter conciliador y nada vengativo de su madre pese a los desplantes que sufría. Sin embargo, con los años, esos desaires fueron desapareciendo y, en su lugar, se instauró un gran respeto hacia Monique e, incluso, cuando la madre de Manolo estaba ya muy enferma, se disculpó con su nuera por la forma en que la había tratado durante años.

Después de casarse, el matrimonio decidió abrir un negocio de importación y exportación de frutas y verduras en el mercado Saint Charles de Perpiñán, que servía de plataforma entre Francia y el resto de Europa. Los comienzos no fueron fáciles y, dada la escasez de recursos económicos que vivieron durante años, su hijo, François, llegó incluso a plantearles alguna vez el regreso a España para buscar un futuro mejor, pero sus padres se negaron categóricamente. «Jamás se plantearon volver». Sin embargo, con mucho esfuerzo, Manolo, abogado de profesión, y Monique, que ejercía de secretaria, sacaron adelante el negocio «sin ayuda de nadie». A pesar de la negativa de sus padres a volver a España, François reconoce que siempre le atrajo la idea de vivir en el país de origen de su familia para entender mejor su historia y, por ello, desde hace unos años, vive en Barcelona.

La vida en casa

Hablar con los hijos de Monique significa obtener dos versiones completamente distintas sobre su madre. Por un lado, destaca la mujer estricta, severa en la educación, autoritaria, de fuerte carácter y poco cariñosa que describe su hijo hasta su etapa de adolescente. Y, por otra parte, su hija la describe como una mujer extrovertida, comunicativa, cálida y afectuosa. François habla de «enfrentamientos frecuentes» con su madre durante su pubertad, mientras que Marie-Christine afirma: «Toda la vida tuve una relación maravillosa con mi madre».

Sin embargo, a partir de un momento, los hermanos coinciden en sus palabras y describen a su madre como una mujer divertida y admirable. «Era una persona muy amigable y muy relaciones públicas. La conocía todo el mundo y me encantaba salir a pasear o a comprar con ella», dice François. A Monique le gustaba regatear en las tiendas y «lo hacía con mucha gracia, por lo que casi siempre obtenía los descuentos». Ambos afirman también que «era una luchadora total y tenía una gran capacidad de superación». Asimismo, hablan con orgullo del buen ánimo de su madre, que era capaz de sacar una conclusión positiva incluso de las barbaries que sufrió y vio en Ravensbrück: «He aprendido mucho de lo que viví —le decía a su hija—, me hizo ser otra persona, superar cosas increíbles y, de algún modo, tengo cierto reconocimiento a aquella época de mi vida».

Para Monique, «una persona abierta y con la que se podía hablar de cualquier cosa», fue fundamental inculcarles a sus hijos la tolerancia y el respeto: «Siempre me recordaba que, en los campos de concentración, todos eran iguales, independientemente de la etiqueta, la cultura y el estatus social. Más allá de las etiquetas que la sociedad nos impone, existe la humanidad, y mi madre siempre buscaba, detrás de las normas establecidas, la verdadera esencia de cada uno», relata Marie-Christine.

Buena anfitriona

En una casa donde reinaba la paz y el buen humor, el orden y la limpieza —Monique necesitaba que todo estuviese impecable y en su sitio—, y en la que cada comida era «un momento de encuentro, intercambio y celebración», constantemente recibían visitas de amigos. «Mis padres eran muy buenos anfitriones y por eso venía tanta gente a casa», dice Marie-Christine.

Tanto Monique como Manolo enseñaron a sus hijos a amar la literatura e insistían mucho en la importancia de tener buenos valores intelectuales y democráticos. «En casa se leía mucho» y, además, conversaban con frecuencia sobre temas de actualidad política, pues querían que François y Marie-Christine se forjasen una opinión propia. «Una de sus obsesiones era que nosotros tuviéramos un alto nivel intelectual», cuenta la hija. Los temas políticos, sobre todo los referentes a España y al período de la Transición, eran seguidos con mucho interés por todos los miembros de la familia, en especial, por Monique. Informarse era algo prioritario para ella, tanto a través del papel como de la televisión: le fascinaban los programas de debates literarios o de reflexión política, le preocupaba conocer cómo evolucionaba la esfera política y social en España tras la guerra.

Aprendizaje y valores

Cuando Monique enfermó, sus hijos —François ya tenía veinticinco años, y Marie-Christine, trece— empezaron a interesarse más en profundidad por la experiencia de su madre en los campos de concentración y a comprender la magnitud del Holocausto. La familia siempre había hablado libremente del nazismo y, aunque ni Monique ni Manolo ocultaron jamás las terribles vivencias de la madre, procuraron contarles los hechos desde un punto de vista histórico y no abordar cuestiones personales dolorosas para evitarles sufrimiento.

De los dos hermanos, fue la pequeña quien primero le preguntó a su madre por su pasado: «¿Por qué te apuntaste a la Resistencia? ¿Por qué decidiste dar ese paso, que era poner tu vida en peligro total y con lo que suponía?». Su madre trataba de responderle a través de anécdotas y enseñanzas positivas. «Mantened vuestras convicciones y principios éticos y luchad por ellos sin concesión. Es el precio para ganar la libertad. Hay que olvidarse de la mediocridad: la vida es una lucha y solo a través de la lucha se consigue ser feliz», les decía.

Ella no podía soportar la dictadura, el totalitarismo ni el nazismo, y al ver aquella persecución inaceptable a los judíos, para ella fue algo natural hacerse miembro de la Resistencia[22].

A medida que Marie y François fueron conociendo las adversidades a las que se había enfrentado su madre, la admiración y el respeto iban *in crescendo*. Se decían: «Esta mujer, que es mi madre, es muy fuerte, una superviviente que ha sido capaz de todo y ahora nos está educando y enseñando unos valores increíbles». Pero los hijos también son conscientes de que Monique se guardó para sí muchas situaciones terribles de los campos y que nunca las contó, quizá por pudor, quizá para protegerlos y evitar con ello que sufrieran doblemente.

Siempre les transmitió la importancia de no sentir odio hacia nadie, y por eso insistía en la idea de que «los hijos de los nazis no son nazis, sino alemanes». Monique afirmaba y repetía frecuentemente que el odio «trae violencia y que no permite construir una sociedad justa».

La divulgación

Aunque los primeros años tras la liberación de Ravensbrück Monique estuvo psicológicamente muy afectada, con el paso del tiempo su carácter se suavizó y se mostraba más contenta y feliz. Parecía como si hubiese pasado página de verdad, sin traumas: «Mi madre transmitía alegría. Le gustaba la buena vida, pasárselo bien, ir a restaurantes. Si no había vino para comer, eso no era bueno», bromea Marie-Christine.

A mediados de los años setenta, cuando sus hijos ya conocían bien su historia, Monique sintió la necesidad de difundir su testimonio públicamente. A partir de ese momento, comenzó una importantísima labor de difusión mediante conferencias y charlas a niños y adolescentes en colegios e institutos. En estas conferencias, no solo narraba su experiencia en los campos, sino que procuraba transmitir a los jóvenes la importancia de defender el valor fundamental de la libertad. «Serás libre si eres capaz de decir que no», les repetía.

Monique siempre mantuvo una vitalidad y positividad admirables, a pesar de que su condición de prisionera le había provocado graves problemas físicos. La principal secuela fue un cáncer de colon, cuya causa más importante fue el tifus que padeció en sus últimos momentos como deportada. Después, tuvo otros dos tumores y murió tras luchar durante dieciocho años contra su terrible y prolongada enfermedad.

El regreso a los campos

Unos años antes de su fallecimiento, Monique tomó una decisión: regresar a Alemania y hacer un *tour* por los campos de concentración. Así, en compañía de Marie-Christine y su futuro marido, Ignasi, visitó Bergen-Belsen, Dachau y Hannover, la ciudad donde había trabajado elaborando máscaras de gas en la fábrica Continental Gummi-Werke. No pudieron llegar hasta Ravensbrück, «lo que fue una pena», pero la expedición fue muy beneficiosa para Monique: lo vivió con una gran emoción y recordó sus vivencias sin pesar. «Fue un viaje muy bonito», dice su hija.

Sin embargo, el cáncer no paraba de crecer y, aunque los médicos aplaudían la asombrosa fortaleza de Monique y su voluntad para salir adelante, la enfermedad le impidió disfrutar más años de sus hijos y de sus nietos. Aunque los hijos de Marie-Christine solo tenían tres años y medio cuando Monique falleció, recuerdan con claridad la sonrisa constante de su abuela y su felicidad.

Aun cuando los dolores eran insoportables y los médicos tenían que inyectarle morfina para evitarlos, Monique aguantaba sin quejarse. Se negaba a marcharse y el día que falleció lo hizo a disgusto y peleando hasta el último minuto. «No me quiero morir por tu hermana y por ti, porque me necesitáis todavía», le confesó a su primogénito.

La despedida

El 23 de diciembre de 1993, justo seis años después de morir su marido, Manolo, Monique falleció en Barcelona a los setenta y tres años de edad. «Se fue demasiado pronto», dice su hija.

Quien conocía a Monique se quedaba prendado de «su gran corazón, empatía, serenidad, fortaleza y alegría, de esas ganas inmensas de vivir y de disfrutar cada minuto como si fuese el último». Por este motivo, a su entierro, celebrado en Perpiñán, acudieron cientos de personas, entre las que principalmente había jóvenes y adolescentes que la habían conocido gracias a las charlas en las escuelas y que quisieron darle un último adiós. «Fue algo impresionante», relata Marie-Christine.

Con el tiempo, habían llegado los homenajes oficiales por parte de las autoridades francesas, que reconocieron el activismo de Monique en la Resistencia. No solo la condecoraron con la Medalla de Chevalier de la Legión de Honor a título militar, sino que, años más tarde, en 1988, el Gobierno de François Miterrand amplió el mérito de la distinción y le concedió el grado de *officier* (oficial). Monique «siempre se sintió orgullosa por el cariño mostrado por el pueblo francés».

A pesar de la satisfacción que le proporcionaban las medallas que había recibido en Francia, a Monique le quedó la pena de que el Estado español no hubiese rendido nunca un homenaje «a la labor de los deportados que, como ella, acabaron en esos campos de concentración»[23]. Monique no entendía el olvido por parte de España, porque ella «nunca renunció a haber nacido en Alhama de Murcia, bajo las hojas de un parral», explicó Marie-Christine en una entrevista concedida a Radio Murcia.

Gracias a la labor de historiadores como Víctor Peñalver y Benito Bermejo, en su empeño por restablecer la memoria histórica, el reconocimiento llegó, por fin, el 20 de noviembre de 2018 en su pueblo natal, Alhama de Murcia, que rindió un homenaje «a cinco héroes de la libertad ante el nazismo»[24], entre ellos a Braulia Cánovas Mulero, mediante la inauguración de un monumento en la plaza de los Mártires*.

> Cuando nos enteramos de que Alhama realizó este acto, nos alegramos muchísimo. Les damos las gracias por acordarse de mi tía y de esta gente anónima que dio tanto en su lucha contra el fascismo. El valor, coraje y determinación de estos hombres y mujeres debe continuar siendo nuestra guía para conseguir un mundo mejor[25].

Los objetos «perdidos»

Cinco meses después de este tributo, François y Marie-Christine recibieron una llamada del historiador Víctor Peñalver para darles una gran noticia: el Servicio Internacional de Rastreo (ITS)** los estaba buscando para hacerles entrega de los objetos

---

* Un monolito principal con la inscripción «A los alhameños prisioneros en campos de concentración nazi, por su compromiso con la libertad» y otros cinco monolitos delante, más pequeños, con unas llamas en bronce y placas con los nombres de cada uno de los cinco vecinos del municipio que fueron víctimas de la demencia homicida del Tercer Reich.

** Institución con sede en la ciudad alemana de Bad Arolsen (Hesse, distrito de Waldeck-Frankenberg) que, con ayuda del Gobierno de Alema-

personales requisados a su madre durante su deportación al campo de concentración de Ravensbrück. Se trataba del reloj y el anillo que Monique había metido en aquella bolsa de papel y que, gracias a dicha entidad y a investigadores y asociaciones que operan de manera altruista, volverían al fin a las manos de los familiares. «Nunca imaginé que podríamos conseguirlos», aseguraba una sorprendida Marie-Christine, que tuvo sentimientos enfrentados ante dicha noticia.

> Por un lado, siento tristeza al imaginar ese momento en el que le robaron sus cosas, pero también estoy feliz porque Alemania, consciente de todo el daño que ha causado, ha sido capaz de reconocer el horror, pedir perdón y honrar la memoria de los héroes como mi madre[26].

El 17 de diciembre de 2018, parte de la familia de Monique —un total de diez personas, entre hijos, nietos y sobrinos procedentes de París, Barcelona y Girona— acudió al archivo del ITS, en Bad Arolsen, para recoger las pertenencias de la deportada española. Fue un momento de inmensa emoción e ilusión. «Cómo me habría gustado que mi madre hubiera estado viva para disfrutar de ese momento», expresa emocionada Marie-Christine. Fue uno de los días más bonitos e increíbles de sus vidas, una forma de «volver a reconciliarnos a través de esos objetos con la historia, con aquel momento en que le quitaron todo, de cerrar heridas. Además, fue un alivio muy grande porque es como que te reconocen, te restituyen, te honran la memoria». Fue una experiencia de gran unión para la familia, repleta de símbolos: «El anillo es símbolo de unidad, el reloj es

---

nia, intentaba devolver todos esos objetos a los familiares de los perseguidos por el Tercer Reich. Guarda más de treinta millones de documentos sobre la persecución nazi.

el símbolo del tiempo», declaraba Marie-Christine en una entrevista para la televisión autonómica catalana TV3[27]. En dicha entrevista, también habló François y uno de los nietos de Monique, que explicaba emocionado el gran amor que siempre le transmitió su abuela y que, además, quiso tener unas palabras sobre la memoria histórica: «Es muy importante que la gente no se olvide de lo que ocurrió y que recuerde ese período tan complicado».

El 8 de marzo de 2019, con motivo del Día Internacional de la Mujer, el Comité Feminista del Instituto Miguel Hernández de Alhama de Murcia rebautizó su nombre y adoptó el de Braulia Cánovas Mulero en su honor. Durante el acto, varios estudiantes le dedicaron unas palabras y leyeron varios mensajes de los hijos de la resistente, así como el de una prima hermana, Braulia Cánovas Vera, residente en dicha localidad. En pocas líneas, la anciana expresó lo que sintió al verla por primera vez con tan solo cuatro años.

> Me quedé muy impresionada, nunca olvidaré la forma tan elegante de caminar y de vestir, el cariño con el que me apretó contra su pecho y la fuerza con la que abrazó a mi padre[28].

Con esperanza

Braulia era esa claridad en medio de la oscuridad, esa mano amiga en los momentos de tristeza, ese pilar fuerte al que agarrarse cuando estabas a punto de caer y esa sonrisa de ilusión aun en los peores mazazos de la vida. Cada palabra pronunciada sobre esta superviviente de los campos nazis está llena de emoción y de cariño. Su mirada y su corazón dejaron una huella imborrable e irrepetible en quienes quisieron a Braulia-Monique o Monique-Braulia. Su pérdida dejó un vacío en sus familiares y amigos, que, veintisiete años después de su muerte, la siguen añorando como el primer día.

Durante la entrevista, inevitablemente hablamos sobre el coronavirus y la falta de libertades que la pandemia está provocando en el mundo. «¿Cómo se lo hubiese tomado Monique?», pregunto a sus hijos. «Creo que con un sentido práctico extremo: lo mejor para salir de esto es hacer esto otro y así en un año nos olvidaremos seguramente», me cuenta François. Por el contrario, Marie-Christine asegura que su madre «estaría horrorizada con el tratamiento de privación de libertades en nombre de la protección contra el virus, es decir, que se supone que estás salvando vidas, pero a cambio estás sacrificando la vida. Y, aunque se hubiese rebelado, también pienso que nos hubiese transmitido mucha paz y mucha fuerza. O sea, mantener la serenidad, porque son momentos difíciles».

Aun sin estar físicamente presente, Monique sigue transmitiendo su sabiduría y sus valores más profundos a sus hijos. De algún modo, su energía vive en ellos y lo demuestran cada vez que sus ojos se iluminan al narrar historias y anécdotas de la gran mujer que fue su madre.

«Le daría las gracias y le diría que estoy orgulloso de ella —contesta François cuando le pregunto qué le gustaría decirle a su madre si pudiese oírlo—, porque los valores se crean muchas veces en casa y los valores que nos dio a mi hermana y a mí creo que tenemos toda una vida por detrás para comprobar que han sido buenos». La emoción continúa cuando es Marie-Christine quien, con una sonrisa llena de ternura, dice: «Intento constantemente ser fiel a su memoria y seguir su ejemplo, y que ese ejemplo me ha ayudado no únicamente a mí, sino a toda mi familia. Ella ha sido una influencia importante en nuestras vidas y le estoy sumamente agradecida. Y, por supuesto, le diría que la quiero volver a ver», remata entre risas para camuflar su voz entrecortada. Un bonito final que constata que Monique y su familia, a pesar de todo, consiguieron ser felices. Algo que, sin duda, también da mucha esperanza.

Notas

[1] Entrevista con François Jené, hijo de Braulia Cánovas Mulero, el 23 de noviembre de 2020.

[2] Entrevista con Marie-Christine Jené, hija de Braulia Cánovas Mulero, el 15 de noviembre de 2020.

[3] Informe realizado por el Ayuntamiento de Alhama de Murcia.

[4] Apunte biográfico aportado por Marie-Christine y François Jené durante sus entrevistas.

[5] Ibíd.

[6] «El ejército franquista entra en Barcelona», *La Vanguardia,* 25 de enero de 2019.

[7] «La meva mare sempre va desconfiar d'Espanya i mai hi va voler tornar», *Diari ARA,* 22 de diciembre de 2018.

[8] Neus Català, *De la resistencia y la deportación,* Generalitat de Cataluña, Barcelona, 2015, págs. 273-278.

[9] «La familia de una combatiente antifascista recuperará los bienes que le robaron los nazis: "Nunca imaginé que podríamos conseguirlos"», *elDiario.es,* 30 de octubre de 2018.

[10] Neus Català, ob. cit., págs. 273-278.

[11] Ibíd.

[12] Se trata de Josée Laval, figura del régimen de Vichy y condesa de Chambrun.

[13] Neus Català, ob. cit., págs. 273-278.

[14] «Supervivientes españolas en el infierno nazi», *El País,* el 13 de junio de 2010.

[15] Entrevista con Marie-Christine Jené, hija de Braulia Cánovas Mulero, el 15 de noviembre de 2020.

[16] Ibíd.

[17] Ibíd.

[18] Neus Català, ob. cit., págs. 273-278.

[19] Entrevista con François Jené, hijo de Braulia Cánovas Mulero, el 23 de noviembre de 2020.

[20] Entrevista con Marie-Christine Jené, hija de Braulia Cánovas Mulero, el 15 de noviembre de 2020.

[21] Ibíd.

[22] Ibíd.

[23] Entrevista a Marie-Christine Jené en el programa *A vivir que son dos días,* en Radio Murcia, el 16 de noviembre de 2018.

[24] «Cinco alhameños, héroes de la libertad ante el nazismo», *7 días Alhama,* 20 de mayo de 2018.

[25] Declaraciones de Josep Cánovas, sobrino de Braulia, para el artículo «La familia de una combatiente antifascista recuperará los bienes que le robaron los nazis», *elDiario.es,* 30 de octubre de 2018.

[26] Declaraciones de Marie-Christine para el artículo «La familia de una combatiente antifascista recuperará los bienes que le robaron los nazis», ob. cit.

[27] TV3 vive en directo la recogida de las pertenencias y *Els Matins* entrevista a los hijos desde Bad Arolsen (Alemania), el 17 de diciembre de 2018.

[28] Testimonio recogido por el Comité Feminista del Instituto Miguel Hernández de Alhama de Murcia durante el homenaje a Braulia «Monique» Cánovas Mulero. YouTube, marzo de 2019.

ALFONSINA BUENO VELA

PRESA *NACHT UND NEBEL* (NN)

> Una enfermera rusa fue obligada a inyectarnos en el cuello del útero un líquido que ni ella seguramente sabía lo que era. Al salir de la maldita enfermería, entre mis piernas caían unas gotas amarillas que al mismo tiempo iban quemando la piel.
>
> ALFONSINA BUENO VELA

Hélène apenas tenía seis meses cuando su madre, Ángela, la envió a vivir con su abuela a Toulouse. El apartamento que compartían los Lussan-Ester en París era demasiado pequeño para criar cómodamente a una bebé que enfermaba cada dos por tres, y los cuidados de Alfonsina le asegurarían una pronta recuperación. Desde entonces y durante los siguientes dos años, la superviviente del Holocausto viviría con su nieta «lo que no necesariamente experimentó con su propia hija, Angelina» —diminutivo con el que la familia y amigos se referían a Ángela—, relata una sexagenaria Hélène Lussan[1].

Durante los primeros años de vida de Angelina, la relación con su madre fue casi idílica. Sin embargo, las largas temporadas de ausencia de Alfonsina y de Josep, debido a la guerra y a su cautiverio en los campos de concentración, junto con los esfuerzos de ambos por recuperarse tras su liberación, hicieron que Angelina creciese con una sensación de falta de apego. Por este motivo, cuando nació Hélène, Alfonsina consideró que ofrecer los mejores cuidados y cariños a su nieta era la forma más idónea de recompensar todas las carencias afectivas de Angelina. «La recuerdo como una mujer que me quería como una madre», explica una melancólica Hélène al evocar la memoria de esta zaragozana nacida el 26 de enero de

1915 en Moros, que, desde muy niña, siempre mantuvo la imaginación y la sonrisa casi inmaculadas pese a las tragedias que le tocó vivir.

Revolución social

Hija del segundo matrimonio de Miguel Bueno Gil, un minero y marmolista aragonés, anarquista y miembro destacado de la CNT y de la Federación Anarquista Ibérica (FAI)[2], Alfonsa Bueno Vela, a la que cariñosamente llamaban Alfonsina, creció bajo la influencia de los principios del movimiento obrero, de la revolución social, la defensa de las libertades contra el Gobierno de Primo de Rivera y de la instauración de una sociedad basada en el comunismo anarquista tras suprimir la institución-propiedad y el trabajo asalariado[3].

Siendo Alfonsina todavía una niña, la familia se trasladó de Moros a Berga, en la comarca barcelonesa del Berguedà, donde su padre continuó con sus actividades de militancia política y relacionándose con camaradas de la CNT y la FAI. Durante ese tiempo y hasta agosto de 1928, no constan datos biográficos de la pequeña —ni siquiera los conoce su nieta Hélène—, aunque se presupone que fue escolarizada, tal como ocurrió con otros niños de su edad.

Ya en el verano de sus trece años, la bergadana de adopción empezó a trabajar como aprendiz de hiladora en la fábrica Hilados Asensio, S. A., denominada también Ca l'Asensio, donde conoció a Josep Ester Borràs, un lugareño dos años mayor que ella, de familia humilde, también anarquista, y del que se enamoró perdidamente.

La pareja de adolescentes inició un idilio tan apasionado que, en octubre de 1931, Alfonsina se quedó embarazada de Angelina con tan solo dieciséis años. Josep acababa de cumplir los dieciocho, lo habían echado de la fábrica por pegar a un sacerdote y, tras proclamarse la Segunda República, había decidido afiliarse al Sindicato Único de la CNT impulsado por varios camaradas de Berga, entre los que se encontraba el padre de su novia, Miguel Bueno. De esta forma, inició un proceso de militancia acelerada[4]. El embarazo de la aragonesa trastocó los planes de la pareja, que, aunque enamorados, se vieron demasiado jóvenes para afrontar una paternidad tan temprana[5]. Aun así, el 9 de enero de 1932 se casaron y, en honor a la abuela materna, Ángela Vela, decidieron llamar Ángela a la pequeña, que nació el 1 de junio de 1932.

Nueve días después de contraer nupcias, el incumplimiento de los acuerdos firmados entre la patronal del Alt Llobregat y el resto del empresariado catalán motivó una huelga general del sector textil en Berga y, con ello, una ola de solidaridad del sector minero, que también inició una huelga general revolucionaria en Fígols, donde se proclamó el comunismo libertario[6]. El día 19 de febrero la revuelta de los obreros derivó en enfrentamientos contra las autoridades y varias detenciones: la más sonada fue la de Miguel Bueno, padre de Alfonsina, uno de los cabecillas de la revuelta. Entre tanto, Josep, comprometido con el anarquismo y la revolución social, decidió regresar a casa junto a su mujer en vista del peligro. De esta forma evitó el mismo destino que su suegro[7].

«Evasión Françoise»

Durante la Guerra Civil española, Alfonsina y Josep fueron perseguidos por sus ideas anarquistas, republicanas y antifranquistas, y, poco antes del comienzo de la Segunda Guerra Mundial, decidieron emigrar y llevarse a su hija a Francia para ponerse a salvo.

Una vez en el exilio, el matrimonio y Miguel Bueno, ya liberado, formaron parte de la red de evasión Rèseau Pat O'Leary, conocida después como Pat-Françoise o «Evasión Françoise», uno de los grupos que dirigía Paco Ponzán Vidal[8], y en el que también estuvo Elisa Garrido Gracia (véanse las págs. 49-79) después de unirse a la Resistencia contra los nazis[9].

El objetivo del grupo de Ponzán era evacuar aviadores de los países aliados de la Francia ocupada hacia España a través de los Pirineos. Desde 1940 hasta octubre de 1943, fecha de la detención del líder, sacaron a tres mil personas y las enviaron a Madrid, Barcelona o Gibraltar[10].

Josep trabajaba como enlace para ayudar a escapar a las fuerzas aliadas a territorio español, pero el 30 de abril de 1941 fue detenido en Toulouse después de que los nazis interceptasen una comunicación que desvelaba su propósito. Durante el tiempo que el catalán estuvo retenido en el campo de castigo de Récébédou, Ponzán puso a prueba a Alfonsina y le pidió que colaborase con el grupo transportando armas para los maquis. La joven superó el examen con creces y el jefe la emplazó a trasladarse a Banyuls-sur-Mer, mientras él trataba de sacar a su marido del campo. La aragonesa aceptó y se mudó con su hija a una casa de lujo, que también hacía las veces de refugio y tránsito de camaradas a España o a la montaña. «Yo tenía que alimentarles y albergarles hasta que el paso estaba preparado», explicaba Alfonsina[11].

En noviembre, Josep salió en libertad gracias a la documentación falsa aportada por el agente francés Robert Terres, integrante del grupo Ponzán[12], y partió hacia Banyuls-sur-Mer para reunirse con su familia, aunque ya no podrían vivir en la misma casa. El catalán habitaría en una especie de caseta de apoyo en la que estaría protegido de los fascistas.

«La gente empezó a murmurar: "En esta casa pasa algo"», contaba Alfonsina, que desde hacía tiempo «tenía conciencia de los peligros que corría»[13]. Sin ir más lejos, hubo varias denuncias contra la española, pero el jefe de la Gendarmería, el señor Poncet, alsaciano y antihitleriano, las paralizó todas y ayudó a la resistente para que nadie interfiriese en su misión. «Cuando sabía que tenían que pasar grupos por el ferrocarril, él mismo se ponía al lado del control», narraba Alfonsina. Pero los rumores continuaban: su forma de vivir, su actividad y las personas que la visitaban revelaban claramente que algo inusual ocurría en el chalé. Algunas mujeres del pueblo cuchicheaban sobre las forasteras: «¿Ves? Esta *madame* y su pequeña parece que hacen los pasos». Cuando todo aquello llegó a oídos de Alfonsina, decidió deshacer rápidamente los rumores invitando a su casa a todas las compañeras de colegio de su hija Angelina.

> Como en aquel momento no teníamos a nadie, las dejamos jugar y circular por toda la casa. Esto por un momento despistó a la gente. ¿Hasta qué punto la población no fue un poco cómplice?

Cuando la pequeña tenía apenas nueve años, Angelina ya colaboraba con su madre en tareas peligrosas, como la de tirarse al mar para recoger los paquetes que les lanzaban en paracaídas. A veces había comida, pero habitualmente se trataba de armas. No importaba lo que sucediese durante la misión o dentro de la casa, la confianza entre madre e hija era absoluta y la adulta sabía a ciencia cierta que la menor nunca la traicionaría. «Todo lo sabía y nunca, nunca habló», contaba orgullosa Alfonsina. Pero llegó un momento en que ocultar su actividad en Banyuls se complicó tanto que decidieron regresar a Toulouse y avisar a Josep. La familia volvió a reunirse, pero no por mucho tiempo.

«No vuelvas más»

El 29 de octubre de 1943, el padre de Alfonsina, sometido a torturas, dio la dirección de su hija y de su yerno, y, al día siguiente, la Gestapo arrestó a Josep, al que trasladaron a la cárcel de Saint Michel y, más tarde, deportaron a Mauthausen. A Alfonsina tardaron un día más en apresarla, justo el tiempo necesario para enviar a Angelina a casa de unos amigos también de Berga y librarla de los nazis. Gracias a la niña de once años, se recuperó documentación importante y comprometida de la casa y pudieron avisar a algunos enlaces de la Resistencia[14].

> El día de mi detención, precisamente mi hija vino a verme. Era en febrero del 43*. Llaman a la puerta con estrépito. Era la Gestapo; los esperaba; algún día tenía que caer, pero no aquel día, aquel día en que mi hija estaba conmigo... Mi pensamiento funcionó rápido para tratar de salvar a mi hija. Les dije que si no podrían esperar a que mi hija me trajera un poco de leche... «Acordado», me respondió el jefe, y ya en la puerta, en catalán, le digo a mi hija: «No tornis mes» (no vuelvas más)[15].

La pequeña corrió a refugiarse al domicilio de aquellos amigos de sus padres que la ayudaron a regresar a España, donde se alojaría con la hermana de su padre, Antonia, en el pueblo barcelonés de Berga, hasta el fin de la guerra.

En cuanto Alfonsina vio que había transcurrido el suficiente tiempo para que su hija se ocultase, le dijo al jefe de la Gestapo: «Bueno, ya estoy a su disposición para cuando gusten». Tras su detención, la enviaron a la prisión de Saint Michel. Aquí empezó un período de interrogatorios y de estancias en calabo-

---

* Aquí Alfonsina se confunde y aporta un dato inexacto. En realidad, era noviembre de 1943.

zos para intentar sonsacarle información especialmente a otros camaradas, así como sobre las actividades ilegales que desarrollaban en la Resistencia. Alfonsina jamás abrió la boca.

En consecuencia, los nazis la trasladaron al Fort de Romainville, más tarde a la cárcel de Fresnes y, en mayo de 1944, la deportaron al campo de concentración de Ravensbrück.

> No sé cuántos días de viaje, de un viaje atroz de vagones de bestias apretujadas, que solo pudimos estar de pie. ¡Nadie se caía al suelo si se desmayaba! Allí estábamos como empaquetadas. Y a cada momento se paraba el tren por los bombardeos. ¡Aquello era un desastre! Cuántas muertas llegaron a Ravensbrück, yo no sé; nos hacían saltar de los vagones a gritos y a palos; extenuadas ya por la cárcel y el viaje estábamos aleladas. Nos parecía que nada era verdad de cuanto nos acontecía; era fantasmagórico, no lo puedo describir[16].

Bloque 32

A las dos de la tarde, Alfonsina y el resto de deportadas llegaron al «Puente de los Cuervos», desfallecidas, exhaustas y con la mente tan confusa que apenas podían discernir lo que estaba ocurriendo. De aquellos primeros momentos, la aragonesa recordaba cómo alguien le había comentado: «¿Es usted española? Aquí, hace pocos días, han muerto una mujer española y su hija, muy joven, del tifus». Después de aquello y durante un tiempo indeterminado, todo se volvió difuso para ella.

Una vez pasado el control de selección y desinfección pertinentes, además del examen médico, Alfonsina recibió el número de matrícula 37884 y el triángulo con la «F» de prisionera política francesa[17] y fue designada al Bloque 32, el ocupado por las presas *Nacht und Nebel* (NN), que, además de estar privadas de libertad, tenían prohibida cualquier comunicación con el exterior y estaban condenadas a desaparecer, es decir, su destino era la cámara de gas. Por este mismo barracón también pasaron otras españolas, como Lola García Echevarrieta o Carme Buatell, y justo enfrente, en el *Block* 31, se encontraba Geneviève de Gaulle, de la que Alfonsina siempre tuvo un bonito recuerdo tras el fin de la contienda[19].

Aún no se había instalado en su barracón cuando Alfonsina y otras prisioneras fueron llamadas para acudir a la *Revier*. Las nuevas reclusas todavía no sabían lo que implicaba el paso por ese lugar ni tampoco para qué servía. Cuando entraron, se dieron cuenta de que no se trataba de otro examen rutinario más: iban a experimentar con ellas como meros conejillos de Indias. El médico en jefe de estos experimentos era el doctor Karl Gebhardt, el mismo SS que torturó a Neus Català y Conchita Grangé, que, como Alfonsina, sufrieron las secuelas de lo vivido sobre aquella camilla hasta el final de sus días.

> Me llevaron a la enfermería junto a otras cuatro deportadas. Una enfermera rusa fue obligada a inyectarnos en la vagina o, mejor dicho, en el cuello del útero, un líquido que ni ella seguramente sabía lo que era. Lo que yo sí sé es que, al salir de la maldita enfermería, entre mis piernas caían unas gotas amarillas que al mismo tiempo iban quemando la piel.
>
> Es de esto de lo que tuvieron que operarme y a causa de eso es por lo que estoy sin poder salir a la calle. Desde entonces estuve siempre enferma, muchas veces grave[19].

Este no fue el único suplició que soportó Alfonsina en Ravensbrück. A menudo, únicamente por ser miembro del bloque 32, las guardianas penalizaban sin ningún motivo a la española: la privaban de comida o la sacaban a la intemperie en plena medianoche para hacer un *Appell* bajo la lluvia durante horas.

«Aquello formaba parte del plan para nuestra inmediata exterminación», afirmaba Alfonsina. Porque «¿quién volvería al *Block* después del recuento de la mañana siguiente? Todas no, seguro».

Bombas en Siemens

Además de sufrir atrocidades en sus propias carnes, Alfonsina fue testigo de otros actos de barbarie cometidos por sus carceleras y que jamás pudo olvidar: «Yo vi cómo mataban a palos a una muchacha, la hicieron trocitos». También vio con sus propios ojos cómo una mujer de Aragón y su hija de trece años, a las que había conocido días antes, terminaron en el pasillo que conducía a la cámara de gas y, de allí, al horno crematorio. Este tipo de situaciones, lamentablemente, eran parte del día a día.

Además de las torturas y de los experimentos médicos, las prisioneras también sufrían el ser consideradas mano de obra esclava en los campos nazis. Alfonsina, que, pese a pertenecer al bloque 32 podía salir del barracón y trabajar, fue destinada a la factoría de Siemens, instalada junto a Ravensbrück. Allí se fabricaban las bombas que la aviación alemana empleaba contra las tropas británicas. La compañía firmó un contrato con las SS con el fin de disponer de prisioneras del campo para trabajar por un salario mínimo en jornadas de hasta dieciséis horas, en condiciones de esclavitud[20]. Sin embargo, el dinero «no lo recibíamos nosotras, se lo daban a las SS», afirmaba la superviviente Selma van der Perre[21].

«Cada noche, al formar para ir al trabajo, sabíamos que a menos que se produjeran percances siempre imprevistos, aunque previstos, teníamos doce horas más de vida», relataba Alfonsina que, enferma o no, tenía que acudir cada noche a Siemens a montar bombas.

> Una noche cantaba *La Paloma* cuando veo llegar una *Aufseherin,* cierro el pico. «Cómo me castigará», pensé. Pero, asombrada, oigo que me dice en español: «¡Cante, cante, mujer!».
>
> —¿Cómo habla en español?
>
> —Yo he venido de la Argentina para ayudar a Hitler. Puede cantar *La Paloma.*
>
> Y yo me decía: «Menuda paloma estás hecha tú, ¡pingo!»[22].

Por suerte para Alfonsina y el resto de las trabajadoras, el encargado de la fábrica, un alemán «muy bueno» llamado Wal, calentaba los talleres para que no pasaran tanto frío. Pese a la bondad de este trabajador, al que poco tiempo después enviaron al frente ruso, las reclusas sabían que la única manera de combatir al enemigo desde dentro era mediante los sabotajes. Estas mujeres sabían que su «*Block* estaba condenado a desaparecer», pero harían «la resistencia hasta el último momento», aun a riesgo de ser descubiertas, lo que significaría la tortura y la muerte.

> Como era muy peligroso y muy fácil de controlar las piezas defectuosas que hacíamos y encontrar en nuestro puesto de trabajo el material saboteado, decidimos hacer ver que no parábamos de trabajar, pero repetíamos tres o cuatro veces el mismo movimiento y, claro, la producción bajaba mucho. Nuestro objetivo era obstaculizar la producción de guerra[23].

El miedo a terminar en la cámara de gas nunca les hizo recular, pero nada evitaba que se imaginaran cómo sería el color del humo que saldría de la chimenea si algún día les llegaba a ellas el turno.

> Noche y día nuestras camaradas desaparecían a un ritmo infernal y una te preguntaba: «¿De qué color será la llama que me consumirá, será ocre, azulada, amarilla? La mía será rojo vivo, seguramente».

Por aquellas fatídicas chimeneas, que funcionaban veinticuatro horas al día, desaparecieron algunas compañeras muy queridas para Alfonsina, como su amiga Lyon. La hija de esta, Simone, dijo desconsolada a la aragonesa: «¿Qué voy a hacer sin mi madre, Alfonsina? ¿Qué voy a hacer?». La chica no se había casado por no dejar a su madre.

A medida que transcurría el tiempo, la situación se volvía más insoportable: las mujeres, cada día más depauperadas, vivían como autómatas soportando los gritos de las guardianas, los quejidos y las súplicas de sus compañeras, el ruido seco de los palos sobre sus espaldas y el ratatá de las ametralladoras. Aunque con angustia constante, en «lo más íntimo de nuestro corazón brillaba una lucecita débil de esperanza», decía Alfonsina, víctima en muchas ocasiones de la desmoralización. En realidad, la única opción posible era aguantar día tras día, tal y como hacían las soldados rusas, las únicas que plantaban cara a los SS.

> Cuando llegaron al campo se formaron militarmente en la *Appellplatz* para demostrar que seguían siendo combatientes. Pero cómo se ensañaron con ellas, con el odio que los alemanes tenían a los rusos[24].

Había prisioneras, como la *blockova* de Alfonsina, que, aunque «grillaba para disimular ante los SS», siempre fue «buena de verdad» y nunca metió en problemas al resto de las deportadas. Hacía diez años que estaba detenida y que no sabía nada de su hijo.

Traslado al exterminio

El final de la guerra se aproximaba, las tropas aliadas cercaban cada vez más las líneas enemigas alemanas y los nazis sentían el aliento de la derrota en su nuca. Las evacuaciones de prisioneros de los campos de concentración se convirtieron en el objetivo principal para no dejar rastro: toda la población concentracionaria debía morir. Para ello, enviaron a la gran mayoría de presos de un campo a otro en las «marchas de la muerte». Muchos de ellos también fallecieron hacinados en trenes rumbo a Mauthausen, «uno de los peores campos», según recordaba Alfonsina. En uno de ellos estuvo la aragonesa junto a otras siete españolas, como Lola García Echevarrieta, conocida por el apodo de «Charlie» (véanse las págs. 355-390), o la brigadista polaca Estucha Zilberberg, a la que llamaban «Juanita»[25].

El 2 de marzo de 1945, un convoy salió de Ravensbrück rumbo al campo de Mauthausen. En el tren viajaban cerca de dos mil mujeres y niños, y ninguno de los vagones, completamente atestados de gente, disponía de buenas condiciones higiénicas. Durante cinco días, las deportadas aguantaron a duras penas el hambre, la falta de oxígeno, la suciedad o el olor a excrementos y a cadáver. Muchas perecieron por el camino. «Llegamos allí para ser exterminadas y para presenciar nuevos horrores», decía Alfonsina, que todavía no sabía que su marido Josep se encontraba allí recluido[26].

En la puerta de acceso del campo, los SS separaron a las mujeres que enviaron directamente a la cámara de gas de aquellas que destinaron a los *Kommandos* de trabajo. El grupo de Alfonsina logró pasar la criba y terminó en la zona de desinfección, donde la polaca Juanita se alegró enormemente cuando oyó hablar en español.

> Afortunadamente para nosotras, al entrar en aquellas salas subterráneas, se nos acercaron varios españoles que luego supimos

> que eran peluqueros y empleados en diversos servicios del campo. Ellos fueron los que nos prodigaron las primeras palabras de ánimo, asegurándonos su apoyo y su ayuda en todos los terrenos, así como una protección eficaz contra los «bandidos alemanes» que merodeaban por allí con designios nada tranquilizadores. Otro de los hechos que nos produjo sorpresa y preocupación a la vez fue el enterarnos de que allí, frente a las duchas, había una barraca transformada en prostíbulo[27].

Enseguida corrió la voz entre los prisioneros más veteranos de la llegada al campo de un nuevo grupo de españolas republicanas, por lo que se acercaron para interesarse por ellas. Miquel Serra y Rodolfo Campos fueron los cabecillas de una red de solidaridad que crearon para que las mujeres se sintiesen atendidas y cuidadas en todo momento[28].

> Media docena de compañeros se colaron en las duchas, unos se hicieron pasar por barberos, otros decían que llevaban comida por orden superior. Todos llevaban consigo, camuflados, ropas y calzado masculino para poder abrigar a las mujeres, que estaban desnudas. Las dos calderas de comida que ellos habían sacado como si fuera café fueron repartidas entre las nuevas presas, sin tener en cuenta la edad ni la nacionalidad[29].

Al salir de las duchas, las reclusas vestían prendas más decentes, medias, y hasta llevaban maquillaje. Asimismo, pudieron conservar sus melenas, porque los barberos republicanos se habían opuesto a raparles la cabeza.

> El capitán Bachmayer tuvo noticia de la infracción y, hecho una furia, se dirigió a las duchas con la idea de castigar a los que habían desobedecido. Pero se encontró con nuestros compa-

ñeros, que estaban probando zapatos y vestidos a las presas mientras que los demás repartían escudillas de comida y unos cuantos les recogían el cabello con ternura, sin ningún tipo de obscenidad. Aquello desarmó a Bachmayer, quien se dirigió a sus subordinados y les dijo:

—Si alguno de vosotros tiene el corazón lo bastante duro como para no reconocer que lo mismo haríais con vuestras madres y hermanas, tiene toda la libertad para hacer lo que yo no os puedo mandar.

Como sus subordinados quedaron cohibidos ante unas palabras tan poco habituales en Mauthausen, Bachmayer siguió:

—Ya lo veis, la mayoría de estas mujeres son de nacionalidad alemana. Ni un solo alemán ha venido a ver si necesitaban algo y, de haberlo hecho, no hubiera sido de una manera tan desinteresada como estos desgraciados[30].

Gracias a esta camaradería, Alfonsina descubrió que su marido también era prisionero de Mauthausen y que su padre había sido asesinado nueve meses antes. En cuanto Josep se enteró de la buena noticia, se las apañó para propiciar el emotivo reencuentro con su mujer dos días después.

Todos mis compañeros se desvivieron para ayudarme y muy particularmente el doctor Pedro Freixa, que habló con el propio jefe del campo para que me permitiese abrazar a mi mujer. Es posible que fuese la primera vez que Bachmayer, que siempre se comportó bestialmente con los presos, daba semejante autorización. Y no faltaron SS ni *Kapos* que se sorprendieron con tanta benevolencia hacia un prisionero. Pude al fin reunirme con mi mujer y pasar con ella unos minutos en la barraca de la cuarentena, donde en muy poco tiempo hicimos el balance de nuestras respectivas aventuras y vicisitudes[31].

El último calvario

La asignación de las deportadas a los *Kommandos* de trabajo fue otra de las últimas misiones que llevaron a cabo los guardias. El grupo de españolas, entre las que se encontraban Alfonsina, Charlie y Juanita, se encargó del desescombro de la estación de tren de Amstetten (Austria) y del transporte de pesadas piedras en las canteras de granito. El trabajo en la «escalera de la muerte de Gusen»[32] tuvo fatales consecuencias para algunas de las prisioneras.

> Tuvimos que trabajar en la cantera y subir los peldaños con las piedras de cuarenta kilogramos a pulso, y las que éramos jóvenes, aún, ¡pero las pobres viejecitas! Yo he visto echar a tres deportadas al fondo de la cantera con la piedra en sus manos después de quedar agotadas, porque no iban lo suficiente deprisa[33].

Este no fue el único acto inhumano que cometieron los nazis contra los prisioneros más débiles en aquellas últimas semanas de cautiverio. Alfonsina también recordaba cómo al salir del campo, a un lado de la cantera y muy cerca de la «fatídica escalera», vio una rueda de carro sobre un eje y a cuatro deportados rusos atados a ella con las piernas cortadas por encima de la rodilla.

> Lo que les quedaba de pierna, sólidamente atadas para que no se desangraran, y tenían que dar vueltas sin parar, como en una noria, día y noche sin comer ni beber y recibiendo latigazos. Yo no sé cuántas horas durarían, y no exhalaron ni una queja, ni un grito, ¡solo sus ojos expresaban el martirio que sufrían, qué miradas! Yo he llorado a mi hermano y a mi padre muertos allí, pero aún he llorado más la vista y el recuerdo de estos cuatro héroes rusos; jamás, jamás podré olvidarlos[34].

Los interminables *Appells* de pie, los gritos, castigos y golpes, el hambre, el trabajo agotador, la muerte, los grupos de hombres y mujeres en las cámaras de gas, los verdugos con sus manos manchadas de sangre: todo llegó a formar parte de la rutina habitual y normal en la vida de las prisioneras de Mauthausen. «Hasta el horror y sus inmensas variedades se hacen monótonas», aseguraba Alfonsina, víctima en sus propias carnes de numerosos sufrimientos y puniciones[35].

El convoy de la libertad

La liberación de Mauthausen sucedió de forma repentina el 22 de abril de 1945, después de que Himmler autorizase a la Cruz Roja Internacional entrar en el campo de concentración para detener las ejecuciones y evacuar a los prisioneros franceses[36], entre los que se incluyeron a mujeres españolas como Alfonsina Bueno Vela y Lola García Echevarrieta, además de a sus respectivas parejas, que pudieron colarse en el convoy rumbo a la libertad. Así se produjo el momento de la liberación por boca de Josep Ester, marido de Alfonsina:

> Cuando el jefe supremo SS, el comandante Ziereis, nos preguntó si todos éramos franceses respondimos unánimemente de forma afirmativa. Enseguida nos llevaron al campo ruso, después de habernos hecho duchar y vestir con prendas facilitadas por la Cruz Roja. Y entonces empezó la larga espera. Aquello sería nuestro último suplicio, pues muy pocos estábamos plenamente persuadidos de que fuese la verdadera Cruz Roja la que organizaba todo aquel tinglado. Hubo momentos en los que nos arrepentíamos de no habernos quedado en el campo central, al lado de nuestros compatriotas. No podíamos olvidar lo ocurrido otras veces: los traslados desembocaron en

el castillo de Hartheim. Personalmente pasé unos instantes de zozobra cuando vi llegar al capitán Bachmayer y verle pasearse por allí. Como él me conocía de la armería, corría el peligro de ser reconocido y de acabar, en el último tramo de nuestra odisea, en el horno crematorio. Nada más lo apercibí, me coloqué en el centro de la expedición y bajando la cabeza o volviéndome de espaldas discretamente, cuando lo veía acercarse, logré conjurar el peligro. Enseguida llegaron los camiones y se llevaron a las mujeres y luego nos tocó el turno a los hombres[37].

Mientras que Alfonsina y Josep partieron junto al resto de compatriotas hacia París, otros hombres y mujeres no corrieron la misma suerte. Hasta el 5 de mayo, día en el que las tropas norteamericanas de la 11ª división blindada irrumpieron en las instalaciones austríacas, el ingreso de prisioneros procedentes de otros campos se llevó a cabo sin tregua. El último *Kommando* de mujeres deportadas entró el 4 de mayo procedente de Freiberg, subcampo de Flossenbürg[38].

VISIONES DISTINTAS

Una vez en Francia, Alfonsina y Josep regresaron a Toulouse y se pusieron en contacto con sus familiares. La primera llamada fue a Antonia, la hermana del catalán, residente en Berga, para saber qué había pasado con Angelina. En los dos últimos años, la mujer había adoptado a la niña como si fuese su propia hija, «tal vez imaginando lo peor durante la guerra», explica Hélène. En aquel momento, nadie sabía bien lo que pasaba en Alemania con los nazis, ni menos aún la barbarie que habían cometido en los campos de concentración.

El reencuentro de los padres con su hija adolescente fue de lo más entrañable después de una separación tan dolorosa, pero el modo de afrontar la vida tras la liberación hizo mella en esta familia y, sobre todo, en el matrimonio. Mientras que Josep quería regresar a París, continuar con su activismo político y hacer una labor de difusión de los horrores nazis, Alfonsina optaba por guardar silencio e instalarse en Toulouse. Prefería no remover los padecimientos y las miserias que tanto la atormentaban. «Sus aspiraciones de liberación eran muy diferentes, tenían visiones distintas de la vida, de la realidad, de volver a la realidad. No lo llevaban bien», relata la nieta de Alfonsina y Josep.

La pareja terminó separándose en 1947, en un proceso especialmente doloroso para ambos: él finalmente se marchó a París y ella se quedó en Toulouse. El divorcio oficial llegó en 1970 y, posteriormente, ambos rehicieron su vida y se volvieron a casar. La aragonesa contrajo matrimonio con Fulgencio Cruz, y el catalán, con Odette Kervorc'h.

Abuela y nieta

Alfonsina vivió en el 39 de la calle Peyrolières, en el primer piso, en un apartamento cuyo balcón compartía con varias mascotas. Los animales eran su gran pasión, y siempre tuvo perros y gatos. En la última etapa de su vida, cuando la demencia se había apropiado de su mente, llegó a convivir con una veintena de mininos.

El nacimiento de Hélène, su única nieta, fue una de las mayores alegrías en la vida de Alfonsina, que en aquella época todavía trataba de superar la angustia que le provocaban las secuelas y recuerdos de su paso por los campos nazis. El 17 de abril de 1958, después de un embarazo muy complicado para Angelina, la pequeña llegaba a este mundo para, sin saberlo, ser el motivo de disputa entre madre e hija.

Con el pretexto de que su casa en París era demasiado pequeña para criar cómodamente a una bebé que a menudo estaba enferma, a los seis meses de su nacimiento, los padres de la criatura decidieron que Hélène viviese con su abuela en Toulouse, a ochocientos kilómetros de distancia. Creían que los cuidados de Alfonsina ayudarían a mejorar la salud de la pequeña.

Los dos años posteriores, la superviviente de campos de concentración descubrió con su nieta «lo que no necesariamente experimentó con su propia hija Angelina», relata Hélène. Ángela había sentido una importante falta de arraigo familiar debido a la ausencia de sus padres durante la guerra. Se unía a ello que, tras su regreso de los campos nazis, su madre y su padre se dedicaron en gran medida a sus propios intereses personales y no a crear un vínculo paterno-filial con su primogénita. Cuando el matrimonio se separó, la joven decidió marcharse a París con su padre, dado que quería mantener su independencia. Esta elección provocó en un primer momento un soberano enfado en Alfonsina, pero las aguas pronto volvieron a su cauce y no hubo ninguna fisura entre ambas, por lo que mantuvieron una fantástica relación mientras Hélène fue pequeña.

Cuando la niña llegó a sus vidas, Alfonsina quiso compensar el tiempo perdido con Angelina dándole las mejores atenciones a su nieta. La aragonesa, que había hallado en la alimentación el modo de recuperar la salud de la pequeña, le comentaba a su propia hija: «Conmigo le va bien». Estos comentarios molestaban a Angelina, que se sentía culpable por las escasas dos visitas mensuales que le dedicaba a su pequeña.

Por su parte, Hélène adoraba estar con su abuela. Todavía recuerda lo maternal, alegre, enérgica, optimista, afectuosa y cariñosa que era, y, aunque confiesa que también tenía su carácter y se enfadaba fácilmente, nunca pagó sus enojos con ella. La nieta veía en su abuela a una mujer guapa, muy coqueta y con un gran gusto para vestir y maquillarse, algo que con los años también aprendió de ella. «Te pareces a tu abuela», le decía su madre Angelina.

De aquellos años compartidos con Alfonsina y de las numerosas visitas que le hizo después, Hélène destaca que su abuela «estaba loca por los animales». Dice también que era una mujer muy generosa y que no dudaba en comprarle regalos con tal de hacerla feliz. Cuando tenía cuatro o cinco años, Hélène estuvo una temporada ingresada, y su abuela Alfonsina, solo para arrancarle una sonrisa, acudía al hospital con presentes. «La recuerdo como una mujer que me quería como una madre», cuenta la nieta con nostalgia.

Hélène también veía a su abuelo Josep habitualmente: una vez por semana paseaban juntos por París y el catalán le explicaba su historia como militante comunista en España, sus años como miembro de la Resistencia francesa y el tiempo que permaneció como deportado en el campo de concentración de Mauthausen. Su abuelo siempre conservó vivo el recuerdo de su pasado, también el de sus camaradas, con quienes mantuvo la amistad y se reunió en distintas ocasiones tras la liberación. A algunas de aquellas reuniones, Josep acudió acompañado de su nieta Hélène y de su hija Angelina.

La sexagenaria apunta que, pese a que sus abuelos sobrevivieron a los campos, mostraron actitudes opuestas tras conseguir la libertad. Josep recordaba con dignidad sus vivencias y compartía sus sensaciones públicamente, mientras que Alfonsina eludía cualquier pregunta, callaba y se refugiaba en su casa rodeada de animales. Al catalán «no le gustaba la venganza, tampoco el odio» y jamás transmitió a su hija o a su nieta esos sentimientos negativos. Por el contrario, su abuela guardaba tanto rencor a los nazis, sobre todo por las graves secuelas físicas que padecía, que, cuando acudía a alguna revisión médica, el resentimiento se reavivaba y se enfadaba muchísimo. Nadie de la familia supo nunca cómo ayudarla en este sentido, porque hablar abiertamente sobre lo que la atormentaba no fue nunca una opción válida para Alfonsina. Tampoco quiso jamás visitar Ravensbrück o Mauthausen para intentar reconciliarse con su pasado, como hicieron otras camaradas. Ella prefirió «vivir en su mundo de amor y fantasía», afirma su nieta.

El distanciamiento

Todos los recuerdos que Hélène tiene sobre su abuela terminan a partir de los siete u ocho años, cuando la insana rivalidad entre Alfonsina y Angelina por conseguir la atención de la niña se zanjó tras una monumental bronca. A partir de entonces, madre e hija se enfadaron tanto entre sí que nunca volvieron a hablarse. Desde ese instante, jamás vio a su abuela, únicamente en fotos. Alfonsina y Hélène se vieron obligadas a mantener una relación meramente epistolar. «Todavía me arrepiento de no haber podido pasar más tiempo con ella y culpo un poco a mi madre por haberme privado de mi abuela, cuando pasé mi primera infancia con ella», dice una pesarosa Hélène.

En sus últimos años de vida, Alfonsina sufrió numerosas complicaciones de salud: tenía una acuciante demencia y padecía graves secuelas ginecológicas a causa de los efectos del veneno inyectado en Ravensbrück, que la llevó al quirófano en varias ocasiones.

> He pasado muchos meses en los hospitales. Perdía la salud y la juventud. Dependo en gran parte de los demás. Los médicos y los amigos me han cuidado. La FNDIRP[*] ha defendido todos mis derechos, pero mi vida personal está deshecha. Pero lo digo, no me arrepiento de nada. Moralmente soy como siempre fui: antifascista, amante de la Paz y de la Libertad[39].

---

* Federación Nacional de Deportados e Internados Resistentes y Patrióticos.

Estas palabras escritas por Alfonsina en 1975 desde Toulouse fueron las últimas que compartió, pues la demencia la arrastraría después al pozo negro de la desmemoria.

Murió el 4 de enero de 1979 rodeada de gatos y en condiciones insalubres. Su segundo marido, Fulgencio, envió un telegrama a Ángela informándole del fallecimiento de su madre. La hija de Alfonsina acudió al funeral, pero no así su nieta. Hélène tiene la impresión de que no le permitió asistir porque Angelina «quería tener un último cara a cara con su propia madre, ya que habían pasado todos esos años enfadadas. Es dramático estar enfadada con tu madre hasta la muerte». Reconoce también que le da pena y que le habría gustado poder despedirse de su «abuela Alphonsine» para decirle: «Gracias por quererme como una madre, por haberme criado como una madre».

¿Su propia calle?

A lo largo de su vida, Alfonsina recibió diferentes condecoraciones, entre las que destacan las entregadas por las autoridades británicas, norteamericanas y francesas por su participación en la Resistencia, pero nunca obtuvo reconocimiento alguno por parte del Gobierno español. No obstante, en noviembre de 2016, l'Ateneu Columna Terra i Llibertat y el Centro de Estudios Josep Ester Borràs[40] llevaron a cabo una acción reivindicativa para poner el nombre de Alfonsina Bueno Vela a una calle del pueblo de Berga y, aunque todavía no ha podido llevarse a efecto de forma oficial, según me aclara la segunda teniente de alcalde de Berga, Roser Valverde[41], el Ayuntamiento lo anunciará tan pronto como entre en funcionamiento la denominada Comisión de Nomenclátor*. Por el momento, y hasta que esta

* Organismo encargado del procedimiento para la denominación de calles, vías urbanas, espacios y equipamientos públicos.

iniciativa para conseguir que la aragonesa forme parte del callejero de la localidad se apruebe, el particular homenaje del pueblo es un dibujo en una pared de la calle Mossèn Comellas (situado enfrente de l'Espai Jove, el local municipal destinado a la juventud y gestionado por la Concejalía de Juventud), en el que se reconoce su lucha contra el fascismo. «Militante libertaria berguedana, superviviente en Ravensbrück», reza el mural que acompaña a la foto de la deportada.

Notas

[1] Entrevista con Hélène Lussan, nieta de Alfonsina Bueno, el 21 de noviembre de 2020.

[2] Montserrat Roig, *Los catalanes en los campos nazis,* Ediciones Península, Barcelona, 2017, pág. 543.

[3] Juan Gómez Casas, *Historia de la FAI,* Fundación Anselmo Lorenzo, Madrid, 2002.

[4] Reportaje en *El Pèsol Negre,* núm. 63 (2014).

[5] Entrevista con Hélène Lussan, nieta de Alfonsina Bueno, el 21 de noviembre de 2020.

[6] Artículo en *La Tierra,* núm. 342 (26 de enero de 1932).

[7] Amical de Ravensbrück.

[8] Ibíd.

[9] Ver más información en el capítulo de Elisa Garrido Gracia, págs. 49-79.

[10] *B Llibertari:* Web de información del Bagués y el Berguedà.

[11] Neus Català, *De la resistencia y la deportación*, Generalitat de Cataluña, Barcelona, 2015, págs. 153-161.

[12] Robert Terres, *Double jeu pour la France 1939-1944,* Grasset et Fasquelle, París, 1977.

[13] Neus Català, ob. cit., págs. 153-161.

[14] Eduardo Pons Prades, *Los senderos de la libertad. Europa 1936-1945,* Flor del Viento, Barcelona, 2002, pág. 106.

[15] Neus Català, ob. cit., págs. 153-161.

[16] Ibíd.

[17] Carlos Hernández de Miguel, *Los últimos españoles de Mauthausen* (edición digitl), Ediciones B, Barcelona, 2015, pág. 255.

[18] Neus Català, ob. cit., págs. 153-161.

[19] Ibíd.

[20] Artículo «Siemens, demandada por "explotación" durante la guerra», *El País,* 5 de octubre de 1989.

[21] Artículo «El campo de concentración nazi del que no se habla», en la BBC.com, 24 de enero de 2015.

[22] Neus Català, ob. cit., págs. 153-161.

[23] Ibíd.

[24] Ibíd.

[25] Carlos Hernández de Miguel, ob. cit., pág. 370.

[26] Neus Català, ob. cit., págs. 153-161.

[27] Carlos Hernández de Miguel, ob. cit., pág. 370.

[28] Montserrat Roig, ob. cit., pág. 543.

[29] Reportaje: «Pinceladas de la deportación», en la revista *Hispania,* II época, núm. 19.

[30] Ibíd.

[31] Carlos Hernández de Miguel, ob. cit., pág. 371.

[32] Se menciona ampliamente en el capítulo de Lola García Echevarrieta, pág. 378.

[33] Neus Català, ob. cit., págs. 153-161.

[34] Ibíd.

[35] Ibíd.

[36] Datos de la Web del Comité Internacional de la Cruz Roja.

[37] Carlos Hernández de Miguel, ob. cit., pág. 372.

[38] David W. Pike, *Españoles en el holocausto: Vida y muerte de los republicanos españoles en Mauthausen*, DeBolsillo, Barcelona, 2015.

[39] Neus Català, ob. cit., págs. 153-161.

[40] Centro de investigación, documentación y difusión histórico de Berga, fundado el 1 de diciembre de 1986 por miembros de la CNT, como el militante anarquista berguedano Ramón Casals Ramonet Xic, cuyo nombre se puso en homenaje al marido de Alfonsina Bueno Vela por ser uno de los miembros más importantes del sindicato.

[41] Toda la información sobre la futura calle de Alfonsina Bueno Vela ha sido facilitada por el Ayuntamiento de Berga el 4 de febrero de 2021.

ELISA RICOL LÓPEZ

«Lise London»

Abrid bien los ojos, no os dejéis encerrar en las certezas, no dudéis en dudar, luchad contra la injusticia. No dejéis que la perversión mancille los ideales comunistas. Sed vosotros mismos.

LISE LONDON

Como cada mañana, Lise se subía al coche y conducía varios kilómetros para comprar el periódico y el pan. Hacía siempre la misma rutina cuando se trasladaba junto a su marido, Artur, a la casa que tenían cerca de Moret-sur-Loing, a unos setenta y cinco kilómetros al sur de París. En plena década de los ochenta, la pareja pasaba largas temporadas fuera de la capital francesa debido a la enfermedad que tenía postrado en una silla de ruedas a Artur, también superviviente de los campos de concentración. La vitalidad y la personalidad enérgica de Lise hacían que Artur se olvidase de cualquier preocupación, salvo en los momentos en que la septuagenaria se ponía al volante. «Cuando mi madre conducía, era una cosa terrible», bromea Michel, el pequeño de los tres hijos que tuvo el matrimonio London[1].

En una ocasión, la mujer llegó a precipitarse con el coche al canal du Loing: después de hacer unas compras, arrancó el coche, pero se equivocó de posición en la caja de cambios, metió la marcha atrás y se fue directa al agua. «Hice lo que vi en las películas», le explicó la protagonista de esta historia a Santiago Carrillo, secretario general del PCE, y a su familia en uno de los múltiples encuentros que tuvieron[2]. Lise abrió la ventanilla y esperó a que el interior se llenase de agua para abrir la puerta y salir nadando. «Nadie sabe cómo tuvo fuerza para desbloquearla», cuenta su primogénita, Françoise[3]. El accidente generó un enorme revuelo en la orilla y, cuando Lise salió a flote y vio a toda esa gente que observaba sin hacer nada, les recriminó que no la auxiliasen. «¿No habrá ninguno de los que está mirando que ayude a esta pobre mujer?», relataba con sorna[4]. Después de tantas penurias y tragedias sufridas a sus espaldas, ese incidente no hizo más que ratificar que Lise tenía un único destino posible: sobrevivir.

Orgullosa de sus raíces

«Mis padres eran españoles», decía siempre con orgullo. Federico y Francisca eran aragoneses: él procedía de Cuevas de Cañart, un pueblecito rocoso y árido de la provincia de Teruel, y ella de Dos Torres de Mercader, un municipio próximo al de su marido.

Federico, apodado «El Feo» por las marcas que la viruela le había dejado en la cara siendo niño, jamás estuvo escolarizado y, desde los siete años, se dedicó a ayudar a su padre extrayendo cal de las montañas de Aragón y cargando los bloques en la albarda, a lomos del burro, para después venderla por los pueblos. Cuando cumplió los dieciséis años, el joven emigró al departamento francés de Aude para desarrollarse profesionalmente como minero en canteras de piedra y carbón. Por su parte, Francisca se fue de Dos Torres y se instaló en Barcelona, donde consiguió trabajo como empleada del hogar frente a la estación de Francia.

Durante una visita fugaz de Federico a Barcelona antes de regresar a Cuevas, el turolense explicó a unos paisanos su urgencia por contraer matrimonio para evitar que su hermano fuese a la mili*. «¿Por qué no vas a ver a la Francisqueta del tío Leandro de Dos Torres?», le dijeron[5]. Sin pensárselo dos veces, el joven se presentó allí, llamó a la puerta y le dijo a Francisca, a modo de cortejo: «A mí tú siempre me has gustado, desde que te conocí en las fiestas del pueblo».

Tras un breve idilio, Federico y Francisca se casaron en 1912 y, hasta el nacimiento de nuestra protagonista, Elisa Ricol López, el 15 de febrero de 1916 en Montceau-les-Mines, se desplazaron constantemente para que él pudiese trabajar en las distintas obras mineras del país. Sin embargo, la prolongada exposición al polvo de carbón en las canteras le provocó una silicosis, o enfermedad de la piedra, que desencadenó en bronquitis crónica, asma y enfisema pulmonar.

Sin cadenas

Lise recordaba cómo su padre se pasaba los inviernos en cama a causa de los fuertes dolores, mientras su madre trabajaba como asistenta doméstica o en la venta ambulante de frutas y verduras, helados, castañas asadas, etc. A falta de subsidios, aquel era el único salario que entraba en la familia, y estas dificultades económicas, según ella misma aseguraba, le forjaron un carácter fuerte, enérgico y luchador[6]. Además de heredar el temperamento de su padre, se embebió de sus ideales comunistas de libertad y justicia y siempre admiró su lucha constante por la

---

* Por aquel entonces, Federico era el principal sostén económico de la familia y, por tanto, estaba dispensado del servicio militar. No así su hermano José, que acababa de entrar en caja (quedó inscrito en la caja de reclutamiento, organismo militar que se encargaba de alistar y dar destino a quienes se incorporaban al servicio militar). Como José no quería ir a la mili, la única manera de librarse era que su hermano se casara para que pasase él a ser el sostén económico de la familia.

defensa de los derechos y los intereses de los trabajadores frente a los patronos, así como su acérrima actividad sindical. Federico tenía unas convicciones tan arraigadas que jamás aceptó vivir en las casas que las compañías de Saint-Étienne cedían a los empleados cerca de sus instalaciones. «Esas casas son una forma de presión contra los obreros —decía—. Prefiero conservar mi libertad y vivir sin cadenas donde estamos»[7].

Acompañar a su padre a reuniones y manifestaciones callejeras y verlo participar activamente en el Partido Comunista Francés (PCF) despertaron el interés de Lise por la política. Con quince años, la adolescente inició su militancia en las Juventudes Comunistas. Allí conoció a uno de sus miembros, Auguste Delaune, con el que contrajo nupcias en diciembre de 1933, y se trasladó a la Unión Soviética para trabajar como dactilógrafa en el Bureau del Komintern, más conocida como III Internacional, en Moscú[8]. Sin embargo, su vida daría un giro después de conocer al checoslovaco Artur London, también militante del partido y apodado «Gérard», al que le uniría absolutamente todo: desde la política y sus ideales comunistas hasta el amor incondicional que se profesaron durante toda su vida.

«Coup de foudre»

Con dieciocho años y recién llegada a Moscú, Lise entró en la cantina del Komintern y vio por primera vez a aquel joven. Era abril de 1934 y Lise lo recordaba de la siguiente manera:

> Iba con mis amigas francesas y, de repente, veo un chico alto, muy guapo, de pelo negro, delgado, que estaba mirándome. Él sostenía una taza de té y no se daba cuenta de que el té se le derramaba porque me miraba como si yo fuera la Virgen del Pilar. Fue como un *coup de foudre* [amor a primera vista, en

> francés]. Nos presentaron y, en nuestro mal ruso, nos contamos nuestra vida. Nos dimos cuenta de que los dos estábamos allí porque los dos deseábamos un mundo mejor[9].

El flechazo fue inmediato y Lise decidió romper su matrimonio y pedir el divorcio —que obtuvo en 1937— para emprender una nueva vida junto a Artur[10]. La pareja prefirió quedarse en la Unión Soviética porque, pese a las restricciones de alimentos y a las enormes dificultades por las que atravesaba el país, deshecho y necesitado de una importante reconstrucción tras su guerra civil, lo consideraban «un paso necesario para conseguir todas las cosas buenas que queríamos para el pueblo», decía Lise[11].

> Recuerdo que una vez visitamos una fábrica y preguntamos a un obrero italiano, que había huido del fascismo y que estaba allí para ayudar al socialismo, que cómo vivían, y el obrero contestó que comían poco y mal, pero que todos los sufrimientos que pesaban eran para construir algo muy agradable, no solo para el pueblo ruso, sino para toda la Humanidad.

En aquella época, Lise era muy joven, «tenía un gran ánimo revolucionario y solo pensaba en la gran revolución que se tenía que organizar en toda Europa», relataba su marido. Aunque Lise siempre mantuvo su espíritu apasionado, también adquirió una capacidad más crítica con el paso de los años.

> Ha conservado su frescura de chiquilla: hay que verla entusiasmarse, apasionarse, tomar partido y luchar para lograr que compartan sus convicciones los que la rodean. Pone el corazón en todo lo que hace. Dispuesta a no importa cuál sea el sacrificio por sus amigos, es, por el contrario, intransigente cuando se trata del deber de los comunistas. Su confianza hacia el par-

tido y la URSS es total. Para ella, el gran principio de la vida militante se enuncia muy simplemente: el que comienza a dudar del partido deja de ser comunista[12].

Las Brigadas Internacionales

Transcurridos dos años desde su llegada a Moscú, a principios de 1936, Lise regresó sola a Francia para continuar con su trabajo en el PCE, mientras que Artur permaneció unos meses más en la Unión Soviética. Pero el golpe de Estado contra la Segunda República en España, en julio de ese mismo año, cambió los planes de la francesa, que no dudó en unirse y contribuir a la creación de las Brigadas Internacionales, las unidades militares compuestas por voluntarios extranjeros de medio centenar de países que participaron en la Guerra Civil española junto al Ejército Republicano para combatir al bando sublevado[13].

A finales de octubre, y antes del pacto de no intervención, Lise viajó en tren a España para trabajar en la sede de las Brigadas Internacionales establecida en Albacete, a donde también llegaría Artur poco después de cruzar la frontera de forma clandestina. Según contó la francesa, en su convoy viajaban dos mil voluntarios y en cada una de las estaciones eran muy bien recibidos por los lugareños, que acudían a saludarlos, a charlar con ellos y a entregarles flores, fruta y comida. Antes de llegar al destino final, en una de las paradas, las Brigadas desfilaron ante la ciudadanía barcelonesa con gran emoción.

> Bajamos por la Rambla con la bandera republicana y la francesa. Yo sentí el entusiasmo del pueblo que nos acogía como hermanos. Para al pueblo español, nosotros representábamos la solidaridad que tanto necesitaban. Porque se sabía que con Franco estaban los moros, los alemanes, los italianos, que ellos

tenían armamento que les llegaba cada día. El pueblo español tenía la consciencia de que estaba a la vanguardia de todas las fuerzas en lucha contra el fascismo. Ellos sabían que sus penas y sus sacrificios no eran solo para su lucha y nosotros no ignorábamos que estábamos luchando para conseguir la paz mundial y vencer al fascismo. Y esta idea no solo la teníamos los luchadores, sino también la gente sencilla del campo, el obrero y la mujer española. Es por eso que sentíamos que nosotros también pertenecíamos al pueblo español[14].

Su lucha por España

El trabajo de Lise en Albacete consistía en asistir como secretaria al organizador de las Brigadas Internacionales, André Marty. Pero la victoria de las ofensivas franquistas en el sur de Aragón y los nuevos ataques en el frente de Levante y de Madrid, en abril de 1938, propiciaron la evacuación de la base y de todos sus trabajadores —entre los que se encontraban Lise y Artur— a Barcelona. Varios camaradas, entre ellos el checo, escoltaron los archivos, el material de despacho y las reservas de armas para mantenerlos a salvo del enemigo. Durante todo ese tiempo, la pareja luchó por la defensa de la República ante los sublevados y jamás se sintieron extranjeros, «porque a medida que avanzaba la lucha del pueblo español más cerca nos sentíamos y más nuestra era la lucha»[15]. De hecho, Lise llegó a asegurar: «Las Brigadas Internacionales fueron el mejor momento de mi vida».

Una vez instalados en Barcelona, la francesa descubrió que estaba embarazada de su primogénita, Françoise, y en julio decidió regresar a París. Antes y después del nacimiento de la pequeña en el mes de noviembre, Lise trabajó para *La Voz de Madrid,* un diario vespertino popular alineado con el republicanismo moderado y de talante progresista, y competencia del *Heraldo de Madrid* y del *ABC*[16]. También colaboró con el Centro de Documentación y Propaganda de la República española, desde donde seguía «con el corazón en un puño, los últimos episodios de la guerra de España»[17].

Coincidiendo con la derrota republicana frente a los franquistas a finales de marzo de 1939, Lise empezó a trabajar con la dirección de las Juventudes Socialistas Unificadas (JSU), que tenía la intención de restablecer la base de su organización en el exilio. A través de Raymond Guyol, Santiago Carrillo contactó con la joven para que colaborase con él.

> Como era francesa y conocía la lengua y los problemas españoles —me dijo—, mi colaboración sería preciosa. Podría circular libremente por todo el país con el objeto de retomar contacto con los militantes internados en los campos o dispersos en diversas localidades del sudoeste. Acepté, y la dirección del PCF también dio su acuerdo para que trabajara con él[18].

Su cometido era resolver tareas administrativas y organizativas: ayudar a los exiliados políticos españoles en Francia a rehacer sus vidas buscándoles un nuevo destino y alojamiento donde vivir; preparar seminarios y reuniones para instruirlos acerca del comportamiento que debían adoptar y las tareas que les esperaban durante el exilio, además de ocuparse de asegurar los contactos entre ellos y la dirección de la JSU[19]. «Formamos realmente un buen equipo», aseveraba Lise sobre su tándem con Carrillo.

Su amistad con el por entonces secretario general del Partido Comunista español y con Dolores Ibarruri, «la Pasionaria», a la que conoció durante su estancia en Moscú, perduró con los años. La relación entre Santiago y los London se hizo más estrecha gracias a la participación de Lise y Artur en las Brigadas Internacionales. Tanto es así que, cuando Artur finalmente regresó a Francia poco antes de la caída de la República, Santiago le regaló una edición muy antigua de *El Quijote* a la que la pareja siempre dio un lugar especial en el salón de su casa[20]. Carrillo sentía extraordinaria admiración por este joven matrimonio, pero hacia Lise, concretamente, guardó un cariño muy especial: le fascinaba su «total entrega a la causa», que siempre dijese lo que pensara, aunque fuese para mostrar su desacuerdo con él, y que fuese «una mujer de una sola pieza», explica el hijo de Carrillo, que recuerda un bonito reencuentro entre las familias London y Carrillo en Varna (Bulgaria), once años después del fin de la Segunda Guerra Mundial.

En agosto de 1956, y tras años sin apenas contacto, los camaradas reanudaron su amistad y compartieron multitud de charlas políticas, así como entrañables momentos con sus hijos en la playa. «Hablando con los London, yo aprendí a no creer lo que no viera con mis ojos y tocaran mis manos. Lección que influyó a partir de entonces en mi militancia política»[21], escribió Carrillo en relación con aquel verano. Las vacaciones de ambas familias juntas sirvieron para fortalecer aún más una sólida amistad. «Lise y Gérard eran como mis segundos padres», rememora un emocionado Santiago.

«Mujeres Patriotas»

En julio de 1940, Lise entró en la Resistencia con la idea de cambiar la mentalidad de los franceses y animarlos a luchar contra los nazis. Su primera misión fue contactar con jóvenes del PCF para boicotear los llamados *chantiers de la jeunesse,* los campamentos de trabajo que organizaban los alemanes y el Gobierno colaboracionista del general Pétain* para controlar a

* El mariscal Philippe Pétain instauró un régimen autoritario, conocido como régimen de Vichy, tras la derrota de Francia en julio 1940. Desde

la juventud francesa e impedir que olvidasen el lema de la República francesa: *«Liberté, Egalité y Fraternité»*[22].

> Una de mis tareas fue hablar con los padres de estos jóvenes para que no les hicieran ir a estos campamentos, si no querían que sus hijos terminaran volviéndose enemigos de sus propios padres.

Después de que su hermano Frédo llegase a París, tras escaparse de la cárcel donde estaba retenido por los nazis, Lise inició una nueva andadura en la dirección del movimiento de «Mujeres Patriotas», siempre bajo «el ideal de justicia social, fraternidad, libertad, respeto a las personas y odio al invasor nazi»[23].

Los comienzos en esta organización femenina no fueron fáciles debido al escaso número de mujeres afiliadas al Partido Comunista en aquel momento. Sin embargo, la publicación a principios de noviembre de 1940 de un diario clandestino, *Las francesas debemos ser dignas de nuestras antepasadas,* consiguió movilizar al sector femenino.

> Conseguimos que muchas mujeres firmasen una hoja exigiendo saber dónde habían ido a parar a sus maridos, hermanos o hijos. Cuando reuníamos suficientes firmas, íbamos a la alcaldía y las presentábamos. Llegamos a hacer dos grandes manifestaciones ante la subsecretaría de Estado de los prisioneros de guerra y congregamos casi a un millar de mujeres[24].

---

esa fecha y hasta su liberación en septiembre de 1944, el general firmó un armisticio con la Alemania nazi en el marco de la Segunda Guerra Mundial, por el cual parte del territorio francés y todas sus colonias quedarían bajo la soberanía francesa. Sin embargo, en la práctica, el régimen de Vichy adquirió un carácter totalitarista, fascista y colaboracionista con la Alemania de Hitler.

«Mujeres Patriotas» estaba conformada por grupos de francesas, españolas y judías que luchaban unidas frente al enemigo común: el nazismo. Sus movilizaciones servían para crear conciencia de lucha y resistencia contra el fascismo, y entre sus reivindicaciones estaban recibir el carbón necesario para calentar estufas y cocinas —que los nazis se llevaban a Alemania en pleno invierno— o el racionamiento justo para la población en épocas de carestía.

En abril de 1941, la organización se integró en el Frente para la Liberación de Francia. A las reuniones o encuentros en apartamentos clandestinos, Lise solía acudir en compañía de su hija Françoise, de apenas tres años, a la que recogía en casa de sus padres, Federico y Francisca. «Yo hacía de paraguas —explica la primogénita—, por eso siempre me enteré de todo lo que pasaba en la familia». Sin embargo, la pequeña no vivió con Lise y Artur hasta después de la Segunda Guerra Mundial. «Yo me separé de mi madre de pequeñita y fueron mis abuelos aragoneses quienes me criaron a las afueras de París. Mi madre siempre fue militante y la veía de cuando en cuando», relata la ahora octogenaria[25].

La calle Daguerre

El 23 de julio de 1942, el anuncio de nuevas condenas a muerte de miembros de la Resistencia, más concretamente de tres jóvenes FTP (francotiradores y partisanos), propició la convocatoria de una manifestación masiva por parte de la dirección de la Unión de Mujeres de Isla de Francia, en el barrio Denfert-Rocherau, en la esquina de la calle Daguerre, una zona comercial muy transitada durante los fines de semana y el mejor punto para crear un gran alboroto.

Días antes de la protesta, el ambiente en París era de auténtico pavor: cientos de carros de combate alemanes patrullaban la ciudad para intimidar a la población, mientras las paredes se llenaban de carteles firmados por el comandante alemán del Gross-Paris, el general Ernst von Schaumburg, que decían:

> Anuncio para los terroristas las siguientes penas:
> 1º Todos los familiares varones cercanos, ya sea en línea ascendente o descendente, así como los cuñados y primos a partir de dieciocho años serán fusilados.
> 2º Todas las mujeres de igual parentesco serán condenadas a trabajos forzados.
> 3º Todos los hijos hasta los diecisiete años cumplidos serán colocados en centros de educación vigilada[26].

A las cuatro de la tarde del 1 de agosto, Lise, encargada de la organización y del discurso inicial, hizo un llamamiento contra los alemanes, pidió una Francia libre y apeló a la lucha armada[27]. Ante ella, las masas escuchaban en silencio sus arengas:

> La ocupación, con su retahíla de desgracias, restricciones y crímenes, ya ha durado bastante… Tenemos que actuar. Los franceses deben negarse a trabajar para la máquina de guerra alemana. Si aceptamos hacerlo, exponemos nuestras vidas y las de nuestras familias a los bombardeos de la aviación aliada… Mujeres: impedid que vuestros maridos y vuestros hijos se vayan a trabajar a Alemania. Ayudadlos para que puedan esconderse, para que encuentren refugio en el campo, donde podrán trabajar… Ha llegado el momento de pasar a la lucha armada… Un segundo frente está a punto de desplomarse… La hora de la liberación está próxima… ¡Viva la Resistencia! ¡Viva Francia![28].

Tras finalizar su alegato, la multitud empezó a entonar *La Marsellesa* y, cuando Lise se disponía a bajar del improvisado podio, los soldados alemanes irrumpieron en el lugar y se desató el caos. En aquel desconcierto, dos policías agarraron a la francesa del brazo, pero, tras un intenso forcejeo, consiguió zafarse y huir hasta llegar al cementerio de Montparnasse, desde donde escuchó disparos y detonaciones. Y, aunque en un primer momento logró esconderse, la «arpía de la calle Daguerre» —como la denominó el ministro Brinon— terminó arrestada el 12 de agosto, acusada de ser responsable de la manifestación[29].

Mientras las autoridades la acusaban de «asesina, anarquista, guerrillera, terrorista y comunista»[30] y la enviaban a la cárcel parisina de la Petite Roquette —conocida por ser la prisión donde guillotinaban a las mujeres—, la prensa francesa bautizaba a Lise como «la heroína de la calle Daguerre»[31].

La detenida fue juzgada como responsable de la muerte de un civil francés y condenada a muerte. Sin embargo, estar embarazada de su segundo hijo le salvó de la pena capital. Según la ley, dicha circunstancia la eximía de ser ejecutada, por lo que finalmente fue condenada a trabajos forzados a perpetuidad[32].

Periplo carcelario

Cuando Lise dio a luz a Gérard, el 3 de abril de 1943, Artur ya había sido deportado al campo de concentración de Mauthausen después de haber sido detenido junto a su esposa aquel 12 de agosto, por su presunta participación en la manifestación de la calle Daguerre.

Durante el año que madre e hijo permanecieron encerrados —primero en el penal parisino y, desde septiembre de 1943 hasta la deportación a los campos de concentración en abril de 1944, en el de Rennes—, la familia de Lise no faltó a una sola visita semanal. Françoise, que en aquel momento tenía apenas cuatro o cinco años, no recuerda lo que su madre le contaba o explicaba, pero sí se acuerda de llevarles comida y de ver a su hermano pequeño, Gérard. «Él se quedó con mi madre hasta que tuvo trece meses», relata. Después se fue a vivir con ella y sus abuelos[33].

Tras el acuerdo firmado entre el Gobierno de Pétain y el de Alemania, por el cual, ante la necesidad de mano de obra, los prisioneros políticos franceses serían trasladados a campos de trabajo, en abril de 1944 dieron comienzo las deportaciones a los campos de concentración nazis. Excepto las madres con niños, que se quedarían en Francia. «Pero no fue verdad —contaba Lise—. Entonces decidimos que era mejor que los niños no vinieran con nosotros, y las autoridades de Vichy lo aceptaron y enviaron un telegrama a nuestras familias para que vinieran a buscar a las criaturas»[34]. Además de este telegrama, el 30 de abril Lise hizo una declaración firmada en la que autorizaba a sus padres, Federico y Francisca, a cuidar de su hijo Gérard en caso de que la separasen de él. Quince días después, los familiares de la francesa acudieron a recoger al pequeño[35].

> Cuando me tuve que separar de mi hijo Gérard fue un momento terrible. Solo tenía trece meses y, cuando le separaron de mí, no paraba de llorar y llorar. Se pasó todo un día llorando desesperadamente, llamándome, hasta que al día siguiente llegó mi madre. Ella se parecía mucho a mí, y el pequeño Gérard, después de unos momentos de duda, corrió a sus brazos y se aferró con fuerza, como un pequeño mono a su madre. Pasó cinco o seis meses que no se separaba de su abuela ni para ir al baño. Ese día de la separación fue un trauma terrible para mi hijo[36].

Sin casi tiempo para recomponerse de la amarga despedida, Lise y el resto de prisioneras fueron conducidas con prisa hacia el patio de la cárcel donde las esperaba «la soldadesca nazi». Acto seguido, y sin que nadie lanzase consigna alguna, todas entonaron *La Marsellesa*. Ante este acto de rebeldía, los SS perdieron los nervios y las golpearon con las culatas de las ametralladoras mientras las empujaban hacia los camiones, a los que subieron sin dejar de cantar.

> Algunos SS, con el arma en la mano, se instalan detrás. Cierran las plataformas atando los toldos. Arrancamos. [...] Estamos rodando por las calles de Rennes... con destino desconocido. Seguimos cantando *La Marsellesa* para que los transeúntes que nos oigan comprendan qué contienen esos camiones militares alemanes[37].

Al llegar a la estación de tren, las subieron a unos vagones que engancharon a un convoy de pasajeros con destino a París. Durante todo el trayecto, gritaron: «¡Somos patriotas! ¡Van a deportarnos a Alemania!». Tras llegar a la estación de Montparnasse, los soldados de la *Wehrmacht* que allí las esperaban condujeron a las prisioneras hasta los autobuses de la RATP (Administración Autónoma de Transportes Parisinos), para trasladarlas al castillo fortificado de Romainville, que había sido convertido en campo de reclusión desde el comienzo de la ocupación nazi, y desde donde salían numerosos grupos de deportadas hacia Auschwitz. Quienes conocieron Romainville «lo recuerdan como el remanso de paz que precede a la tormenta»[38]. Después de pasar la primera noche encerradas en unas «oscuras casamatas con rejas», al día siguiente las condujeron al interior de la fortaleza, donde estuvieron retenidas durante unos diez días. El 30 de mayo de 1944, tras un recuento, el nombre de Lise apareció en la lista de seleccionadas para la deportación.

«La Pantera» de Neue Bremm

El convoy llegó en plena noche al campo de Neue Bremm, situado en la periferia de Saarbrücken. Se trataba de un campo disciplinario en el que estuvieron entre veinte y treinta mil presos de todo tipo: opositores alemanes al régimen nazi, judíos alemanes, alsacianos y loreneses, prisioneros de guerra evadidos, trabajadores para el servicio de trabajo obligatorio y los condenados a la «reeducación». Desde 1944, estas instalaciones también se utilizaron como campo de tránsito entre convoyes de deportados políticos calificados de NN y, después, para mujeres enviadas a Ravensbrück[39].

> Hacemos nuestro primer descenso al infierno: nos hacen estar formadas durante horas y horas en la plaza del campo, que está medio inundada. Ante nosotros, unos jóvenes SS se distraen obligando a latigazos a unos pobres hombres esqueléticos, con cara de animales acorralados, a hacer ejercicios extenuantes alrededor de los charcos. A los que tropezaban y no se podían volver a levantar los caía una lluvia de latigazos.
>
> Allí formadas, también presenciamos el reparto de la cena entre todos los prisioneros del campo. Los deportados se comportan como bestias peleándose entre sí[40].

En plena noche, desde los barracones, Lise y sus compañeras escucharon que alguien, desde el exterior, silbaba las primeras notas de *La Madelon**. Se trataba de un prisionero político que les quería dar un importante consejo sobre aquel infierno: «Aquí

* Fue una canción popular de la Primera Guerra Mundial, compuesta en 1914, que describe cómo los soldados coqueteaban con una joven camarera. La canción alcanzó mayor popularidad en 1939, gracias a Marlene Dietrich, quien la cantó con motivo de la celebración de la toma de la Bastilla el 14 de julio de ese año.

no se puede aguantar más de unas semanas... Comeos todo lo que tengáis, porque os lo quitarán todo»[41].

Al día siguiente se cumplió el aviso del desconocido resistente y los SS confiscaron a las prisioneras todos los alimentos que portaban. A partir de entonces, ya no volverían a comer más que una vez al día y solamente una especie de sopa y un mendrugo duro de pan. La falta de higiene también empezó a ser un grave problema: durante las dos semanas que permanecieron en Saarbrücken, solo pudieron asearse tres veces en los lavabos y «siempre bajo la mirada de nuestra guardiana, que repite sin cesar: "Rápido, más rápido. Solo las manos y la cara". Siempre con el látigo a punto para castigar a la imprudente que intente lavarse algo más...»[42].

En este tiempo, las prisioneras comunes, en su mayoría alsacianas y lorenesas, trabajaron en el barracón de la llamada «residencia de día», una sala bautizada como el «taller de costura», donde se descosían los uniformes agujereados de los soldados alemanes. El espíritu ahorrador del Reich obligaba a reutilizar esos harapos para hacer uniformes a los nuevos reclutas.

Según las instrucciones, este trabajo se hacía por parejas, que estaban obligadas a descoser dos chaquetas diarias. Aunque Lise también empezó a realizar esta labor, en cuanto ella y sus compañeras se percataron de que estaban trabajando para el enemigo, se cruzaron de brazos y dijeron a las guardianas: «Nos negamos a trabajar para el ejército». Una de las nazis comenzó a insultarlas al grito de «perras francesas» y a pasearse entre las mesas lanzando latigazos y bofetadas. Pero las deportadas no se doblegaron y pidieron hablar con el comandante. Horas después, se personó un joven uniformado, apodado «La Pantera», que les dijo: «¿Así que os rebeláis y reclamáis verme?». Las mujeres, convencidas, le contestaron: «Como prisioneras políticas, consideramos que el artículo de la Convención de Ginebra que prohíbe el empleo de prisioneros de guerra para trabajos militares es aplicable en nuestro caso, pues somos patriotas que hemos luchado en la Resistencia»[43]. Aquella afirmación enfadó soberanamente al nazi.

> ¡En absoluto! Sois delincuentes que vuestro Gobierno ha entregado al Gran Reich para que os utilicemos y castiguemos como nos parezca conveniente. Aquí tenemos una regla: «El que no trabaja, no come». Pensad en ello. [...] Vivir o morir, esa es la cuestión[44].

Tras señalar las metralletas de los vigilantes que lo acompañaban, Lise y sus compañeras comprendieron que aquella amenaza no era ninguna broma, por lo que aceptaron continuar con el trabajo. No obstante, de puertas para dentro, las reclusas acordaron poner en práctica la ley del mínimo esfuerzo y ralentizar todo lo posible la producción.

Las francesas en Ravensbrück

El 13 de junio, después de darles un pedazo de pan y un poco de margarina tras una interminable formación, los SS llevaron a las deportadas de vuelta a la estación de Saarbrücken. Allí, en dos vagones de mercancías idénticos a los que en Francia llevaban la inscripción «doce caballos, cuarenta hombres», metieron a más de cien personas que, apiñadas en el interior, tenían que tumbarse del mismo lado, porque, si no, no encajaban. Además, el vagón solo disponía de un pequeño tragaluz con barrotes por donde apenas entraba el oxígeno, lo que provocaba un estado de somnolencia en la mayoría, y de un bidón en el suelo que hacía las veces de retrete[45].

> ¡En las frenadas, a menudo se vuelca y a las que estamos cerca nos cae toda la porquería encima! Aunque nos lo tomamos a

risa, mi amiga Odette exclamaba: «Solo nos faltaba esto, ¡qué bautizo!… Señoras, ¿alguien quiere agua bendita?»[46].

Cuando el tren llegó a la estación de Fürstenberg/Havel el 15 de junio de 1944, las prisioneras, entumecidas después de varios días encerradas y hacinadas en aquel claustrofóbico habitáculo, vieron cómo decenas de SS armados de metralletas, algunos de ellos con perros lobos, abrían los portones de los vagones y gritaban «*Schnell!* [¡Rápido!]»; luego, en filas de a cinco, caminaron en silencio a través de un bosque, desde donde divisaron unas bonitas casas —que resultaron ser las residencias de los SS y de sus familias— y llegaron por un sendero a un edificio de piedra donde fueron despojadas de todas sus pertenencias antes de su entrada en el campo de concentración de Ravensbrück.

> Nos desnudamos, nos duchamos y, totalmente mojadas, nos conducen hacia otra habitación en la que las presas destinadas a ese *Kommando* examinan si tenemos piojos o liendres en el pelo. Si es así, nos rapan. Echan un vistazo a las axilas y al pubis, y la maquinilla entra en acción. Se convierte a las mujeres en auténticos monigotes en un santiamén.
>
> Podría haber sido dramático, pero, gracias a las primeras risas, cada una de nosotras procura divertirse a costa del aspecto de la otra, sabiendo y aceptando que ella misma es también motivo de diversión: reírse es humano…[47].

En ese *Kommando* de la *Waschraum** les hicieron un examen ginecológico, les entregaron la vestimenta de presidiarias y las inscribieron en un registro con un número de identificación. El de Lise fue el 27534. Horas después, la francesa fue destinada al *Block* 21, el de la cuarentena, donde las recién llegadas per-

* Lavabo y sala de desinfección.

manecían varias semanas hasta que se les asignaba un *Kommando* de trabajo concreto, o hasta que las deportaban a otro campo de concentración, según las necesidades logísticas.

Pese a que la capacidad máxima del barracón de Lise era de doscientas personas, estaba ocupado por seiscientas mujeres, en su mayoría presas comunes rusas y polacas. El interior estaba dividido en dos partes: una servía de sala común, y la otra, de dormitorio, en el que había literas de tres pisos que compartían nueve personas.

> El ambiente es infernal en este lugar en el que nos han encerrado como si fuéramos pollos de una granja avícola, y las compañeras más débiles se desaniman pronto. Sucumben y caen en la desesperación[48].

Sin embargo, la presencia de la *blockova,* Hilda Synhova, una comunista checoslovaca, hizo que el cautiverio fuese más llevadero para estas mujeres. Para las francesas fue su «ángel de la guarda», decía Lise, pues les advirtió de los peligros a los que debían enfrentarse en el campo y, además, fue su cómplice en la organización de actos dedicados a subir la moral de las compañeras y a ayudar a las más débiles. Esto permitió que las francesas pudiesen revitalizar el comité clandestino del Frente Nacional que ya habían constituido en Romainville y preparasen «matinales de canto» en las que también participaron la rusas y polacas. A su vez, esto propició que se estrechasen los lazos entre mujeres que no hablaban un mismo idioma.

El 14 de julio, fiesta nacional de Francia, las prisioneras celebraron una serie de eventos culturales, entre los que no faltaron bailes, cantos, recitales de poesía y desfiles con los trajes típicos de las distintas provincias galas, que habían podido confeccionar gracias a que la *blockova* les había proporcionado telas. Durante todo el día, los colores de la bandera francesa estuvieron permanentemente en el escenario y esto supuso «un apósito limpio en una herida inmunda»[49].

Charla con Renée

Tras encontrarse con la abogada parisina Renée Mirande, Lise conoció mejor los entresijos del campo. Entre otras cuestiones, se enteró de que en Ravensbrück también había niños. Junto a Renée, Lise descubrió por primera vez a pequeños demacrados y descarnados, con unos ojos enormes que sobresalían en sus delgadísimas caras. Los menores estaban condenados a morir de hambre, de frío, en los interminables pases de revista o en las selecciones a la cámara de gas. Los adultos sabían que aquellos niños eran «muertos vivientes», pequeñas «momias» que, cuando «rara vez sonreían, todavía parecían más tristes».

Respecto a los *Kommandos* de trabajo, Lise averiguó que, al disponer de ellas como mano de obra esclava, Ravensbrück había convertido a las prisioneras en una importante fuente de ingresos para el Reich. Los propios directores de las fábricas, que trabajaban directa o indirectamente para la guerra y los nazis, supervisaban este mercado de esclavas, al que empleaban en turnos de doce horas para distintas producciones. Miles de estas mujeres fueron víctimas de la extenuación a causa de la subalimentación y de las condiciones de explotación a las que estaban sometidas.

A las agotadoras labores de descarga de barcazas de carbón, desecación de terrenos pantanosos o mantenimiento de parterres —por mencionar algunos de los muchos trabajos forzados de las prisioneras—, se sumaban los eternos recuentos dos veces al día: las presas se colocaban delante de cada barracón, alineadas en filas, «firmes, inmóviles y en silencio», a la espera de que los nazis las contasen y recontasen. Cuando los números no salían, había que volver a empezar, por lo que la situación podía prolongarse toda la noche.

Renée explicó a Lise que, aunque no existía una organización estructurada de resistentes en sí misma dentro del campo, se habían creado vínculos de solidaridad entre las mujeres que se conocían o que tenían afinidades, y esto había dado lugar a grupos de «familias», cosa que la novata pudo comprobar en su siguiente destino.

Desde que las francesas pisaron Ravensbrück, lograron forjar su propia organización y ocupar puestos importantes como doctoras y enfermeras en la *Revier,* lo que benefició al resto de prisioneras, que consideraban a estas mujeres un punto clave de apoyo. Mientras ellas tuviesen el control de la enfermería, el resto tendría más posibilidades de salir de allí con vida. Gracias a ellas, Lise conseguiría pasar el control médico posterior a la cuarentena después de que una amiga de la *blockova* le hubiese detectado los bultos que le habían salido en las axilas debido a la interrupción brusca del período de lactancia. Como remedio «poco ortodoxo, pero eficaz», la camarada le aconsejó ponerse «bolsitas de arena muy caliente a modo de cataplasmas» en pleno mes de julio.

> La *blockova* encendió la estufa para calentar los saquitos de arena y me colocó los saquitos ardientes bajo el brazo, obligándome a soportarlos. Al cabo de dos días, los tumores explotaron como si fueran volcanes de pus.

Después de tratarla y limpiarla con unas compresas de alcohol, Lise ya estaba recuperada para enfrentarse al reconocimiento médico del 18 de julio, terminar la cuarentena y ser considerada «apta para el servicio». La francesa fue enviada al *Kommando* de trabajo HASAG-Leipzig junto a otras tres mil mujeres, las denominadas «42.000», y se embarcó en un vagón donde el «calor infernal» provocaría numerosos desvanecimientos entre las presas.

OBEDIENCIA EN HASAG

Doscientos cincuenta kilómetros separaban Ravensbrück de HASAG-Leipzig, uno de los siete *Kommandos* satélites pertenecientes al campo de concentración central de Buchenwald, ubicado al noroeste del pueblo de Flösenberg y a veinte kilómetros al sureste de Leipzig, donde se encontraba la sede de HASAG (Hugo Schneider AG)[50]. Sin embargo, el convoy tardó prácticamente dos días en llegar a su destino. «El tren avanzaba a paso de tortuga», escribió Lise en sus memorias.

El 21 de julio, el grupo entró en la capital de Sajonia y, tras bajar de los vagones, fueron trasladadas a toda velocidad en unos camiones cubiertos con lonas que impedían ver la ciudad. A su llegada al campo de concentración, las *Aufseherinnen** les ordenaron formar por agrupaciones de trescientas mujeres en la gran explanada que se extendía entre los edificios y la alambrada que cercaba el complejo. Ante ellas se presentó el comandante, con un peculiar discurso de bienvenida:

> Aquí tenemos por divisa que «quien no trabaja, no come». Seréis tratadas bien o mal según sea vuestro comportamiento. Vuestro primer deber es obedecer.

A continuación se produjo un incidente que marcaría de por vida a las presas, especialmente a Lise. Una mujer del grupo franco-belga, agotada y al borde de un ataque de nervios, empezó a gritar. Para acallarla, una de las guardianas le propinó un

* Plural de *Aufseherin,* guardiana, en alemán.

bofetón, pero la presa le devolvió el golpe. Seguidamente, varias SS se lanzaron sobre la prisionera para golpearla y arrastrarla hasta el comandante. Este, con una fusta en la mano, inició una tanda de latigazos que duró hasta que la franco-belga cayó desmayada y dos vigilantes se la llevaron al barracón de castigo.

> No volveremos a ver a nuestra heroína hasta diez días después, cuando regresa del búnker en el que ha vivido sin luz y sin aire. Blanca como un espectro, hambrienta, traumatizada, le cuesta recuperarse a pesar de la solicitud con que sus compañeras la tratan.

Después de este dramático episodio, el pase de revista concluyó y las internas fueron obligadas a volver a sus nuevos barracones. Lise estaba en el *Block* 15, emplazado en un antiguo taller de unos trescientos metros cuadrados, con un inmenso ventanal que ocupaba la pared del fondo y ocho decenas de literas de cuatro pisos provistas de delgados colchones de paja y sendas mantas. Además, disponía de dos puertas: una que daba al vestíbulo del edificio, y la otra, a un pasillo que comunicaba con otros cuatro bloques. En medio de la estancia había tres grandes mesas con bancos y, al fondo, a la derecha del ventanal, la *blockova* y sus dos *stubendistas** tenían su rincón.

Organización, orden y limpieza

La responsable del barracón, de origen polaco, comunicó a las novatas los principios que debían regir la buena convivencia. Tal y como ocurría en Ravensbrück, los grupos en Leipzig se dividían en «familias», cada una de las cuales estaba conforma-

* Se trata de una adaptación del vocablo alemán *Stubendienst,* que significa «cuartelero, cuartelera».

da por entre cinco y diez mujeres y representada por una «madre». Esta era elegida como presa de confianza por el resto de compañeras para ocuparse del reparto diario y equitativo de cada ración de comida. Esa organización de pequeñas familias se convirtió en una estructura de supervivencia muy útil para las internas, ya que las integrantes se brindaban un gran apoyo moral y emocional entre ellas. En ese refuerzo anímico también fue muy importante la labor que Lise llevó a cabo como *stubendista* de su bloque, porque, además de ser la responsable de mantener el orden y la limpieza del barracón, su puesto le permitió insuflar alivio y ánimo a sus compañeras para que no desfalleciesen y pudiesen sobrevivir[53].

> Encerrarse en sí mismo y no querer asearse son los primeros síntomas de desánimo. Con las más fuertes y las más generosas de nuestras mujeres formamos un equipo de las «asistentes sociales» para resolver el problema. Vamos a ver a cada una de las perdidas, las mimamos, les hablamos de sus hijos y de todos aquellos que siguen esperándolas en nuestro país[54].

El trato directo y humano de Lise con el resto de sus compañeras facilitó la relación entre las distintas «familias» y le reportó el reconocimiento de todas las prisioneras, principalmente de la jefa del barracón, que vio en el carisma de Lise la mejor opción para mantener la disciplina y la armonía del *Block* 15[55].

Para entender mejor las funciones que Lise llevaba a cabo, exponemos a continuación el relato de cómo era su rutina como *stubendista:*

> Nos despiertan a las cuatro de la mañana los gritos estridentes de las *Lagerpolizei** polacas, que nos introducen en lo que va

* Policía del campo.

a ser la vida cotidiana del campo: «*Aufstehen!, schnell!* [¡Levántense! ¡Rápido!]». De un salto, bajo de mi camastro de la cuarta litera. Acompañada por la *blockova* (que pronto delega en mí todas las responsabilidades de su cargo, excepto el contacto con la policía y la administración), hago la primera ronda por el *Block* recordando a las que se retrasan que deben darse prisa [...].

Las *Aufseherinnen* ya están aquí. Normalmente acuden en parejas. Jóvenes, coquetas, bien peinadas, la mirada arrogante y desdeñosa que nos dirigen revela su convencimiento de pertenecer a la raza de los señores. [...] Una de ellas lleva un perro lobo amaestrado dispuesto a atacar. Con aire de expertas observan las filas y verifican si están al completo, cuentan y multiplican por cinco: la cifra es exacta. Este ritual se repetirá todas las mañanas y todas las noches prolongándose así aún más las doce horas de trabajo forzado de las desgraciadas mujeres presas, extenuadas y literalmente muertas de hambre... [sic] ¿Quién es esa histérica, con gafas y enormes pendientes, que nos golpea los brazos y grita como si quisiera calmar sus propios nervios? Se trata de nuestra guardiana jefa, una mujer completamente desequilibrada. Así empieza nuestro descenso a los infiernos.

Como *stubendista* estaba obligada a permanecer al lado de las *Aufseherinnen* cuando realizaban algún registro. Las literas eran inspeccionadas cama por cama. Nuestras «SS-hembras» se cansaban pronto de subir y bajar las cuatro literas y levantar los colchones. Muy peripuestas, me pedían que lo hiciera yo, era ya una costumbre. Entonces, mientras ellas charlaban mirándome de reojo, yo simulaba afanarme en cumplir sus órdenes, tirando de vez en cuando algún pedazo de madera inservible y algún trapo para demostrar que mi control era riguroso. Había que disimular. Satisfechas, pero impacientes, al cabo de treinta o cuarenta camastros abandonaban el registro y se iban a otra parte...[56].

Solidaridad y cultura

Aparte de las obligaciones de limpieza del *Block* y de asistencia a los SS durante el registro de literas, Lise hizo tareas extraoficiales para evitar que algunas de sus camaradas fuesen directas a la cámara de gas. Siempre que podía, ocultaba objetos comprometidos y, así, entre otras cosas, disimuló la ropa civil de unas deportadas rusas.

> Huelga decir que, si aquellos vestidos hubieran llegado a manos de los SS, aquellas mujeres habrían sido colgadas inmediatamente. En lugar de eso, al día siguiente pudieron huir. Son las únicas que pudieron fugarse del campo[57].

Para dar fe de las muestras de solidaridad en el campo, Lise siempre contaba el caso de una doctora rusa que trabajaba en la enfermería, con la que trabó una gran amistad y a la que le unían los ideales comunistas.

> Cuando supo que nuestro grupo éramos prisioneras políticas me dijo que haría todo lo posible para ayudarnos. Y así fue: cuando había una compañera que estaba fatigada, la subíamos a la enfermería para que se pudiera rehacer. También nos avisaba cuando sabía que tenía que haber un convoy negro para que tuviéramos tiempo de esconder a las compañeras que se encontraban en un estado de salud más delicado y así liberarlas de un destino fatal[58]. Cuando pasaba el peligro regresaban a la enfermería. Le estaremos siempre agradecidas a esta doctora [...] que salvaba vidas cuando estaba prohibido hacerlo, si la hubieran descubierto la habrían torturado hasta la muerte...[59].

El hecho de que Lise fuese una de las encargadas del barracón también permitió que se desarrollaran toda clase de actividades culturales para animar a las presas. Lo tenían todo muy bien organizado: los domingos hacían teatro, danzas, canto y poesía. Incluso, se llegó a ocultar una pequeña «biblioteca itinerante» en distintos rincones del bloque, «algo absolutamente prohibido», reconocía. Los libros pasaban de mano en mano y las ayudaban «a escapar, al menos mentalmente, de la atmósfera del campo de concentración»[60]. Pese a los frecuentes registros de las *Aufseherinnen,* estas jamás encontraron la biblioteca.

La moral era «una herramienta de supervivencia básica» y tenerla alta era fundamental para evitar la desidia, la depresión y las ganas de morir. Por ello, Lise permitía que sus compañeras tuviesen la luz encendida durante un par de horas y que ese tiempo lo empleasen en lo que les apeteciera[61].

Trabajo y castigos

El trabajo de las prisioneras en las cadenas de montaje del HASAG era moralmente muy duro. Como les pasó a Elisa Garrido y a Mercedes Núñez (véanse las págs. 49-79 y 281-320), la francesa también fue consciente de que aquellos proyectiles servirían para matar a sus compatriotas. Y, aunque en un principio pensaron en negarse a trabajar, tras reflexionar sobre la experiencia en Saarbrücken, las presas optaron por realizar acciones de sabotaje para inutilizar las balas y ralentizar el ritmo de trabajo. Ante los pésimos resultados en la fábrica, los encargados les hicieron una proposición.

> Al final, desesperados, los capataces proponen darnos una prima en forma de bonos que se pueden canjear por alimentos, si la producción aumenta. Por la noche lo discutimos en el barracón y decidimos que, aunque estamos famélicas, no nos podemos dejar sobornar de esta manera. Esta actitud firme que

> mantenemos las francesas nos ayuda a ganarnos el respeto de las prisioneras de otras nacionalidades e incluso la de los empresarios alemanes, que nos empiezan a ver como prisioneras políticas. Sea como sea, desde que nos plantamos, se detienen los castigos corporales en la fábrica. ¡Hemos ganado una pequeña batalla![62].

Aunque los suplicios a las prisioneras disminuyeron durante el horario laboral, en absoluto era así cuando regresaban al barracón. Las guardianas, según Lise, pegaban mucho más que los hombres. «Eran peores», decía[63]. Propinaban monumentales palizas si se transgredían determinadas normas: fumar, robar comida, hablar, ayudar a una compañera, reírse, etc. En una ocasión, Lise recibió una tunda de golpes por llevar una camisa, un libro y azúcar a la *Revier.* Cuando una de las vigilantes la vio, se enfureció, la agarró del pelo y la abofeteó repetidas veces. Al ver semejante imagen, el comandante ordenó a la *Aufseherin* que parase. Entonces, Lise le explicó que la jefa de la enfermería le había pedido los objetos y el nazi la dejó marchar. Sin embargo, días más tarde, cuando la francesa se encontraba fregando el suelo del barracón, la misma guardiana la asaltó por la espalda, la arrastró tirándole del cabello y le dio una paliza descomunal.

> Me dice que llevo ropa de calle y que está prohibido. Le muestro la cruz pintada con minio que figura en la espalda del jersey. Me acaricia la mejilla diciendo: «*Schön, schön…*» [Bonita, bonita][64].

Pero Lise aún viviría otras muchas situaciones humillantes. En una ocasión, los SS prepararon una especie de «mercado de esclavas» en el que obligaron a las presas a formar en la *Appellplatz,* a desnudarse y a correr de un lado a otro delante de ellos para venderlas como mano de obra a los directores de las fábricas. En otras ocasiones, presenció terribles mordeduras de los perros de las guardianas a las internas más débiles, la matanza de dos niños y la separación angustiosa de madres e hijos[65].

A este respecto, causó especial conmoción entre Lise y sus compañeras el caso de una madre judía que había conseguido ocultar su embarazo hasta el último momento. Después de dar a luz, dado que en la enfermería no había cunas, instalaron a la recién nacida en una caja de margarina; las presas le hicieron pañales, trajecitos y patucos con los retales de algunas camisas. El grupo de las francesas estaba tan emocionado con la bebé que buscaban mil excusas para acudir a la enfermería y poder verla[66]. Sin embargo, a los dos o tres días, se organizó un convoy negro al que subieron madre e hija.

> La madre arropa a su bebé, no sabemos si vive aún, mientras la perdíamos de vista. Aquel convoy se fue lleno de mujeres jóvenes con sus hijos, algunos todavía bebés, hacia la muerte. Y nosotros lo presenciábamos sin poder hacer nada. Como madre, sentía como propio el sufrimiento de aquellas mujeres que llevaban a su hijo a una muerte segura. El fascismo ha sido el peor monstruo que ha engendrado la humanidad, porque deshumaniza a los hombres, las mujeres y los niños de una manera absoluta. Los convierte en máquinas que están a su servicio, y cuando ya no sirven se tiran sin ninguna contemplación[67].

Ínfimas raciones

El agotamiento, la desesperación, los castigos, los malos tratos, las enfermedades, las infecciones y la pésima alimentación causaban miles de víctimas diarias en los campos de concentración administrados por el Tercer Reich.

> La sopa constituye, junto al café matinal, el pedazo de pan y de salchichón o queso, la ración diaria de las seis jornadas laborables. Los domingos, la cocina descansa y añaden a la ración de pan y salchichón un poco de margarina, una cucharada de mermelada de remolacha y, algunas veces, un sobre de azúcar, en lugar de la sopa. Es muy poco. Y a pesar de ello, nuestras raciones disminuyen a medida que los ejércitos nazis van siendo derrotados: el pan, de doscientos cincuenta gramos pasará a ser de ciento veinticinco; la sopa de verduras con avena, en la que alguna vez encontrábamos un pedazo de patata y algo que se parecía a la carne, se convertirá en un caldo de remolacha y hierbas, cada vez más claro, que provoca numerosas diarreas. [...] Las conversaciones giran siempre en torno a los banquetes de antaño y se intercambian recetas de cocina que nos hacen la boca agua...[68].

Pese al crujir de aquellos estómagos hambrientos, en otoño de 1944 la moral de las presas seguía aún muy alta: Lise y varias compañeras inyectaban grandes dosis de optimismo en las más alicaídas con esperanzadores discursos que distraían la desgana y el apetito voraz. Las actividades culturales de los domingos también favorecían un clima más positivo; además, enterarse de la liberación de gran parte de Francia por parte de los Aliados había servido para crear ilusión entre las prisioneras. No obstante, el ataque de los alemanes en la región de las Ardenas —que engloba el noroeste de Francia, Luxemburgo y Bélgica— una semana antes de Navidad truncó las esperanzas de las mujeres y muchas de ellas entraron «en un estado depresivo muy preocupante».

> No se lavaban, no comían y, en definitiva, se dejaban morir porque ya no tenían ganas de vivir. Y eso no lo podíamos permitir, porque era justamente lo que querían los nazis. Enton-

ces, con las más jóvenes, nos encargamos de ellas. Las desnudábamos, las lavábamos y les cambiábamos la ropa sucia. En el campo, si te sueltas, es el fin, pero allí estábamos las demás camaradas para no permitirlo[69].

La fiesta de Navidad

Ante este nuevo revés emocional y la imposibilidad de celebrar junto a sus familiares las fechas navideñas, el grupo de las francesas tuvo la idea de hacer una fiesta de Navidad en el campo. El resto de las compañeras se enfadaron sobremanera: «¡Los franceses están muriendo en los campos de batalla y nosotras haciendo fiestas!». Pero Lise les contestó «que con su actitud negativa no arreglarían nada» y que su deber era «volver a casa, y volver en buen estado». Gracias al empeño de las galas, se preparó la celebración y se representó la obra de teatro *Don Juan* de Molière.

Todas las prisioneras del barracón participaron en mayor o menor medida. Lise, que se había colado en el almacén donde los nazis apilaban la ropa de las judías que ingresaban en Leipzig, consiguió el vestuario y, gracias a esto, un grupo de presas pudo coser las prendas y hacer los disfraces. Otras internas se dedicaron a preparar las canciones y otras, a ensayar al fondo del barracón. Lise, una de las principales organizadoras del evento, representó el papel de Don Juan.

La obra resultó todo un éxito, por lo que decidieron que, para Nochevieja, organizarían una nueva sorpresa: regalos para todas las camaradas. Después de elaborarlos, metieron los presentes en sacos y los repartieron. Aquella forma de comenzar el año y de festejar las navidades salvó «la vida a más de una mujer», reconocía Lise[70], que siempre tuvo claro que aquellas que, como ella misma, luchaban «por una causa, para cambiar el mundo, para hacer una humanidad más fraternal» eran mucho más fuertes que quienes eran arrestadas sin motivo aparente. «La resistencia se convierte en tu objetivo, tu lucha, y tienes claro que serás resistente hasta la muerte», aseguraba[71]. La lucha era lo único que podía mantenerla con vida.

> No pensé ni una sola vez en mi marido, mi hermano, mis hijos o mis padres. No quería sufrir por ellos, porque tenía que guardar todas mis fuerzas para sobrevivir, para combatir esa desolación que me rodeaba[72].

Poco antes de la liberación, los Aliados aumentaron los bombardeos contra el campo de concentración de Leipzig y el *Kommando* HASAG. Una tarde, una de las bombas impactó junto al *Block* de Lise haciendo añicos los cristales, derribando un muro exterior junto al barracón y sepultando a muchas prisioneras bajo los escombros. Cuando el resto de compañeras trataron de desenterrarlas, las *Aufseherinnen* se lo prohibieron y les ordenaron formar para hacer recuento. Horas después, cuando por fin concluyó el pase de revista, Lise y otras internas acudieron a socorrer a las heridas, pero la mayoría ya habían muerto sin que nadie hubiese podido hacer nada por ellas[73].

Fuga colectiva

Un nuevo sobresalto despertó a Lise en plena madrugada del 13 al 14 de abril de 1945 y un «llamamiento repentino» la sacó del catre. «Tenemos que irnos», pensó. Ante el avance de los Aliados, los SS acababan de iniciar la evacuación del campo de concentración en las «marchas de la muerte». Antes de salir hacia las extenuantes caminatas sin rumbo fijo, la francesa y el resto de las resistentes se reunieron para organizar una «fuga colectiva» en cuanto se les presentase la ocasión.

> Decidimos colocarnos a la cola de la marcha y, aprovechando descuidos de los SS, huir en pequeños grupos sin preocuparnos de si las otras habían podido huir o no. Nuestro objetivo era encontrar a los prisioneros franceses para unirnos a la hora de entregarnos a los Aliados[74].

Dos columnas de prisioneros con unos cien mil hombres y mujeres, escoltadas por patrullas de las SS, ocuparon la carretera durante decenas de kilómetros. Durante tres días, atravesaron caminos con cadáveres en sus cunetas y con el sonido de las bombas sobre sus cabezas. Al llegar a las afueras de Oschatz, a unos cincuenta y cinco kilómetros de Leipzig, los SS ordenaron acampar a la multitud, pero el grupo de Lise, que ya se encontraba a bastante distancia de su columna, aprovechó la laxitud en la vigilancia para escapar a través del bosque. No habían recorrido más que unos metros cuando otra prisionera las avisó de que los nazis también se habían marchado. «¡Todas éramos libres!», recordaba la francesa llena de júbilo.

> Volvimos al campo de colza y acordamos dispersarnos en pequeños grupos de cinco o seis, para no ser tan visibles, e ir a buscar a los prisioneros de guerra franceses.
>
> La primera noche la pasamos en el bosque al lado del campo de colza. ¡Era nuestro primer día de libertad, y en la madrugada, al despertarnos, vimos algunos animales salvajes, incluso ciervos! ¡Era magnífico, nunca había visto animales como aquellos tan cerca y en libertad![75].

Al poco tiempo, Lise fue repatriada desde Leipzig hasta París en un «tren de verdad», como diría ella, con asientos y ventanas, y junto a otros prisioneros de guerra. En los ocho días que duró el trayecto, la superviviente no pudo conciliar el sueño por el miedo a lo que se encontraría al llegar. Si durante el tiempo de su cautiverio la joven había conseguido apartar aquellos pensamientos, en cuanto fue libre las dudas empezaron a asaltarle: «¿Estarían mis padres con mis hijos? ¿Qué le habría pasado a mi marido y a mi hermano? ¿Habrían conseguido sobrevivir al horror nazi? ¿Me recordarían mis hijos?»[76].

Reencuentro familiar

Unas semanas antes de que Lise fuese liberada, su marido, Artur, y su hermano, Frédo, salieron del campo de Mauthausen en los autobuses blancos de la Cruz Roja y se reunieron con la familia en Chamarande. Por primera vez en años, Françoise y Gérard pudieron abrazar a su padre, pero aún faltaba su madre. Tras recibir noticias de su llegada a París, Artur y Frédo fueron a recibirla y la llevaron de vuelta a casa. Después de abrazarse a sus padres, Federico y Francisca, Lise se acercó a su hija mayor, pero la niña, de tan solo seis años, no se acordaba de ella. «Era una extraña para mí», reconoce Françoise.

Después de esta primera decepción, llegó la segunda: el hijo pequeño no quiso saber nada de su madre y se refugió en los brazos del padre, con quien ya se había familiarizado. Aunque vivió aquel momento como una auténtica «tragedia», a la mañana siguiente el estado de ánimo de Lise cambió en cuanto los niños se acercaron y le dijeron: «Mamá, cuéntanos un cuento». Poco a poco, la vida de la superviviente fue recobrando su ritmo y se llenó de instantes de paz y felicidad gracias a la compañía y el amor de sus hijos[77].

Un deber esencial

Una de las primeras noches en las que Lise durmió junto a Artur en una cama de matrimonio, no pudo conciliar el sueño. Después de tanto tiempo durmiendo sobre un tablero de madera, la suavidad del colchón y del edredón le resultaba incómoda, por lo que acabó tumbándose en el suelo.

> No es fácil volver a la vida cotidiana después de tanto tiempo de esclavitud y maltratos, hay un aprendizaje. Además, todos los recuerdos del campo volvían insistentemente a la cabeza. No puedes pasar página de todo aquel horror de un día para otro[78].

Las pesadillas tras la liberación del campo fueron una constante durante años. En una de ellas, entre gritos y llantos desesperados sin que Artur lograse despertarla, Lise soñó que se encontraba en una inmensa sala de color blanco en la que había grandes ventanales y una cama al fondo con una silueta humana cubierta por una sábana blanca.

> De repente, un gran golpe de viento hizo volar las cortinas y levantó la sábana, y vi el cuerpo retorcido, calcinado, todo negro de Micheline, que abarcaba el cuerpo sin vida de su bebé, que había nacido solo quince diez antes que mi Gérard en la prisión de la Roquette. Micheline era una compañera judía de esta prisión que fue deportada con su hijo a Birkenau, de donde no volvieron nunca más. Ella, en el sueño, me decía: «Tú que has vuelto, que has sobrevivido, ¿qué haces por nosotros, los que no volveremos nunca más?»[79].

El despertar fue terrible, pero aquella pesadilla sirvió para que, al día siguiente, Lise cogiese papel y bolígrafo y escribiese su primer artículo, en el que explicó la historia de su amiga Micheline. A partir de entonces, Lise supo que, como superviviente de un campo de exterminio, tenía un deber importante: dar testimonio ante el mundo de todo lo acontecido. Quería que sus vivencias y las del resto de las mujeres fuesen escuchadas y, desde entonces, nunca dejó de luchar por la libertad y los derechos humanos.

En las charlas que impartió en escuelas y universidades hasta el último día de su vida, la francesa explicó a los jóvenes la barbarie del fascismo. «Por eso, las lecciones del pasado no pueden ser olvidadas, para no repetir los mismos errores —insistía—. Queríamos la utopía de un mundo de fraternidad, igualdad y libertad, donde todos los hombres y las mujeres tuvieran derecho a un trabajo digno y ser felices, poder disfrutar del progreso de manera igualitaria»[80]. Pero, si querían conseguir los objetivos, el temor, la debilidad o la inacción debían apartarse por completo. Lise promulgaba que había logrado sobrevivir gracias a una lucha constante contra los nazis, a los que nunca temió.

> ¡Yo jamás tuve miedo, jamás! Era una luchadora, combativa, nunca estuve traumatizada por nada. Siempre luché[81].

La boda

Casi once años después de su primer beso en Moscú y tras haber tenido dos hijos en común, Lise y Artur se casaron en Ivry, en las afueras de París, en una ceremonia sencilla a la que acudieron sus amigos de los campos de concentración y en la que también estuvieron presentes sus dos hijos, Françoise, de siete años, y Gérard, de dos y medio. La primogénita de la pareja cuenta con gracia cómo su hermano y ella se escondían bajo las mesas del comedor nupcial para beberse un líquido «muy dulce» de los vasos de los mayores.

Tras la oficialización de la pareja y la legitimación de los hijos, los contrayentes vivieron una temporada en casas de reposo de Suiza para recobrar fuerzas. Tras este período de recuperación, en 1947 iniciaron una nueva etapa al frente del Partido Comunista Francés y Louise empezó a dirigir la revista del PCF, *Femmes Françaises,* donde se codeó con importantes intelectuales de la época, como Louise Aslanian, Henri Verneuil, Paul Éluard, Rouben Melik, Jean-Richard Bloch y K. Poladian[82].

Debido a su frenética actividad política y militante, Lise y Artur decidieron que los padres de Lise se encargasen del cuidado y de la crianza de sus hijos, por lo que los pequeños apenas coincidían con ellos. «Mis padres estaban muy poco en casa. Siempre tenían reuniones —explica Françoise— y, cuando yo era pequeña, mi madre tenía su propia vida, muchos quehaceres, cambiar el mundo y demás». Sin embargo, tanto Françoise como Michel cuentan que su madre, con los años, ejercería mucho tiempo de abuela con sus nietos: «Iba a buscar a mis hijos a la escuela, o a la guardería. Comían todas las semanas en su casa y se ocupaba mucho de ellos», cuenta Michel.

El proceso de Praga

Tras el nombramiento de Artur como viceministro de Asuntos Exteriores de Checoslovaquia, la familia London dejó Francia en 1949. Un año después, nació el tercero de los hijos, Michel. La alegría familiar, sin embargo, se disipó cuando el checo fue detenido por «traidor, trotskista y sionista» y condenado a cadena perpetua en el conocido Proceso de Praga de 1951. Supuestamente, había confesado una «conspiración contra el Estado», pero, con el tiempo, se demostró que aquellas declaraciones eran falsas[83].

Durante los cinco años que Artur permaneció encerrado, su mujer vivió momentos muy duros. Fue una época de mucha confusión para Lise, en la que, durante un tiempo, llegó a creer incluso en la culpabilidad de su marido. Sin embargo, tras muchas visitas a la cárcel, decidió confiar en la palabra de Artur y dudar de la «infalibilidad» del Partido Comunista y de la Unión Soviética.

> Nosotros éramos muy poco marxistas —decía Lise— y creíamos en nuestra fe como los primeros cristianos creían en Cristo. Nos veíamos como hormigas y el partido era una abstracción qua planeaba sobre nuestras cabezas. No nos dábamos cuenta de que nosotros también éramos el partido...[84].

Los veintiséis meses que estuvieron sin verse, desde enero de 1951 hasta abril de 1953, Artur escribió numerosas cartas a Lise, en las que, además de explicarle los detalles de su cautiverio, desmentirle las pruebas que el Gobierno tenía sobre él y que habían obtenido mediante tortura física y moral, aprovechó para profesarle su amor y recordarle el vínculo que los unía:

> Lise mía, hace ya más de dieciséis años que nos dimos nuestro primor beso. Evoco cada día este recuerdo y todo el tiempo que ha pasado después y que me ha revelado tu amor tan puro, tan fuerte[85].

Mientras el político trataba de demostrar su inocencia y luchaba por su libertad desde la cárcel, su mujer y sus hijos sufrían el repudio y la incomprensión de una sociedad que también los trataba como traidores. La propia Françoise sufrió en sus propias carnes las consecuencias del arresto de su padre: la dirección de la escuela donde estudiaba la expulsó y no pudo seguir estudiando. «Lo pasamos muy mal. Era la hija de un traidor», rememora. Sin embargo, cuando con trece años comenzó a trabajar en una fábrica de locomotoras, todo mejoró para ella. Por primera vez en mucho tiempo, la adolescente no se sentía juzgada ni señalada, sino apoyada: «Me trataron como un ser humano». A pesar de ello, en 1954, Lise decidió enviarla a París con sus abuelos maternos. Por el contrario, sus dos hijos pequeños se quedaron en Praga con su madre, mientras esta ideaba el modo de sacar a su marido de prisión.

La muerte de Stalin en marzo de 1953 y la consecuente desestalinización de la URSS supusieron una revisión parcial del Proceso de Praga, lo que benefició a Artur, que finalmente fue excarcelado y rehabilitado jurídicamente en 1956. A su salida de prisión, el checo escribió *Se levantaron antes del alba,* en honor a los brigadistas internacionales en la Guerra Civil española, y ya en 1969, el volumen de *La confesión,* donde describía «la marcha implacable de la máquina estalinista, de la tortura física y moral, de las confesiones que, una vez memorizadas, debían pronunciar en público los acusados»[86]. El libro, publicado en todo el mundo excepto en los países socialistas, fue una excusa para que las autoridades praguenses retirasen a Artur la nacionalidad checoslovaca. Un año después, el director de cine Constantin Costa-Gavras llevó a la gran pantalla bajo el mismo título las vivencias de London con el guion de Jorge Semprún y la interpretación de Yves Montand y Simone Signoret.

Regreso a París

Tras la liberación de Artur, el regreso de los London a Francia se produjo de forma escalonada. Primero, en 1963, se marchó el padre, al año siguiente, Lise y Michel y, por último, en 1967, Gérard, después de finalizar la carrera de medicina[87].

Una vez instalados en París, la familia al completo disfrutó de muchos momentos juntos: las paellas «demasiado picantes e incomibles» de Lise, que llegaron a ser motivo de guasa; las partidas diarias al guiñote —un juego de cartas aragonés que se enseña tradicionalmente de padres a hijos— o al dominó; los momentos musicales en los que la abuela Francisca entonaba una jota y Lise desafinaba, por eso «no cantaba mucho, lo hacía muy mal», se ríe Michel; o las fiestas con amigos, en las que ella se arrancaba a bailar, entre otras muchas anécdotas.

En todos aquellos encuentros y celebraciones, Artur y Lise se reían y disfrutaban de la vida, pero, sobre todo, de la libertad. Además, las continuas visitas de amigos de la deportación les permitían charlar de política y, principalmente, de España, de las Brigadas Internacionales y de los campos de concentración. Los adultos hablaban de una manera natural delante de los niños, por lo que Françoise, Gérard y Michel crecieron escuchando las experiencias de sus progenitores sin alarmarse. «Desde pequeños siempre oímos hablar de la deportación en casa y, aunque no nos lo contaban directamente a nosotros, nos resultaba un tema cotidiano. No hay que olvidar que en la familia de mi padre hubo treinta y dos personas que desaparecieron en los campos de exterminio», aclara Françoise. No obstante, aun siendo conscientes de esta tragedia, conocer de primera mano la historia de sus padres siempre les llenó de un absoluto sentimiento de horror. «Es espantoso lo que hicieron los nazis», dice una apesadumbrada Françoise, que también alaba los valores de amor, solidaridad, humanidad, respeto y tolerancia que les inculcaron sus padres pese a las circunstancias que habían sufrido.

La muerte de Artur

Con la muerte de Franco en 1975, Lise regresó incontables veces a España, a la que consideraba su segunda patria. Además de Aragón, la tierra de sus padres, la francesa visitó Valencia, Córdoba, Barcelona y, principalmente, Madrid. Siempre que solicitaban su presencia en conferencias, simposios o actos de homenaje a los brigadistas[88], Lise acudía diligente. Pero, durante los años de enfermedad de Artur y hasta su fallecimiento en noviembre de 1986, permaneció a su lado. El día que su marido murió, Lise se sintió incapaz de superar la pena y decidió apartarse de toda actividad pública.

> Se había llevado mi alma con él. [...] Mis hijos, mis nietos, mis amigos y mis camaradas trataban de sustraerme a mi pena: «Haz algo, dibuja, escribe...». Pero era necesario «dar tiempo al tiempo...». Pasó un año largo sin que fuera capaz de reponerme. «Gérard se enfadaría si te viese así», me decía[89].

El verano de 1988 supuso un punto y aparte en la vida de Lise. Durante un tiempo, se entregó de lleno a la redacción de sus memorias, que, bajo el título común de *La madeja del tiempo,* publicaría en dos volúmenes. En el primero, *Roja primavera,* narra su infancia, su historia de amor con Artur y su incorporación a las Brigadas Internacionales, su lucha contra el franquismo y su entrega a los ideales comunistas; y, en el segundo, *Memoria de la resistencia,* explica sus peripecias en la Resistencia, su lucha contra el nazismo con la consecuente detención, deportación y liberación de los campos de concentración, así como el reencuentro con sus familiares años después.

En cada uno de los libros, publicados en 1995 y 1996, respectivamente, Lise da muestras de la energía, el optimismo, la vitalidad y la fuerza que la caracterizaban y que tanto destacan de ella quienes la conocieron. No había nada que se le pusiera por delante a esta mujer de bandera, ni siquiera cuando estaba en países en los que no hablaba el idioma. Así, en un viaje a Nueva York que hizo con sus hijos, cansada de tanto turismo, decidió regresar ella sola en taxi al hotel. Los hijos, inquietos por no tener noticias de su madre durante horas, regresaron a la habitación y, para su sorpresa, se la encontraron feliz, rodeada del personal latinoamericano que le había llevado diferentes caprichos y con la televisión hispana encendida. «¡Ella estaba en el hotel como una *prima donna!*», cuenta Françoise entre carcajadas.

Por la libertad

En sus últimos años de vida, Lise se dedicó a la recuperación de la memoria sobre la República española y la Resistencia francesa, así como a participar en diversos homenajes, entre ellos, a los Brigadistas Internacionales en Madrid, en noviembre de 1996, donde acudió junto a trescientos setenta homenajeados «por su valiente defensa de la Segunda República»[90]. Asimismo, la Generalitat de Cataluña en Barcelona también le rindió tributo en los años 2007 y 2008.

En 2000, la francesa formó parte de la película documental *Extranjeros de sí mismos,* de Javier Rioyo, en la que se recogía su testimonio como antigua combatiente, y, en noviembre de ese mismo año, el ayuntamiento francés de Guyancourt —una población en la región de Isla de Francia— inauguró la Escuela Primaria Lise y Artur London, todavía abierta en la actualidad. Además, en el portal de su piso en París, se puso una placa conmemorativa en honor a su marido que dice: «Aquí vivió y murió Artur London, autor de *La confesión.* Resistente y deportado al campo de Mauthausen. Combatió por la libertad y los derechos del hombre»[91].

Para diluir sus fantasmas y extraer un mensaje positivo de toda esa tragedia, Lise, como también hicieron otras compañeras de deportación, quiso visitar los campos de concentración de Ravensbrück y Buchenwald. Recorrió las instalaciones en las que estuvo cautiva y trabajó hasta la extenuación, pero en las que también arengó a sus camaradas para que no perdiesen la fe en su capacidad de supervivencia ni en el ser humano. Pisar aquella tierra le hizo recordar todavía con más fuerza todo el sufrimiento que soportó durante el cautiverio. Sin embargo, cuando un periodista le preguntó en una ocasión si había valido la pena toda aquella lucha, Lise, con la mano en el corazón le contestó: «¡Por supuesto! Combatimos por la libertad. ¡Valió la pena!»[92].

Con motivo del 60º aniversario de la liberación del campo de concentración de Mauthausen, en 2005, Lise acudió en compañía de sus hijos y nietos a conocer el lugar donde estuvo preso su marido. Durante la visita, «se emocionó, pero con serenidad; no soltó una lágrima. Enseñó a los nietos los barracones, los hornos, los pijamas de rayas… con naturalidad, sin dramas», relata su hijo Michel. «Y como era duro, le quitaba hierro para que no se preocupasen, para no caer en la tristeza», añade Françoise. «Fue siempre una mujer muy fuerte», concluye el benjamín de los London.

«Abrid los ojos»

Pese a los achaques propios de su avanzada edad, un año antes de su fallecimiento, Lise London volvió a protagonizar otra película-documental, *El rojo de las cerezas*. Bajo la dirección de Emilio Garrido, Carlota, una estudiante de historia, y Albert, un amigo suyo cámara de cine, entrevistaron a la superviviente en su casa de París como colofón a una tesis doctoral sobre el siglo XX. La cinta es una recreación de la biografía de la francesa «a través de un material de archivo inédito, y a la vez un homenaje a las generaciones de luchadores anónimos que ofrecieron en el siglo pasado lo mejor de sus vidas por la libertad que hoy disfrutamos sus descendientes»[93].

Estas imágenes fueron las últimas en las que Lise London apareció públicamente antes de morir. Nuestra protagonista falleció el 31 de marzo de 2012, en París, y sus restos reposan desde entonces en el cementerio de Ivry. Según sus hijos, se marchó sin que le faltase nada por hacer antes de su último aliento. «Tuvo lo que quería. Vivió su vida completa y enteramente y siempre con energía para afrontarla», coinciden Françoise y Michel. Incluso en tiempos de coronavirus como los que estamos viviendo, sus hijos creen que habría tenido la paciencia suficiente para tomárselo con tranquilidad y mucho humor. Pero sin que le faltase «un pastelito o una copita de Oporto —bromea Michel—. Así se lo pasaría mucho mejor». Françoise, con una amplia sonrisa, apunta que tomarse esa copita de Oporto era algo que hacía habitualmente: «Cada tarde, hacia las cinco o las seis, decía que necesitaba una copita para poder sentirse mejor porque estaba muy cansada». De hecho, en sus últimas semanas de vida, cuando ya estaba ingresada en el hospital, los hijos no dudaron en llevarle unas botellitas de Oporto, porque sabían que así la harían feliz. «Nos falta mucho», me dicen al retrotraerse a esos momentos de despedida.

En palabras del periodista Jesús Rodríguez, Lise «era una fuerza de la naturaleza; una mujer valiente, magnética, decidida; una revolucionaria que conoció a Stalin, Tito, Pasionaria y Ho Chi Minh»[94] y que, sin dudarlo, escogió un camino difícil, el de la libertad y la resistencia, sin renunciar jamás al ideal comunista[95].

«Un resistente nace cuando sabe decir que no a algo que cree injusto y se niega a actuar contra su conciencia. Esto es la resistencia». Por eso, siempre pedía a los jóvenes que se convirtiesen en resistentes ante las injusticias de nuestra sociedad[96].

> Abrid bien los ojos, no os dejéis encerrar en las certezas, no dudéis en dudar, luchad contra la injusticia. No dejéis que la perversión mancille los ideales comunistas. Sed vosotros mismos.

Notas

[1] Entrevista con Françoise y Michel London, hijos de Lise London, el 24 de noviembre de 2020.

[2] Entrevista con Santiago Carrillo Menéndez, hijo del político y secretario del Partido Comunista de España, Santiago Carrillo, amigos de la familia London, el 23 de febrero de 2020.

[3] Entrevista con Françoise y Michel London, hijos de Lise London, el 24 de noviembre de 2020.

[4] Entrevista con Santiago Carrillo Menéndez, hijo del político y secretario del Partido Comunista de España, Santiago Carrillo, amigos de la familia London, el 23 de febrero de 2020.

[5] Lise London, *La madeja del tiempo. Roja primavera,* Ediciones del Oriente y del Mediterráneo, Guadarrama, 1996, pág. 32.

[6] Ibíd.

[7] Ibíd, pág. 53.

[8] Montserrat Llor, *Vivos en el averno nazi,* Editorial Crítica, Barcelona, 2015.

[9] «Lise y Artur London: El camino de la libertad», *Triunfo,* núm. 753 (2 de julio de 1977), págs. 36-39.

[10] Montse Armengou y Ricard Belis, *Ravensbrück, el infierno de las mujeres,* Belacqua, Barcelona, 2008.

[11] «Lise y Artur London: El camino de la libertad», ob. cit.

[12] Artur London, en su autobiografía *La confesión. En el engranaje del Proceso de Praga*, Ikusager Ediciones, Vitoria, 2000, describía así a su mujer y camarada.

[13] Julián Casanova, *República y Guerra Civil,* vol. 8 de *Historia de España,* Crítica/Marcial Pons, Barcelona, 2007.

[14] «Lise y Artur London: El camino de la libertad», ob. cit.

[15] Ibíd.

[16] Portal de Archivos Españoles.

[17] *Roja primavera,* ob. cit., pág. 412.

[18] Amical de Mauthausen.

[19] Lise London, *La madeja del tiempo. Memoria de la resistencia,* Ediciones del Oriente y del Mediterráneo, Guadarrama, 1995, pág. 17.

[20] Entrevista con Santiago Carrillo Menéndez, hijo del político y secretario del Partido Comunista de España, Santiago Carrillo, amigos de la familia London, 23 de febrero de 2021.

[21] Santiago Carrillo escribió «Lise London, una heroína de la lucha antifascista», *El País,* 4 de abril de 2012.

[22] Montse Armengou y Ricard Belis, *Ravensbrück, l'Infern de les dones,* Angle Editorial, Barcelona, 2007, pág. 128.

[23] *Memoria de la resistencia,* ob. cit., págs. 129-132.

[24] *Ravensbrück, l'Infern de les dones,* ob. cit., págs. 124-125.

[25] Entrevista con Françoise y Michel London, hijos de Lise London, el 24 de noviembre de 2020.

[26] *Memoria de la resistencia,* ob. cit., pág. 219.

[27] *Ravensbrück, el infierno de las mujeres,* ob. cit.

[28] *Memoria de la resistencia,* ob. cit., págs. 221-222.

[29] Ibíd.

[30] «Lise y Arthur London: El camino de la libertad», ob. cit.

[31] Montserrat Llor, ob. cit.

[32] *Ravensbrück, el infierno de las mujeres,* ob. cit.

[33] Entrevista con Françoise y Michel London, hijos de Lise London, el 24 de noviembre de 2020.

[34] *Ravensbrück, l'Infern de les dones,* ob. cit., pág. 132.

[35] *Memoria de la resistencia,* ob. cit., pág. 399.

[36] *Ravensbrück, l'Infern de les dones,* ob. cit., pág.132.

[37] *Memoria de la resistencia,* ob. cit., págs. 405-428.

[38] Ibíd.

[39] Ibíd.

[40] *Ravensbrück, l'Infern de les dones,* ob. cit., pág. 133.

[41] *Memoria de la resistencia,* ob. cit., págs. 428-434.

[42] Ibíd.

[43] Ibíd.

[44] Ibíd.

[45] Ibíd.

[46] *Ravensbrück, l'Infern de les dones,* ob. cit., pág. 134.

[47] *Memoria de la resistencia,* ob. cit., págs. 437-443.

[48] Ibíd.

[49] Ibíd.

[50] The Jewish Virtual Library.

[51] *Memoria de la resistencia,* ob. cit., págs. 456-457.

[52] Ibíd.

[53] *Ravensbrück, el infierno de las mujeres,* ob. cit.

[54] Amical de Mauthausen.

[55] Montserrat Llor, ob. cit.

[56] *Memoria de la resistencia,* ob. cit., pág. 463.

[57] *Ravensbrück, l'Infern de les dones,* ob. cit., págs. 137-138.

[58] Ibíd.

[59] Montserrat Llor, ob. cit.

[60] *Memoria de la resistencia,* ob. cit., pág. 467.

[61] Montserrat Llor, ob. cit.

[62] *Ravensbrück, l'Infern de les dones,* ob. cit., pág. 138.

[63] Montserrat Llor, ob. cit.

[64] *Memoria de la resistencia,* ob. cit., pág. 497.

[65] Montserrat Llor, ob. cit.

[66] *Memoria de la resistencia,* ob. cit., pág. 483.

[67] *Ravensbrück, l'Infern de les dones,* ob. cit., pág. 139.

[68] *Memoria de la resistencia,* ob. cit., pág. 464.

[69] *Ravensbrück, l'Infern de les dones,* ob. cit., págs. 140-148.

[70] Ibíd.

[71] Ibíd.

[72] Ibíd.

[73] Ibíd.

[74] Ibíd.

[75] Ibíd.

[76] Ibíd.

[77] *Memoria de la resistencia,* ob. cit., pág. 553.

[78] *Ravensbrück, l'Infern de les dones*, ob. cit., págs. 145-146.

[79] Ibíd.

[80] Ibíd.

[81] Montserrat Llor, ob. cit.

[82] Ibíd.

[83] «Arthur London, el autor de *L'aveu,* murió a los 71 años en el exilio de París», *La Vanguardia,* 9 de noviembre de 1986.

[84] «Lise y Arthur London: El camino de la libertad», ob. cit.

[85] Artur London, ob. cit.

[86] «Arthur London, el autor de *L'aveu,* murió a los 71 años en el exilio de París», ob. cit.

[87] Datos aportados durante la entrevista con Françoise y Michel London, hijos de Lise London, el 24 de noviembre de 2020.

[88] Amical de Ravensbrück.

[89] *Roja primavera,* ob. cit., pág. 9.

[90] «La España democrática rinde homenaje a los supervivientes de las Brigadas Internacionales», *La Vanguardia,* 5 de noviembre de 1996.

[91] Montserrat Llor, ob. cit.

[92] «Lise London. La última brigadista», *El País,* 12 de diciembre de 2011.

[93] Información extraída de la web de la película *El rojo de las cerezas*.

[94] «Lise London. La última brigadista», ob. cit.

[95] «Lise y Arthur London: El camino de la libertad», ob. cit.

[96] *Ravensbrück, l'Infern de les dones,* ob. cit., pág. 146.

CONSTANZA MARTÍNEZ PRIETO

«Cuando pienso en ella»

La odisea por la carretera no es para describirla ¡y pobre de la que caía rendida por el cansancio! Era abatida como si se tratase de un perro malherido.

CONSTANZA MARTÍNEZ PRIETO

Aunque llevaba más de treinta años fuera de España, Constanza siempre retuvo en la memoria algunas recetas de la cocina española. «No era una gran cocinera», explica su hija Délia[1], pero hacía una tortilla de patatas deliciosa y disfrutar de este tradicional plato español a final de mes era «un ritual» en la familia Escuer-Martínez. Comer tortilla era sinónimo de que no había nada en la nevera, pero a ninguno le importaba. «Me encantaba», recuerda Délia con nostalgia.

Constanza llegó a Francia en febrero de 1939, después de haber huido de España debido a los bombardeos que asolaban gran parte del territorio nacional en plena Guerra Civil. Atrás dejaba el bullicioso barrio madrileño de Lavapiés, donde había nacido el 17 de enero de 1917, y una infancia difícil después de haber perdido a su padre cuando tan solo era un bebé de diecisiete meses. Tras quedarse huérfana, vivió prácticamente con su abuela, pues su madre se pasaba largas horas limpiando casas y no tenía apenas tiempo para criarla.

Una infancia traumática

La vida de Constanza cambió radicalmente cuando su madre se enamoró y casó de nuevo con un hombre celoso del amor de su esposa hacia su hija. El padrastro le hizo la vida imposible a Constanza: «No la quería»[2]. Y lo demostraba, entre otras formas, colocándole clavos a cada lado de su plato para que no pusiera los codos encima de la mesa. El trato duro y estricto del marido de su madre causó mucho sufrimiento a la niña, quien, además, notaba que no tenía apoyo alguno de su propia madre, que «no decía nada para no perjudicar su relación de pareja». Por el contrario, su abuela jamás se despegó de su lado y se convirtió en su flotador durante los peores momentos.

La situación empeoró cuando la madre de Constanza murió de cáncer. Rota de dolor y en plena adolescencia, la joven tuvo que lidiar con el cambio hormonal propio de su edad, el duelo, la soledad emocional y el maltrato psicológico por parte de aquel desconocido que nunca la quiso cerca.

El hombre la trataba como a una criada y le pagaba siete duros[3] a la semana por hacer las tareas del hogar. Aquella especie de salario permitía que abuela y nieta comiesen a diario y llevasen una vida básica y sin grandes lujos. Por suerte, recibieron ayuda de María, hermana de la abuela de Constanza, que se convertiría en la tabla de salvación de la joven gracias a su apoyo monetario y afectivo, sobre todo tras el fallecimiento de su abuela un tiempo después. María se ocupó de Constanza y le pagó unos cursos de mecanografía, taquigrafía y francés en Madrid, a cambio de que su sobrina nieta la ayudase con las tareas domésticas[4].

Ligada a la política

A sus diecisiete años, Constanza se había forjado una personalidad cerrada. El sufrimiento vivido durante la infancia —que arrastraría hasta el final de sus días— la había hecho ser dura, pero también poco dada a las muestras de afecto, de ahí que, aun siendo «una madre muy amante», no fuese «muy cariñosa», explica su hija Délia.

Sin embargo, aquel carácter fuerte le sirvió para luchar con firmeza y convicción por sus ideas comunistas. Siendo muy joven, se afilió a las Juventudes Socialistas Unificadas (JSU), organización de la que fue un miembro muy activo, y trabajó en la redacción de un periódico destinado a los combatientes[5]. Pero en diciembre de 1936, el Gobierno aconsejó que todas aquellas personas que no trabajasen en la retaguardia ni en el frente abandonasen Madrid, razón por la cual Constanza se vio obligada, con gran frustración, a dejar su ciudad natal.

Su primer destino fue la población de Sentmenat, en la provincia de Barcelona, donde se instaló en Can Baigual, una casa de campo abandonada por sus propietarios al estallar la contienda. Durante el primer año, Constanza trabajó cuidando al hijo enfermo de una familia, que la acogió como a un miembro más, pero su destino seguiría ligado a la política.

Por mediación de un antiguo compañero de Madrid, Ramos Flores, en 1938 comenzó a trabajar como mecanógrafa en la Comisión Política Militar del Comité Central del Partido Socialista Unificado de Cataluña (PSUC) y en el Ministerio de Defensa, y en enero de 1939 se marchó a Figueras, donde colaboró en el Castillo de San Fernando[6]. Por entonces, Barcelona ya se había convertido en la primera ciudad europea situada en la retaguardia víctima de bombardeos indiscriminados que afectaban gravemente a la población civil[7]. Con un balance de tres mil víctimas mortales, mil ochocientos edificios dañados y más de un millón de toneladas de bombas lanzadas, el último ataque se produjo el 24 de enero de 1939 en el puerto de la Ciudad Condal[8].

De Figueras a Argelès

Aunque Barcelona se llevó la peor parte durante la ofensiva de Cataluña en la Guerra Civil española, Figueras fue la localidad catalana más castigada en cuanto al número de damnificados. En esta población de catorce mil habitantes, padecieron dieciocho bombardeos, con el resultado de cerca de cuatrocientos muertos y más de un millar de heridos, un balance muy superior al de otras ciudades con una mayor cantidad de residentes y un número similar de ataques. Por este motivo se considera a Figueras como la «Gernika catalana»[9]. Las escenas que se vivieron durante aquellos días, principalmente el 3 de febrero de 1939, fueron dantescas.

> Todos quedaron enterrados, yo también quedé algo enterrada, pero gracias a unos militares pude salir de los escombros con una niña en brazos que solo contaba un año de edad y estaba muerta a causa de aquel bombardeo[10].

Ochenta personas murieron, entre ellas veinticinco niños, y el aspecto de Figueras era desolador: «Las calles llenas de ruinas y cascotes, muchas casas derruidas. Algunas casas iban ardiendo…»[11]. Pese al balance mencionado, las cifras de víctimas mortales y de los heridos siguen siendo inexactas en la actualidad: hasta 1943 no se dejaron de sacar cadáveres de debajo de los escombros de los edificios[12].

Cuanto más duras eran las acometidas, más ciudadanos se arriesgaban a cruzar la frontera con Francia. Entre ellos también estuvieron el presidente de la República, Manuel Azaña, el presidente de la Generalitat, Lluís Companys, el lehendakari de Euskadi, José Antonio Aguirre, así como los sesenta y dos diputados de las Cortes republicanas, que cuatro días antes habían celebrado la última sesión en el castillo del Alt Empordà. Se calcula que alrededor de quinientos mil republicanos huyeron al país vecino[13] en un éxodo conocido popularmente como «Retirada»[14] y del que Constanza formó parte.

Aquella llegada masiva de refugiados a los Pirineos Orientales, que querían dejar atrás la Guerra Civil española, obligó al Gobierno francés —ante la presión de la opinión pública internacional— a abrir los pasos fronterizos de La Junquera y Portbou por razones humanitarias. Sin embargo, lo que empezó siendo una decisión política solidaria para ayudar a los exiliados se tornaría en la privación de libertad. Tras reubicar a algunos refugiados en diferentes zonas de Francia, la mayoría de los republicanos exiliados españoles, combatientes y civiles, acabaron en campos de concentración construidos en el Rosellón francés. Uno de los más relevantes, el de Argelès-sur-Mer, fue construido en la misma playa de este pequeño pueblo agrícola a treinta y cinco kilómetros de la frontera, cercado por un alambre de espino, sin barracas ni electricidad, y custodiado por la Gendarmería francesa y las tropas coloniales de Marruecos y Senegal. La precaria situación en la que vivían los refugiados, sin letrinas, cocina o enfermería, originó una ola de disentería que colapsó los servicios sanitarios de la región. Todo era un verdadero fiasco y la solución del Gobierno francés no fue otra que levantar otros campos, como el de Saint-Cyprien o el de Barcarès[15].

Pese a que la estancia en Argelès fue breve, Constanza pudo sentir aquel «infierno sobre la arena» que describió el fotógrafo Robert Capa y que fue la antesala de lo que le esperaría años después en el campo de concentración nazi de Ravensbrück. «Los hombres allí sobreviven bajo tiendas de fortuna y chozas de paja que ofrecen una miserable protección contra la arena y el viento. Para coronar todo ello, no hay agua potable, sino el agua salobre extraída de agujeros cavados en la arena», decía el legendario retratista. A pesar del horror de este mal llamado «campo de refugiados», los republicanos actuaron unidos y solidarios, respondiendo a los malos tratos y a las pésimas condiciones de vida[16]. Aquella camaradería siempre encontraba un mismo gesto en todos ellos: el puño en alto.

Poco antes de la «caída de Francia»[17] ante la invasión nazi, el Gobierno francés envió a Constanza y a otras republicanas a una colonia de vacaciones para niños en Caen, capital de Normandía, para cuidar y educar a estos menores. Sin embargo, ante la previsible derrota de las tropas francesas frente a las hitlerianas, las autoridades galas presionaron a los republicanos para que regresaran a España. Si bien es cierto que muchos de ellos terminaron volviendo, la madrileña siempre se negó y continuó su periplo por tierras francesas.

De enlace

Tras un tiempo en Caen, Constanza recibió la orden de regresar al campo de concentración de Argelès y, poco después, fue trasladada a Sées. En cuanto pudo, puso rumbo a Nantes, donde pasó a formar parte de la Resistencia. Además, en junio de 1941 fue contratada por una empresa alemana para hacer trabajos de dactilografía*, lo que le permitió actuar como enlace de la estructura clandestina del Partido Comunista español entre Nantes, Saint Nazaire y Blain[18].

«Ese trabajo de enlace era de mucha responsabilidad, pero de poco relieve; quiero decir con esto que no puedo relatar

---

* Según aclara su hija Délia, esta parte de Francia estaba ocupada por los alemanes y los ciudadanos estaban obligados a trabajar para ellos.

"hecho de armas"», narró la propia Constanza[19]. De hecho, nunca conoció las acciones concretas realizadas por otras mujeres españolas, «puesto que solo trabajaba con hombres y, como se puede suponer, yo solamente conocía a los camaradas con los que conectaba». El único caso del que estuvo al corriente fue el de María Benítez Lúquez, una camarada «excepcional» con «unas aptitudes también excepcionales», quien, «junto con su marido y otros resistentes, tomó parte en el asalto a la prisión de Amiens».

Un año después de su llegada a la Resistencia, Constanza fue detenida en una redada.

> Caímos más de 150 españoles de París, Sant Nazaire, Nantes, Rennes, La Rochelle y Burdeos. Ocho éramos mujeres. De estas mujeres, cinco fuimos condenadas a dieciocho meses de prisión[20] y tres se beneficiaron de un *non lieu*[21].

El 27 de junio de 1942, durante su estancia en la comisaría central de la rue Garde Dieu, en Nantes, poco antes de ser interrogada por la comisaria Fourcade, coincidió y conoció al que, tras la Segunda Guerra Mundial, sería su marido, Joan Escuer Gomis[22].

El flechazo

Joan fue quien primero se fijó en Constanza. «Los habían puesto a todos en una especie de sala y mi padre dijo: "¿Cómo es posible que haya una mujer aquí?". Entonces, se miraron y *voilà»,* me cuenta entre risas la hija de ambos. «Entonces, mi madre se quedó mirándolo también y empezaron así... No sé si fue un flechazo, pero lo cierto es que estuvieron juntos toda la vida»[23]. La relación comenzaría realmente después de que

Joan entregase a Constanza un papel con una declaración de amor «en toda regla»[24] poco antes de ser juzgados ante la sección especial del Tribunal de Apelación de París y Constanza le respondiese con un «sí» al día siguiente durante el juicio. En aquella vista judicial, ambos fueron condenados a otros dieciocho meses de cárcel, a pesar de que ya llevaban año y medio en prisión, y fueron trasladados a Les Tourelles[25]. Aquel antiguo cuartel parisino se convirtió en el lugar de sus primeros encuentros íntimos. Cinco meses después, en mayo de 1944, ya en manos de los nazis, los enviaron a prisiones distintas (él a Fresnes y ella a Neue Bremm, en Saarbrücken[26]) y, por último, a los campos de concentración de Dachau y de Ravensbrück, respectivamente. En ese momento «pensaron que nunca volverían a verse»[27].

En otro mundo

El 14 de junio de 1944, Constanza y decenas de mujeres fueron conducidas en tren al campo de Neue Bremm, donde los SS dejaron de lado sus buenos modales. Todo eran gritos[28]. Allí permanecieron hasta su traslado a Ravensbrück el 19 de junio.

> En los cinco días que duró el viaje, solo nos dieron un poco de pan y una tinaja para hacer nuestras necesidades. [...] Como único contacto con el exterior, un ventanuco protegido por alambradas. [...] Íbamos cincuenta y tres mujeres encerradas en un vagón de transporte de caballos. No sucumbimos de milagro[29].

Hasta su liberación el 30 de abril de 1945 por el Ejército soviético, Ravensbrück contó con 132.000 prisioneras procedentes de cuarenta países, entre las que hubo cuatrocientas españolas marcadas con un triángulo invertido de color rojo: el símbolo que debían lucir las presas políticas de acuerdo con el sistema de identificación en los campos de concentración nazis.

Al entrar en el «Puente de los Cuervos», Constanza se sintió como «en otro mundo, quizá porque era de noche, todo estaba oscuro y lloviznaba»[30]. Jamás olvidó aquella primera impresión del 23 de junio de 1944.

> Lo primero que hicieron los nazis fue dejarnos plantados en la llamada zona de recuento —donde cada mañana y cada tarde contaban las prisioneras— y, a pesar de que era el mes de junio, hacía frío en esta zona de Alemania. Por suerte, yo llevaba un abrigo y pude soportar las tres o cuatro horas que nos hicieron estar de pie sin ningún motivo aparente. Finalmente nos hicieron ir a las duchas, pero nosotros no sabíamos si eran de verdad u ocultaban la muerte. Allí pasamos el resto de la noche, durmiendo en las tarimas de las duchas. Al día siguiente pasamos lo que los nazis llamaban reconocimientos médicos.

Durante este examen, las presas tenían que desnudarse completamente frente a un doctor que «te miraba la boca para ver si tenías dientes de oro», puesto que los nazis querían «sacárselos antes» de llevar a las elegidas al crematorio[31].

Tras este primer mal trago, llegó la entrega del famoso pijama de rayas, un momento que se tornó en divertido gracias a una de sus compañeras, Mercedes Núñez Targa[32].

> A mí me toca un espantoso vestido de rayas blancas y azules, como un colchón, viejo, sucio, descolorido y que por la dimensión parece hecho para la gigante de Barcelona. Me llega a los pies. Constanza sale también vestida por el estilo. ¡Y venga a reír!
>
> —Constanza pareces un colillero.
>
> —Y tú un trapero, hija de mi alma…

Aquella amistad, forjada entre el horror y la miseria, continuaría tras la guerra. Mercè veía en Constanza a una «madrileña auténtica. Una chica muy seria y consciente, en quien se puede tener total confianza».

Con el número de matrícula 43224 en su brazo, Constanza buscó un refugio mental para combatir los fantasmas de su encierro: hablar día y noche de su amado Joan «con emoción de enamorada primeriza», recordaría Mercedes, también conocida como Paquita Colomer. Incluso confesó que lo llamaba «cariñosamente "mi Cepillo", haciendo alusión a los cabellos del Romeo, víctimas de la tonsura».

Saboteando obuses

En el mes de julio, Constanza y un convoy de mujeres fueron transferidas a Schönefeld, en Leipzig, con el número 4067, donde trabajaron en la producción de guerra para la fábrica de la empresa HASAG.

> Mi vida en este campo de concentración es idéntica a la de tantos miles de mujeres que pasaron por ellos: doce horas de trabajo diarias, poquísima y pésima comida, ninguna higiene, asistencia médica inexistente, malos tratos, interminables esperas dos veces al día so pretexto de pasar lista, bajo un sol de plomo o con los pies en la nieve, y al menor gesto de rebeldía o deficiencia física, la inclusión en los convoyes que se hacían periódicamente con destino a Ravensbrück, de donde dependía Leipzig, la cámara de gas y el horno crematorio[33].

Su trabajo consistía en «controlar la rosca donde iba el fulminante en las fundas para obuses de la DCA*». Sin embargo,

* La artillería antiaérea (abreviada como AAA; o antiguamente DCA: Defensa Contra Aeronaves) es un tipo de artillería, formada por cañones y

Constanza se dedicó a sabotear el sistema aun a sabiendas de que podrían pillarla. En una de las inspecciones se dieron cuenta de que su carro estaba lleno de fundas defectuosas.

> Vino la oficial SS dando grandes gritos y haciendo gestos de amenaza, pero el alemán que llevaba mi máquina y al que llamábamos «el Mechita» gritaba más que ella. Yo no comprendo nada el alemán y no sé lo que dirían; lo único que sé es que este obrero alemán, padre de familia y que tenía tanta hambre como yo, me defendió como si se hubiera tratado de su hija y que no me pasó nada. Yo ya me veía por lo menos con el pelo rapado y en el calabozo por quince días, amén de un gran palizón, pero ni siquiera me llevé un bofetón. A este honrado obrero se lo debo[34].

Las gafas

Entre los distintos sabotajes que realizaron Constanza y sus compañeras, uno de ellos provocó grandes defectos en la cadena de producción de piezas y, tras analizar los hechos, los nazis llegaron a la conclusión de que la culpable solo podía ser una mujer con falta de vista. Normalmente, llegar con gafas al campo de concentración era sinónimo de muerte, pues lo consideraban un defecto físico que incapacitaba a las mujeres para trabajar. Por ello, los guardianes cosían las iniciales NN *(Nacht und Nebel,* Noche y Niebla) a la ropa de las presas con lentes y las gaseaban días después[35].

Constanza, miope desde la infancia, usaba anteojos de cristales gruesos, pero, al contrario de lo que podríamos pensar, le debía «la vida a un par de gafas».

---

cañones automáticos (cañón antiaéreo) o ametralladoras, usada como defensa antiaérea contra los ataques de la aviación.

Al día siguiente de mi llegada a Leipzig, una de las varillas de estas se rompió. La oficiala SS dijo que ella me las haría arreglar, pero lo cierto fue que no las volví a recuperar. Inútil decir que los primeros días lo pasé fatal, pero algún tiempo después me alegré profundamente, ya que en uno de los *Appells,* el comandante del campo hizo salir de las filas a todas las mujeres que llevaban gafas y a todas se las llevaron a Ravensbrück. Parece ser que se había descubierto un sabotaje y que lo achacaron a falta de visión, y a todas las que llevaban gafas las dieron por inútiles. Insigne aberración, una más, de los métodos fascistas. Yo, que no las llevaba, hacía mi trabajo «a bulto»; primero porque lo hacía forzada, y, segundo, porque, como se suele decir, no veía «tres encima de un burro»[36].

Constanza se salvó, como tantas otras, por suerte. O, como dice su hija Délia, porque «no era su hora». O, quizá, por esa valentía que estilaba cuando, a tientas, trataba de que nadie notase sus dificultades visuales. Ella sabía que su miopía podía costarle el transporte (la cámara de gas), pero tenía una «inimitable gracia madrileña» que hacía reír a carcajadas al resto de sus compañeras.

—Mírame también la mía —me dice cuando yo voy diariamente a matar los piojos de mi camisa—, que para ver yo los piojos, como no vayan en tranvía...[37].

Confusión idiomática

A pesar de que la convivencia entre prisioneras era buena, inevitablemente surgían los roces. Al fin y al cabo, eran mujeres muy diferentes y de distintas nacionalidades (polacas, rusas, francesas, belgas...) que pasaban juntas las veinticuatro horas del día en «condiciones infrahumanas, de hambre, de falta de espacio, de imposibilidad de dormir, luchando, además, con el obstáculo insuperable del idioma, que nos impide explicarnos claramente». Nunca llegó «la sangre al río», según contó Mercedes[38], porque los SS ya se encargaban de recordarles «en todo momento que el enemigo es el nazismo». Aun así, hubo un día en que Mercedes y Constanza casi se meten en un buen lío por culpa de una confusión idiomática. Todo ocurrió cuando la madrileña le pidió en un perfecto francés a una belga que «vivía en el piso de encima del suyo» que hiciera «el favor de no agitar demasiado el jergón» porque toda la suciedad terminaba encima de ella. Constanza creía que todas las belgas hablaban francés, pero la mujer tenía como lengua materna el flamenco.

> —Constanza —intervengo—, es inútil que le hables en francés. No te entiende. Es una flamenca.
>
> Madre mía, ¡qué le había dicho! La flamenca, los ojos encendidos, gritando, intenta subir a mi «piso», o sea, al cuarto. Y está bastante claro que está dispuesta a pegarme con todas sus fuerzas. Ya Constanza se dispone a defenderme y María, que contempla la escena de lejos, corre hacia nosotras, con aire belicoso.
>
> Por suerte, viene otra belga, que habla francés y flamenco. Y se dirige a mí:
>
> —¿Por qué ha insultado a esta mujer?
>
> —¿Quién, yo?
>
> —Usted. La ha tratado de *flamenker.* Es un insulto grave.
>
> Las tres españolas nos ponemos a reír y le explicamos que en español «flamenca» es la traducción exacta de *vlamish.*
>
> Todas reímos y el incidente termina aquí. Cada vez que me encuentro con la flamenca en cuestión las dos sonreímos y nos hacemos un gesto de complicidad. ¡Y pensar que un poco más y nos tiramos de los pelos!

Leipzig y el final

El buen humor ayudaba a combatir el frío y la humedad o las enfermedades, como la disentería, el tifus o la sarna, pero la realidad infernal de Leipzig también incluía un hambre atroz que hacía crujir los estómagos de las deportadas hasta hacerlas perecer. Al principio, los nazis repartían una «bola de pan» para cuatro presas, pero después este trozo debía racionarse entre ocho, así que solo podían comer una vez al día. La única forma de «entretener el hambre» y de tener algo en el estómago era ingerir trocitos de poco en poco[39].

La dieta era todo un despropósito en cuanto a aportaciones calóricas se refiere: para el desayuno, las internas tomaban una especie de café, que no era sino una infusión oscura e insípida; a mediodía, un litro de caldo elaborado con hojas secas de col, piel de patata o nabo, y un trozo de pan. Además, una vez por semana, le añadían al pan un poco de mantequilla y una loncha de salami o sucedáneo, algo que a Constanza le daba «mucho asco» cuando le tocaba comerlo[40].

El maltrato físico fue otro de los problemas que agravó la situación de las prisioneras en el campo de concentración. La mayoría fueron golpeadas, menospreciadas y, muchas de ellas, objeto de terribles y dolorosos experimentos médicos. Constanza «seguramente recibió latigazos, pero no lo contaba», recuerda apenada Délia Escuer. Su madre obviaba esos macabros detalles para no hacerla sufrir y, en su lugar, le narraba anécdotas positivas como que, gracias a que a ella y a algunas amigas se les había retirado el período, pudieron sobrevivir. «Todas las que continuaron teniendo la regla se murieron».

La enfermedad y el óbito estaban a la orden del día, pero en los once meses que Constanza permaneció en Leipzig nunca vio morir a ninguna compañera.

> Porque cuando ya estaban para morirse se las llevaban. En Leipzig no había cámara de gas, así que cuando las mujeres estaban muy debilitadas pasaban lista dos veces al día, las llamaban por su número y hacían un convoy. Decían que las llevaban a trabajar a una granja para que se repusieran y que luego volverían. Y a estas personas no las volvíamos a ver más, se las llevaban al campo de Ravensbrück, que sí había cámaras, y las gaseaban[41].

A principios de abril de 1945, el final de la guerra estaba cerca: el bando aliado ganaba posiciones y se replegaba con rapidez por todo el territorio alemán. Ante la inminente llegada de las tropas norteamericanas a Leipzig-Schönefeld, los nazis se sentían cada vez más arrinconados, por lo que tomaron una decisión: evacuar el campo y organizar una «marcha de la muerte» en dirección a Dresde. Era 14 de abril, una fecha que se grabó a fuego en la memoria de Constanza.

> Paquita, que se encontraba en la enfermería, había confeccionado no sé cómo unas banderitas republicanas para las ocho españolas del campo y luciéndolas nos pusimos en camino hacia Dresde. La odisea por la carretera no es para describirla, ¡y pobre de la que caía rendida por el cansancio! Era abatida como si se tratase de un perro malherido.
>
> En un momento dado nos apercibimos de que nuestros guardianes habían desaparecido. Continuamos algún tiempo en fila, por si se trataba de una maniobra para tener pretexto (aunque no les hacía falta) para ametrallarnos a todas, pero al cerciorarnos de que no teníamos vigilancia alguna, en pequeños grupos, nos fuimos separando y aquello fue el «sálvese quien pueda» final[42].

Habían pasado casi dos años desde su detención como miembro de la Resistencia y Constanza por fin era libre. No obstante, dado que seguía existiendo el peligro de que los nazis regresaran, la madrileña, otras tres españolas y una francesa conformaron un grupo para buscar ayuda. Unos prisioneros de guerra (un checo, un yugoslavo y un italiano) las recogieron y las escondieron en una granja, donde permanecieron hasta la aparición del Ejército soviético el 22 de abril.

> Nos concentraron en un gran campo y posteriormente nos llevaron a Torgau, y unos días después las tropas americanas nos repatriaron a Francia, donde éramos acogidas en el Hotel Lutetia[43].

«¿Quién soy?»

Allí, entre una multitud de hombres y mujeres, la buscaba su novio Joan Escuer, que un año antes había sido deportado al campo de Dachau. El joven, que había sobrevivido pese a la rutina vejatoria diaria (jornadas inagotables de trabajo, hambre y torturas), había conseguido llegar antes a París gracias a un alarde de astucia y picardía: se coló de incógnito en un camión tras la negativa de los norteamericanos a recoger a presos españoles republicanos el día de su liberación[44].

Durante los siguientes quince días, Escuer fue preguntando a todos los recién llegados si conocían a una mujer con gafas gruesas llamada Constanza Martínez. «Le respondían que no había llegado nadie con gafas», relató la propia Constanza. «Ciertamente, yo no las llevaba, porque nunca me devolvieron las que entregué en el campo para que me las arreglasen»[45].

Un día, Mercedes Núñez acababa de salir de un interrogatorio cuando un joven se le acercó emocionado. Se había fijado en el triángulo rojo que prendía de su ropa con la «S» de *Spanisches* y no dudó en preguntarle si conocía a su novia[46].

—Tú eres Joan, su «Cepillo», ¿no? —le respondo en catalán.

Completamente aturdido, el chico hace un gesto afirmativo. Le digo que Constanza ha sido muy probablemente liberada por el Ejército Rojo, como casi todas las evacuadas el 13 de abril.

—¿Y cómo sabías que era yo? ¿Es que alguna vez te habló de mí?

Por su emoción una se da cuenta de lo enamorado que está.

—¿Alguna vez? ¡Esa sí que es buena! Día y noche nos hablaba de ti.

Una sonrisa de inmensa felicidad iluminó la cara morena de «Cepillo» al ver a Constanza charlando animadamente con una amiga en el comedor del hotel. Sin que se diera cuenta, se acercó por detrás y le tapó los ojos. «Adiviné que era él», contó la superviviente años después en una entrevista[47]. «Es algo que no he podido olvidar», explicaba Constanza con ternura. Al día siguiente, y antes de comenzar su nueva vida en común, la pareja visitó a Mercedes en el Hospital Bichat de París.

Las secuelas

Pero aquella alegría pronto quedaría empañada por la tristeza al enterarse de que muchos de sus camaradas habían muerto en los campos de concentración y que, al contrario que ellos, no habían tenido la dicha de sobrevivir[48].

Tras su reencuentro en París, Constanza y Joan se establecieron provisionalmente en el barrio de Saint-Ouen, a las afueras de la ciudad, hasta que unos días después se marcharon a Sés con la tía María[49]. Allí tuvieron que aprender a vivir de nuevo, a familiarizarse con su nueva realidad, lejos de la barbarie, el hambre y la enfermedad, pero siempre con el apoyo mutuo, que hacía más llevaderas las dificultades.

La sólida pareja se casó enseguida, buscó trabajo —Joan en una cantera y Constanza en una tienda de café torrefacto— y recibieron, en calidad de exdeportados, una cartilla de doble racionamiento. Después de dos años, regresaron a París y tuvieron dos hijos: Juan, en 1949, y Délia, en 1951. Cabe destacar que la infertilidad fue una consecuencia muy común entre las supervivientes de los campos de concentración y Constanza, para poder ser madre, tuvo que pasar por el quirófano: la retirada de la menstruación en Ravensbrück le había ocasionado un problema en las trompas de Falopio que le impedía quedarse embarazada. Tras aquella intervención, logró quedarse encinta de su primogénito[50], librándose, al fin, de los fantasmas del campo.

Constanza, como tantas otras mujeres sobrevivientes al averno nazi, tuvo diversas secuelas físicas a consecuencia de su cautividad, tales como el deterioro de su columna vertebral, que desembocó en una artrosis degenerativa, y tres infartos, además de una angina de pecho. Lógicamente, también tuvo problemas psicológicos, agravados quizá por el silencio que guardó durante años. «No le gustaba hablar de esto», reconoce su hija Délia. Aun así, jamás ocultó a sus hijos su pasado como resistente ni su paso por los campos de concentración.

En la clandestinidad

Desde muy pequeños, los hijos conocían la historia de sus padres y sabían por qué los habían capturado. Además, como miembros del Partido Comunista español en Francia —ilegal en aquel momento—, las conversaciones muy frecuentemente giraban en torno a la política y a lo acaecido durante la Segunda Guerra Mundial. Pronto el hogar de los Escuer-Martínez se convirtió en el punto de encuentro clandestino de los comunistas españoles exiliados en París, algo que no gustaba nada a la pequeña Délia. «Me molestaba que las reuniones se hicieran en casa. Al ser un piso pequeño, se metían en mi habitación», rememora entre risas. Aquella niña, de apenas diez años, solo quería estar tranquila en su dormitorio y que sus padres dejasen de hablar de política —cuenta que lo primero que Joan hacía al regresar del trabajo era ver las noticias y leer los periódicos— y sacasen otros temas de conversación. «Estaba hasta el moño de la política», se ríe. A esto se añadía el «incordio» de que todo debía ser secreto: a Délia le enfadaba no poder contarle nada a sus amigos, ni siquiera a qué se dedicaba su madre. Por entonces, Constanza escribía a máquina los panfletos comunistas que después se enviaban a España, y, para no despertar sospechas, decían que trabajaba como secretaria y mecanógrafa a domicilio. Aquella excusa le sirvió de tapadera hasta su vuelta a España.

Una vida normal

A pesar de que la política ocupaba una gran parte de su vida, la rutina de los Escuer-Martínez, en realidad, era totalmente normal. Los niños se levantaban para ir a la escuela, comían en casa con Constanza y, cuando regresaban por la tarde, en torno a las cuatro o cuatro y media, merendaban un tazón de chocolate con pan y mantequilla. Era una costumbre divertida, excepto por los deberes escolares, con los que era estricta y sacaba «su genio»[51].

> Yo era fatal en matemáticas, y me decía: «Ponte aquí a mi lado», porque ella quería hacerme progresar. Y me decía: «¿Qué operación tienes que hacer?». Y yo: «Una multiplicación». Pero no lo entendía y me decía: «Vete a la habitación, reflexiona y vuelves a venir». Así me tenía dos horas. Esto me

pesaba mucho, para mí era muy duro. Ahora me río de ello, pero entonces no. Durante el desayuno soltaba de repente: «¿7x8?». Y nosotros teníamos que responder. Así era mi madre, muy seria con nosotros, muy severa. No podíamos hacer lo que nos diera la gana. Se ocupaba muy bien de nosotros, pero al mismo tiempo era bastante... no autoritaria, pero había que obedecerla.

Ese recuerdo infantil dejó huella en Délia, que ahora suelta una carcajada al pensar en aquellos enfados «tontos» con su madre por las imposiciones de esta. Cuenta que también se molestaba cuando Constanza ponía música que no le interesaba demasiado —operetas, zarzuelas o música clásica—, pero que con los años supo apreciar. «De pequeña no me gustaba nada, pero ahora sí, supongo que porque la escuché con mi madre y me recuerda a ella», dice con la voz quebrada.

Mi madre era muy alegre. Le gustaba mucho bailar y poner música. A veces se ponía a cantar ella sola, porque le gustaba cantar. Hay una canción que siempre cantaba, pero no la conozco bien. Solo sé que empezaba así: «Yo tengo un novio que se llama Nicolás». Cantaba también una canción, que la puedes encontrar en YouTube, se llamaba *Son p'tit jupon*. Es una canción canadiense, del folclore de Canadá. Y no sé por qué cantaba esta canción, porque no la teníamos en ningún disco. También cantaba algunas estrofas de *La violetera*[52].

En aquella casa se respiraba felicidad y, sobre todo, mucho amor. Constanza y Joan estaban tan enamorados y formaban un matrimonio tan unido que Délia tenía la sensación de que «ese amor era más fuerte» que el que sentían por sus hijos. «Primero estaba la pareja y luego nosotros. A lo mejor no es verdad, pero era mi sensación». Según cuenta, la suya no era la típica unidad familiar, aunque los «amaban mucho» y habitualmente hacían planes juntos, como ir al cine los domingos. No importaba la película, el género ni si no era apta para menores, los niños acudían con sus padres a disfrutar de la gran pantalla. Lo importante era reunirse. A veces, cuando había alguna escena de besos, Délia se quedaba tan estupefacta y con la boca tan abierta que Constanza tenía que darle un codazo para que reaccionase. Este gesto de su madre todavía hoy le sigue haciendo sonreír.

Difundir la verdad

Poco antes de que la familia regresase a España, Délia comenzó a entender por qué en casa prácticamente solo se hablaba de política. A sus diecisiete años había empezado a leer sobre los campos de concentración, a ver fotografías y películas sobre la temática nazi y, gracias a eso, fue consciente por primera vez del sufrimiento extremo vivido por sus padres en el pasado. Aquel golpe de realidad la impresionó mucho: «Fue un choque monumental».

Con los años, Constanza y Joan poco a poco fueron sintiendo la necesidad de hablar y contar su experiencia. Aspiraban a dar charlas ante todo el mundo y por todas partes. «Querían ser el testimonio vivo de lo ocurrido y difundir la palabra para que se conociese toda la verdad». En 1973, tras el regreso de la pareja a Sentmenat, el pueblo que había visto crecer a Constanza y donde «tenía muy buenos recuerdos», tomaron la decisión de dar el gran paso de contar su historia.

Enseguida se afiliaron a la Amical de Mauthausen[53], de la que, años más tarde, Constanza sería vicepresidenta (de 1992 a 1997) y Joan, presidente (de 1992 a 2002). Desde su ingreso en la asociación, la madrileña y su marido dieron charlas en escuelas, institutos de enseñanza y ateneos bajo el título de «Para que nada se olvide, para que no vuelva a ocurrir». También proyectaban la película documental *Noche y Niebla*[54] y debatían sobre lo expuesto. La misión de Constanza y Joan siempre fue divulgativa: querían contar su experiencia para que no volviera a repetirse. Ese era el mensaje esencial, pero también fue siempre fundamental no transmitir odio ni rencor a los chavales.

> Para ellos era una barbarie lo que pasó, pero siempre supieron diferenciar entre los nazis, que gobernaron, y la población alemana. No mezclaban. Ellos tenían amigos alemanes a los que recibían en casa y, a veces, nosotros íbamos a Alemania a casa de estas personas que habían combatido bajo la bandera nazi, pero que no eran nazis. Había muchos alemanes. Porque oigo a personas que han vivido esa época y que tienen rencor a todos los alemanes. Mis padres nunca sintieron rencor[55].

A medida que el testimonio de los Escuer-Martínez se difundía, la salud de Constanza empeoraba. La artrosis degenerativa que padecía le provocaba grandes dolores, pero nunca le impidió viajar a diferentes lugares para continuar con su labor divulgativa dando conferencias y concediendo entrevistas en televisión[56].

> Nosotros sabíamos por qué nos habían llevado allí. Ya sabíamos cuando entramos a la Resistencia que nos exponíamos a esto, por lo menos a que nos cogieran y nos metieran en la cárcel. Y eso da más energía [para sobrevivir] que a aquellos que cogieron en una redada, que no sabían por qué, que estaban en casa de unos amigos y detenían a todos los que estaban allí. Esos resistían peor.

«Era, esencialmente, una luchadora», afirma su hija Délia. Con un: «Yo nunca pensé que me iba a morir», aun a sabiendas de todo el horror que la rodeaba, Constanza dejaba a sus interlocutores sin palabras. Ni un solo día anidó tal idea en su cabeza, ni tampoco en la de su marido, que, con orgullo, contaba cómo se había negado a acabar sus días como humo saliendo por la chimenea. «¡No saldré por la chimenea!», se decía a sí mismo de forma contundente. Repetirse a diario este mantra le sirvió de gran ayuda moral.

Esta sólida pareja, de la que Mercedes Núñez llegaría a decir que, a pesar de los cabellos grises, se mantenía «fiel al ideal de los veinte años»[57], era un ejemplo de valentía para quienes nunca vivieron la tragedia de los campos de exterminio, y, sobre todo, para su propia hija, que reconoce que no ha sido nunca capaz de acudir a Dachau o a Ravensbrück después de visitar el de Struthof-Natzweiler[58]. La impresión de Délia fue terrible cuando vio aquellos barracones rodeados de pinos y niebla. «Decidí no volver nunca más a ver un campo. Nunca más».

«Cuando pienso en ella»

Tras sus horribles vivencias en los campos de concentración, Constanza y Joan siempre tuvieron claro que el odio y la ira no tendrían cabida en sus vidas y que, además, inculcarían valores humanos a sus hijos, Juan y Délia. «El respeto era un valor esencial en casa», explica la hija. Asimismo, también recibió de sus progenitores «el amor por la libertad». Esta rebelde, como ella misma se define, considera que es su «deber continuar transmitiendo los valores de libertad y respeto» y confiesa que sufre ante la situación mundial actual a causa de la pandemia de coronavirus: «Llevo muy mal la pérdida de libertades bajo un pretexto sanitario y considero que, si vivieran, mis padres lo pasarían muy mal también».

La voz de Constanza se apagó el 3 de enero de 1997 en Sentmenat. Aquel día fue ingresada de urgencia a causa de una crisis cardíaca: era el cuarto infarto que sufría en pocos años y, pese a su gran fortaleza física, no logró superarlo. Su «Cepillo», en cambio, vivió hasta diciembre de 2004 y, durante aquel período de viudez, continuó escribiendo sus memorias, de las cuales ya tenía una parte transcrita a máquina gracias a la ayuda de Constanza.

Aquella retahíla de palabras, que narra su paso por el frente de Aragón y la batalla del Ebro, su adhesión a la Resistencia y su posterior detención por parte de la Gestapo, además del flechazo que tuvo por Constanza (a la que se refería como «mi señora» incluso antes de casarse), y cómo la guerra los había separado, obligándolos a vivir en los campos de concentración nazis, salió a la luz tras su muerte gracias a su hija. «Creí que mi deber era publicarlo —cuenta emocionada—, era algo que les debía a ellos. Tenía que hacerlo, porque es muy importante que se continúe transmitiendo todo lo que pasó». Así fue cómo la vida de Joan Escuer, y por ende la de Constanza, se transformó en libro bajo el título de *Memorias de un republicano español deportado al campo de Dachau,* que fue publicado por la Amical de Mauthausen.

A partir de entonces, Délia cogió el testigo de sus padres y, obedeciendo a ese «deber» en el que tanto insiste, comenzó a realizar lecturas de su historia para niños y jóvenes en colegios e institutos. De ese modo honraba su memoria. Con ese mismo objetivo escribió una obra de teatro, *Cuando pienso en ella,* una «especie de diálogo entre mi madre y yo destinado a mi nieta», que tanto le gustaría que hubiese leído y visto su madre. «La he hecho para ella y por ella», porque, pese a los años transcurridos, sigue teniendo fresco en su recuerdo aquel momento en que madre e hija están pelando patatas en la cocina[59].

—¿Has visto tus peladuras, hija?

—Sí, ¿y qué tienen?

—¡Pues que son muy gordas!

—Es que no sé hacerlas finas como tú…

—Bueno, déjalo, que, total, ya hay bastantes. Ten, bate los huevos mientras acabo.

Lo que no sabía Constanza es que a su pequeña Délia lo que más le gustaba era batir los huevos y oír el ruido del tenedor en el reborde del plato mientras, absorta, contemplaba a su madre cortando las rodajas de patatas más finas del mundo.

Notas

[1] Entrevista con Délia Escuer Martínez, hija de Constanza Martínez, el 15 de noviembre de 2020.

[2] Ibíd.

[3] Según la RAE: 13. m. Esp. Moneda de cinco pesetas.

[4] Amical de Ravensbrück.

[5] Ibíd.

[6] Ibíd.

[7] «Barcelona bajo las bombas», en *La Vanguardia,* 24 de noviembre de 2004.

[8] El 13 de febrero de 1937, día del primer ataque a la fábrica Elizalde, sita en el actual paseo de Sant Joan de Barcelona.

[9] «El recuerdo de la Gernika catalana», en *La Vanguardia,* 18 de mayo de 2014.

[10] Testimonio de una refugiada republicana en el libro de Josep Termes i Arnau Cònsul, *La Guerra Civil a Catalunya*.

[11] Josep María Solé i Sabaté y Joan Villarroya, *España en llamas. La guerra civil desde el aire,* Temas de Hoy, Madrid, 2003, págs. 242-244.

[12] «Figueres, la Gernika de Catalunya», en *Público.es,* 5 de abril de 2013.

[13] Ibíd.

[14] Museu Memorial de l'Exili (MUME).

[15] «L'accueil des réfugiés civils espagnols de 1936 à 1940. Un exemple: la région Centre», en *Matériaux pour l'histoire de notre temps,* núm. 44 (1996).

[16] «Campo de Argelès: la pesadilla de 100.000 republicanos», *Público.es,* 3 de diciembre de 2019.

[17] Fue la invasión de Francia y los Países Bajos por parte de Alemania, en el marco de la Segunda Guerra Mundial, y su posterior ocupación de junio de 1940 a diciembre de 1944.

[18] Amical de Ravensbrück.

[19] Neus Català, *De la resistencia y la deportación,* Generalitat de Cataluña, Barcelona, 2015, pág. 315.

[20] Ibíd., pág. 316.

[21] Término jurídico que se refiere al sobreseimiento de un proceso judicial. Es decir, a la terminación del proceso o la suspensión del mismo, por no concurrir todos los presupuestos necesarios para decretar la apertura del juicio oral. Véase en los arts. 634 a 648 de la Ley de Enjuiciamiento Criminal de 14 de septiembre de 1882 (LECrim).

[22] Oriundo de Tarragona, el republicano fue detenido por la Gestapo tras colaborar con la Resistencia francesa en la Cataluña norte.

[23] Entrevista con Délia Escuer Martínez, hija de Constanza Martínez, el 15 de noviembre de 2020.

[24] Amical de Ravensbrück.

[25] Neus Català, ob. cit., pág. 316.

[26] Era una prisión policial dirigida por la Gestapo cerca de la frontera francesa.

[27] Entrevista con Délia Escuer Martínez, hija de Constanza Martínez, el 15 de noviembre de 2020.

[28] Se menciona ampliamente en el capítulo de Mercedes Núñez.

[29] Entrevista a Mercedes Núñez, en *El Periódico,* 21 de noviembre de 1980.

[30] Amical de Mauthausen.

[31] Entrevista a Constanza Martínez Prieto y Joan Escuer realizada por el escritor Josep Maria Espinàs, en TV3, el 11 de febrero de 1993.

[32] Las referencias a Mercedes Núñez corresponden a su libro *Destinada al crematorio*, Editorial Renamicimiento, Sevilla, 2011, pág. 70.

[33] Neus Català, ob. cit., pág. 316.

[34] Ibíd, pág. 317.

[35] «Las grandes perdedoras», *El País,* 4 de abril de 1999.

[36] Neus Català, ob. cit., pág. 316.

[37] Mercedes Núñez, ob. cit., pág. 118.

[38] Ibíd., págs. 81-82.

[39] David Serrano i Blanquer, *Les dones als Camps nazis,* Editorial Portic, Barcelona, 2003, pág. 68.

[40] Ibíd.

[41] Entrevista a Constanza Martínez Prieto y Joan Escuer realizada por el escritor Josep Maria Espinàs, en TV3, el 11 de febrero de 1993.

[42] Neus Català, ob. cit., pág. 317.

[43] Ibíd.

[44] «Sesenta españoles supervivientes de los campos de concentración serán indemnizados por Alemania», *El Mundo,* 10 de junio de 2001.

[45] «Las grandes perdedoras», *El País,* 4 de abril de 1999.

[46] Conversación incluida en el libro de Mercedes Núñez, ob. cit., pág. 148.

[47] «Las grandes perdedoras», *El País,* 4 de abril de 1999.

[48] Neus Català, ob. cit., pág. 318.

[49] Datos aportados por Délia Escuer Martínez.

[50] Ibíd.

[51] Entrevista con Délia Escuer Martínez, hija de Constanza Martínez, el 15 de noviembre de 2020.

[52] Ibíd.

[53] Asociación que agrupa a los exdeportados republicanos de los campos de concentración del nazismo, así como a los familiares y amigos, tanto de los supervivientes como de los deportados asesinados en los campos.

[54] Película documental dirigida por Alain Resnais en 1955, a partir del material cinematográfico y fotográfico incautado a los nazis.

[55] Entrevista con Délia Escuer Martínez, hija de Constanza Martínez, el 15 de noviembre de 2020.

[56] Entrevista a Constanza Martínez Prieto y Joan Escuer realizada por el escritor Josep Maria Espinàs, en TV3, el 11 de febrero de 1993.

[57] Mercedes Núñez, ob. cit., pág. 53.

[58] *Konzentrationslager* Natzweiler-Struthof fue un campo de concentración operado por los nazis durante la Segunda Guerra Mundial en la región anexada al Tercer Reich de Alsacia, el único establecido en territorio francés.

[59] Extracto de la obra de teatro *Cuando pienso en ella,* escrita por Délia Escuer Martínez, diciembre de 2020.

MERCEDES NÚÑEZ TARGA

«Paquita Colomer»

Hubo que vencer el miedo de volver a la vida normal, aprender de nuevo, como una criatura pequeña, los gestos sencillos: pagar el alquiler, ir al horno a comprar el pan, saludar a un vecino; salir del gueto moral, del «yo ya no soy como los demás».

MERCEDES NÚÑEZ TARGA

La deportación jamás le quitó a Mercè las ganas de vivir. Por el contrario, se tomaba el día a día con alegría y optimismo, quitaba hierro a los problemas y, por supuesto, le añadía a la vida mucho humor e ironía, esa retranca gallega que siempre la caracterizó. Pese a los achaques de salud que arrastraba desde su liberación de los campos nazis, pudo volver a practicar viejas aficiones de juventud, como el senderismo de montaña —*hobby* que le había servido en el pasado para cruzar los Pirineos y huir hacia Francia años después—, el dibujo y la pintura, aunque también solía cantar, leer o escribir, según cuenta su hijo, Pablo Iglesias Núñez[1]. «Como madre, era como todas», aunque con el tiempo justo e imprescindible para el ocio por su entrega a la militancia y a sus convicciones. Esta superviviente, defensora acérrima de los valores de igualdad y justicia social de la Segunda República, «se involucró de lleno en la vida política y en la recuperación de la memoria democrática»[2]. Asimismo, siempre luchó por lograr el reconocimiento del papel de la mujer como pieza fundamental de la Resistencia y transmitió su propio pasado a los más jóvenes con el fin de que no se repitiesen los mismos errores. «Para ella, era un deber cumplir con esa labor educativa y de prevención», afirma Pablo[3].

Sólidos ideales

Mercedes Núñez Targa tuvo «una vida ejemplar como pocas». Así lo cree Xesús Alonso Montero, catedrático emérito de la Universidad de Santiago de Compostela y presidente del Foro por la Memoria Republicana de Galicia, que, además de conocer a la resistente, también fue el prologuista de uno de sus libros, *Destinada al crematorio*.

> Tenía la bondad de los seres humanos que deciden hacer el bien siempre y poseía otras virtudes, una muy presente en toda su biografía: que en ciertas circunstancias no hay que eludir determinadas responsabilidades por duras que puedan ser las consecuencias (prisión, tortura, muerte…).

«Paquita Colomer», denominada así entre sus compañeras del campo de concentración de Ravensbrück, era una mujer de fuertes ideales y principios, que defendió siempre a ultranza a pesar de los riesgos y de las graves consecuencias que sufrió por ello.

De padre gallego y madre catalana, Mercedes nació el 18 de enero de 1911 en el número 5 de la calle Santa Ana de Barcelona. Su familia, solvente económicamente —su padre regentaba una joyería en Las Ramblas—, optó por que la niña recibiese una educación clásica: durante años dio clases de piano, de inglés, de francés y de comercio, cantó en el Orfeón del Centro Gallego y asistió a tertulias literarias y políticas[4].

Pese a que sus padres querían que su hija contrajese nupcias con un pretendiente acaudalado o que entregase su vida a la religión y se ordenase como monja en el convento de Olot (Girona), la joven tenía unas inquietudes muy distintas a estos deseos y pronto se implicaría en la corriente reformista de la Barcelona de los años treinta. A sus dieciséis años, Mercedes dejó perplejos a sus progenitores cuando les dijo que deseaba emanciparse.

> Me puse a trabajar en un laboratorio cinematográfico. Fue un terremoto... Estaba bien que trabajasen las chicas pobres, pero no yo[5].

En contra de la opinión de su familia y asumiendo las consecuencias, Mercedes trabajó como auxiliar de contabilidad y mecanografía en los años 1930-1931 y parte de 1932, en Películas Cinematográficas Huguet, empleo que compatibilizó con el de dáctilo-mecanógrafa en el consulado de Chile en Barcelona, donde estuvo hasta diciembre de 1936. Aquí conoció y ejerció de secretaria para Pablo Neruda, que en aquel entonces era cónsul de Chile en la Ciudad Condal.

Mercè vivió el 14 de abril de 1931, día de la proclamación de la Segunda República, con «suma alegría e ilusión», dado que «se avecinaban grandes proyectos para la cultura, para la sanidad, para la emancipación de la mujer» de los que quiso formar parte. En aquellos años, la zagala fue miembro de entidades deportivas, tales como el Club Femeni i d'Esports, compuesto exclusivamente por mujeres y en el que trabajó como tesorera, o Amics del Sol, donde se realizaban excursiones a los Pirineos. Además, se había unido a un equipo de remo, actividad que más adelante la llevaría a participar en el comité de organización de la Olimpiada Popular, un acontecimiento deportivo alternativo a los Juegos Olímpicos de Berlín de 1936, que se suspendió por el golpe militar de julio de 1936.

Su compromiso político

Por otra parte, Mercè también se incorporó en 1934 a entidades culturales como el Ateneu Enciclopèdic Popular, de carácter educativo y pedagógico, considerado en su época como progresista, en donde se impartían conferencias sobre literatura y política. Su padre llegó a calificar esa asociación como «un nido de pistoleros» al enterarse del círculo en el que se movía su hija.

Asimismo, Mercedes reafirmó su compromiso social y político afiliándose a las Juventudes Socialistas Unificadas (JSU) y, más adelante, al Partido Socialista Unificado de Cataluña (PSUC).

> Como todos los jóvenes de los años treinta, seguía apasionadamente las incidencias de aquella época, tan fértil en acontecimientos políticos. Mis simpatías iban hacia la República, pero jamás se tradujeron en actos concretos. Hasta el último minuto sonreí con incredulidad cuando alguien iniciaba la sospecha de que se preparara una sublevación. [...] Mas lo que creía absurdo se convirtió en realidad. Los primeros tiros en las calles de mi ciudad dieron al traste con mi existencia apacible. Ya no se podía ser neutral. Como tantos miles de jóvenes de mi generación, pasé en unas horas del papel de espectadora pasiva a la participación activa al lado de la República[6].

Hasta el estallido de la Guerra Civil española, Mercè ejerció labores burocráticas en la sede del comité central del PSUC, donde también se encontraban las oficinas de la Unión General de Trabajadores (UGT), pero, tras la toma de Barcelona por parte de las tropas franquistas el 26 de enero de 1939, decidió trasladarse a Galicia y asumir la reorganización del Partido Comunista en La Coruña. A partir de marzo y hasta noviembre de ese año, Mercedes desempeñó funciones de taquimecanógrafa para el agente comercial Carlos Canel, sin saber que miembros de la Dirección General de Seguridad, enviados especialmente desde Madrid, la vigilaban de cerca a la espera de encontrar el momento idóneo para su detención, que finalmente se produjo el 10 de noviembre. Desde La Coruña fue trasladada a la prisión de mujeres de Betanzos, después de encontrar pruebas «acusadoras» contra ella durante el registro de la pensión donde pernoctaba: un tintero, un frasco de tinta simpática (invisible), algunos cuadernos en blanco y unos sobres.

Ventas y la fe

En la prisión estuvo aislada en una celda hasta que poco después fue trasladada a la de La Coruña, donde permaneció hasta el 6 de marzo de 1940, fecha en que fue enviada a la cárcel de Ventas en Madrid, ideada por la abogada Victoria Kent, primera directora general de Prisiones de la historia de España. Esta, concebida inicialmente como «prisión modelo», con el objetivo de humanizar el sistema carcelario durante la Segunda República, terminó siendo un «almacén de reclusas» donde más de seis mil prisioneras se hacinaban en condiciones infrahumanas, bajo el yugo de una dirección de religiosas implacables, las monjas de la congregación Hijas del Buen Pastor.

> Al final del pasillo de la galería de incomunicadas desemboco en el universo extraordinario que es la cárcel de Ventas en este año de gracia de 1940. Una cantidad importante de mujeres, pálidas, con caras de hambre, algunas de ellas vestidas con trozos de manta y de tela de colchón, se encuentran hacinadas en los pasillos, en las escaleras, en los propios retretes, todo ello invadido por una multitud de colchones enrollados, maletas, botijos, talegos, platos de estaño...[7].

Mercè se acordaba también de cómo durante su estancia en Ventas las reclusas se despertaban a diario por los fusilamientos que tenían lugar en las tapias del Cementerio del Este. Esto impresionaba mucho a la catalana, que sabía el número de fusilados que caían en cada momento contando los tiros de gracia. Aunque lo que más recordaba era «el maltrato infligido por las religiosas y la solidaridad entre presas», explica Pablo, en un recinto que «no solo fue un lugar de represión y de tortura, se trataba de destruir a la persona haciéndole perder su identidad, su dignidad, así como sus ideales»[8].

El apoyo entre las presas se hacía evidente en, por ejemplo, los cursos que impartían algunas reclusas y a los que asistían incluso condenadas a muerte: «Vengo a aprender a leer. Si me matan, no habré perdido nada. Y si vivo, tendré un arma más en contra del enemigo…»[9], le decían a Mercedes.

El paso de la joven republicana por este centro de hostigamiento y castigo causó en ella más dolor moral que físico, pues se vio «abandonada por gran parte de su familia», a lo que se unió la pérdida de su fe como consecuencia de las vejaciones recibidas por sus carceleras. La catalana había llegado a Ventas como comunista, pero también como católica practicante, pero las malas prácticas de aquellas monjas le hicieron desterrar cualquier creencia en Dios.

> Las monjitas, con su dulce caridad cristiana, incomunicaron a toda la reclusión. Ni paquetes, ni visitas… Tampoco permiten a las mujeres que pasan en capilla su última noche el menguado consuelo de estar acompañadas de otras presas. Damas catequistas, monjas y el cura pasan la terrible noche atosigando a la condenada para que se confiese, añadiendo este nuevo y refinado suplicio a su cruel agonía, llegando a servirse de los peores chantajes para tratar de conseguir sus fines. Así obraron con Julia Lázaro. Julia, comunista, estaba embarazada cuando fue condenada a muerte. Los franquistas esperaron, pues, que diera a luz. Tuvo una niña más maja que un sol. A los dos meses del parto, vino a buscarla una funcionaria. […] Julia, que iba precisamente a amamantar a la nena, la dejó en brazos de una compañera. […] La metieron acto seguido en capilla e inmediatamente empezó el repugnante chantaje.

—Confiésese usted y le haremos entrar la niña para que le dé el pecho. [...]

—Soy comunista convencida, no creo en Dios y no me confesaré [...]

Julia no cedió. En represalia, las monjitas llevaron por la mañana a la niña a la Inclusa. Cuando la familia vino a reclamarla, se encontró con que había desaparecido[10].

No era la única práctica que llevaban a cabo las Hijas del Buen Pastor: todas las prisioneras tenían que asistir a clases de religión y aprobar un examen, si querían salir en libertad provisional. Aparte, las obligaban a cantar el *Cara al sol* y a emitir los tres gritos de rigor:

—¡España!
—¡Una! —contestamos debidamente.
—¡España!
—¡Grande! —responden tres o cuatro.
—¡España!
Un clamor potente, unánime, resuena como un desafío:
—¡¡¡LIBRE!!![12].

Aunque aquellas inhumanas condiciones minaban la moral de cualquiera, los gestos de ayuda y camaradería, así como las muestras de solidaridad entre las reclusas eran una constante y, por su parte, Mercè trataba de animar a sus camaradas con uno de sus grandes *hobbies:* el dibujo. Con un lápiz y un papel, la muchacha conseguía calcar con precisión los rasgos y expresiones de sus compañeras en sus retratos, que después enviaban a sus familiares como si de una fotografía se tratara. «Ese don le hacía fijarse mucho en la fisionomía y personalidad de cada una de ellas, se puede decir que retrataba a la gente en sentido propio y figurado», cuenta Pablo.

Condenada y excarcelada

El 25 de octubre de 1940 se celebró en las Salesas de Madrid el consejo de guerra sumarísimo contra ciento veinte personas, entre ellas Mercedes Núñez, como resultado de una operación policial para desarticular el aparato del PCE en la zona norte del país. La catalana, como responsable del Partido Comunista en La Coruña, fue condenada a doce años y un día por «auxilio a la rebelión militar»[12].

El párrafo siguiente se incluía en el acta de acusación y sirvió de base para sentenciar a muerte y a penas de prisión a los acusados.

> [...] Resultando que, de la instrucción sumarial, se deduce la peligrosidad y delincuencia política de algunos de los encartados, de formación intelectual torpe, sin ideales fijos, animados tan solo por el odio, la envidia contra el poderoso al que creen privilegiado y sostenedor de un orden social injusto, porque ellos nacieron en cunas proletarias y no supieron o no pudieron vivir con desenvoltura para satisfacer materialmente sus necesidades, frivolidades y vicios...[13].

El 21 de enero de 1942[14], el general juez del juzgado de delitos de espionaje dictaminó la libertad condicional de Mercedes. A partir de entonces, debía personarse los días 15 y 30 de cada mes ante la autoridad judicial. El día que se despidió de sus compañeras, una de ellas la abrazó y le dijo: «Explica a los de la calle lo que has visto aquí. [...] Que los de la calle sepan. [...] No nos olvides nunca». Al escuchar estas palabras, la catalana exclamó: «¡Nunca!»[15].

Tras su excarcelación, le permitieron establecer su domicilio en Barcelona, donde permaneció a la espera de otros juicios por delitos de participación en el Socorro Rojo Internacional (SRI) y en otras organizaciones marxistas. Sin embargo, Mercè, que se sentía más útil en su lucha contra el fascismo fuera de España, aprovechó este tiempo para trazar su huida clandestina con la ayuda de dos camaradas, Pere Busquets y Carles Balagué, quienes le facilitaron documentación falsa para cruzar los Pirineos hasta Francia. Lo hizo bajo el nombre de «Francisca Colomer, esposa Puig»*, y de ahí deriva la dificultad de seguir sus pasos una vez que emprendió su éxodo.

La falsa Colomer

Una vez en Francia, el 7 de septiembre de 1942, «Paquita» fue detenida por la gendarmería en Saillagouse, un pueblecito de la Cerdeña francesa, acusada de «paso clandestino de la frontera» y sentenciada a un mes de cárcel, que pasaría en la prisión de Perpiñán**.

Ya excarcelada, el 8 de octubre, Mercedes fue internada en el campo de Argelès, que, aunque por entonces ya no actuaba como campo de concentración propiamente dicho, seguía manteniendo las condiciones insalubres y deshumanizadoras que habían sufrido los republicanos españoles al inicio del exilio en febrero de 1939.

Mientras la española buscaba el modo de salir del campo, el Boletín Oficial de Barcelona dictaba, en fecha del 14 de octubre, una orden de búsqueda y captura contra ella, en la que se podía

---

* Era el sobrenombre que utilizó. Ella misma lo explica así en todos sus libros. Se hacía llamar «Francisca Colomer y esposa Puig». Su hijo aclara en un epígrafe de su libro que, según los datos que tiene el ITS (International Tracing Services del KL Buchenwald, depositario de los archivos del *Kommando* HASAG de Leipzig-Schönefeld) se habría llamado «Francisca Puig». Nadie sabe el porqué de ese nombre.

** Registre d'écrou de la Maison d'Arret de Perpignan, número 2289.

leer: «Se trata de un elemento activo de izquierdas que ha tenido importantes responsabilidades en la causa roja».

Pero Mercedes demostró de nuevo su gran astucia y el 23 de noviembre abandonó Argelès de la única forma posible: con un trabajo. Mercè aseguró estar cualificada para cuidar cerdos y, gracias a esa invención, consiguió empleo en el castillo Villerambert Julien, en Caunes Minervois.

Su idea era reunirse en Carcassonne, también en el sur de Francia, con otros compañeros exiliados de la 5ª Brigada de Guerrilleros Españoles y combatir desde la Resistencia contra los nazis.

Ya en enero de 1943, logró una vacante como cocinera en las cocinas del Cuartel General de Carcassonne, en manos de las fuerzas de ocupación nazis, y se convirtió en parte activa de la Resistencia francesa bajo el pseudónimo de «Paquita Colomer». De esa forma pudo facilitar documentos falsificados a los camaradas, así como información sobre lo que acontecía en el recinto del Estado Mayor[16].

Su papel como enlace de la agrupación consistió en la «elaboración de falsos documentos para los guerrilleros, y su domicilio era un lugar de repliegue para los resistentes del maquis», relata su hijo[17].

Gracias a su dedicación y compromiso para combatir la invasión alemana, Mercedes obtuvo el rango de sargento de los FTPF (Francs Tireurs et Partisans de France). Entre otras muchas cosas, puso su casa a disposición del grupo de guerrilleros para darles cobijo en caso de problemas. «Era una casa virgen, desconocida incluso por la mayor parte de mis camaradas, que se utilizaba en situaciones excepcionales», cuenta la protagonista[18], donde convivía «con ellos, no en las victorias, sino en un momento difícil, duro y humillante como lo es toda retirada»[19].

Pero un nuevo chivatazo se llevó por delante a Mercedes y a otros once resistentes más.

Sin salida

El 25 de mayo de 1944, a sus treinta y tres años, «Paquita Colomer» entró en la sede de la Gestapo en Carcassonne, donde fue sometida a un violento interrogatorio por parte de René Bach, un joven alsaciano de veintitrés años al servicio de los nazis y con fama de sanguinario. El soldado, que se presentaba ante los detenidos impecablemente vestido y cuidadosamente afeitado y peinado, hizo gala de su terrible reputación instilando miedo a los presos, no solo a través de los puños, sino como un «buen psicólogo» o como «un jugador de ajedrez que mueve una ficha pensando no en lo inmediato, sino tres o cuatro jugadas más adelante». Era «un genio de los interrogatorios», aseguraba Mercè, pues colocaba a su víctima «en un callejón sin salida»[20] gracias a minuciosas preguntas.

> Querer contarle una historia es demasiado atrevido. Lo mejor es callar y enfrentarse a él en silencio. En honor de los resistentes detenidos, casi todos utilizaron la segunda estrategia. Entonces Bach, abandonando las buenas maneras y el disfraz de hombre bien educado, tortura con fría ferocidad, buscando el punto más débil y no se echa atrás a la hora de asesinar[21].

«Habla. Si no, no vas a salir viva de aquí». Con amenazas como esta, Bach intentó sonsacarle información a Mercedes, pero ella, demostrando el fuerte carácter que tenía, respondió con un insolente: «¿Y a mí qué?». Aquello supuso su inmediata deportación como Francisca Colomer, esposa Puig, hacia el Fort de Romainville, donde conoció a otra militante del PSUC, Constanza Martínez, a la que años después describiría como una «madrileña auténtica» en quien se podía confiar plenamente. Ambas amigas permanecieron juntas hasta el día de su liberación*.

---

* Más datos en el capítulo dedicado a Constanza Martínez (véanse las págs. 251-279).

A este fuerte construido entre 1844 y 1848 en Les Lilas (al noroeste de París) y transformado en un campo de concentración tras la ocupación nazi, en octubre de 1940, llegaba una población reclusa de lo más heterogénea: desde «militantes obreras, participantes activas de todos los combates, campesinas de quienes los alemanes sospechaban que ayudaban a los maquis», hasta funcionarias que proporcionaban «documentación a los resistentes» e incluso «mujeres de la alta burguesía y hasta de la aristocracia detenidas por sus actividades gaullistas»[22]. Aunque aquella diversidad propició significativos roces y rifirrafes, «por encima de todas las diferencias de clase» les unía «un odio común hacia el ocupante nazi».

El vagón del infierno

El 14 de junio, Mercedes y sus compañeras se subieron a un vagón de transporte para caballos rumbo al campo de concentración de Saarbrücken, en el que únicamente permanecieron unos días, ya que después las llevaron a Ravensbrück. En los cinco días que duró el viaje hasta su primer destino, las cincuenta y tres mujeres permanecieron encerradas en condiciones infrahumanas, con un ventanuco protegido por alambradas como único contacto con el exterior, una vasija para hacer sus necesidades y un poco de pan como único alimento[23].

> En Sarrebruck* no veo más que una calle, una larga calle interminable y una hilera de mujeres, nosotras, caminando de dos en dos hacia el campo de concentración. ¿Había casas, árboles, gente? No lo sé. De mi recuerdo ha quedado borrada la visión lateral. Quizás no miraba más que delante de mí, para no ver

* Mercedes escribe incorrectamente el nombre del campo, Saarbrücken.

> a los SS en los flancos, pistola en mano, haciendo cric-crac con sus espléndidas botas encima de la fina carbonilla y repitiendo como una letanía un grito estridente que pronto nos sería familiar: *Schnell!, schnell!*[24].

Tras ese escandaloso chillido, los SS comenzaban a vociferar como energúmenos para colocar a las recién llegadas en hileras (las disponían así para proceder al registro antes de entrar en el campo). Se habían terminado los buenos modales. Si hasta Romainville se dirigían a las internas en un tono correcto, ahora los nazis hablaban a gritos, con una entonación «extremadamente brutal y el gesto, pistola en mano, siempre amenazador». Cabe destacar también el saqueo que experimentaron nada más pisar la entrada de Saarbrücken: los SS se comportaron como «bestias» al quitarles toda su ropa, las joyas o monederos, e incluso los paquetes de la Cruz Roja con los que habían salido de Romainville. Una vez dentro del campo de concentración, a Mercè le invadió un escalofrío de espanto al presenciar la siguiente escena:

> De todas las avenidas del campo llegan hacia nosotras seres humanos que parecen fantasmas, la imagen misma de la muerte: de una transparencia de larvas, caras como calaveras, todo ojos y dientes, cuerpos esqueléticos, manos descarnadas de difuntos, las cabezas esquiladas al cero, cubiertos de harapos. Son los prisioneros[25].

En ese momento, la española se dio de bruces con la respuesta ante una de las preguntas que la atormentaba desde hacía tiempo: ¿qué hacían los nazis con los prisioneros? Porque, de un día para otro, los combatientes de la Resistencia desaparecían sin dejar rastro, sin que nadie descubriese su paradero y sin que jamás se volviese a saber nada de ellos. Por primera vez supo que aquellos presos, de «rostros pálidos y dolor profundo hecho de hambre, agotamiento mortal y torturas», que tenían prohibido cualquier contacto con el exterior, encajaban dentro de una categoría especial de presos, los denominados *Nacht und Nebel,* cuyas precarias condiciones de vida imposibilitaban su supervivencia.

> Nuestros sentimientos son una mezcla de piedad, de dolor, de indignación y de oscuro presentimiento. También a nosotros los nazis nos transformarán, y muy pronto, en fantasmas descarnados de un universo dantesco. Pensábamos ser encerradas en una fortaleza, fusiladas, ¡qué sé yo!, pero eso no. Aquello desborda todo el horror imaginable.

Los ocho días que Mercè permaneció en Saarbrücken fueron la antesala de lo que después se encontraría en su siguiente destino, Ravensbrück: duchas mañaneras de apenas unos segundos, tras las que seguía prácticamente igual de sucia; una única comida al día, que consistía en una repugnante sopa de ortigas y una pequeña rebanada de pan; y, por último, el barracón, con estrechos y duros jergones de tres pisos compartidos con otras compañeras y un aire que se volvía irrespirable con las puertas cerradas.

> Congestionadas, a punto de asfixiarse [sic], tenemos la impresión de que nuestras sienes van a estallar[26].

«Raus, raus!»

Llegada la fecha de su traslado a Ravensbrück, los SS metieron a todas las prisioneras en vagones de ganado, cincuenta y tres mujeres en cada uno, en las mismas condiciones insalubres que vivieron durante el viaje a Saarbrücken. Sin embargo, justo antes de partir y para llamar la atención de los viajeros que se encontraban en la estación observándolas con indiferencia, las prisioneras, a voz en grito y con toda la rabia que tenían dentro, comenzaron a entonar *La Marsellesa.* Aquel coro llegó de una forma tan amplia y potente a todos los vagones que las estrofas en francés estallaron «como un desafío a la estación engalanada con cruces gamadas». Aquel acto de rebeldía no fue el único que se produciría durante el cautiverio de Mercedes.

Ochocientos kilómetros después, el tren concluyó su trayecto en Fürstenberg/Havel, donde fueron recibidas por una multitud de escandalosos SS, «acompañados de unos perros policía monumentales que gruñen y nos enseñan los dientes»[27] al grito de «*Raus, raus!*». En ese momento, «creí desfallecer. Aquello parecía el Apocalipsis», explicaba Mercè[28].

Al salir de la estación, los nazis las obligaron a recorrer a pie varios kilómetros hasta llegar al campo de concentración de Ravensbrück.

> Por el camino vimos casitas con jardín donde había niños jugando alegremente entre las flores. Aquella dulce escena despertó en nosotras nuestro corazón de mujer. Mas, ¡qué terrible ironía! Los niños eran los niños de nuestros guardianes; las flores que admirábamos debían su esplendor al hecho de que las tierras eran abonadas con cenizas de los prisioneros calcinados en los crematorios[29].

En cuanto llegaron al campo, comenzó la cuarentena: los SS las encerraron en barracones a la espera del proceso de selección en el que mediante diversas pruebas determinaban quiénes eran aptas para el trabajo y quiénes no. Las ancianas y las enfermas eran apartadas de inmediato del resto y asesinadas en la cámara de gas con Zyklon B.

—Mirad —señala una mujer—. Allí están las cocinas. ¿No veis el humo de la chimenea?

Era el crematorio[30].

Antes de pasar por las duchas, un momento ansiado por todas las prisioneras para lavarse y beber agua, las SS junto a las *Kapos* —a las que Mercedes consideraba como «unos enemigos tan peligrosos como los mismos nazis— las obligaron a desnudarse completamente, entregar todas sus pertenencias y a soportar lo que Mercedes calificó como un «registro íntimo». Se trataba de una exploración para buscar parásitos en el cabello o las axilas y de un examen ginecológico de lo más humillante. Luego les cortaron el pelo hasta dejarlo al rape, «como si esquilasen a una bestia», e inmediatamente después las metieron de forma brusca en las duchas. Ya en el habitáculo abrieron los grifos a gran potencia y alternaron agua hirviendo con agua helada, lo que producía quemaduras tan graves que incluso causaban la muerte. Algunas internas fallecieron debido a los contrastes repentinos de la temperatura[31].

Una vez en el exterior, todavía mojadas, les proporcionaron la vestimenta para las presidiarias: vestidos descoloridos y de múltiples medidas, ropa interior sucia y zapatos rotos. A partir de ese instante, Mercè se convirtió en un número más en el campo, el 43225, y llevó siempre cosido un triángulo rojo en su ropa, que simbolizaba la categoría de presa política, la misma que tuvieron Neus Català, Geneviève de Gaulle o Lise London, con las que forjó una gran amistad durante su etapa en el «Puente de los Cuervos».

Los ladridos

Ya uniformadas, las recién llegadas fueron sometidas a un interrogatorio a cargo de una prisionera política francesa, que apuntaba la procedencia y el motivo de la detención. Esta mujer, «de cabellos grises y de ojos claros y brillantes», al descubrir que Mercè era una refugiada política española, le aconsejó: «Si alguna de vosotras está enferma, que no lo diga». Y le insistió: «Se lo dices a las demás»[32]. Aunque en ese momento la joven no comprendió el significado de esa rara recomendación, con el tiempo supo que de ese modo intentaba salvarle la vida.

De vuelta al barracón y mientras engullían una especie de sopa, la primera ingesta de alimentos desde que habían llegado, las deportadas se encontraron con una falta de espacio agónica provocada por la saturación de personas que ocupaban el mismo compartimento.

Durante todo el cautiverio, los nazis se dirigieron a las presas mediante gritos e insultos. De hecho, Mercè pensaba que los nazis no hablaban un idioma, que no emitían palabras, sino que expresaban su fanatismo y brutalidad mediante «ladridos».[33]

> Grupos de SS… Ladrando insultos; [sic] el *Obermeister** ladra de tal manera que le puedo ver todas las muelas de oro y hasta la garganta; [sic] los altavoces ladran en alemán…[34].

Como la mayoría de las presas no hablaban alemán, recibían golpes y bofetones.

> Te tienes que aprender tu número en alemán, porque te llaman y, si no respondes «*Ja!*», inmediatamente, bofetada. Por tan enérgico procedimiento pedagógico, no hace falta decir que todas llegamos a dominar a la perfección la complicada numeración germánica, ¡y con qué rapidez!

Mercedes, perpleja ante las situaciones que allí se producían, no era capaz de entender por qué los nazis mantenían a las pre-

* Capataz, en alemán.

sas durante horas y horas totalmente desnudas, las exponían en público mientras se mofaban de ellas y las maltrataban. Ella intentaba mantenerse impertérrita pese a que le chirriasen los dientes de desesperación. Cuando alguna de las supervisoras la miraba, no tenía «vergüenza en verme desnuda en su presencia, como si fuese un perro más o una piedra. Es el momento en que termino por excluirlos de la comunidad humana. Para mí son bípedos y basta».

La concepción de Mercè sobre estas «despiadadas ejecutoras de la represión» empeoró a raíz del reencuentro con su buena amiga Lola García Echevarrieta, alias «Charlie», a la que conocía de sus años en Barcelona y quien le explicó los experimentos médicos que las guardianas hacían con las prisioneras*, como si fuesen meros conejillos de Indias. Los detalles fueron tan espeluznantes que «Paquita» quedó en *shock* y no pudo dormir aquella noche.

«¿Empiezas a entender qué es Ravensbrück?»[35], le preguntó Lola después de contarle la anécdota de otro grupo de presas soviéticas, fallecidas por agotamiento extremo después de formar durante un día entero, de pie, desnudas y sin moverse. Se trataba del *Appell,* lo que Mercedes definió como «la postura físicamente insoportable, el agotamiento, el frío durante largas horas», pero también como la «deshumanización total» por el hecho de «sentirse no como un ser viviente, sino como un número, un objeto». Ni siquiera las torturas o las amenazas continuas con la cámara de gas llegaban «tan al fondo del alma» como esa «humillación profunda de verte obligada a ordenarle a tus propios músculos una inmovilidad de piedra, a imprimir en el rostro la impasibilidad, a no estremecerte ni siquiera cuando el zurriagazo cae en la carne martirizada de una compañera, amiga,

* Se explica más detalladamente en el capítulo de Lola García Echevarrieta (véanse las págs. 355-390).

hermana»[36]. Nada podían hacer por ellas, y eso les causaba aún más frustración.

> Te sientes vencida, cobarde, como si de golpe te hubieran arrebatado tu dignidad de combatiente, sientes asco y vergüenza de ti misma[37].

Los obuses del HASAG

Aunque Mercè mostraba fortaleza física, su salud no era buena en absoluto y a diario debía disimular su empeoramiento. Su capacidad de esconder sus dolores la ayudó a salvarse de la cámara de gas y a ser considerada apta para el trabajo. En consecuencia, el 21 de julio de 1944 la trasladaron al *Kommando* HASAG, donde fabricaban obuses a las afueras de Leizpig[38].

Con un nuevo número de identificación, el 4068, y en compañía de Constanza Martínez Prieto y Elisa Garrido Gracia, entre otras españolas, «Paquita» inició sus correspondientes tareas en la cadena de producción del combinado metalúrgico. Su cometido era comprobar que los obuses fuesen óptimos para el combate, pero en su afán de entorpecer la fabricación de este material militar destinado a la *Luftwaffe* inició junto a sus compañeras varias acciones de sabotaje que los hacían inservibles.

> Muy concienzudamente me harto de enviar al desguace obuses buenos, de dar como perfectos los defectuosos y enviar a desbarbar los que tienen medidas correctas. Tenemos que recordar que cada obús inutilizado son vidas de los nuestros, ahorradas[39].

El aumento ostensible de aquel montón de chatarra provocó que se estropeasen cada vez más grúas y maquinaria, lo que implicaba la paralización de la producción en cadena durante al menos diez días.

Si tenemos en cuenta que cada día salen de la cadena setecientos obuses, el hecho significa una pérdida de siete mil obuses para el Gran Reich[40].

Resistencia oculta

El sabotaje en el *Kommando* HASAG estaba organizado en un procedimiento de tres fases: en primer lugar, había que ralentizar el ritmo de trabajo introduciendo los obuses en cada una de las cajas de un modo más lento de lo habitual; el segundo paso consistía en aflojar el tornillo del torno donde iban los obuses para parar la cadena de montaje hasta que acudían los mecánicos; y, en la última etapa, había que mojar las cajas de los obuses para oxidarlos y que, de este modo, se volviesen inservibles[41].

Cada uno de estos tres procesos entrañaba un gran riesgo para las prisioneras, pero aquella era su particular forma de enfrentarse a los nazis desde una resistencia oculta. Un ejemplo de ello fue el sabotaje que protagonizó Elisa Garrido Gracia y que provocó una fuerte explosión, con la consecuente muerte de dos nazis[*]. Fue un milagro que la aragonesa sobreviviese a la detonación.

Además de esta lucha a escondidas, las españolas también se enfrentaron a sus captores cuando estos les propusieron pagarles un salario por su trabajo en la fábrica de obuses[42].

> La decisión que adoptamos fue unánime y gritamos todas a una: «¡No queremos salario alguno porque nosotras no somos obreras libres! ¡Somos detenidas políticas!».
>
> [...] Aquella actitud no fue fruto de nuestra inconsciencia, sino un gesto de una profunda dignidad. Fuimos rápidamente

* La historia se cuenta ampliamente en el capítulo de Elisa Garrido (véanse las págs. 49-79).

secundadas por las soviéticas y después por todas las deportadas.

Así, cuando el *Obermeister* entregó el bono de pago a las sublevadas, cada una de las seis mil mujeres que integraban el *Kommando* de HASAG lo rompió al grito de «¡Somos políticas!». Ninguna se quedó con aquella papeleta, con el subsiguiente enfado descomunal de los guardias, que comenzaron a vocear y a golpearlas «con una furia bestial». Tras aquella rebelión, Mercedes y sus compañeras regresaron al campo de concentración «marcando el paso y con la cabeza erguida». Y, aunque las mujeres esperaban alguna represalia, lo cierto es que todo quedó en agua de borrajas gracias a que los obreros civiles alemanes que trabajaban en la fábrica habían protestado al ver cómo las golpeaban[43].

A pesar de que su salud empeoraba día tras día, Mercedes aguantaba las palizas intentando no dar muestra de sus achaques, pues sabía que las consecuencias serían aún más terribles si las guardianas la veían demasiado débil. Asimismo, las humillaciones y las vejaciones a las que eran sometidas las presas a diario también se hacían cada vez más difíciles de soportar, sobre todo cuando presenciaban escenas en las que las víctimas eran menores.

En una ocasión, una de las guardianas arrebató a un bebé de tres días de los brazos de una joven madre, a quien condenó a trabajar y a producir para una de las empresas alemanas que practicaban la esclavitud laboral. El niño fue directo a la cámara de gas[44]. En esos casos, la impotencia y la rabia se apoderaban de las reclusas, pues sabían que nada podían hacer por salvar a los pequeños.

A pesar de los castigos, las torturas y los desprecios que sufrían y del sistema de aislamiento impuesto en los campos de concentración, los SS nunca lograron impedir que las presas se relacionasen entre ellas y encontrasen puntos de apoyo, ayuda o colaboración, ni que perdiesen su sentimiento como colectivo con un mismo fin: luchar contra el fascismo. Por eso en ocasiones se producían situaciones espontáneas que sorprendían a los vigilantes y que Mercedes recordaba así[45]:

> Algunas veces cantábamos a media voz canciones revolucionarias conocidas por todas, las españolas sabíamos un buen número y, coincidiendo, sonreíamos.

Pese a la complicidad que demostraban, inevitablemente también se originaban choques y roces entre las internas, pues, al fin y al cabo, convivían veinticuatro horas al día con hambre, falta de espacio e higiene y en condiciones infrahumanas. Pero la sangre nunca llegó al río, ya que, como relataba Mercedes, los SS se encargaban de recordarles «en todo momento que el enemigo era el nazismo»[46]. La solidaridad era habitual entre las prisioneras. La demostraban, entre otras muchas maneras, entregando alimentos y cuidando a las más débiles u organizando los citados sabotajes, de los que ninguna se chivó nunca, porque, incluso con sus diferencias, el colectivo republicano siempre estuvo unido.

Una de las cosas que más indignaba a Mercè era que destinasen a niños a trabajos forzados en contacto con ácidos, porque la posibilidad de sobrevivir era nula: se trataba de la forma más rápida de exterminarlos. Ante estas escenas, la española se llevaba las manos a la cabeza: «Nos mordemos los puños viendo aquello»[47].

Hubo un sinfín de situaciones límite en las que Mercedes incluso llegó a sentir vergüenza de sí misma por los pensamientos y sensaciones que se le removían por dentro. En una ocasión en que los mandos superiores del campo designaron como «transporte», es decir, que irían a la cámara de gas, a cincuenta mujeres por tener mala salud y, por tanto, no ser aptas para el trabajo, Mercedes, de salud ya muy deficiente y con el temor de ser elegida, se hizo la siguiente reflexión: «¿Por qué aquella idea indigna, por qué aquella especie de alivio cada vez que el comandante señala una nueva víctima? Me doy asco a mí misma».

Lamentablemente, era su vida o la de sus compañeras. Sin embargo, cuando llegó el cómputo final, con cuarenta y nueve mujeres ya elegidas, Mercè decidió ayudar a una compañera, Madame P.: le susurró que se quitase las gafas y las escondiese, pues sabía que llevarlas puestas implicaría la selección. Aun a sabiendas de que ella misma podría terminar en la cámara de gas, no sucumbió a la tentación de practicar el silencio y, finalmente, Mercedes y su compañera consiguieron escapar a la muerte[48].

En la «Revier»

Llegó un momento en que el agotamiento extremo, causado por las largas jornadas en la fábrica de obuses, provocó decenas de accidentes que dejaron a más de una presa sin movilidad en sus extremidades. Pero el instinto de supervivencia era tan grande que, aun siendo cadáveres vivientes destinadas a la *Revier,* estas mujeres sacaban fuerzas de flaqueza porque sabían que, si las mandaban a la enfermería, terminarían sus días en el crematorio.

Una mañana del mes de febrero de 1945, «Paquita», con dificultades para tenerse en pie, regresó de la fábrica aquejada de una altísima fiebre y de dolor de garganta. Después de que una doctora del Ejército Rojo la examinase en la *Revier,* le diagnosticaron escarlatina y la enviaron al barracón de las infecciosas durante cuarenta días. Al salir, Mercedes estaba tan agotada que su amiga Constanza le hizo de bastón para poder caminar.

> Suerte de tener a Constanza a mi lado. La chica, con mucha paciencia, me coge del brazo y me lleva casi arrastrándome cuando yo tengo que desplazarme. Bromeando siempre, dice: «Ahora ya no soy el 4067, soy Leal, perro de ciego» y ladra con mucha gracia[49].

Debido a su falta de fuerza física, los SS decidieron que Mercè se quedase en la cocina de Ravensbrück para pelar patatas y legumbres en lugar de regresar a la fábrica. Pero, después de que una guardiana le propinase un fuerte garrotazo en medio de la espalda, la salud de Mercè se resintió y comenzó su rápido y alarmante declive. «Adivino que algo muy grave acaba de producirse en mi organismo», narraba. Sufría de una grave hemotitis (hemorragia en el aparato respiratorio), por la que a principios del mes de abril sería ingresada en la enfermería de Schönefeld, la antesala de la cámara de gas[50]. Desde allí, la española podía oír el sonido de las bombas aliadas.

La salvación

Poco antes de que Mercè fuera gaseada —ya la habían anotado como «transporte»—, las tropas norteamericanas de la 2ª División de Infantería entraron en Leipzig para proceder a la liberación del campo. Era un 14 de abril y acababa de salvar su vida.

> El día de mi liberación no sé lo que hice. No puedo recordarlo. Fue tal el choque. Hubo mujeres que se murieron aquel mismo día, que no se podían mover y estaban agonizando en la cama y que se pusieron de pie al oír la noticia. Era una cosa de locura. Fue una alegría inmensa. Lo que sí recuerdo es que mis compañeras españolas que fueron evacuadas me habían

confeccionado una banderita republicana. Era el 13 de abril aquel día. Me dijeron mis compañeras: «Mira, si mañana, 14 de abril, eres liberada, te la pones». Yo cogí y me la puse. Es el único dato concreto que recuerdo de aquel día de mi liberación. Lo demás es un poco difuso. Anduve, salté, corrí…[51].

A partir de entonces, las deportadas comenzaron a ser repatriadas a sus países de origen, excepto las españolas, que eran consideradas apátridas por la dictadura de Franco. Tras su salida del campo, enterarse de que el caudillo no había caído le supuso a Mercedes «una gran desilusión. Siempre pensó que las tropas aliadas ayudarían a liberar España del fascismo, pero no fue así», recuerda su hijo Pablo[52].

El 24 de mayo, casi un mes después de la liberación, Mercedes y algunas de sus compañeras lograron llegar a Francia y, desde el hotel Lutetia de París, por fin pudieron contactar con los familiares más próximos. Sin embargo, su pésimo estado de salud la obligó a ingresar y permanecer un tiempo en el Hospital Bichat, donde recibió la visita de su gran amiga Constanza y su novio Joan, también deportado. Pablo asegura que su madre salió del campo de Ravensbrück con más dolor físico que moral, justo al contrario de lo que le había sucedido tras su salida de la cárcel de Ventas.

En deportación estaba más curtida a la lucha, al dolor y al sufrimiento, y estaba ya en el exilio, lejos de los suyos[53].

A pesar de que seguía ingresada en el Hospital Bichat de París, el 27 de julio de 1945 Mercè viajó a Carcassonne para testificar en el juicio contra René Bach, su torturador de la Gestapo. El juez había accedido a que víctima y acusado mantuviesen un careo en la prisión donde se encontraba arrestado el francés.

Aunque en un primer momento Mercedes había pensado en «escupirle a la cara y abofetearlo» hasta cansarse en cuanto lo tuviese delante, cuando el interrogado hizo acto de presencia, vio a un hombre tan destruido físicamente, que la miraba «con ojos de bestia acorralada, temblando de miedo», que se contuvo. Pese a que aquel individuo no le inspiraba piedad alguna, su propio sentimiento de dignidad prevaleció sobre la violencia y la tortura. Acababa de negarse a ejercer los mismos métodos del nazismo: «Si lo hubiese abofeteado, nunca más habría podido mirarme a la cara», reconoció[54]. Finalmente, René Bach fue condenado a muerte y fusilado el 6 de septiembre.

Vencer el miedo

Después de París, Mercè fue trasladada al centro de convalecencia de Meillon (Bajos Pirineos) para continuar su recuperación. Allí fue donde conoció a Medardo Iglesias Martín, excapitán republicano de la Guardia de Asalto en Madrid, del que se enamoró. Tras contraer matrimonio, en septiembre de 1947, se trasladaron a Drancy, en las afueras de París, y convirtieron su hogar en un lugar de reunión de intelectuales, militantes encubiertos, deportados y represaliados. Regresar a España todavía suponía un peligro —los exiliados republicanos eran perseguidos por el régimen de Franco— y Mercè y Medardo no estaban dispuestos a poner una vez más sus vidas en riesgo. Aunque en Francia se sentían a salvo, para Mercè, vivir en el extranjero, alejada de los suyos, nunca fue de su agrado. Durante años, el matrimonio tuvo las maletas hechas a la espera de que llegase el regreso a la patria que los vio nacer[55].

> El exilio solo sabe lo que es el que lo ha vivido..., el exilio no es demasiado romántico..., es muy prosaico, muy duro...,

> demasiado. Y no solamente es quedar separado de la familia, del país, que ya es muy duro, sino que incluso nos hemos encontrado con que no hemos asimilado la cultura en que hemos tenido que ir a parar y hemos perdido, a la vez, la nuestra[56].

En ese lapso de espera y de vuelta a esa otra realidad alejada de los campos de concentración, con unas graves secuelas físicas y psicológicas que dificultaban aún más el nuevo comienzo, Mercedes se dio cuenta de que ella y el resto de deportados eran distintos.

> Después hubo un largo paréntesis de sanatorios, hospitales, casas de reposo, recaídas y quirófanos. Hubo que vencer el miedo de volver a la vida normal, aprender de nuevo, como una criatura pequeña, los gestos sencillos: pagar el alquiler, ir al horno a comprar el pan, saludar a un vecino; salir del gueto moral, del «yo ya no soy como los demás», «los que no han ido a los campos no pueden comprender». Y no decirse nunca «yo ya he hecho bastante, ahora que los jóvenes…», sino darse a la vida plenamente, caminar siempre al lado de los que van adelante sin dejarse, como dice Maragall, «llevar a la tranquila agua mansa de ningún puerto»[57].

Mercè era muy consciente de las limitaciones y deficiencias que sufría, de haber perdido la memoria hasta el punto de no acordarse siquiera de su dirección.

> Hay que hacer un esfuerzo enorme para subir un escalón en tu vida y ponerte al nivel de la gente normal[58].

Incluso ir al cine podía convertirse en toda una odisea, sobre todo si la temática tenía que ver con su propia experiencia vital.

En una ocasión, fue a ver *Más fuertes que la noche**, una cinta que trataba sobre «el exterminio de los prisioneros comunistas, y el mensaje consistía en que permanecer apolítico significaba de alguna forma colaborar con el régimen»[59]. En una de las escenas en que se mostraba el temido *Appell,* a Mercedes se le removieron las entrañas. Aquella imagen la hizo retrotraerse a ese espeluznante momento de recuento de las prisioneras en el campo.

> Uno de los prisioneros mueve ligeramente la cabeza. Me espanté y el corazón me latió violentamente.
>
> —¿Qué te pasa? —dijo alguien a mi lado, cuando ya el látigo del SS había aguijoneado el prisionero. Yo me he «encontrado» de nuevo en el *Appell.* Crispada, he previsto el latigazo del nazi e, inconscientemente, he adoptado la inmovilidad de la piedra, el rostro inexpresivo de los deportados en el *Appell* y he sentido aquella vergüenza profunda.
>
> Salí del cine y no sabía ni dónde iba. Durante unos cuantos días tuve fallos repentinos de memoria, la herida que todos los deportados heredamos de los campos y arrastramos de por vida. No os lo cuento por daros lástima. Os lo cuento para que podáis comprender qué profunda herida, como la señal de un hierro ardiente, ha dejado el *Appell* en nosotros, los deportados[60].

Motivada por sus ideales políticos, Mercedes logró sobreponerse y sacar fuerzas de flaqueza para seguir adelante. Mientras que otras compañeras se refugiaron en la fe para sobrevivir a la deportación, ella siempre tuvo claro que, de morir, lo haría por sus principios. También le sirvieron de gran ayuda sus aficiones de juventud para recuperar su esencia. Sus achaques de salud

---

* Título original: *Stärker als die Nacht,* dirigida por Slatan Dudow (RDA, 1954).

no le impidieron volver a la montaña para practicar senderismo, leer a mansalva, dibujar y pintar en distintos soportes o escribir.

Activista dentro y fuera de casa

Mercedes Núñez escribió para publicaciones francesas y españolas como *Antoinette, Heures Claires, Le Patriote Résistant, L'Humanité* o *Mujeres Antifascistas Españolas,* entre otras. En esta última, dirigida por Neus Català en 1948, hizo formidables introducciones en primera plana[61].

Debido a la represión franquista contra los exiliados, Mercè optó por firmar con pseudónimo algunas publicaciones y relatos cortos sobre política o temas sociales. Para ello utilizó diferentes nombres, como el de «Andrea Docaño», porque Andrea era el nombre de su abuela paterna, y O Caño, la cuna de su familia paterna de Bergondo, en Galicia; el de «María Rosa Codesido», por ser el nombre de una prima suya y de su domicilio en Bergondo, o el de «Anita Dámaso», o «A. D.», que comparte las mismas iniciales con Andrea Docaño.

Asimismo, durante varios años coordinó el programa radiofónico *De Ribadeo a Tuy,* en Radio España Independiente, también conocida como «La Pirenaica», y defendió los derechos de la mujer en cada una de las asociaciones en la que participó, aunque, según asevera su hijo, «Mercedes no se consideraba feminista».

Pese a que los médicos aconsejaban a Mercedes que no tuviese hijos, Pablo nació en 1949. Recuerda que su madre «no dejaba su lucha en la puerta de casa. Mi padre militaba políticamente también, y entonces, en casa, la política era uno de los temas de conversación preponderantes»[62]. Desde que tuvo uso de razón, sus padres le contaron las duras vivencias de Mercè y de sus compañeras, aunque no todas. «Está claro que mi madre procuraba no marcarme con los detalles más escabrosos» y, a ojos de los demás, también a los de su hijo, siempre se mostró alegre, optimista, con muchas ganas de vivir; se tomaba las cosas con mucho humor y manifestaba esa retranca gallega tan particular que la caracterizaba.

Lo primero que a Pablo le viene a la memoria cuando piensa en su madre «es respeto y admiración por su generosidad y su entereza», aunque también cuestiona «si habrá valido la pena tanto sacrificio viendo el discurrir de la sociedad y la desmemoria que impera en nuestro país, aunque ella, cuando le preguntaban, siempre contestaba que, a pesar de todo, sí había valido la pena»[63]. Porque la «Paquita» de Ravensbrück jamás ocultó las miserias padecidas ni tampoco los miedos pasados, ni siquiera las «insensateces» que pensó en el campo, como la de desear quitarle la comida a alguna de sus compañeras. Ella siempre fue auténtica y alzó la voz para que nadie olvidase aquel tormento.

Pero no todos los camaradas pudieron contar su historia como Mercedes. Algunos se toparon con la incredulidad de la sociedad y se vieron condenados a «un dramático mutismo», e incluso hubo quienes no lo soportaron y «acabaron suicidándose»[64].

Quizá por eso Mercè decidió conservar el triángulo rojo de deportada política con la «S» de *Spanien* tras su liberación. Aquel objeto le recordaba quién era, lo mucho que había sufrido y por qué debía hablar sobre su tragedia hasta quedarse ronca. No quería olvidar, pero tampoco perdonar. «Nunca habló de perdón», asegura su hijo, a quien Mercè inculcó desde muy pequeño los valores de igualdad y justicia social que defendía la Segunda República.

A pesar de que Pablo, ahora septuagenario, rehúsa revelar los detalles más íntimos de la vida de su madre o contar alguna anécdota entre ellos, relata que Mercedes «era como todas, con sus risas, sus abrazos y su cariño». El resto de sus vivencias con ella decide guárdaselas para él y los suyos.

Sus Memorias

A comienzos de 1950, Mercè empezó a publicar de forma anónima en la revista *Mujeres Antifascistas Españolas,* para la que escribió varios capítulos que posteriormente conformarían su libro *Cárcel de Ventas,* publicado en París en 1967 con prólogo del poeta Marcos Ana, al que había apadrinado durante su cautiverio. Escribir su testimonio fue la forma de cumplir el juramento que hizo en la prisión madrileña a una de sus compañeras, aquella que le había dicho: «Explica a los de la calle lo que has visto aquí».

> Me ha estado arañando mi conciencia como una promesa no cumplida. Hasta que, a veinte años de distancia, como he podido, como he sabido, he pergeñado este relato forzosamente incompleto[65].

A lo largo de sus páginas, la española «no solo transmite el sufrimiento, la represión y la muerte cercana con el realismo vivido en su propia carne, sino que transmite también las ganas de vivir, la solidaridad y la dignidad del ser humano. Sus convicciones y fuerza de voluntad las adquirió ya muy pronto en su juventud», describe Pablo[66].

Aunque la difusión del libro fue nula en España durante la dictadura franquista, años después «algunos escritores e historiadores españoles lo utilizaron como soporte para hablar de la represión de la mujer en las cárceles franquistas»[67].

Este anonimato contrastaba con el reconocimiento público por parte del Gobierno francés, que le concedió la Médaille Militaire (máxima condecoración militar francesa) en 1959, además del título de Chevalier de la Légion d'Honneur (máxima condecoración civil francesa), que el expresidente de la República, Charles de Gaulle, le otorgó en 1960. También fue galardonada con la Cruz del Combatiente Voluntario de la Resistencia, la Medalla de la Deportación e Internamiento por hechos de Resistencia, la Cruz de Guerra 1939-1945 y la Cruz del Combatiente.

Tras un tiempo en Drancy, Mercedes se trasladó a París, donde prosiguió con su actividad militante: participó en el Movimiento de la Paz y la Union des Femmes Françaises, asesoró a emigrantes españoles en el sindicado de la Confederación General del Trabajo (CGT) e intervino en numerosos congresos sobre la deportación, ofreciendo su testimonio en países como Francia, Bélgica, Alemania, Holanda, Polonia, Checoslovaquia o Gran Bretaña[68].

Una nueva misión

Desde su confinamiento en los campos nazis, Mercè arrastró importantes secuelas físicas. Incluso tuvo que pasar por el quirófano para someterse a una extirpación de pulmón en 1959. Este traspiés de salud, del que creyó que no saldría viva, le hizo replantearse su vida y querer divulgar su testimonio.

> Mira, me voy a morir y no he escrito todo lo que viví en el campo, porque cada uno debería dejar un testimonio de lo que ha visto. Entonces, cuando me puse un poco mejor, pensé que había llegado el momento de escribirlo. Me puse y lo escribí casi de un tirón[69].

Con estas palabras, Mercè se refería a *Candidata al crematorio,* el primer título que le dio a su testimonio de resistente y deportada, y que se publicó en catalán en 1980 como *El carretó dels gossos.* En 2011 se editó de nuevo en castellano bajo el título *Destinada al crematorio,* con prólogo del catedrático Xesús

Alonso Montero y traducción de Ana Bonet Solé y Pablo Iglesias Núñez.

En sus páginas nos encontramos con un testimonio y un análisis de la sociedad de aquella época que, según su hijo, «analiza los comportamientos, tanto de las víctimas como de los verdugos, con mucha minuciosidad».

> Escribo porque se tiene que contar, aunque no sepa demasiado, con mi vocabulario empobrecido por el exilio; porque no se trata de hacer una obra literaria, sino de decir la verdad.

Desde luego, si algo caracteriza a los escritos de Mercè es que transmiten emociones a pelo, sin tapujos, y que no escatiman detalles, por muy sórdidos que sean: «Todo os lo contaré y no haré trampa».

De vuelta a casa

El regreso de Mercedes a España tuvo lugar en 1966, tras haber obtenido el pasaporte. Su primer viaje fue a Galicia. A partir de ese instante, se implicó activamente en la constitución de la sección gallega del PCE, junto a exiliados militantes como Santiago Álvarez y Enrique Líster, entre otros, que formaron parte de su primer Comité Central.

Con la muerte del dictador Franco en 1975, el matrimonio Iglesias-Núñez vivió a caballo entre Vigo y Barcelona y mantuvo su militancia, además de participar en los preparativos de las primeras elecciones democráticas de 1977.

También, para cumplir su misión divulgativa, Mercedes daba conferencias en los colegios e institutos de Galicia y Cataluña, donde presentó el documental *Noche y Niebla,* de Alain Resnais; participaba en charlas y debates radiofónicos y televisados, y concedía entrevistas para la prensa. Mediante las charlas, la superviviente «quiso trasmitir alegría a los jóvenes y que conocieran su propio pasado para no repetir los mismos errores. Les recordaba lo que había escrito el dramaturgo Bertolt Brecht: "Aún es fecundo el vientre que parió la bestia inmunda"», rememora su hijo.

Su incorporación, en 1983, en la Amical de Mauthausen y otros campos como delegada en Galicia supuso un nuevo reto para Mercè, pues debía elaborar un censo de más de doscientos gallegos muertos en los campos de concentración nazis. Su objetivo principal era la recuperación de la memoria democrática, pero también el reconocimiento del papel fundamental de la mujer en todas las luchas: no podían ser, de nuevo, las grandes olvidadas de la historia. Y aunque la represión y la desmemoria jugaron en contra, para Mercè la lucha por la libertad siempre valió la pena.

> Mi libertad es un mundo de justicia, donde todo el mundo pueda vivir, donde no haya guerras, donde no se cometan injusticias, donde nadie pase hambre. Eso, para mí, es la libertad[*].

Mercedes siempre aborreció a quienes justificaban otros genocidios o los negaban con descaro, porque, cuando los escuchaba, recordaba el modo en que los niños judíos morían asesinados a manos de los nazis y le dolía «como si los viese asesinar por segunda vez»[70].

Para no evocar las terribles emociones vividas, la española nunca quiso volver a los campos de concentración; se negó a pisar aquellos lugares de sufrimiento y crimen, aunque ello no

* Respuesta de Mercedes a un periodista cuando le preguntó por su concepto de libertad. Entrevista en TVE-Catalunya, en marzo de 1986.

le impidió llevar a cabo su labor divulgativa hasta su fallecimiento, el 4 de agosto de 1986.

Luchadora antifascista

Algún tiempo antes de morir, Xesús Alonso visitó a Mercedes en su casa de Puxeiros, a las afueras de Vigo, donde combinaba la militancia política con el cultivo de un pequeño y modesto huerto. «Siempre que me asomaba a los ojos de Mercedes detectaba su bondad, su gran bondad, ni siquiera empañada por los sufrimientos infligidos a su sensible espíritu por los camaradas que, en su día, creyendo que servían el ideal, servían otras cosas, algunas atroces», escribió el catedrático en el prólogo *Destinada al crematorio.*

En aquella charla, de «palabras que confortaban», Alonso se quedó prendado de la entereza de la «Paquita» resistente que logró salir de la zanja de la muerte y elevar el puño para entonar canciones de libertad y defender a los oprimidos.

Aunque la muerte impidió que continuase con esta tarea, tanto instituciones públicas como generaciones posteriores han reconocido su esfuerzo y valentía mediante la celebración de homenajes y exposiciones, o la asignación de su nombre a diferentes calles, como la del barrio vigués de Pardaiñas-Rocío, en 2009. Más recientemente, en enero de 2019, el Ayuntamiento de Barcelona colocó una placa en su casa natal de la calle Santa Ana, número 5, en la que se lee «luchadora antifascista».

Este cartel no solo es un homenaje a Mercedes Núñez Targa, sino también «a todas las mujeres republicanas antifascistas que lucharon y defendieron los valores de justicia y libertad de la Segunda República. Primero en su país y después en el exilio, luchando contra el fascismo y la intolerancia»[71].

Notas

[1] Entrevista con Pablo Iglesias Núñez, hijo de Mercedes Núñez, el 12 de diciembre de 2020.

[2] Cazarabet conversa con… Pablo Iglesias Núñez, sobre el libro *El valor de la memoria. De la Cárcel de Ventas al campo de Ravensbrück,* de Mercedes Núñez Targa.

[3] Ibíd.

[4] Apuntes biográficos de todo el capítulo aportados por Pablo Iglesias Núñez.

[5] Entrevista de Mercedes Núñez para *El Noticiero Universal,* 22 de noviembre de 1980.

[6] Mercedes Núñez, *Cárcel de Ventas*, Editions de la Librairie du Globe, París, 1967.

[7] Ibíd.

[8] Cazarabet conversa con… Pablo Iglesias, ob. cit.

[9] Ibíd.

[10] *Cárcel de Ventas,* ob. cit., págs. 65-66.

[11] Ibíd.

[12] Mercedes Núñez, *Destinada al crematorio. De Argelès a Ravensbrück,* Editorial Renacimiento, Sevilla, 2011, pág. 18.

[13] Datos aportados por Pablo Iglesias Núñez.

[14] Mónica G. Álvarez, *Guardianas Nazis. El lado femenino del mal* (10ª edición), Edaf, Madrid, 2019, pág. 194.

[15] *Cárcel de Ventas*, ob. cit.

[16] Entrevista de Mercedes Núñez para el *Faro de Vigo,* en 1977.

[17] Cazarabet conversa con… Pablo Iglesias, ob. cit.

[18] Entrevista de Mercedes Núñez para el *Faro de Vigo,* en 1977.

[19] *Destinada al crematorio,* ob. cit., págs. 41, 42 y 54.

[20] Ibíd.

[21] Ibíd.

[22] Ibíd.

[23] Entrevista de Mercedes Núñez para *El Periódico,* 21 de noviembre de 1980.

[24] *Destinada al crematorio,* ob. cit., págs. 59-67.

[25] Ibíd.

[26] Ibíd.

[27] Ibíd.

[28] Entrevista de Mercedes Núñez para *El Periódico,* 21 de noviembre de 1980.

[29] Ibíd.

[30] Entrevista de Mercedes Núñez con la periodista Montserrat Minobis, en noviembre de 1980.

[31] David Serrano i Blanquer, *Les dones als Camps nazis,* Editorial Portic, Barcelona, 2003, págs. 62-63.

[32] *Destinada al crematorio*, ob. cit., pág.71.

[33] Mónica G. Álvarez, ob. cit., pág. 195.

[34] Extracto de su libro *Destinada al crematorio,* ob. cit.

[35] David Serrano i Blanquer, ob. cit., pág. 60.

[36] *Destinada al crematorio*, ob. cit., pág. 76.

[37] Ibíd.

[38] Mónica G. Álvarez, ob. cit., pág. 195.

[39] *Destinada al crematorio*, ob. cit., pág. 96.

[40] Ibíd.

[41] David Serrano i Blanquer, ob. cit., pág. 87.

[42] Carlos Hernández de Miguel, *Los últimos españoles de Mauthausen* (edición digital), Ediciones B, Barcelona, 2015, pág. 261.

[43] *Destinada al crematorio*, ob. cit., pág. 108.

[44] Mónica G. Álvarez, ob. cit., pág. 196.

[45] David Serrano i Blanquer, ob. cit., pág. 90.

[46] Ibíd.

[47] *Destinada al crematorio*, ob. cit., págs. 104-105.

[48] Mónica G. Álvarez, ob. cit., pág. 196.

[49] *Destinada al crematorio*, ob. cit., pág. 117.

[50] Mónica G. Álvarez, ob. cit., pág. 196.

[51] Entrevista de Mercedes Núñez para TVE-Cataluña, marzo de 1986.

[52] Cazarabet conversa con… Pablo Iglesias Núñez, ob. cit.

[53] Ibíd.

[54] *Destinada al crematorio*, ob. cit., pág. 152.

[55] Entrevista de Mercedes Núñez para el *Faro de Vigo,* en 1977.

[56] Entrevista de Mercedes Núñez con la periodista Montserrat Minobis, en noviembre de 1980.

[57] *Destinada al crematorio,* ob. cit., pág. 153.

[58] Cazarabet conversa con… Pablo Iglesias Núñez, ob. cit.

[59] «Memorias traumáticas entre propagandas y subversión. La representación del exterminio nacionalsocialista en el cine de la URSS y la RDA durante el deshielo», tesis doctoral en Historia de Pablo Fontana para la Facultad de Filosofía y Letras de la Universidad de Buenos Aires, año 2017.

[60] *Destinada al crematorio*, ob. cit., págs. 76-77.

[61] Neus Català, *Memoria i lluita,* Fundación Pere Ardiaca, Barcelona, 2006, pág. 111.

[62] Entrevista con Pablo Iglesias Núñez, hijo de Mercedes Núñez, el 12 de diciembre de 2020.

[63] Cazarabet conversa con… Pablo Iglesias Núñez, ob. cit.

[64] Ibíd.

[65] Ibíd.

[66] Ibíd.

[67] Ibíd.

[68] Datos aportados por Pablo Iglesias Núñez.

[69] Mercedes Núñez, *El carretó dels gossos. Una catalana a Ravensbrück,* Edicions 62, Barcelona, 2005.

[70] *Destinada al crematorio*, ob. cit., pág. 80.

[71] Discurso de Pablo Iglesias en la inauguración de la plaza a Mercedes Núñez en su casa natal de la calle Santa Ana, número 5, de Barcelona.

CONCHITA GRANGÉ BELETA

«La Nebudo»

Cuando se hizo de día y vimos aquella carnicería, es indescriptible el horror que sentimos, sabíamos que eran malvados y sin entrañas, pero ver estos crímenes gratuitos...

CONCHITA GRANGÉ

Cuando a los quioscos españoles todavía no llegaban revistas tan sofisticadas como *París Match* o *Elle,* la pequeña Carme, de apenas diez años, disfrutaba con aquel regalo que llegaba desde Toulouse, gracias a la hermana de su madre. En el paquete, Conchita, además de estas dos publicaciones, metía discos de vinilo de cantantes famosos del momento. Eran los años sesenta y, por primera vez, Carme descubría las canciones de Jacques Brel, quien, con los años, se convertiría en su artista favorito. «Siempre me regalaba discos de él. Yo me lo pasaba...», rememora Carme con emoción[1] y se le quiebra la voz al mencionar a Jean Paul Ferrat y su *Nuit et Brouillard*[*]. «Ils se croyaient des hommes, n'étaient plus que des nombres», canturrea. «Esta canción siempre me hacía llorar». Otro de los regalos que Conchita hizo a Carme, y del que guarda un bonito recuerdo, fue el libro *La Ciudadela,* de A. J. Cronin, una novela de gran éxito que habla de la lucha de clases, de la inoperancia y la ineptitud de los profesionales, así como de la corrupción.

Su *tieta* —apelativo cariñoso que utiliza Carme a lo largo de toda la entrevista—, una mujer espléndida y muy dada a com-

---

* El título significa *Noche y Niebla,* y habla de un tren de deportados hacia Alemania, de quiénes son y qué piensan.

partir, sabía que así hacía feliz a su sobrina, y no dudaba en obsequiarla, cuando podía, con este tipo de presentes. Pese a los sesenta años transcurridos, Carme lo recuerda como si fuese ayer.

Criada por sus tíos

De padre francés y madre española, Conchita Grangé Beleta nació el 6 de agosto de 1925 en Espuy, provincia de Lleida, a dos kilómetros de la colonia industrial de Capdella, donde se encontraba la principal central hidroeléctrica del siglo XX en Cataluña, concretamente en el ayuntamiento de Torre de Capdella[3]. En este emplazamiento se levantó un pueblo cuyos residentes eran los propios trabajadores de la estación y cuyo rendimiento económico dependía íntegramente de quienes habitaban en la Vall Fosca.

Cuando Conchita tenía dos años, ella y sus tres hermanas tuvieron que marcharse del hogar familiar en Espuy (eran un total de ocho hermanos) para vivir en Toulouse. Su madre, María Beleta, había enfermado y, ante la imposibilidad de mantener a todos los hijos, su hermano Jaume decidió ayudarla. «Se llevó a las chicas porque a ella ya le quedaban tres niños para alimentar»[*], explica Carme. A partir de entonces, la vida de Conchita siempre estuvo ligada a los Beleta-Ibarz: «Yo he sido criada y educada en Francia por mis tíos»[4]. Su tío Jaume, por ejemplo, le inculcaría las ideas republicanas y la integraría en la Resistencia; y su tía Elvira Ibarz y su prima María Castelló —que, hija de un primer matrimonio de su madre, Elvira, no llevaba el apellido Beleta— serían un gran apoyo en todo momento, principalmente tras su detención y deportación a los campos de concentración.

---

* Según la sobrina, eran ocho hermanos, cinco niñas y tres niños; una de ellas, Mariona, murió porque en aquella época no había penicilina. Esta niña nació en 1922, tres años antes que Conchita.

La lucha

Cuando estalló la Guerra Civil española abandonaron Toulouse para trasladarse a Cataluña y luchar a favor de la República: su tío se encargaría de las fortificaciones de los pequeños campos de aviación que el bando republicano tenía en Balaguer y Aravell, en Lleida, y Argelaguer, en Girona, hasta el fin de la contienda. Tras la derrota republicana y la victoria del bando nacional bajo la dirección del general Francisco Franco, los Beleta, incluida Conchita, regresaron a Francia y se instalaron en Varilhes, una población al sur del país, donde vivía María junto a su marido y sus tres hijos. Aquí empezó el periplo de Jaume en la Resistencia francesa de la Ariège: abrió un negocio de explotación forestal en el Col de Py, en Gudas, próximo a Varilhes, y se puso en contacto con la Brigada de Guerrilleros número 234, del XIV Cuerpo de Guerrilleros Españoles que dirigía Jesús Ríos, alias «Mario Martín», formada por mineros, carboneros, leñadores y constructores de embalses[5].

> Yo tenía catorce años cuando mi tío me mostró un lugar donde había armamento escondido para los maquis. Yo no sabía entonces que existía la Resistencia y, además, en casa de mis tíos no se hablaba de esto, era secreto. Mi prima María comenzaba a saberlo, pero ella ya estaba casada, era unos años mayor que yo, su marido era oficial de la armada francesa y estaba preso[6].

Sin embargo, en abril de 1943, Jaume huyó a Andorra para evitar ser detenido por la Gestapo y «durante algún tiempo todo estuvo desorganizado», escribió Conchita en el libro *De la resistencia y la deportación*. Poco después, los camaradas de la Ariège pidieron a las Beleta (Conchita, Elvira y María) que continuasen la lucha de Jaume y que participasen de forma activa en esta zona francesa. Fue aquí donde conoció al que años después sería su marido, Josep Ramos:

> Reorganizamos los grupos de Resistencia, casi como estaban antes, y como sabíamos que en el «Col du Py» los grupos funcionaban, volvimos a tener contacto con ellos, y entonces fuimos integradas a la 3ª Brigada de Guerrilleros[7].

Con apenas diecisiete años, Conchita se convirtió en un enlace clave de la Resistencia, más por adoración a su tío, al que consideraba un padre e incluso llamaba «papá», que por sus propias ideas políticas. «Supongo que ella se vio enrolada en unas circunstancias en la vida… y lo aceptaba», reflexiona Carme. También ayudó, según contaba Conchita, que los mismos maquis la vieron «jovencita y delgadita», con un aspecto tan «frágil» que, según ellos, «podía pasar muy bien desapercibida»[8]. Así fue como «la Nebudo» (la sobrina) o la «Nina» (la niña) —como denominaban cariñosamente a Conchita en *patois* [dialecto francés hablado en Ariège]— y las otras dos Beleta utilizaron la casa que tenían en la calle Peny —ubicada en un vecindario del municipio de Gudas a unos treinta y cinco kilómetros de Ariège— para recibir los partes, la propaganda, las cartas y las órdenes de misión que posteriormente llevaban a los jefes maquis. Asimismo la emplearon como escondite para quienes huían de los nazis, como el señor Linares o Bernadette, «una española, con nombre falso»[9].

La emboscada

Dar refugio a tres camaradas el 23 de mayo de 1944 cambiaría sus vidas para siempre. Entre los acogidos se encontraba el dirigente del XIV Cuerpo de Guerrilleros Españoles, Jesús Ríos, quien al día siguiente debía acompañar a dos aviadores británicos a la frontera con Francia para su repatriación. Debido al miedo de Ríos de quedarse en casa, optó por pedir ayuda a tía Elvira.[10]

A las nueve de la mañana del día 24, un grupo de milicianos de la Policía de Pétain rodearon la casa de las Beleta: sabían que los maquis se encontraban en el interior.

> Enseguida empezó un tiroteo. ¿Quién empezó? Yo no sé nada; el caso es que el grupo de hombres se escapó, y Ríos fue herido; le alcanzaron con una ráfaga de ametralladora en el vientre. Mi prima y yo fuimos detenidas con Ríos y mi tía; los otros chicos también fueron heridos, pero pudieron escaparse. Nos llevaron al centro de las milicias de Foix; a Ríos le pusieron en un rincón de la sala. Como perdía mucha sangre, pedimos que lo llevaran al hospital; alguien contestó: «Es un perro. No tiene importancia. ¡Es uno más que morirá!». Finalmente, a las tres de la tarde, se lo llevaron al Hospital de Foix; a nosotras nos interrogaron durante unos días, pues un miliciano fue muerto. Después nos entregaron a la Gestapo y allí empezaron de nuevo los interrogatorios[11].

Se llevaron a cabo un total de siete interrogatorios en la prisión de Saint Michel de Toulouse, cuyas torturas desencadenarían una fuerte artrosis en Conchita a partir de los años cincuenta. Durante aquellos «terribles» suplicios «mi preocupación principal era que no me martirizasen mucho», y permanecer en silencio, a pesar de los golpes y bastonazos que recibió y que le dejaron «el culo negro como el hígado». Conchita siempre tuvo claro que no podía achantarse ante las amenazas del jefe de la Gestapo de Foix, quien les llegó a decir: «Nosotros no os hicimos hablar, pero hay quien sabrá hacerlo mejor».

> Afortunadamente, no nos torturaron, no nos hicieron como a una chica que estaba en nuestra celda, a ella sí que la tortura-

ron, pues le pusieron dos electrodos en los pechos y los tenía completamente negros; la pobre estaba en un rincón como un animal, incapaz de la menor reacción. Así que, al lado de esto, yo creo que en el fondo no fui torturada[12].

No fue la única escena que impactó sobremanera a Conchita: también vio «cómo les arrancaban las uñas de los pies y las manos a hombres y mujeres», pero tampoco abrió la boca. «Tenía miedo de hablar, pero no lo hice», aseguró. Aquella fuerza de voluntad para defender sus principios por encima de todo y aquel convencimiento, tan admirado posteriormente en sus charlas y conferencias, le sirvieron para no doblegarse ante ninguna imposición contraria a sus creencias republicanas. De hecho, su sobrina Carme tiene la certeza de que su *tieta* habría aceptado la situación de tal modo que, aunque hubiese sabido su destino posterior en Ravensbrück, habría actuado de la misma manera. Para Conchita, su lucha por resistir era «por el bien de la sociedad».

La joven, su tía Elvira y su prima María fueron sacadas de la prisión de Saint Michel y conducidas al campo de concentración de Ravensbrück en un convoy denominado «Tren Fantasma».

El «Tren Fantasma»

El 3 de julio de 1944, el que se considera último gran transporte de prisioneros partió desde la estación de Toulouse rumbo al «Puente de los Cuervos», a Ravensbrück. En sus vagones llegaron a viajar quinientos noventa y dos hombres y sesenta y cuatro mujeres, muchos de ellos españoles. Antes de partir, los presos se las habían ingeniado para enviar un mensaje a sus familias. Como Conchita, que, gracias al jefe de estación de Toulouse-

Matabiau, cuñado de su prima María, pudo alertar de que estaban en un convoy rumbo a Alemania.

> Así lo supo mi hermana. Incluso recuerdo que un capellán de Nimes escribió en un diario que era un evadido del tren y que habían tenido lugar más evasiones. Mi hermana lo fue a ver para preguntarle por nosotras y él le dijo que solamente sabía que había mujeres en el tren[13].

Este fue el único momento en el que pudo comunicarse con su familia, porque, una vez en el campo, perdió toda conexión con el exterior hasta el fin de la guerra.

El tren, que tardó dos meses en arribar a su destino final, atravesó Francia y Alemania con sus viajeros en condiciones infrahumanas y recibió constantes ataques y bombardeos de los Aliados. Durante el eterno trayecto se fueron sumando pasajeros procedentes de otras cárceles y campos de concentración en una expedición que, según Conchita, «aparecía y volvía a aparecer»[14]. De hecho, en cada estación, donde a veces paraban hasta ocho días sin poder avanzar debido a los cortes en las vías, los prisioneros hacinados escuchaban gritos de: «¡No llegaréis, no llegaréis!»[15]. Algunos, efectivamente, no lo hicieron y murieron en el interior de los vagones; otros lograron fugarse y salvar sus vidas. El resto terminó con los pies en los campos de exterminio (los hombres en Dachau y las mujeres en Ravensbrück), y se sintieron momentáneamente «afortunados» por seguir con vida. No sabían lo que les esperaba.

El campo de mujeres

Cuando el «Tren Fantasma» llegó a su parada final, el 9 de septiembre, Conchita acababa de cumplir diecinueve años. La primera impresión del campo de mujeres «fue terrible», recordaba[16].

> Todo era siniestro, el camino de piedras, el campo negro, el águila enorme. Llegamos cerca de las seis de la tarde; al bajar del tren, dos filas de SS con los perros. Fuimos a dormir a las duchas; antes nos hicieron que nos desnudásemos y desfilar ante un oficial SS, sentado en un sillón de mimbre, mirándonos a todas. Total, nos miraron los dientes, dos o tres veces nos hicieron el mismo examen, a pelo todo el mundo.

Tras el proceso rutinario de desinfección, le cortaron su larga melena, hasta dejar su pelo al rape, y procedieron a realizar la selección. «Se quedaron con las que éramos jóvenes y podíamos trabajar», diría Conchita sobre la clasificación por la que se libró de la cámara de gas. Sin embargo, su suerte no fue solo esa, sino también que no la separasen de su tía ni de su prima, sus grandes apoyos. Si hubiesen tenido el mismo apellido, todo habría sido distinto, porque los nazis no dudaban en dividir a las familias para mantener aislados emocionalmente a los presos.

Con el número de matrícula 82470[17], la enviaron al bloque 22, «el más sucio», y en el que, nada más entrar, se respiraba un olor tan nauseabundo que «se nos agarraba a la garganta». Aquel barracón, que también llamaban «de las gitanas», era «terrible», porque las internas convivían entre suciedad, piojos y chinches. Aunque unos días más tarde, seiscientas cincuenta y cinco mujeres, entre ellas las Beleta, fueron trasladadas a un barracón del *Kommando* de Oberschöneweide para trabajar en la fábrica de aviación, desde el principio Conchita fue testigo de las graves torturas que se perpetraban en aquel recinto:

> En Ravensbrück he visto a las SS pegar con saña por cualquier cosa, a mujeres mayores, a los niños, y hemos pasado horas inmóviles al pasar lista en la *Appellplatz*. Allí, quietas bajo un frío tremendo y débiles, algunas caían y no las podías ayudar, o te echaban a los perros encima[18].

Las fieras y las guardianas

A las tres de la madrugada y durante tres horas, los nazis obligaron a las presas a permanecer de pie, quietas, sin ropa de abrigo (había «carámbanos de hielo» colgando de las barracas) y sin comida. Además, les propinaron golpes, las llamaron mediante silbidos y las amenazaron con perros. Aquel primer pase de revista dejó en *shock* a una jovencísima Conchita que, aterrorizada, trataba de mantenerse firme ante la jefa de bloque, una «polaca y mala como un demonio», según la describiría años después[19]. La española logró aguantar inmóvil hasta que, a las seis de la mañana, disolvieron las filas, pero no así otras mujeres, que terminaron entre las fauces de los perros. Cada vez que la resistente relataba este incidente, «no podía evitar que le entrasen ganas de llorar», recuerda su sobrina Carme. Era «horrible» ver cómo «las mordían en las piernas, en los muslos» y les «colgaban pedazos de carne»[20], explicaba Conchita. «Lo que más le impactó de Ravensbrück fue cómo estimulaban a los perros para que mordieran las piernas de las mujeres y cómo mataban a mordiscos a los niños y luego los remataban a palos», me cuenta Carme. Las guardianas del campamento eran tan fieras como sus animales: avasallaban y maltrataban brutalmente a las prisioneras sin escrúpulo alguno. Aquellas palizas impresionaron muchísimo a esta hispanofrancesa, quien también fue testigo de cómo los niños eran aporreados sin piedad hasta la muerte o arrancados de los brazos de sus madres con un destino desconocido. Este tema, el de la maternidad, supuso uno de los recuerdos más dolorosos para Conchita:

> Muchas fueron detenidas y no supieron durante años qué pasó con sus hijos. Los buscaron después con la ayuda de la Cruz Roja. Algunas tuvieron suerte y los encontraron en orfelinatos. Otras jamás volvieron a saber nada más[21].

Los niños siempre fueron una carga para los nazis; por tanto, todos los bebés y los menores de ocho años eran directamente asesinados. A partir de los nueve años, los destinaban a trabajos forzados —obligándolos a manipular ácidos— y la mayoría moría por las durísimas condiciones de vida. Lo mismo pasaba con las embarazadas, que tenían pocas probabilidades de sobrevivir debido al dolor psicológico y emocional que experimentaban con la matanza de sus hijos[22].

> Mataban al hijo cuando nacía. Los ahogaban en una balda de agua… o las SS los cogían de los pies y los tiraban contra un muro. Se decía que a muchas mujeres les ponían inyecciones para retirar la menstruación. A nosotras no, quizá porque éramos el último convoy en llegar. Pero, eso sí, nos revisaron a todas ginecológicamente de arriba abajo, sin ninguna higiene, con los mismos utensilios. Era humillante y repugnante[23].

Otra de las vivencias que dejó una gran marca en Conchita fue contemplar, accidentalmente, el asesinato de tres niños a manos de Dorothea Binz —así se sobreentiende por los datos recopilados—, la supervisora en jefe de esa época. Aquel suceso la trastornó y le provocó un sentimiento de horror y la llenó de impotencia.

> Lo recuerdo perfectamente. Uno de ellos, el más pequeño, tenía solo tres o cuatro años y corría por la calle de los barracones. Una de las *Aufseherinnen* le gritó, pero el niño no la escuchó y ella le lanzó el perro. Lo mordió y lo destrozó. Después, ella le remató dándole palos con la *matraque* [porra, en francés].

Según cuenta su sobrina, el amor hacia sus seres queridos fue lo que mantuvo a Conchita con vida, pues se aferraba a la ilusión de reencontrarse con los suyos para poder aguantar más tiempo en aquel infierno. Era su consuelo, y resistir era su única salida. «Un poco más de esfuerzo y esto se termina», se decía. Pero no se lo ponían nada fácil, aunque trabajase de sol a sol.

Al finalizar su jornada en la fábrica a las afueras de Ravensbrück, la catalana solía dormir a la intemperie, al borde de la carretera. Daba igual si hacía frío, nevaba, si llovía o había hielo: su casa era el suelo del prado[24].

Las «Kaninchen»

Al igual que le ocurrió a Neus Català, Conchita Grangé también fue testigo de cómo los supuestos médicos del campo de concentración realizaban toda clase de aterradores experimentos[25] para probar sus absurdas teorías científicas. El director, Karl Gebhardt, amigo de la infancia y médico personal de Heinrich Himmler, efectuaba sádicos experimentos con las reclusas, y, paradójicamente, a la vez ejercía como presidente de la Cruz Roja alemana y jefe de investigaciones de todos los campamentos nazis[26].

El experimento más común que desarrollaba en la enfermería era el de amputar brazos y piernas para intentar, posteriormente, reimplantarlos. Aparte, el doctor también trataba de encontrar algún remedio para curar las heridas de guerra que los soldados alemanes sufrían en el frente. Entre las pruebas que hizo a las prisioneras, destacaban dos: la primera consistía en ocasionar profundas heridas en sus piernas e infectarlas con bacterias muy agresivas, para después detener dicha infección a base de sulfonamidas; la segunda estaba dirigida a estudiar el proceso de regeneración de huesos, músculos y nervios, además del trasplante de tejido óseo de un cuerpo a otro. Aquí Gebhardt se dedicó a romper huesos, cortar nervios y músculos de un grupo de setenta y cuatro reclusas polacas para después intentar remendarlos. El resto de compañeras las denominaban *Kaninchen*.

> Al llegar al campo unas deportadas me dijeron: «Te enseñaremos a las *petites lapins* —conejitas—», y yo, inocente, preguntaba si acaso conseguiríamos conejos para comérnoslos. Nos llevaron a una barraca donde vi a las que les habían operado las piernas, cortado tendones, los músculos, rasgado la piel, se les veía el hueso, todo para experimentar con el cuerpo humano. Tenían unas cicatrices horribles. A otras les inoculaban productos químicos o las amputaban[27].

Gebhardt no fue el único médico que realizó este tipo de experimentos atroces en Ravensbrück. Carl Clauberg, ginecólogo investigador, también llevó a cabo estudios de esterilización en masa en mujeres judías y gitanas, que previamente había iniciado en Auschwitz. Su «técnica» consistía en suministrar toda clase de toxinas para obstruir las trompas de Falopio. En una de las cartas que escribió a Himmler en junio de 1943, el doctor informaba al *Reichsführer-SS*[*] sobre sus importantes avances:

> El método de esterilización no quirúrgico que he inventado es casi perfecto. En el futuro, un médico con experiencia, con una oficina debidamente equipada y la ayuda de diez auxiliares, podrá llevar a cabo en un solo día la esterilización de cientos, o incluso de mil mujeres[28].

Los experimentos del tocólogo no solo producían dolores agudos en el útero de las mujeres, sino que causaban la muerte. Tras el deceso, Clauberg continuaba su labor de investigación durante la autopsia: quería verificar las secuelas de su tratamiento[29].

---

* Oficial de más alto rango de las SS.

Aparte de las torturas, las palizas y las experimentaciones médicas, las reclusas tuvieron que bregar con toda clase de enfermedades por la falta de nutrientes, pero también a causa de la comida en mal estado que recibían, entre ellas, la disentería.

> Tuvimos una temporada que atacó a todo el mundo, hay que comprender en qué estado estaríamos quinientas mujeres con una diarrea terrible y con cuatro váteres solamente. Había excrementos por todas partes; muchas no tenían tiempo de bajarse de la cama, pues eran camas de tres pisos, o sea que caía por el suelo o encima de las deportadas; esto llegó dos veces en diez días de intervalo[30].

Entre sabotajes y bastonazos

Sin alimentos adecuados que llevarse a la boca, enfermas y sin apenas higiene, las reclusas eran obligadas a trabajar largas jornadas en fábricas donde se producía material de guerra. En el *Kommando* de Oberschöneweide, Conchita y el resto de sus compañeras, incluidas su tía Elvira y su prima María, tenían que componer acumuladores de motores de avión. La producción en cadena se hacía tanto de día como de noche, y la joven resistente se encargaba de controlar las piezas que pasaban por la cinta. A pesar de ello, todas las reclusas, sin excepción, hacían sabotajes.

> Yo las dejaba pasar sin revisarlas, pero teníamos que vigilar que no nos vieran los SS. Esto lo hacíamos todas, pero aquel día nos cogieron a tres: una holandesa, una belga y yo. Al llegar a la barraca nos dieron seis bastonazos y nos cortaron el pelo al rape. Tuvimos la suerte de que habían bombardeado y no se podía salir, porque normalmente te desnudaban y te daban treinta bastonazos[31].

De las seiscientas cincuenta y cinco mujeres que inicialmente estuvieron en este *Kommando,* a las afueras de Berlín, «quedamos solo ciento quince», contaba con pena Conchita. Su prima María, por ejemplo, no aguantó aquella carga de trabajo y enfermó, por lo que la llevaron de vuelta a Ravensbrück y, de ahí, a Bergen-Belsen. Sin embargo, Conchita y su tía Elvira estuvieron juntas «hasta el último día del éxodo alemán»[32].

El traslado

A principios de abril de 1945, los Aliados recrudecieron su ofensiva contra los nazis con importantes bombardeos en los campos de concentración: era una señal de que la guerra estaba llegando a su fin. Los nazis cada vez tenían menos escapatoria y menos posibilidades de ocultar la barbarie del Holocausto. Los SS de Ravensbrück debían huir, pero antes había que evacuar el campamento y trasladar a las presas a otro punto del país. Decidieron subirlas en una barca en el río Spree. Entre las mujeres reinaba un gran desconcierto, porque nadie sabía a dónde las enviaban ni por cuánto tiempo. Solo cuando atravesaron Berlín y vieron la ciudad en ruinas, supieron que los Aliados estaban ganando la contienda y «que los nuestros les pegaban fuerte», contaba Conchita. Una «gran satisfacción» que coincidió con el 14 de abril, día que conmemora la proclamación de la Segunda República Española. «Es indescriptible la alegría que sentimos al verlos casi caídos, aunque nuestra vida no tenía más que en un hilo [sic]»[33], decía eufórica.

La embarcación de Ravensbrück tenía como destino el campo de Oranienburg, considerado uno de los más «salvajes» tras la llegada de Hitler al poder en 1933. El recinto, ubicado en el centro de la ciudad que lleva el mismo nombre, fue abierto por las *Sturmabteilung* (SA, las tropas de asalto nazis) en una antigua fábrica de cerveza abandonada y se convirtió en una de las primeras instalaciones de detención erigidas por los nazis, al norte de Berlín, para eliminar a sus oponentes políticos e intimidar al resto de la población[34]. Una vez allí, las prisioneras se encontraron con un campo completamente «bombardeado, lleno de hoyos y montones de tierra, barracas destruidas. Parecía como si se hubiese producido un terremoto»[35]. Posteriormente, las trasladaron al campo de Sachsenhausen, muy cerca del de Oranienburg, donde desde 1936 hasta 1945 los nazis confinaron y ejecutaron a miles de enemigos del Führer, entre los que incluían a comunistas, judíos, gitanos, homosexuales, testigos de Jehová y prisioneros de guerra. En este mismo campo permaneció preso durante dos años el socialista español Francisco Largo Caballero[36].

La comitiva viviente

Los nazis organizaron a las internas en barracas mixtas (hombres y mujeres) en Sachsenhausen y diariamente las mandaban a pie a trabajar con pico y pala en el *Kommando* de Köpernick, en el que cavaban trincheras y fortines de artillería para defender Berlín. «Fue un calvario terrible —recordaba Conchita—, no teníamos fuerzas para nada. Las *Aufseherinnen* nos pegaban; los guardias nos daban con las culatas de sus fusiles. Muchas mujeres cayeron»[37]. En una ocasión, las presas estaban cavando un hoyo cuando ocurrió lo siguiente:

> Llegó un camión repleto de verduras podridas y las tiraron en este agujero. Teníamos tanta hambre que nos lanzamos para comer alguna cosa sin pensar. Los alemanes nos vieron y nos dispararon con saña. ¡Madre mía!, oía las balas pasar rozándome, sentía el viento de la bala, pero no me tocaron. Fue horroroso verlas muertas a causa del hambre[38].

Aquella situación duró hasta la evacuación de Sachsenhausen el 21 de abril de 1945, cuando Himmler ordenó desocupar inmediatamente todos los campos ante el avance de las tropas soviéticas y evitar así la liberación de sus prisioneros. En ese momento se iniciaron las «marchas de la muerte».

> Aquello era abominable. A las que caían de fatiga las mataban y las dejaban en las cunetas; ayudábamos todo lo que podíamos a las más cansadas. Las cunetas estaban llenas de cadáveres y de armas[39].

De las ochenta y cinco mujeres que salieron del campo e integraron esta comitiva de cadáveres vivientes, subsistieron veintidós, entre ellas Conchita y su tía Elvira. Las Beleta sobrevivieron para contarlo, casi de puro milagro: en lugar de dormir al raso, al borde de la carretera junto al resto de deportados, su grupo decidió cobijarse del frío en un bosque de pinos cercano. Encontraron un árbol cuyas ramas y hojas tocaban casi el suelo y, como pudieron, se colocaron debajo: «Aquella noche los SS dispararon con las ametralladoras y mataron a todos, hombres y mujeres fueron asesinados mientras dormían».

A la mañana siguiente, salieron de su improvisado refugio y se toparon con los cadáveres de sus compañeros. Ninguna se había percatado de lo ocurrido porque los numerosos bombardeos acaecidos en la noche habían silenciado el ruido de las balas de las SS en aquella matanza. «Es indescriptible el horror que sentimos, sabíamos que eran malvados y sin entrañas, pero ver estos crímenes gratuitos…», contaría una indignada Conchita[40].

Tras presenciar aquel espectáculo dantesco, que las dejó sin fuerzas, las supervivientes se dieron cuenta de que estaban solas y de que sus verdugos habían escapado. Aterrorizadas por si estos regresaban, decidieron huir campo a través, sin rumbo fijo: solo querían escapar de «aquel lugar maldito».

La libertad

Durante la travesía por el bosque de Rostock, aún vestidas con la chaqueta a rayas del campo y cubiertas de suciedad y piojos, fueron auxiliadas por otros grupos de prisioneros franceses, que les facilitaron prendas limpias, latas de comida y agua para su higiene. Si bien algunos supervivientes llegaron a conservar dicha indumentaria, no fue el caso de Conchita, que la quemó para desinfectarla[41]. A medida que avanzaban, estas mujeres veían fusiles abandonados en las cunetas, señal de que las cosas iban muy mal para los alemanes. Aquello les dio fuerzas para continuar hasta que se toparon con unos tanques soviéticos que avanzaban disparando sus cañones.

> Nos tiramos todas al suelo y sacamos nuestros pañuelos de cabeza blancos y empezamos a mover los brazos con los pañuelos; los tanques pararon. Todas llevábamos el triángulo rojo con una «F» y empezaron a decir *französischen**.

Tras el encarcelamiento a manos de los nazis y su posterior éxodo, el grupo de Conchita y Elvira era libre, al fin. Sin embargo, y pese a la comida que les dieron los rusos, muchas de las supervivientes fallecieron a los pocos días a causa del debilitamiento y de las enfermedades. Además, poco antes de alcanzar las filas americanas, sufrieron un nuevo brote de disentería, de manera que, cuando llegaron, todas eran guiñapos. Conchita apenas pesaba treinta y seis kilos, era todo piel y huesos, y cuenta su sobrina que, cuando su hermana Josefina —madre de Carme— la vio por primera vez, ni siquiera la reconoció.

Rápidamente, los americanos metieron a las mujeres en camiones militares cubiertos con toldos y ataviados con bancos

* Francesas, en alemán.

para conducirlas, a través de Holanda y Bélgica, hasta Francia. Durante el recorrido, Conchita disfrutó, entre otras cosas, de las magníficas vistas que ofrecían los actuales Países Bajos, con sus inmensos jardines, floridos de tulipanes. También le emocionaba la población civil, que acudía a verlas y les regalaban flores. Estaban viviendo una situación radicalmente opuesta a la que habían dejado atrás en los campos de concentración nazis.

Después de atravesar Holanda, llegaron a Bruselas, donde cogerían un tren que las llevaría a Francia. Pero las deportadas estaban tan «acostumbradas a ser prisioneras» que «no queríamos movernos. Ellos nos decían: "Pero salid del camión, sois libres de ir a donde queráis". Estábamos atontadas aún por la vida que habíamos llevado». La primera parada: Lille. Ahí les realizaron el primer examen médico y les dieron el gusto de comer chuletas con fideos. Después continuaron con la llamada «rutina de todos los deportados», que consistía en ir a París, más concretamente al hotel Lutetia, donde se reunían supervivientes del Holocausto y exreclusos de las cárceles o de los campos de exterminio para poder localizar a sus familiares. Desde allí, Conchita y tía Elvira se embarcaron hacia su último destino, Toulouse, con el único objetivo de encontrar a María.

El reencuentro

A su regreso a la estación de Toulouse-Matabiau, las Beleta bajaron del vagón y oyeron la voz de un hombre que gritaba sus nombres a través de los altavoces para que se personasen en el despacho del jefe de la estación: era el cuñado de María, el mismo que, un año antes, había alertado a sus familias sobre el fatídico viaje de las mujeres a Alemania en manos de los nazis. Pero Elvira, exhausta de tantas fatigas y suplicios y temiéndose lo peor, se abrazó a Conchita y le dijo llorando: «Nos los han fusilado a todos, ¡a todos! Nos hemos quedado solas. ¡Solas!». Afortunadamente para ellas, no era cierto. Tanto el tío Jaume, que se había refugiado en Andorra para escapar de los nazis y que, tras su vuelta, había abierto una aserradora en Tarbes, como los tres hijos de María, estaban sanos y salvos. El reencuentro fue de una alegría indescriptible. Pero aún faltaba María, de la que tuvieron noticias semanas después de la liberación: se encontraba en la habitación de un hospital en París debatiéndose entre la vida y la muerte.

> Cuando vimos a nuestra pobre María, estaba completamente desconocida. ¡Qué horror! No tenía más que la piel pegada a los huesos, era un esqueleto viviente pero que se moría al mismo tiempo. Estaba tan convertida en esqueleto que, en todas las junturas de los huesos, los dedos, los codos, las rodillas, las nalgas, las vértebras, todos esos huesos habían perforado la piel… tenía los huesos al desnudo. Hubiera dicho que parecía un esqueleto de los que usan en los estudios de medicina. Fue repatriada en avión y ni siquiera pudieron ponerle una inyección para salvarla. Había sido envenenada por las aguas del campo de Bergen-Belsen. Como había tantos montones de cadáveres, se declaró el tifus. Los últimos días, las aguas de aquel campo se envenenaron. A pesar de su estado, conservaba toda su lucidez[42].

El reencuentro con María fue uno de los momentos más angustiosos para Conchita, y su muerte, a la edad de treinta y un años —dejaba huérfanos a tres niños—, un completo *shock.* Porque después de todos los padecimientos que llevaba a la espalda, decir adiós en aquellas condiciones a la que consideraba su «querida hermana María» le provocó un gran trauma. «Necesité muchos años para readaptarme. Andaba entre cielo y tierra», reconocería tiempo después.

Buenas amigas

Uno de sus grandes apoyos tras este nuevo varapalo fue Geneviève de Gaulle, compañera suya en Ravensbrück, con la que Conchita trabó una gran amistad durante su estancia en el campo de concentración[43].

> Geneviève estaba en una celda de castigo y la pusieron después en la barraca que servía para los despachos alemanes. Había unas grandes ventanas. Yo estaba muy intrigada en mirar y saber cómo era. Un día, cuando pintaban, abrieron las ventanas y entonces pude intercambiar algunas palabras con ella. La saludé, hablamos un rato y, a partir de entonces, siempre me llamó *«ma petite toulousenne»* [«mi pequeña de Tolouse»].

La francesa fue siempre una mujer solidaria, especialmente con las españolas. Cuando María falleció, Geneviève se encargó de ayudar a Conchita en todos los trámites con la funeraria: le dio vestidos para el tanatorio, hizo que le fabricaran un ataúd y solicitó un transporte para trasladar el féretro hasta la región de Ariège, de donde procedía la difunta.

Además de con Geneviève, Conchita mantuvo amistad con otras supervivientes francesas, como Mari Jo Chombart, posteriormente presidenta de la Asociación Amical Ravensbrück de París, o con «Miarka», apodo de Denise Venay Jacob, hermana de la filósofa y política deportada Simone Veil. Sin embargo, no conocería a otras españolas, como Neus Català o Lise London, o a la etnóloga y escritora francesa Germaine Tillion, hasta después de la liberación, en reuniones de deportados.

Pese a la tragedia personal de Conchita, la española, dotada de buena memoria y de una conversación elocuente y pormenorizada, llegó a bromear en público sobre cómo fue su vuelta al país que la había acogido con tan solo dos años. «Su sentido del humor siempre fue excelente y enriquecedor», dice una nostálgica Carme Rei Grangé:

> Regresé a Francia con un pantalón, que entonces las mujeres vestíamos solo con faldas, una camisa y una chaqueta de hombre. Uno de mis primos, al verme tan esquelética, me dijo que tenía la nariz transparente de tan delgada que estaba. Como anécdota, te diré que hay una foto que me hicieron de perfil para que él viera que no era transparente[44].

«La Nebudo» y «el Pequeño»

Una vez establecida en Toulouse, Conchita volvió a tener contacto con Josep Ramos, excombatiente en la 3ª Brigada de Guerrilleros Españoles del Ariège, al que conoció durante su etapa como enlace de la Resistencia poco antes de ser detenida. Todo fue obra del destino: ambos paseaban por la ciudad cuando se encontraron, reconociéndose de inmediato. «Tú eres "la Nebudo"», le dijo Josep, aludiendo al pseudónimo que Conchita usaba en la Resistencia. «Y tú eres "el Pequeño"», respondió ella, recordando que lo llamaban así por lo «delgadito y bajito» que era*. De aquella amistad surgió el amor y, de ahí, el matrimonio en las navidades de 1946, además del consecuente cambio de apellido. A partir de ese momento, adoptaría el apellido del esposo y se convertiría en Conchita Ramos.

Enamorarse de Josep hizo que Conchita se ilusionase de nuevo y que encontrase el equilibrio y la ayuda suficientes para volver a la normalidad. Aunque vivía traumatizada, poco a poco fue soltando lastre, aprendió a vivir y fue madre de dos niños:

---

* Apunte facilitado por la sobrina, Carme Rei Grangé.

> Cuando tuve mi primer hijo, en noviembre de 1947, pensé que debía de seguir con la solidaridad y fraternidad con mis compañeros de deportación. Así lo hice, pero al salir de nuestros encuentros debía centrarme y dedicarme a mi familia. En 1955 tuve un segundo hijo, prematuro, que siempre sufrió un problema óseo que le impidió caminar con normalidad[45].

Los secretos

Aunque, como veremos más adelante, Conchita se liberó del silencio que tanto dolor le había causado años después, en casa prefería no hablar de su época como prisionera, y si algún familiar que no fuesen sus hijos le preguntaba sobre su experiencia, ella simplemente les remitía a los libros, porque allí, decía, darían con la respuesta a su cuestión. Su sobrina Carme recuerda que cuando tenía quince años aproximadamente, su *tieta,* además de aconsejarle qué libros leer para conocer lo ocurrido en la Segunda Guerra Mundial —los de Simone Veil, entre otros—, solo le contaba que daba conferencias a alumnos en los liceos y que hacía de guía para grupos de estudiantes en Polonia y Alemania. «No quería influenciarme con todas las vivencias y penas vividas, y de ahí no la sacabas».

Fue su madre, Josefina, que también sufrió la contienda en Francia, quien explicó a Carme las circunstancias en las que había vivido su tía en los campos de concentración y quien le detallaría la historia de la familia, marcada por la Resistencia, la guerra y el sufrimiento. Aun así, en pleno franquismo de los años sesenta, nadie podía enterarse, y menos en la escuela. Todo era un «secreto de la familia» que no se comentaba con nadie ajeno en ninguna circunstancia. Aunque, en realidad, se trataba de dos secretos que tenían que ver con los hombres de la familia Rei: el primero era que el padre de Carme había estado en un campo de refugiados francés y había sobornado a alguien para cruzar la frontera de Andorra y conseguir llegar a Cataluña; y el segundo, que el abuelo paterno, buscado por el bando nacional, había permanecido huido y escondido en Barcelona durante tres años para evitar la cárcel.

Las «Grangeradas»

Los primeros recuerdos que Carme tiene de sus *tietes*[*] se remontan a principios de los años cincuenta, cuando, con tan solo tres o cuatro años, se embarcó junto a toda su familia en una aventura por carretera en dirección a Bagnères-de-Luchon y Toulouse. Uno de los hechos que más le impresionaron durante el trayecto fue cruzar el túnel de Vielha, a setenta kilómetros de la Pobla de Segur: «Por entonces había una puerta de entrada y de salida y todavía llovía dentro, así que alguien tenía que abrir y cerrar el paso. Me acuerdo de que entrabas en el interior del túnel lloviendo y, cuando salías, hacía sol», cuenta riendo una pizpireta Carme.

Todos los años, los Rei-Grangé hacían aquel viaje para visitar a Conchita, Josep, Yvan y Christian, los dos hijos del matrimonio. En uno de ellos permanecieron quince días en territorio francés y recorrieron el sur del país con un solo coche para las ocho personas (cuatro adultos y cuatro niños). «En esa época no había tantas facilidades e íbamos todos allí metidos, pero nos lo pasábamos estupendamente cantando. Tengo muy buen recuerdo de aquello, de ver tanto a mi tía como a mi tío muy contentos», relata la sobrina, que, por entonces, tenía unos siete u ocho años.

---

* Expresión que Carme emplea para referirse a su tía Conchita y a su tío Josep.

En aquel momento, Carme aún era muy pequeña para entender el motivo de aquellos viajes y de que sus *tietes* viviesen exiliados de su país. A su edad, ella solo veía que su madre y su tía eran uña y carne, y que su presencia en la casa de los Ramos Grangé siempre era bien recibida. Cada vez que los visitaban, su tía se mostraba muy cariñosa y agradable, y su tío, muy gracioso. Josep «era divertidísimo. Yo me reía mucho con el *tiet* porque siempre estaba de broma, contaba chistes, cantaba y, aunque ella espontáneamente no era tan divertida como su marido, le seguía mucho el juego». Por eso Carme esperaba con ansias las reuniones familiares, que ellos denominaban *Grangeradas**. Es decir, se juntaban los siete hermanos y sus respectivas familias en Francia, Cataluña o Andorra (cada año en un lugar) y celebraban «la gran fiesta», donde primaba el sentido del humor, la guasa y, sobre todo, la unidad familiar.

Si viajaban a Andorra o al Valle de Arán, se hospedaban en algún hotel y hacían excursiones. Después comían en algún restaurante y convertían el encuentro en todo un festejo con canciones, bailes y muchas carcajadas. Los años que los *tietes* visitaban Pobla de Segur, el pueblo de Carme, y se alojaban en su casa, llegaban con el coche cargado de regalos para todos, además de comida, como *foie* y quesos típicos franceses, cosas que, en aquella época, eran imposibles de conseguir en España.

Toda la familia los recibía emocionados y con los brazos abiertos. «Nos lo pasábamos bomba», me cuenta Carme de nuevo entre risas. Esta septuagenaria transmite un inmenso cariño hacia su tía durante toda nuestra charla. Reconoce que sentía una especial predilección por su «apacible y tranquila *tieta*».

Un detalle que tampoco pasó desapercibido para una joven Carme durante el tiempo que pasó con sus tíos, tanto en los via-

* En catalán, la terminación «ada» significa una cosa grande.

jes a Francia como en las entretenidas *Grangeradas,* fue la buena relación que tenía el matrimonio y lo mucho que se respetaban.

> Yo siempre los vi muy compenetrados y muy enamorados. Quizá porque mi tía tenía mucha paciencia, y que los hombres a veces son difíciles, pero como mi tío tenía este sentido del humor y era tan simpático, al final se entendían muy bien.

Según su sobrina, aquella paciencia y tranquilidad de Conchita, unidas a su carácter resiliente, hicieron que su tía se adaptase, sin queja alguna, a todas las circunstancias que le había tocado vivir y que mostrase una gran disposición a ayudar y a hacer favores a los demás.

Filósofa y optimista

«Era muy buena persona y una luchadora», detalla Carme. La propia Conchita habló en más de una ocasión de esa capacidad de combatir las situaciones adversas a base de calma y sosiego.

> Cuando vuelvo el pensamiento atrás, me digo siempre: «Después de lo vivido, no hay que desesperar; estamos juntos en vida, ya encontraremos la solución». Los que hemos vivido tanta tragedia nos volvemos filósofos y optimistas, como quieras[46].

Al leer esta frase en voz alta a Carme, ella asiente y corrobora: «Sí, ella aprendió mucho y era muy filosófica, porque cuando la oías hablar con esa calma… no le veías odio. Mi tía solo quería que la gente tomara conciencia de todo esto [el Holocausto] y que no se olvidara».

En una conversación con Montserrat Llor, Conchita responde así a la pregunta de la periodista sobre si en algún momento sintió odio[47]:

—Es muy importante que los jóvenes sepan qué fue el nazismo. Ellos tienen el porvenir delante y no deben caer en este tipo de ideas. A veces tenemos grupos de estudiantes alemanes que me lo preguntan. Yo les digo que a ellos no, que son la tercera o cuarta generación. Nosotros en Francia tenemos a los hijos, los nietos, los biznietos de los que fueron colaboradores, de los que denunciaron a la gente. A sus abuelos sí les tengo odio porque eran unos bárbaros. He visto matar niños por ellos y esto no lo puedo olvidar.

—¿Y acerca del negacionismo? —insistí, a lo que contestó con su habitual tono de serenidad.

—Es una barbaridad que la gente quiera negar lo que realmente sucedió. Los crematorios y las cámaras de gas estaban cerrados detrás de los muros y con guardas SS que impedían que te acercaras. Pero lo sabíamos todas…

Cuenta Carme que su tía Conchita siempre quiso transmitir, tanto a sus familiares como en las charlas que impartía, el mensaje de que no había que sentir rencor hacia los descendientes de los nazis y «quería que la gente tomara conciencia de una maldad innecesaria».

El reconocimiento

Su valentía le valió numerosas condecoraciones, que guardaba en una caja y que solo abría cuando se lo pedían «los niños» (sus nietos). En ella estaban la Legión de Honor del Gobierno francés, la Medalla de la Resistencia, la Medalla Militar con grado de sargento, la Cruz de Guerra y la Medalla al Mérito Nacional elevada al Grado de Comendador, que le fue otorgada en 2008 en una ceremonia en el Museo Departamental de la Resistencia y la Deportación de Toulouse, lugar donde la excombatiente acudía tres tardes a la semana para charlar con los visitantes.

Durante el acto, Conchita dedicó unas palabras a los más jóvenes, con las que quiso instarlos a aprender bien «esta página de la historia que hemos atravesado con dificultad», al ser las batallas de la Resistencia «tan importantes como las de Napoleón que nos enseñaron cuando iba al colegio»[48]. También aseguró que escuchar «el silbido de las balas más de una vez» la «ayudó a poner en perspectiva muchos de los problemas» de su vida. Sin embargo, nada podía borrar las huellas de los golpes en el campo: desde los veinticinco años, empezaron a aparecer importantes secuelas físicas, como una fuerte artrosis que le impedía moverse con normalidad y trabajar. De hecho, poco tiempo después de salir del campo, fue jubilada. Además, sufría trastornos del sueño, por lo que, desde muy joven, se sometió a diversos tratamientos para combatir el insomnio: acudía a centros especializados donde le daban duchas de agua caliente y masajes para intentar relajarla, pero nada surtía efecto. «No puedo dormir», le decía a su sobrina.

El legado en Amical

Tras su paso por el campo de concentración, Conchita Grangé dedicó su vida a cuidar de su familia y, en su lucha contra el olvido, fue miembro activo de varias asociaciones de deportados. Por un lado, se unió a la Amical de Mauthausen de París, y por otro, fue vicepresidenta de la Amicale de Déportés du Train Fantôme, presidida por la exprisionera de Ravensbrück Renée Lacoude y formada por los hijos de las mujeres que estuvieron en el «Tren Fantasma»[49].

Además, Conchita y su marido, Josep Ramos, colaboraron durante años con el Museo Departamental de la Resistencia y de la Deportación de Toulouse, donde hablaron «con miles de alumnos de colegios y liceos, para contar lo que han vivido, el deber y la lucha, los sufrimientos y la esperanza. Han acompañado a centenares de jóvenes a visitar diferentes campos nazis de concentración y de exterminio»[50].

Aquella labor divulgativa de la memoria histórica ante desconocidos sirvió para que los Ramos Grangé hablasen abiertamente de su experiencia con el resto de la familia, porque hasta entonces no habían respondido a ninguna de sus cuestiones. Carme pudo comprobarlo en uno de sus últimos viajes a Toulouse, en el año 2009, cuando encontró a sus tíos «más abiertos y explicando cosas» de la Resistencia y de los campos de concentración. En aquella ocasión, Conchita contestó «por primera vez a las preguntas que yo le hacía». Durante su estancia, el matrimonio llevó a su sobrina al Museo de la Resistencia, le hicieron de guía y le relataron algunas de sus experiencias con los nazis, y Carme descubrió, al fin, cómo se conocieron sus tíos en Col del Py.

Más que una superviviente

Conchita fue una mujer fuerte e infatigable ante las vicisitudes de su propia vida: ni las marcas en su piel ni las consecuencias emocionales de un pasado infernal lograron sembrar una pizca de ira en ella. Ni siquiera cuando tuvo que enfrentarse a la muerte repentina de su primogénito, Yvan, que tenía cuarenta y dos años cuando falleció de un ataque al corazón. Tampoco cuando supo que su segundo hijo, Christian, nacido sietemesino, arrastraría desde su nacimiento una serie de problemas óseos que le impedirían caminar y hablar con normalidad. No hay más datos oficiales referentes a sus hijos, ni siquiera por boca del que aún vive, Christian, quien, tras una reflexión de varias semanas, declinó finalmente una entrevista con esta periodista para abordar la parte más familiar y personal de la superviviente. El ahora sexagenario, en ausencia de su madre y sin saber si a Conchita le hubiese gustado abordar temas tan íntimos, me escribió: «No quiero arriesgarme a ir en contra de su voluntad respondiendo a dichas preguntas. Lamento no poder cumplir con su solicitud, pero a veces es imposible o demasiado tarde para retroceder en el tiempo»[51].

El último eslabón

A pesar del fallecimiento de su esposo en el año 2011, Conchita jamás dejó de lado su misión pedagógica y continuó volcada en las charlas que, casi a diario, daba a adolescentes en Toulouse: les mostraba fotografías, trajes y objetos de algunos exprisioneros, dibujos y pinturas inspirados en las vivencias de los campos de concentración… Apenas quedaban vivos cuatro deportados y la española pretendía estar al pie del cañón hasta el último día de su vida. Y así lo hizo.

En los siguientes años, recibió diversos reconocimientos, como la colocación de una placa en la casa de Peny —donde las Beleta fueron detenidas por la Gestapo en 1944— en memoria del guerrillero Jesús Ríos, y en recuerdo de la familia de Jaume Beleta por su labor en la Resistencia. En la placa se puede leer: «Jesús Ríos, el líder de la guerrilla española fue asesinado en esta casa el 14 de marzo de 1944 por la milicia y la Gestapo. Escondido por la familia del gran resistente Jaime Beleta, cuya familia entera fue deportada a Alemania»[52].

Uno de los últimos homenajes a Conchita tuvo lugar el 26 de julio de 2019, días antes de su muerte, en la Vall Fosca, con la colocación de un panel dedicado a la catalana delante de la casa donde había nacido en Espuy. Este acto contó con la presencia de autoridades de la Generalitat de Cataluña, miembros de la familia Grangé y de la Amical de Ravensbrück, que recordaron la importante contribución de Conchita a la recuperación de la memoria histórica: «Es un deber como país tener presentes a estas personas que lucharon para que todos viviéramos en democracia», dijo la directora general de Memoria Democrática, Gemma Domènech. Porque «sin memoria no puede haber justicia»[53].

La luz de Conchita se apagó el 27 de agosto de 2019 en Toulouse, rodeada de toda su familia: su hijo, sus nueras, sus tres nietos, dos biznietos y hasta un tataranieto. Al multitudinario funeral acudieron decenas de personas para rendirle el último tributo a una de las pocas españolas supervivientes de Ravensbrück, a una resiliente que dedicó su vida a explicar su experiencia en los colegios y a mantener viva la memoria de las mujeres deportadas. Porque, aunque Conchita fue «muy conformista, en el buen sentido de la palabra», aclara su sobrina Carme, si le hubiese tocado vivir la actual pandemia que asola el mundo por culpa del coronavirus, la *tieta* se lo habría tomado con resignación y trataría de pasarlo lo mejor posible y sin angustia.

Cuando Conchita murió, lo hizo satisfecha de la vida que había llevado, sin nada que le faltase por hacer y muy orgullosa de la familia que, después de tanto esfuerzo, había creado junto a Josep. Incluso tuvo tiempo de disfrutar brevemente del último eslabón de su árbol genealógico, su tataranieto Tiago, de dos años, su mejor herencia.

Notas

[1] Entrevista con Carme Rei Grangé, sobrina de Conchita Grangé, el 13 de noviembre de 2020.

[2] Amical de Ravensbrück.

[3] Ayuntamiento de la Torre de Capdella.

[4] Neus Català, *De la resistencia y la deportación,* Generalitat de Cataluña, Barcelona, 2015, págs. 353-364.

[5] Amical de Ravensbrück.

[6] Montserrat Llor, *Vivos en el averno nazi,* Editorial Crítica, Barcelona, 2015, págs. 37-50.

[7] Neus Català, ob. cit., págs. 353-364.

[8] Montserrat Llor, ob. cit., págs. 37-50.

[9] Neus Català, ob. cit., págs. 353-364.

[10] Ibíd.

[11] Ibíd.

[12] Ibíd.

[13] Montserrat Llor, ob. cit., págs. 37-50.

[14] Carlos Hernández de Miguel, *Los últimos españoles de Mauthausen* (edición digital), Ediciones B, Barcelona, 2015, pág. 89.

[15] Ibíd.

[16] Testimonio de Conchita en Ravensbrück relatado en el libro *De la resistencia y la deportación.*

[17] Conchita afirma en el libro *De la resistencia y la deportación* que este es su número de matrícula cuando llega a Ravensbrück, pero según el Archivo General de Ravensbrück en Fürstenberg, la española aparece con el número 72470.

[18] Extracto del reportaje publicado por el diario *El País,* el 13 de junio de 2010.

[19] Neus Català, ob. cit., págs. 353-364.

[20] Ibíd.

[21] Mónica G. Álvarez, *Guardianas nazis. El lado femenino del mal* (10ª edición), Edaf, Madrid, 2019, pág. 192.

[22] Montserrat Llor, ob. cit., págs. 37-50.

[23] Ibíd.

[24] Mónica G. Álvarez, ob. cit., pág. 192.

[25] Neus Català, ob. cit., págs. 353-364.

[26] Toda la información aportada por *Los últimos españoles de Mauthausen,* ob. cit.

[27] Neus Català, ob. cit., págs. 353-364.

[28] Carlos Hernández de Miguel, ob. cit., pág. 214.

[29] Información consultada en la Enciclopedia del Holocausto del United States Holocaust Memorial Museum (USHMM).

[30] Amical de Mauthausen.

[31] Carlos Hernández de Miguel, ob. cit., pág. 263.

[32] Neus Català, ob. cit., págs. 353-364.

[33] Ibíd.

[34] Información extraída de *Deutsches Historisches Museum*.

[35] Neus Català, ob. cit., págs. 353-364.

[36] Fue ministro y presidente del Gobierno de la Segunda República y con 74 años, en 1943, ingresó en este campo nazi próximo a Berlín. Pasó sus dos años de cautiverio en la enfermería. Información recogida en el artículo «Memoria de Largo Caballero en Sachsenhausen», en *La Vanguardia,* 29 de enero de 2009.

[37] Neus Català, ob. cit., págs. 353-364.

[38] Montserrat Llor, ob. cit., págs. 37-50.

[39] Amical de Mauthausen.

[40] Relato de la liberación de Conchita y sus compañeras, en *De la resistencia y la deportación*.

[41] Montserrat Llor, ob. cit., págs. 37-50.

[42] Carlos Hernández de Miguel, ob. cit., pág. 264.

[43] Sus recuerdos con Geneviève en el libro *Vivos en el averno nazi*.

[44] Montserrat Llor, ob. cit., págs. 37-50.

[45] Ibíd.

[46] Neus Català, ob. cit., págs. 353-364.

[47] Montserrat Llor, ob. cit., págs. 37-50.

[48] Artículo «Toulouse. L'Ordre du Mérite pour Conchita Ramos», en *LaDepeche.fr,* 16 de octubre de 2008.

[49] Montserrat Llor, ob. cit., págs. 37-50.

[50] Artículo «Testimonios de deportados de los campos de la muerte», en la revista *Memòria antifranquista del Baix Llobregat,* octubre de 2008.

[51] Correo electrónico de Christian Ramos, recibido el 20 de diciembre de 2020.

[52] El texto corresponde a la fotografía cedida por Carme Rei Grangé.

[53] Artículo «La Vall Fosca homenatja l'última supervivent catalana al camps de concentració, Conxita Grangés», en el diario *La Mañana,* 27 de julio de 2019.

LOLA GARCÍA ECHEVARRIETA

«Charlie»

> Les han sacado los tuétanos. Son los conejillos de Indias del bloque 32. Muchas, casi todas, mueren. O bien las matan, para estudiar en sus cuerpos el resultado de los experimentos «científicos».
>
> Lola García Echevarrieta

El día quince de cada mes, Milagro esperaba con nervios la llegada del correo para leer la carta que sus tíos, Lola y Kim, enviaban a la familia contando sus aventuras en Francia. Aquella adolescente, de apenas dieciséis años, se había quedado prendada de ellos tras visitarlos en su casa de París. Sobre todo, de ella, una mujer «inteligente, cariñosa, buena persona y maravillosa —me cuenta la ahora octogenaria[1]—, que conquistó a toda Carcaixent en sus múltiples visitas al pueblo». Milagro se ríe al acordarse de las divertidas anécdotas que su tía le contaba en sus escritos. «Era muy graciosa, muy graciosa», recalca. Su tía Lola fue una de las personas más importantes de su vida, alguien que la deslumbró por su personalidad bondadosa y fuerte, que la enseñó a escribir cartas —«yo no he visto letra más bonita que la de mi tía»— y que le hizo vivir momentos irrepetibles y de lo más divertidos. Después de tantos años, aún conserva en su casa varios libros, cartas y objetos que en su día pertenecieron a su tía y que ahora me muestra con orgullo. Entre ellos se encuentra el colgante de plata que luce en su cuello y que Lola le regaló cuando Milagro estaba en plena pubertad. Su generosidad hizo que todo el mundo la quisiera y que se convirtiera en la sensación de la citada población valenciana.

De Bilbao a París

De procedencia bilbaína, María Dolores García Echevarrieta, o Lola, como la conocían en el entorno familiar, nació el 28 de agosto de 1901 entre zapatos, suelas y cordones. Su padre, Enrique, zapatero de profesión y oriundo de Béjar (Salamanca), se enamoró de la calahorrana María de los Dolores. Tras instalarse en Bilbao y tener a sus tres hijos, Ernesto, Lola y Enrique, decidieron mudarse a Madrid. El padre, militante anarquista, fue muy perseguido por sus ideales políticos y, aunque en la capital de España pudo abrir su propia zapatería con su hermano Eduardo, finalmente los García-Echevarrieta tuvieron que poner pies en polvorosa tras la conocida «Semana Trágica» de Barcelona de 1909. A raíz de una huelga general en la Ciudad Condal —motivada por la clausura de una fábrica textil y el despido de sus ochocientos trabajadores— y del embarque de reservistas para combatir en Marruecos, se desencadenó un levantamiento popular que dio rienda suelta a disturbios y atentados por todo el país, con el anticlericalismo como nota predominante. A partir de entonces, el Gobierno conservador presidido por Antonio Maura ilegalizó los sindicatos anarquistas, prohibió la prensa libertaria y persiguió a sus partidarios[2].

Lola y su familia eligieron el barrio de la Bastilla, en París, para establecerse y abrir un taller de reparación de calzado[3]. Su modesto hogar se erigió en centro neurálgico de anarquistas y comunistas que residían en la Ciudad de la Luz después de exiliarse a Francia por la dictadura de Primo de Rivera. En aquellas charlas, en las que Enrique recordaba nostálgico sus andanzas sindicalistas y Dolores, más discreta, escuchaba con atención, participaron nombres relevantes de la lucha comunista como el periodista y político Julián Gómez, alias «Gorkin», fundador del Partido Obrero de Unificación Marxista

(POUM), Gabriel León Trilla y Joaquín Olaso Piera[4]. Este último, valenciano e impresor de oficio, miembro fundador de la Federación Levantina del Partido Comunista y exiliado en Francia, se convirtió en la pareja sentimental de Lola un tiempo después. Ambos hablaban el mismo idioma en cuanto a ideales y convicciones políticas y supieron forjar una sólida relación que aguantó las vicisitudes de las dos guerras, la española y la mundial, pero también la infidelidad.

En el verano de 1924, Gabriel León Trilla envió a Joaquín —en vez de a Luis Portela, que había sido elegido por la Federación de Juventud— a Moscú para que asistiera a la Internacional Juvenil Comunista. Según escribió Julián Gómez, «Gorkin», en sus memorias, Lola y Gabriel tuvieron un idilio durante los dos meses que Joaquín estuvo ausente y, en cuanto este regresó, Gabriel fue detenido y, a las pocas semanas, expulsado de Francia por sus iniciativas políticas. De acuerdo con el testimonio de Gómez, Joaquín habría tenido algo que ver en dicha repatriación movido por un sentimiento claro de «venganza». Unos meses después, concretamente el 21 de abril de 1925[5], Joaquín también fue expulsado del país galo.

Éxito en Carcaixent

Lola, que destacaba con «honores y méritos en sus estudios en París», según cuenta su sobrina Milagro, sacó a relucir su personalidad fuerte y luchadora y decidió acompañar a su pareja a España para emprender una nueva vida en común desde Carcaixent. Allí se encontró con unos lugareños de mentalidad cerrada que no vieron con buenos ojos que Lola y Joaquín compartiesen lecho sin estar casados. Por suerte, la familia del valenciano, más abierta que el resto del pueblo, aceptó a su compañera como a un miembro más.

Mientras que Joaquín volvió a ejercer como impresor en la Imprenta Fabrègues, propiedad de un buen amigo suyo, Lola fue la primera mujer en trabajar de secretaria en un almacén de naranjas, algo insólito en esa época. «Era muy raro que una mujer trabajara en un despacho llevando las cuentas, llamaba la atención y, ante las habladurías, mi abuela dijo a sus hijas, entre ellas a mi madre: "Hijas mías, aquí no tenéis que hablar nunca mal. Tengo que dar la razón a Lola, que aquí no tiene a nadie, solo a nosotros. Así que la boca calladita, que ella ahora aquí manda"», dice Milagro, riéndose al recordar cómo se las gastaba su abuela materna ante el famoso qué dirán.

La joven vasca, tan inteligente como idealista, supo ganarse el cariño del pueblo gracias a su simpatía, valentía y, en especial, a lo encantadora que era con todo el mundo. Lo mismo sacaba un pañuelo para limpiarle la nariz a un bebé que ayudaba a una persona mayor. «¡Todo el mundo la quería!», exclama Milagro. «Fue una mujer de éxito en Carcaixent», tanto por su humanidad como por su gran capacidad en el trabajo, donde destacó por tener una bonita caligrafía.

Lola revolucionó a los habitantes del pueblo también por otros motivos: fue la primera mujer en montar en bicicleta y en hacer excursiones a la montaña. A sus casi treinta años, esta forastera se había puesto el mundo por montera y no había nada ni nadie que se interpusiera en su camino para conseguir todo lo que se proponía.

La etapa de Lola y Joaquín en Carcaixent no se alargó en el tiempo. «No era gente para vivir en un pueblo», reconoce con sorna Milagro. Por tanto, a comienzos de 1931 emprendieron rumbo a Barcelona y reiniciaron su compromiso con la política. Joaquín enseguida se afilió a la Federación Comunista de Cataluña y Baleares (FCCB) y al Bloque Obrero y Campesino (BOC), y pasó a ser dirigente del sindicato de artes gráficas de la CNT. Meses después, viajó a la URSS para enterarse de los nuevos cambios que se habían producido tras la revolución socialista y, en agosto de ese mismo año, Lola salió hacia Moscú para reunirse con él. No se sabe con certeza si Lola adoptó durante este viaje o en otros posteriores la falsa identidad de Clara Díez —por su abuela materna— o la de Clara Olaso. Optar por un pseudónimo era una práctica muy común para poder operar desde la clandestinidad.

Asimismo, la pareja se afilió a la Komintern, la Internacional Comunista, más conocida como III Internacional, fundada por Lenin y el Partido Comunista de Rusia en 1919, donde se agrupaban los partidos comunistas de varios países.

Entre Francia y Rusia

Durante los siguientes dos años y hasta finales de 1933, nos encontramos con muchas lagunas para ubicar a la pareja en el contexto histórico. Su sobrina Milagro dice que, en sus cartas a la familia, sus tíos aportaban muy poca información acerca de sus verdaderos cometidos políticos públicos o clandestinos, y que les escribían para entretenerlos con meras anécdotas.

No obstante, a partir de 1934, los registros sitúan a Lola en el consulado de Chile en Barcelona, donde trabajó en la época en la que Pablo Neruda fue cónsul general. Este trabajo le fue de gran utilidad, entre otras cosas, para ayudar a Joaquín después de su participación en la denominada «revolución de octubre» de 1934, motivo por el que fue detenido.

La noche del 6 de octubre de 1934, Lluís Companys, presidente de la Generalitat, anunció la creación del «Estat català». Fraguado durante el estallido revolucionario de los mineros en Asturias, que derivó en un derramamiento de sangre, este golpe de Estado concluyó unas horas después, cuando las tropas del general Batet entraron en el edificio de la Generalitat y procedieron al arresto de Companys y de varios miembros de su Gobierno. El golpe a la República consiguió frenarse, se suspendió el Estatuto de Autonomía de Cataluña[6] y Joaquín, miembro del Partido Comunista Catalán, fue arrestado junto con otros camaradas en la carretera de la Arrabassada. Se le acusó de rebelión armada por participar en un asalto a la Guardia Civil, tras el cual resultó herido, y se le trasladó al Hospital Clínico de Barcelona, donde aguardaría para ser juzgado mientras se recuperaba de sus lesiones.

Sin embargo, para evitar el juicio y escapar de las autoridades militares, Joaquín protagonizó una inverosímil fuga con la ayuda de Lola: utilizaron las sábanas de la habitación y salieron del recinto hospitalario. Poco después, Joaquín consiguió huir a Francia, desde donde partió hacia Rusia gracias a la cooperación de varios compañeros de partido. Mientras tanto, el juez encargado de su caso, el teniente coronel Martínez Peñalver, abría diligencias para proceder a un consejo de guerra contra el valenciano por rebeldía, que finalmente se celebró el 5 de noviembre de 1935 sin la presencia del acusado[7].

Este nuevo éxodo hizo que Lola pidiese ayuda a Neruda, quien, a través del Consulado, la dotó de una nueva identidad, Madame Jeantet, y la envió a París como un miembro más del cuerpo diplomático. A partir de entonces, Lola adoptaría el nombre de Charlotte Jeantet, nacida en Bayona el 8 de enero de 1899, de estado civil casada, aunque separada de hecho, sin hijos, y cuyos padres se llamaban Alphonse y Elisabeth Fernández. Joaquín, en cambio, utilizó el nombre de Jean Martin, alias «Emmanuel»[8].

Lola y Joaquín permanecieron entre Francia y Rusia hasta la proclamación de la amnistía en febrero de 1936*, cuando deci-

---

* El 21 de febrero de 1936, la Diputación Permanente de las Cortes aprobó conceder amnistía a los penados y encausados por delitos políticos y sociales.

dieron regresar a Barcelona. Desde la Ciudad Condal, el valenciano continuó con su periplo político al frente del Partido Socialista Unificado de Cataluña (PSUC) y como representante en su Junta de Seguridad Interior de Cataluña. Asimismo, fue oficial del Servicio de Investigación Militar (SIM) y del NKVD, (Comisariado del Pueblo para Asuntos Internos), la primera policía secreta soviética, predecesora del KGB y, a partir de 1937, se ganó la enemistad de simpatizantes de la izquierda de la República por ser uno de los responsables de la represión contra los militantes del POUM[9]. Lola, por su parte, viajaba habitualmente a Francia con la falsa identidad de Charlotte Jeantet. Ya en 1939, decidió quedarse definitivamente en la capital francesa para trabajar en el consulado de Chile como secretaria personal de Pablo Neruda, a quien habían nombrado «cónsul para la inmigración española con sede en París». Este cargo le permitió dar asilo a refugiados republicanos que querían afincarse en el país andino.

Entre abril y julio de 1939, Lola ayudó a elaborar las listas de emigrantes del Servicio de Emigración de Republicanos Españoles (SERE) y, gracias a su vínculo con los servicios soviéticos a través del Komintern, colaboró en el traslado de socialistas y comunistas españoles a Chile, además de en la infiltración de agentes secretos del NKVD [10].

Por su parte, el escritor y poeta llevó a cabo los trámites diplomáticos para embarcar a unos dos mil refugiados españoles en el buque Winnipeg, uno de los únicos barcos de emigración que llegó a Chile, que partió el 4 de agosto de 1939[11].

Entretanto, Joaquín continuaba en Cataluña para intentar reorganizar clandestinamente lo que había quedado del PSUC tras el final de la Guerra Civil española, pero los desencuentros con varios de sus líderes, dentro y fuera de España, le hicieron tirar la toalla y abandonar el partido. A esto se sumó que la pareja pasó a ser sospechosa de pertenecer al NKVD, lo que generó un clima de desconfianza hacia ellos, principalmente hacia Joaquín, al que apodaron con el sobrenombre de «El Ojo de Moscú».

Por otro lado, en plena ocupación alemana de Francia, en junio de 1940, los padres de Lola, Enrique y Dolores, se vieron obligados a huir de su hogar en el barrio parisino de la Bastilla y viajaron hasta Carcaixent, donde fueron acogidos por la familia de Joaquín. Poco tiempo después, Dolores enfermó de cáncer y falleció. Lola siempre estuvo «muy agradecida» a la familia de su pareja por haber atendido a su madre. «La cuidamos mucho y decía que nunca nos lo podría pagar», relata su sobrina Milagro.

Respecto al padre de Lola, Enrique, «un hombre muy bien parecido y elegante, siempre vestido de traje y con sombrero», se quedó a vivir con los Olaso hasta que terminó la Segunda Guerra Mundial. Milagro, que era una niña cuando lo conoció, aún recuerda la percha del salmantino, su sentido del humor, su inteligencia y lo cariñoso que siempre fue con ella. «Todos los días, mi abuelo Enrique —porque para mí fue mi abuelo también— y yo salíamos muy tiesos a pasear por el pueblo, ataviados con ropa de lo más elegante: él con traje y sombrero, cuando allí los hombres iban en camisa, y yo con mi vestido y mi lazo en la cabeza. ¡La gente salía a la calle a vernos!», se carcajea Milagro. No obstante, una vez terminada la contienda en 1945, un hermano de Lola recogió a Enrique para llevárselo a su casa en Perpiñán y, al poco tiempo, lo ingresaron en una residencia, de la que huyó ese mismo invierno. Tras este acontecimiento, lo encontraron muerto a causa del frío al lado de una carretera. La noticia cayó como un jarro de agua fría entre los Olaso: «Lo sentimos todos, porque lo queríamos mucho», dice Milagro. Nadie se esperaba ese trágico final después de unos años de felicidad en Carcaixent. Lola se enteró del fallecimiento de su padre tras salir del campo de concentración.

Opositora del Reich

En la Francia de 1942, ocupada por los nazis, Lola y Joaquín se unieron a la Resistencia francesa y sirvieron como enlace del comando FTP-MOI (Francotiradores y Partisanos-Mano de Obra Inmigrante), cuyas acciones jugaron un papel destacado en la liberación de algunas ciudades francesas. Sin embargo, la pareja fue detenida por la Gestapo el 5 de diciembre durante una redada en su domicilio del distrito XII de París[12], donde se encontraban reunidos varios camaradas y opositores del Reich.

Durante los interrogatorios que llevaron a cabo las brigadas especiales de la prefectura de policía, Lola optó por mentir para salvar la vida de su pareja: declaró que conocía a Jean Martin desde abril de 1939 y que, en realidad, acababa de enterarse por la propia policía de que se llamaba Joaquín Olaso Piera. Pero su versión se resquebrajaba por momentos. Durante el registro de la vivienda, los alemanes localizaron documentos que mencionaban la actividad «terrorista» clandestina del valenciano, por lo que era imposible que su compañera no supiera nada de antemano.

Con todo, las autoridades nunca pudieron descubrir el auténtico nombre de Lola: pese a las torturas que sufrió a manos de la *Sicherheitspolizei* (SiPo) —la policía de seguridad nazi—, jamás desveló su verdadera identidad y esta siguió a salvo incluso después del Holocausto.

Por su parte, Joaquín, supuestamente, no habría podido aguantar las vejaciones y pudo haber delatado a algunos miembros de su grupo. A lo largo de todo su cautiverio, además de sufrir los malos tratos de sus carceleros y de ser clasificado como preso *Nacht und Nebel*, vivió el rechazo de otros españoles, que lo tacharon de traidor. Sin embargo, en mayo de 1945, después de su liberación del campo de Mauthausen, se supo la verdad de lo ocurrido: el auténtico soplón había sido su camarada «Paraguayo».

Con los palos aún latentes en el cuerpo, Lola fue enviada a la prisión de Fresnes, en París, y de allí a la deportación bajo su identidad falsa. El 26 de julio de 1944, un convoy de pasajeros con las ventanas tapiadas y en condiciones insalubres ponía rumbo a su primer destino: el campo de concentración de Saarbrücken. En cada vagón viajaban cincuenta y ocho mujeres de la Resistencia y, entre ellas, Lola.

Al día siguiente, el tren llegó al campo. Hasta el 30 de julio, obligaron a las presas a permanecer hacinadas en un pequeño espacio cerrado, con un ambiente irrespirable y sin posibilidad de tumbarse con comodidad en los camastros habilitados. En cada uno dormían hasta cinco personas. El paso de Lola García Echevarrieta por Saarbrücken, igual que les sucedió a otras camaradas, como Mercedes Núñez o Constanza Martínez Prieto, le sirvió para hacerse a la idea de lo que experimentaría más tarde en Ravensbrück: un auténtico calvario de horror y muerte en vida.

El trayecto que separaba Saarbrücken del «Puente de los Cuervos», a poco más de ochocientos kilómetros de distancia, fue un despropósito de alertas aéreas, fuego cruzado y horas de espera tras un cambio de tren para llegar a la estación de Fürstenberg/Havel.

Presa «Nacht und Nebel»

El 1 de agosto, todas las integrantes del convoy I.118, en el que se encontraba Lola bajo el sobrenombre de Charlotte Jantet[13], fueron transportadas en camiones hasta el campo de concentración de Ravensbrück. Cuando bajaron de los vehículos se encontraron con unas instalaciones de muros electrificados, decenas de barracones de madera y numerosos SS armados y con perros que no paraban de ladrar como fieras.

Como el resto de las españolas que estuvieron en este y otros campos de exterminio nazi, Lola pasó por un proceso de desinfección y de selección, le asignaron un número de identificación y un *Block*. A partir de ese instante, Lola o Charlotte, según figuraba en el registro, pasó a ser conocida como la presa número 21678 y a dormir en el Bloque 32, reservado para los *Nacht und Nebel*. A su pareja, Joaquín Olaso Piera, deportado en Mauthausen, le asignaron el mismo tipo de barracón.

Cada uno de los bloques, ideados para albergar a cuatrocientas internas, reunía a unas mil doscientas mujeres que, debido a la masificación, ni siquiera podían recostarse o dormir apropiadamente. Además, la falta de ventilación del barracón y la ausencia de higiene de las prisioneras, a las que los nazis apenas permitían lavarse o cambiarse de ropa, convertían aquella edificación en un nicho de infecciones y enfermedades de todo tipo. A todo ello se sumaban el hambre, los trabajos forzados y los abusos de las guardianas, que hicieron que, con el transcurso de los días, decreciesen los ánimos. Aguantar aquella situación era extremadamente complicado, pero Lola logró salir adelante con una admirable valentía, una voluntad de hierro y la lucha inagotable por sus ideales.

Quienes coincidieron con Charlie, como también la denominaban sus camaradas, la definían como una mujer valiente, leal, luchadora, solidaria, de gran corazón y como una madre que velaba día y noche por sus retoños[14]. Algunas le debieron, incluso, la suerte de seguir con vida. Ángeles Martínez, una de las primeras deportadas en llegar a Ravensbrück[*] y compañera de barracón de Lola, narró en una carta lo que supuso para ella la ayuda de su gran amiga en sus peores momentos en el campo[15].

---

* Así aparece en la documentación aportada por la Amical de Ravensbrück de Barcelona.

> Charlie era una mujer maravillosa, siempre estaba dispuesta a ayudar a sus compañeras y amigas que la necesitasen. [...] Era como un rayo de sol; siempre sonreía y nos animaba a todas con palabras amables y llenas de optimismo.

En cuanto esta francesa de padres españoles se instaló en el *Block* 32, el de las NN, Lola se interesó por ella, así como por el resto de recién llegadas en el último convoy, e intentó protegerlas.

> Charlie no nos abandonó jamás. Nos orientaba dentro de aquel maldito campo, nos advertía de las trampas, nos hacía esquivar muchas malas situaciones y muchos trabajos pesados; nunca abandonaba su sonrisa radiante y nos daba lecciones políticas con sus conversaciones instructivas y nunca aburridas. En nuestro *Block* y en muchos más *Blocks* organizábamos la ayuda solidaria a las enfermas. Cada semana, por turnos, dábamos nuestra ración de longaniza, de miel en barra, etcétera. Esta tarea tan difícil de recoger la comida la llevaba a cabo Charlie. Lo pedía de tal manera que muy pocas veces se lo negaban.

Como una madre

Lola conseguía mantener alta la moral de todas las compañeras siendo ejemplo de sacrificio: era la primera en levantarse para acudir a la «sala de aseo», despojarse de sus andrajos y lavarse todo el cuerpo con agua fría. Después se peinaba «sus hermosos cabellos echándolos hacia atrás. Así daba ejemplo, para que no nos dejásemos ganar por la suciedad, que era el primer síntoma de debilidad y de abatimiento; o sea, el primer paso hacia la fatal resignación y el hundimiento moral», recordaba la superviviente polaca Estucha Zilberberg, también conocida como «Juanita»[16].

De tal forma nos inculcaba aquella saludable coquetería que podía conducirnos hasta al robo de un mantel, como me ocurrió a mí en uno de los grupos de trabajo. Con él, tras recortarlo en dieciséis rectángulos, nos confeccionamos pañuelos. Charlie no perdía nunca su sangre fría y poseía una firme convicción ideológica.

Había que estar en forma y conservar los ánimos, decía Lola, incluso cuando las sancionaban y enviaban al denominado búnker de castigo[17]. Se trataba de un edificio de apariencia inocua, ubicado en la zona principal del campo de concentración, que contenía setenta y ocho celdas primitivamente amuebladas repartidas en dos pisos y donde se infligían los castigos más severos.

> Se llevaron mis zapatos. Entonces Binz [la supervisora jefa] me llevó por un pasillo detrás de una escalera de hierro hasta una celda en la planta baja. [...] Se cerró la puerta y estaba completamente oscuro. A tientas, me topé con un taburete que estaba fijado al suelo. [...] Frente a una mesita plegable, en el rincón de la izquierda, había una litera; al lado de la puerta del baño, delante de las tuberías del agua y justo a la derecha de la puerta, había un radiador frío. En lo alto de la pared, arriba de la puerta, había una pequeña ventana con una persiana que quitaba toda la luz. La celda tenía cuatro pasos y medio de largo por dos pasos y medio de ancho[18].

Las internas que terminaban allí eran las que estaban acusadas de delitos muy graves. Las dos transgresiones más importantes eran participar en un sabotaje y tratar de escapar. Cuando se localizaba a la responsable de estos atentados, los nazis ordenaban su ejecución, a la que se procedía sin llamar la atención y en secreto. Por este motivo, los ajusticiamientos femeninos solo se conocieron gracias al testimonio de sus supervivientes.

Ser «invitada» a pasar una temporada en el interior de aquel emplazamiento significaba padecer torturas inimaginables, y el mero hecho de escuchar la palabra «búnker» despertaba terror entre las prisioneras. De hecho, la probabilidad de morir allí dentro era extremadamente alta y pocas de las que visitaron este lugar salieron con vida.

Durante los días que permanecían en el búnker, las reclusas estaban en casi total oscuridad, apenas les daban comida ni agua, las despojaban de sus mugrientas ropas y les lanzaban chorros de agua congelada a presión. Tras el manguerazo, la guardiana al cargo iniciaba una serie de golpes, puñetazos y flagelaciones hasta que la víctima quedaba inconsciente y al borde de la muerte. La situación empeoraba con la llegada del invierno, dado que el habitáculo no disponía de calefacción ni de mantas. Después de horas de malos tratos, muchas de las internas morían congeladas.

El día que el comandante del campo llamó a Angelines Martínez para hacerle cumplir un castigo de catorce días de calabozo, Lola la acompañó y le dijo:

> «Sé valiente, tienes que salir de esta, canta y piensa en la libertad». Me animó tanto que salí del maldito calabozo muy debilitada, pero viva[19].

Aquel consejo le hizo soportar el calvario y, cuando volvió al barracón, casi ciega después de dos semanas en completa oscuridad, se encontró con los brazos abiertos de Charlie, que la cuidó y la ayudó a andar hasta que recuperó la vista[20].

En cuanto Lola vio a su amiga con las fuerzas sumamente mermadas y, a sabiendas de que si enfermaba aún más la enviarían a la *Revier* —lo que significaba ir directa a la cámara de gas—, se dedicó a cuidarla y a hacer su trabajo por ella.

> Me mostró una abnegación enorme; elegía las mejores patatas de su escudilla para que yo comiera, y Dios sabe lo que valía una patata en el campo[21].

Tal y como describió la brigadista Juanita, Charlie fue todo un ejemplo de amistad y solidaridad cuando la francesa enfermó, porque «le brindó constantemente sus cuidados maternales y organizó un equipo de encubridoras que se encargaron de ocultar a los SS, y a las jefas de barraca, el verdadero estado de Angelines»[22]. La sobrina de Lola, Milagro, también recalca la generosidad de su tía: «Pidió un trozo de pan a cada una de sus compañeras para dárselo a Angelines. También le dio el suyo».

Angelines jamás olvidó todo lo que Lola hizo por ella: «Sin ella no hubiese salido de Ravensbrück»[23]. Su amiga se había comportado como una madre en el campo y la había ayudado a sobrevivir a aquel infierno.

> En una palabra, era una mujer maravillosa, inteligente, modesta, tolerante y humana. Nunca podré olvidarla, como tampoco las mujeres o los hombres que la conocieron. [...] Cuando llegaba a un grupo, traía el gozo, la esperanza, aquel amor que sentía por el Hombre y su ideal. Todas la querían, no tenía enemigas, era la hermana de todas nosotras[24].

Esta «mujer tan fuera de serie» conquistó a los que la rodeaban por su forma de infundir grandes dosis de fuerza y esperanza a través de las palabras. Cada vez que la voluntad tenía visos de desaparecer, Lola las animaba.

> Que nada ni nadie podía hacernos perder un átomo de nuestra dignidad. De una combatividad increíble, fue buena lección para nosotras, así como para muchos deportados hombres, que se creían más fuertes, física y mentalmente[24].

En ese sentido, su sobrina Milagro asegura que Lola era «una mujer valiente» y que lo demostraba «cuando los nazis obligaban a las mujeres a formar desnudas, cara al sol frente a los SS, y mi tía les decía, para animarlas: "No padezcáis, no tengáis miedo. ¡No son personas, son animales!". Pero así, sin parar, gritaba: "¡Son animales! ¡Son animales!"»[26]. Gracias a ese coraje, Lola se unió a la dirección del Colectivo Internacional (CI) de solidaridad y resistencia del campo. Así lo describió Juanita[27]:

> Las reuniones del CI se hacían a menudo en nuestro barracón, en lo que llamábamos «el rincón», situado en el nivel más alto de las literas, desde donde se veía venir mejor el peligro. Fue así como pude comprobar el importante papel que nuestra Charlie asumía en la elaboración de todas las tareas que se organizaban para hacer frente a los SS y a las criminales jefas de barraca que teníamos en Ravensbrück. Charlie era una mujer fuera de serie, cuya actitud supo granjearle la simpatía y la admiración de todas aquellas que la conocieron, fuesen españolas o no.

El nombre de Charlie sale sin cesar en los múltiples testimonios de los supervivientes de Ravensbrück y Mauthausen, así como en el documental *Más allá de la alambrada*[28], que recoge una divertida anécdota protagonizada por Lola sobre un reloj que introdujo en el campo. «¿Y cómo lo entró si iba desnuda? Pues cómo lo hizo nos lo imaginamos, pero no lo sabemos», dice Pascual, hijo de Milagro, entre risas[29].

Charlie y Paquita

Uno de los momentos más emotivos que protagonizó Lola en el «Puente de los Cuervos» fue el reencuentro con Mercedes

Núñez Targa, su «Paquita», en uno de los barracones, presumiblemente el número 22, el mismo donde se encontraban Neus Català y Conchita Grangé. Mercè, que había llegado un mes antes que la vasca al complejo concentracionario, descubrió con entusiasmo una cara amiga. Ambas coincidieron en Barcelona por su vínculo con el Partido Comunista y allí habían entablado una bonita amistad y, por esa razón, cuando Mercè también se percató de que Lola se encontraba en Ravensbrück, corrió hacia ella y, sin pensárselo dos veces, la abrazó emocionada[30].

> —Aquí me llamo Charlie —me susurra.
> —Y yo, Paquita.

Lola, en su afán por ayudar a Mercè a resistir en aquel ominoso recinto, le contó sin rodeos todo lo que debía y no debía hacer si quería sobrevivir: describió cómo actuaban las carceleras, a las que calificó como «despiadadas ejecutoras de la represión», y le advirtió de que jamás debía decir que estaba enferma.

> Lola es una mujer sincera y valiente. La mano que me coge el brazo tiembla un poco. Pero no le queda más remedio que decir la verdad.
>
> —Hace algún tiempo, ¿sabes?, vino un transporte de mujeres —empieza diciendo—. Eran todas soviéticas. Llegaron al atardecer y las colocaron en hileras, fuera. Era el momento más duro del invierno. A la mañana siguiente, cuando fuimos a trabajar, aún estaban allí, de pie, en hileras. Algunas estaban por el suelo, muertas, tal vez desfallecidas, no lo sé. Prohibido tocarlas. Cuando volvimos del trabajo, por la noche, las mujeres continuaban en el mimo sitio, inmóviles, pero desnudas. Al día siguiente por la mañana casi todas estaban muertas. Pero unas cuantas desgraciadas continuaban allá, aún de pie. ¡Aquellos ojos…! Cuando volvimos de trabajar la plaza estaba vacía. ¿Empiezas a entender qué es Ravensbrück?

Mercedes la miraba sin dar crédito a lo que escuchaba mientras Lola asentía resignada y señalaba las piernas de dos chicas con «largas y profundísimas cicatrices, en sentido vertical», víctimas de los experimentos científicos de los denominados médicos nazis.

> Les han sacado los tuétanos. Son los conejillos de Indias del bloque 32. A menudo les fallan las piernas y caen. Quedan lisiadas de por vida. A otras les hacen cosas aún peores. Muchas, casi todas, mueren. O bien las matan, para estudiar en sus cuerpos el resultado de los experimentos «científicos».

Lola contó todo a Mercè, absolutamente todo, con esa sinceridad que se profesa «a una camarada de lucha a quien se le puede decir la verdad», aunque sea abominable. La catalana, perpleja por el relato de dichas salvajadas, no pudo ni articular palabra. «Todo el espanto de Ravensbrück acaba de caerme encima como un jarro de agua fría», aseguraba Mercedes.

> Aquella noche no puedo dormir; ¡Lola me ha contado barbaridades! Cuando, agotada, los ojos se me cierran, una imagen insistente, como una pesadilla, me persigue: Cuando yo era pequeña, pasaba a menudo por el barrio una carretilla de perros. Un coro de ladridos, de gruñidos, de gemidos. Y las mujeres y los chiquillos mirando con animosidad a los hombres de la carretilla:
>
> —¡Panda de holgazanes, sería mejor que trabajaseis en lugar de seguir a los pobres perros!
>
> Una vez, en la plaza del Pino, en Barcelona, los de la carretilla de los perros cogieron un perro jovencito, todo blanco. Cuando le pasaron el lazo esbozó un grito pequeñito, agudo, como el de un niño. Temblaba. Me dio lástima y tuve ganas de llorar.

—Pobrecitos, los ahogan con gas —dijo una mujer a mi lado.

Aquella noche tampoco pude dormir.

Se debe de sufrir mucho al morir asfixiado por el gas…

Convoy a Mauthausen

El 2 de marzo de 1945 y ante el avance de los Aliados, los nazis iniciaron las evacuaciones de Ravensbrück y trasladaron a cerca de dos mil mujeres y niños al campo de Mauthausen. Una vez más, viajaban en un tren completamente abarrotado en condiciones higiénicas pésimas, sin poder lavarse o ir al baño —disponían de grandes barreños para defecar y miccionar—, sin apenas comida ni agua que llevarse a la boca, ni ningún respiradero por donde entrase aire fresco del exterior.

Entre las pasajeras del convoy había siete españolas: Angelines Martínez, Feliciana Pintos, Herminia Martorell, Carmen Zapater, Rosita de Silva, Alfonsina Bueno y Lola García. También se encontraba en el vagón la mencionada brigadista polaca Estucha Zilberberg, «Juanita», que tanto cariño profesaba a nuestra protagonista[31]. A decir verdad, todas las que viajaron con Charlie en los cinco días —«largos», según describen algunas de ellas— que duró el trayecto hasta al campo de concentración austríaco adoraban a la vasca. Todas coincidían «en decir que era una mujer excepcional»[32], puesto que siempre permanecía vigilante y auxiliaba a las compañeras más débiles. El traslado entre un recinto y otro se hizo más llevadero gracias a Charlie y al modo en que animaba a su tropa con arengas. «Sé valiente, vamos hacia la libertad, dejamos este maldito campo», le dijo a una Angelines aterrorizada y desmotivada debido a su pésimo estado de salud. La mujer, enferma de tuberculosis, difícilmente podía mantenerse en pie o comer, y su amiga no se despegó de su lado en ningún momento.

> Charlie una vez más fue mi ángel de la guarda, dándome calor con su cuerpo, abrigándome con sus ropas y dándome algo de alimento que me ponía en la boca, como se hace cuando se da de comer a un pajarillo, ya que yo estaba completamente extenuada[33].
>
> Me mimó y protegió, y siempre encontraba historias divertidas que contar para hacer reír a nuestras compañeras en aquel siniestro viaje evitando el pánico. [...] Ella fue quien me salvó la vida. Sin ella y sin nuestra querida Neni, yo nunca habría llegado al campo[34].

Durante aquel trayecto «agotador y espantoso» hasta Mauthausen, murieron muchas amigas de Lola y del resto de españolas. Cuando llegaron al campo de concentración, «medio muertas» y rodeadas de los cadáveres de sus compañeras fallecidas, aún les quedaban por recorrer los cinco kilómetros que conducían a las instalaciones. Así describió Angelines este dramático momento[35]:

> Para mí aquello representó un verdadero vía crucis, y de no haber tenido a Charlie a mi lado jamás habría llegado a la cima de la colina. Los SS me hubieran liquidado de un balazo en la nuca, como hicieron con otras.

A la entrada del campo, los SS procedieron a realizar la selección, en la que separaron a las mujeres de los niños y, posteriormente, asesinaron a los menores. Ciento ochenta y dos personas del convoy jamás llegaron a traspasar las puertas de Mauthausen. «Cinco días estuvimos esperando y vislumbrando que lo que habíamos sufrido no era nada para lo que nos esperaba»[36], reflexionaba la aragonesa Soledad Cortés Cubeles.

La extenuación

Efectivamente, las presas tampoco lo tendrían nada fácil en su nuevo destino debido a los distintos *Kommandos* de trabajo en los que iban a ubicarlas. Su designación complicaría aún más el estado físico de unas mujeres que ya habían perdido casi toda su energía en Ravensbrück. A Estucha, al igual que a Lola, les asignaron tareas de desescombro en la estación de tren de Amstetten, a treinta y cinco kilómetros del campo. Aquello, además de ponerlas en peligro —muchas perecieron por las bombas británicas y estadounidenses—, las dejaba al borde de la extenuación[37].

> Cuando había alerta aérea, huíamos hacia las colinas vecinas, pero muchas de nosotras nos quedábamos tendidas por el camino. Los cráteres de las bombas lanzadas en días anteriores se rellenaban del agua de la nieve derretida y aquella tierra tan esponjosa se transformaba en un inmenso barrizal en el que nos hundíamos hasta las rodillas. En tal situación, las más fuertes no podíamos perder de vista a las más débiles, las cuales, una vez postradas en el fango, hubiesen sido incapaces de volverse a levantar y estaban condenadas a morir medio asfixiadas y medio ahogadas. Todo esto al tiempo que vigilábamos a los SS, para evitar que nos rematasen a tiro limpio.

Después de uno de los bombardeos más demoledores sobre la terminal, Lola, Estucha y el resto del grupo de españolas se negaron a regresar al trabajo, protagonizando así la primera huelga en los siete años de funcionamiento de Mauthausen, una insurrección que ni sus camaradas hombres se habían atrevido a acometer antes. Según la brigadista polaca, el incidente se produjo de la siguiente manera[38]:

> Nuestra desmoralización llegó a tal punto que un día decidimos negarnos a ir a sacar escombros de aquella maldita estación. Decisión que tomamos por unanimidad. Los SS estaban estupefactos, pues era la primera vez que un grupo de prisioneras se les sublevaba. Contábamos, inconscientemente, que ante los descalabros que los alemanes sufrían por todos lados quizá los SS no se atreverían a tomar represalias; al menos no con la dureza de antaño. Los SS nos encerraron en una barraca y nos privaron de comida y de agua. Y allí habríamos muerto de inanición si los españoles no se las hubiesen arreglado para facilitarnos, cada día, varias raciones de sopa.

Las canteras de granito, donde las cautivas transportaban piedras de más de veinte kilos hasta lo alto de la impresionante «escalera de la muerte de Gusen», constituyeron uno de los muchos peligros que hubo en este campo de concentración austríaco. En la empinada escalinata, hombres y mujeres cargaban con las pesadas rocas de grano de arena y subían los ciento ochenta y seis resbaladizos peldaños hasta la entrada de la explotación. Pero si descansaban o desfallecían en el intento y, por consiguiente, no podían continuar, los SS los lanzaban al vacío con sus propios pedruscos. A quienes morían de esa forma los denominaban «paracaidistas», pues se precipitaban al abismo unos setenta metros de altura[39].

Durante el tiempo que Lola estuvo en aquel recinto logró reunirse con su pareja, Joaquín. Más de un año después de la última vez que se habían visto en la prisión de Fresnes, se reencontraron en la enfermería de Mauthausen. A partir de ese instante y hasta la liberación del campo, se escapaban para verse furtivamente durante el máximo tiempo posible. Así fue cómo Lola comenzó a percibir que el resto de los compatriotas esquivaban a su novio. Al poco tiempo se enteró de que lo trataban como a un traidor por haber delatado, supuestamente, al camarada Josep

Miret, que había sido detenido poco después del interrogatorio en la prefectura de la policía de París, en diciembre de 1942. Sin embargo, más tarde se supo que el arresto del catalán se había producido cinco días antes de que los nazis apresaran a Joaquín y tras una ardua investigación de la Gestapo. Pese a que los datos lo exculpaban como el responsable de la detención de Miret, los miembros del PSUC renegaron de Lola y de Joaquín.

Libertad inesperada

El avance de las tropas libertadoras estaba cada vez más próximo y, el 22 de abril de 1945, el delegado del Comité Internacional de la Cruz Roja (CICR) en Mauthausen, Louis Haefliger, entró en el campo de concentración austríaco para impedir las ejecuciones de última hora y negociar la rendición de los alemanes. Haefliger también anuló la orden nazi de explosionar una fábrica de aviación de Gusen con cuarenta mil prisioneros en su interior e inició la evacuación de miles de personas para su liberación[40]. De esta forma, numerosos deportados franceses, Lola, su grupo de españolas y también su pareja, Joaquín, obtuvieron la libertad de manera inesperada y antes de que la 11ª división blindada de Estados Unidos irrumpiese el 5 de mayo en este recinto del Reich alemán[41].

La pareja regresó a su casa de París, en el número 7 de la rue du Colonel Oudot, del distrito XII, para aprender a vivir de nuevo tras años de ser presos políticos. Una de las primeras cosas que hicieron al regresar fue enviar una carta a su familia de Carcaixent, que los creía muertos. La carta, fechada el 5 de junio de 1945, comenzaba así[42]:

> Cuánto tiempo hemos pasado sin poder escribiros, ni saber de vosotros. En medio de los sufrimientos pasados, os recordába-

> mos a todos sin cesar, deseando que, cuando dejásemos aquel infierno, si nos lo permitía nuestra resistencia física, os hallásemos a todos, de nuevo, en perfecta salud y, tal vez (así lo hubiésemos preferido) con dos o tres nuevos sobrinitos o sobrinitas, antes que cualquiera de vosotros de menos [sic].

A lo largo del escrito de dos páginas a sus familiares, Lola y Joaquín lamentaban la pérdida de sus padres, a los que no habían podido abrazar una última vez antes de fallecer, y también transmitían su felicidad por la reciente llegada a la familia de un nuevo sobrino, Andrés. En la carta, la pareja también los emplazaba a un próximo encuentro para poder contarles todo con detalle, aunque les quisieron avanzar algunas de las secuelas físicas que soportaban después de su cautiverio.

> De salud estamos bien. Los dos hemos resistido muy bien el golpe tan duro. Para decir verdad, Kim [así es como denomina la familia a Joaquín] sigue un tratamiento para los ojos, pues los trajo algo enfermos [...] pero habrá de llevar lentes porque ha bajado su vista. [...] Lola está mucho mejor que cuando regresó. Muy bien de salud. Solo los pelos han emblanquecido bastante más. Desde luego, para ninguno de los dos han pasado los años en balde. [...] A pesar de las dificultades de abastecimiento, nos arreglamos bien para mantenernos. [...] Para nosotros, esto no ha sido más que uno de los cuantos golpes que hemos recibido en la vida, y aun encontrándonos a cero, tenemos la voluntad de seguir adelante y... como otras veces, también saldremos de esta.

Por supuesto, también tuvieron unas palabras cariñosas para Milagro, a la que se referían como «Milagrines». Esperaban que estuviese hecha «una mujercita» y le pidieron que les respondiese con «una carta bien larga» con todo lujo de detalles, además de unas fotografías tanto de ella como del resto de familiares, para que pudieran verlos «a todos». La llegada de aquella carta supuso una alegría inmensa para los carcaixentís: no daban crédito a que Lola y Kim hubieran sobrevivido al exterminio nazi.

Primeros reencuentros

Tras su liberación, Lola regresó a su trabajo como secretaria en el consulado de Chile en París, mantuvo el nombre falso de Charlotte Jeantet y ayudó a exiliados franquistas a establecerse en el país sudamericano[43]. Por su parte, Joaquín encontró trabajo como impresor y ambos continuaron con su faceta militante tras unirse a la FNDIRP próxima al Partido Comunista.

Asimismo, mantuvo el contacto con las amigas que había conocido en los campos, y en 1947 se reencontró con algunas de las supervivientes, como Angelines Martínez, Alfonsina Bueno o Estucha Zilberberg. Además, Lola también participó como testigo en el juicio de Núremberg contra las guardianas de Ravensbrück, a las que describió con la misma afirmación que gritaba a sus compañeras en cuanto la moral decaía: «¡No son personas, son animales!».

Después de su cautiverio, una de las primeras visitas que la pareja recibió en su modesto apartamento parisino fue la de la madre de Joaquín, Milagro Piera, quien «nunca se movió de casa, porque siempre esperó que su hijo volviese un día u otro»[44]. Era el año 1948 y la anciana, a sus ochenta años, viajó a Francia en compañía de su hija Carlota para quedarse un mes con Lola y Kim. Durante su estancia, esta ferviente católica quiso visitar la catedral de Santa Teresa de Lisieux, razón por la que su hijo y su nuera llevaron a Milagro de excursión y sin rechistar. Joaquín, que era ateo, se quedó fuera del templo y tiempo después contaría a su sobrina entre risas: «Mi madre vio la catedral y la Virgen».

Tía y sobrina

Dos años más tarde, una adolescente Milagro Mongort pudo conocer, al fin, a sus tíos personalmente. Estaba entusiasmada por ese viaje, que aún hoy recuerda con asombrosa claridad. La joven, su madre y su tía Lola se alojaron veinticinco días en aquel quinto piso sin ascensor, pequeñito, de una sola habitación, en el que había una cama, un armario, un sillón y un escritorio que hacía las veces de mesa de comedor, además de una cocina y de un baño sin retrete. «¡Estaba en el pasillo! En cada una de las cinco plantas había diez pisos y un váter. Pues no nos encontramos con nadie en el váter en todo ese tiempo. No sé cómo se las apañaban», cuenta entre risas. Puesto que el estudio era demasiado pequeño como para convivir cinco personas, los hombres —Joaquín y el padre de Milagro— se hospedaron en una pensión cercana.

Mientras Lola y Joaquín trabajaban por el día, un amigo de ellos, también de Carcaixent, llevaba a sus familiares de ruta turística por París. Por las calles de la ciudad, la joven se sorprendió al descubrir que los trenes «iban por arriba y por debajo» o que había parejas multirraciales, formadas por personas blancas y negras, algo que jamás había visto en su pueblo. Al término de la jornada laboral, la familia se reunía y todos juntos continuaban con las visitas culturales. Los anfitriones los llevaron a la Torre Eiffel, al Sacre Coeur, al Arco del Triunfo, al Ayuntamiento y, por supuesto, a ver museos y exposiciones. Incluso acudieron a la Ópera de París. «Esos días no los olvidaré jamás —dice con melancolía—, pues fue la última vez que vi a mis tíos».

Cuenta Milagro que su tía Lola era «agradable, cariñosa, inteligente, buena persona y extremadamente generosa. Tenía un regalito encima de la mesa cada día». Desde unas medias de cristal, que se habían puesto de moda por aquel entonces, hasta un colgante de plata muy antiguo que luce en su cuello y que me muestra muy orgullosa. «Fíjate que tengo yo años, y esto tiene más de cien. Lo heredó de una abuela y ella me lo dio a mí», asegura. El colgante, tallado en plata, contiene la figura de un niño tocando una flauta rodeada de flores.

Durante esos días juntas, Lola apenas le contó a su joven sobrina nada acerca de su lucha por la supervivencia en los campos de concentración. Su tía tenía mucho cuidado de no lastimar su sensibilidad y, aunque le dio algún que otro detalle de cómo eran aquellos recintos carcelarios, no profundizó en penalidades ni dio datos escabrosos. «No nos hacía padecer, porque no quería que padeciésemos», asevera. Lola prefería hablar de temas divertidos, hacer reír y pasar, simplemente, un rato agradable.

La pareja, que no creía en el matrimonio, nunca se casó ni tuvo hijos y siempre transmitió valores de respeto e igualdad, independientemente de las creencias religiosas o los ideales políticos de la gente. «Ellos creían en las personas y tenían amistad con todo el mundo: comunistas, gente de derechas, sacerdotes o frailes, católicos…», cuenta Milagro. Eran todo un ejemplo de tolerancia.

La octogenaria relata con cariño que a través de su tía aprendió y se aficionó a escribir cartas de su puño y letra. Así fue cómo, tras el regreso de la joven a Carcaixent, iniciaron una rutina de correspondencia: el día 1 de cada mes, la sobrina enviaba una carta, y el día 15, sus tíos le respondían. Aunque siempre era Lola quien escribía cada palaba, abajo aparecía también la firma de Kim, un detalle que divertía a Milagro. «¿Qué es eso de no firmar la carta?», le reprochaba a su tío si se le olvidaba.

Cada vez que llegaba el correo a casa de «Milagrines», el corazón le salía desbocado del pecho y se sentía ansiosa por conocer las nuevas aventuras de sus queridos tíos de Francia.

Lola era «tan graciosa» que, en una ocasión, le contó con pelos y señales a su sobrina cómo cuidaba de sus plantas. Esta anécdota hace que todavía siga desternillándose.

> Tengo la begonia bonita, pero necesitaba que le pusiera alimento. Y me dijeron que era muy buena la caca de caballo. Un día, esta semana pasada, vi un caballo por la calle, me he ido detrás de él y, hasta que no ha cagado, no me he ido a casa. Pero yo he recogido la caca y la tengo en la planta.

En otra carta, su tía le explicó que por la noche tenía una reunión «de esas de besar las manos» y le dijo, bromeando, que antes de ir «pelaría ajos». Cada recuerdo que me cuenta le hace reír, también a su hijo, presente en la conversación, y, por supuesto, a mí. Incluso después de tantos años, conserva en su casa varios libros, cartas y objetos que en su día pertenecieron a Lola: el citado colgante o un abrigo de pieles de cuando sus tíos estuvieron en Rusia.

La tragedia

Durante cuatro años, tía y sobrina se cartearon puntualmente hasta que un día un pariente lejano de la pareja se puso en contacto con la familia en Carcaixent para comunicarles en un escueto telegrama el fallecimiento de Lola y Joaquín. Todo apuntaba a que se había producido un escape de gas en el apartamento de París y que habían muerto asfixiados el 31 de enero de 1954. Los encontraron unos compañeros del consulado de Chile que, preocupados por no tener noticias de Lola, se habían acercado al domicilio y habían hallado los cadáveres. Joaquín estaba sentado en un sillón —que todavía conserva la familia— y Lola, recostada en la cama. Nadie podía imaginar el fatal desenlace, pues esa misma mañana de domingo, según relata Milagro, los vecinos los habían visto asomados al balcón de su casa.

De acuerdo con el atestado policial, Lola y Joaquín estaban preparando la comida: pusieron varios cazos al fuego y, mientras se calentaban, se recostaron un momento. En ese tiempo, una mala combustión provocó un escape de gas, que se habría propagado rápidamente por el pequeño apartamento. Ello provocó que cayeran en el sopor y, más tarde, que murieran por asfixia.

No obstante, también se barajó la hipótesis del suicidio, una posibilidad que Milagro y el resto de su familia descartaron de inmediato por dos motivos: en primer lugar, Lola y Joaquín no se ajustaban al perfil suicida, sobre todo, después de haber sido un ejemplo de fortaleza y supervivencia en el infierno de los campos nazis; y en segundo lugar, la pareja siempre había mostrado su ferviente deseo de regresar a Carcaixent en cuanto pudieran, porque tenían la ilusión de abrir una librería en el pueblo y Kim había heredado de su madre una casa. Aparte de esto, Lola llegó a decirle a Milagro en alguna de sus cartas: «Yo quiero morirme a tu lado, Milagrines. La tía quiere morirse ahí, contigo». Cuenta su sobrina que, de hecho, tres días antes de su muerte sus tíos les habían escrito de nuevo y les contaron, entre otras muchas cosas, que la semana siguiente harían planes con unos amigos. Asimismo, les recordaron que muy pronto celebrarían su trigésimo aniversario juntos. Por eso ningún miembro de la familia se creyó la hipótesis del suicidio, ni siquiera la del accidente doméstico. «Mis tíos querían volver junto a la familia», insiste.

Milagro cree que Lola y Kim pudieron ser víctimas de una venganza por parte de franquistas, agentes soviéticos o incluso de sus propios camaradas comunistas españoles. «Sabían mucho de todo y Joaquín tenía enemigos en todos los bandos». Además, el valenciano aún llevaba a sus espaldas el yugo de ser un supuesto traidor. Sin embargo, nada de esto se pudo demostrar.

Cuando la familia se enteró de lo ocurrido, el hermano de Lola, Enrique, acudió a París para reconocer los cuerpos en el Instituto Médico Legal (IML) y proceder al papeleo. El funeral tuvo lugar el 6 de febrero de 1954 y fueron enterrados en el cementerio parisino de Thiais.

La muerte de la pareja conmocionó y entristeció a sus amigos más cercanos, también a los deportados que estuvieron a su lado tras el fin de la Segunda Guerra Mundial, porque ellos eran la viva muestra de la lucha contra el fascismo y la restricción de libertades. Pese a que habían sufrido atrocidades durante los años en cautiverio, salieron de los campos con sus principios éticos y políticos intactos, o incluso reforzados, y, aparentemente, con la moral alta y muchas ganas de vivir. Mercè Núñez, gran amiga de Lola, incrédula ante un supuesto accidente, sí creía en la posibilidad del suicidio como la verdadera causa de sus muertes[45].

> Pocos años después del retorno, una pequeña nota en un diario cualquiera de París decía que tú y tu marido, Quimet Olaso, habíais muerto asfixiados por el gas en vuestro piso. ¿Accidente? ¿Suicidio? Oí decir que algunos reprochaban a Olaso haber sido débil ante la Gestapo. ¿Era verdad y no pudisteis soportar la vergüenza? ¿O quizá fue sencillamente un arranque de depresión, a consecuencia del sufrimiento derivado de la deportación? Los campos de la muerte asesinan también a distancia.

«*In memoriam*»

«Carcaixent rescata a sus héroes del nazismo». Así titulaba el diario *Levante*[46] el homenaje celebrado el 27 de febrero de 2019 en este municipio valenciano en el que se reconocía la lucha por la libertad de cinco vecinos prisioneros en Mauthausen, entre ellos, Joaquín Olaso Piera. La muestra, llamada «La ignominia de l'oblit: Carcaixentins als camps d'extermini nazis», estaba compuesta por diecisiete paneles elaborados por la Universitat de València, y el Ayuntamiento y exhibía cartas y fotografías inéditas, además de una maqueta de la propuesta escultórica del artista carcaxentí Pasqual Boqueta, «Junts som més forts». La inauguración de la exposición fue un acto institucional al que acudieron el presidente de las Cortes Valencianas, Enric Morera, y los descendientes de las víctimas, entre ellas, Milagro, que tuvo unas palabras para los medios allí convocados.

> Me alegro mucho de que ahora les hagan un poco de caso y que se acuerden de unas personas que lucharon por la libertad. Todo lo que hicieron fue por el bien de las personas. Si no hubiese sido por gente como ellos, gente adelantada, hoy estaríamos mucho peor[47].

La admiración de Milagro por sus tíos traspasa la pantalla* y llega al corazón. Casi setenta años después de su muerte, la octogenaria sigue teniendo su recuerdo vivo en la memoria y también el amor que siente por ellos. «Los quiero mucho, siempre los querré», dice. Reconoce igualmente que le encantaría haber pasado más tiempo con ellos y que hubiesen vuelto a Carcaixent. «Mi tía me hubiera enseñado de todo, como, por ejemplo, francés. Eso me habría gustado mucho». Incluso en este período tan convulso como es la pandemia por coronavirus, Milagro asegura que ellos le echarían valor a la circunstancia, «eran unos valientes», harían todo lo posible para estar bien ayudando incluso a los enfermos y mantendrían la esperanza de que

* La entrevista se realiza a través de videollamada.

todo se acabaría pronto. Después de todas las atrocidades cometidas por los nazis, un virus tampoco podría con ellos.

Antes de finalizar nuestra conversación, a Milagro le viene a la cabeza un último recuerdo: los dibujos y los escritos que su tía Lola hizo cuando era tan solo una niña y que aún conserva. Entre ellos, retratos de personas, imágenes de mapamundi, algún bodegón y unos pensamientos que, ya desde edad muy temprana, evidenciaban la madurez de esta admirable mujer ante un mundo de continua lucha entre opresores y demócratas.

> En la vida de la humanidad, la patria es una institución pasajera, obra transitoria de la evolución progresiva, albergue de una noche que se abandona al día siguiente para continuar la marcha hacia el ideal.
>
> ¡Patria, patria, tierra de los padres! Qué burla más sangrienta para el hombre despojado de tierra, de casa, de ciencia, privado de higiene, falto de educación, reducido al salario y forzado además a ser defensor y sayón de sus dominadores!

Escrito en el año 1914, Lola decía también en estas otras líneas: «Detestemos todo lo que sea motivo de desunión entre nosotros y amemos todo aquello que tienda a mirarnos y humanizarnos». Porque, para ella, la única verdad era que «La ley del amor es la gran ley de la vida».

Notas

[1] Entrevista con Milagro Mongort Olaso, sobrina de Lola García Echevarrieta, el 19 de noviembre de 2020.

[2] «¿Por qué la Semana Trágica de Barcelona?», *La Vanguardia,* 26 de julio de 2019; y «Semana Trágica: la otra vez que ardió Barcelona», *El Mundo,* 28 de julio de 2018.

[3] Julián Gorkin, *El revolucionario profesional: testimonio de un hombre de acción,* Aymá, Barcelona, 1975, págs. 96-97.

[4] Ibíd.

[5] *Dictionnaire biographique, mouvement ouvrier, mouvement social.*

[6] Artículo «Cómo fue aquel 6 de octubre de 1934 en el que estalló la revolución en Asturias y Cataluña», en *El Español,* 6 de octubre de 2018.

[7] *La Vanguardia*: 7 de noviembre de 1934, 31 de octubre de 1935 y 6 de noviembre de 1935.

[8] Mauthausen 1.1.26.4/1872277 y 1.1.26.4/1872278. ITS Archives. Bad Arolsen.

[9] María Teresa Martínez de Sas, *Diccionari biogràfic del moviment obrer als països catalans,* Edicions de la Universitat de Barcelona i l'Abadia de Montserrat, Montcada i Reixac, 2000.

[10] Courtois, Peschanski y Rayski, *Le sang de l'étranger. Les immigrés de la MOI dans la Résistance,* Fayard, París, 1989.

[11] Josep Lluís Martín I Ramos, *Rojos Contra Franco*, Edhasa, Barcelona, 2002, págs. 124-125 y 138.

[12] Cervelló y Agudo, *Las Brigadas Internacionales: Nuevas perspectivas en la historia de la guerra civil y el exilio,* Publicacions Universitat Rovira I Virgili, Tarragona, 2015, págs. 370-371.

[13] *Livre Mémorial de la Deportation de 1996*. Lola figura como Charlotte Jantet, Convoi (I.118).

[14] Descripción de Milagro Mongort Olaso, sobrina de Lola García Echevarrieta.

[15] Montserrat Roig, *Los catalanes en los campos nazis,* Ediciones Península, Barcelona, 2017, pág. 526.

[16] Carlos Hernández de Miguel, *Los últimos españoles de Mauthausen. La historia de nuestros deportados, sus verdugos y sus cómplices* (edición digital), Ediciones B, Barcelona, 2015, pág. 260.

[17] Todo lo relativo al búnker de castigo está sacado del libro de Mónica G. Álvarez, *Guardianas Nazis. El lado femenino del mal* (10ª edición), Edaf, Madrid, 2019.

[18] Extracto del libro *Ravensbrück: everyday life in a women's concentration camp 1939-45,* Markus Wiener Publishers, Princeton, 2010.

[19] Montserrat Roig, ob. cit., pág. 528.

[20] Eduardo Pons Prades, *Morir por la libertad:* españoles en los campos de exterminio nazis, Vosa, Madrid, 1995, pág. 113.

[21] Montserrat Roig, ob. cit., pág. 528.

[22] Carlos Hernández de Miguel, ob. cit., pág. 260.

[23] Eduardo Pons Prades, ob. cit., pág. 136.

[24] Montserrat Roig, ob. cit., pág. 528.

[25] Eduardo Pons Prades, ob. cit., pág. 136.

[26] Entrevista con Milagro Mongort Olaso, sobrina de Lola García Echevarrieta, el 19 de noviembre de 2020.

[27] Carlos Hernández de Miguel, ob. cit., pág. 260.

[28] Documental «Más allá de la alambrada», Sorrolla Films, 2005.

[29] Entrevista con Milagro Mongort Olaso, sobrina de Lola García Echevarrieta, el 19 de noviembre de 2020.

[30] El encuentro entre Mercè y Lola aparece en el libro de Mercedes Núñez Targa, *Destinada al crematorio. De Argelès a Ravensbrück: las vivencias de una resistente republicana española,* Editorial Renacimiento, Sevilla, 2011, pág. 73.

[31] Carlos Hernández de Miguel, ob. cit., pág. 259.

[32] Montserrat Roig, ob. cit., pág. 526.

[33] Carlos Hernández de Miguel, ob. cit., pág. 370.

[34] Montserrat Roig, ob. cit., pág. 529.

[35] Carlos Hernández de Miguel, ob. cit., pág. 370.

[36] Neus Català, *De la resistencia y la deportación,* Generalitat de Cataluña, Barcelona, 2015.

[37] Carlos Hernández de Miguel, ob. cit., pág. 371.

[38] Ibíd.

[39] Artículo «La escalera de la muerte de Mauthausen y la crueldad de los SS alemanes», en *elDiario.es,* 5 de mayo de 2015.

[40] Datos extraídos de la Web del Comité Internacional de la Cruz Roja.

[41] USHMM.

[42] Carta cedida por Milagro Mongort Olaso.

[43] Entrevista con Milagro Mongort Olaso, sobrina de Lola García Echevarrieta, el 19 de noviembre de 2020.

[44] Ibíd.

[45] Mercedes Núñez, ob. cit., pág. 74.

[46] Artículo «Carcaixent rescata a sus héroes del nazismo», en el *Diario de Levante,* 27 de febrero de 2019.

[47] Ibíd.

VIOLETA FRIEDMAN

La lucha contra el negacionismo en España

Espero que las nuevas generaciones puedan oír mi ruego:
que ellas continúen mi trabajo. Que no nos olviden.

VIOLETA FRIEDMAN

Los primeros tiempos en Madrid no fueron fáciles para una Violeta acostumbrada a una forma liberal de entender la vida. En los años sesenta de la España franquista, el país vivía sumido en una mentalidad más conservadora que la de la progresista Caracas, una de las ciudades más cosmopolitas del continente americano, en donde la superviviente de Auschwitz había residido durante años. «Aquí era una extranjera y, para colmo de males, divorciada», explica en sus memorias[1]. Sin embargo, gracias a su personalidad sociable, empática, dinámica y arrolladora, lograba meterse en el bolsillo a todo aquel que se cruzase en su camino. «Mi madre era un imán con las personas», dice su hija Patricia Weisz[2]. Le encantaba estar rodeada de mucha gente, organizar fiestas con sus famosas crepes empanadas rellenas de sesos y relacionarse con todo tipo de personas, a las que atrapaba por su alto nivel intelectual y gran sentido del humor.

Violeta no pasaba desapercibida ni cuando paseaba por la calle, sobre todo si lo hacía a bordo de un enorme descapotable traído de Venezuela que apenas cabía en algunas calzadas. En un viaje a Toledo, su presencia causó tanto revuelo que «los hombres le silbaban y yo me escondía. ¡Me daba una vergüenza que me moría!», recuerda Patricia. «Mi madre era así», dice con orgullo. Ese carisma, tanto físico como intelectual, le abrió muchísimas puertas y España finalmente acabó convirtiéndose en su hogar.

Pero detrás de aquella aparente alegría se escondía una realidad aterradora: el miedo constante a las noches tras su paso por Auschwitz. Ese terror se tradujo en insomnio nocturno permanente y en prolongadas llantinas por el sentimiento de soledad que la persiguió desde que se produjo el exterminio de toda su familia en el campo de concentración.

SUS RAÍCES

De familia judía, Violeta Friedman llegó al mundo el 15 de abril de 1930 en Marghita, una pequeña localidad de la región de Transilvania perteneciente a Rumanía. Esta ciudad, de apenas ocho mil habitantes, guardaba una «agitada historia»: hasta el Tratado de Trianón, firmado en 1920, había pertenecido históricamente a Hungría, pero, tras la derrota del imperio austrohúngaro en la Primera Guerra Mundial, Marghita pasó a depender de Rumanía. Por consiguiente, a efectos legales, Violeta era ciudadana rumana, aunque su familia era de origen húngaro y ella también consideraba que lo era, «igual que toda la población transilvana, en mayor o menor medida»[3].

El nacimiento de Violeta llegó en una época muy convulsa para sus padres: las deudas económicas que acumulaban y los problemas que estas conllevaban minaron la relación del matrimonio y trajeron mucha tensión al hogar. Dadas las circunstancias, la madre optó por refugiarse en Violeta y mimarla, lo que provocó los celos de Eva, la hermana mayor, con la que tenía menos paciencia. A la larga, esto derivó en un punto de conflicto importante entre ambas hermanas, que se acentuaba debido a la diferencia de edad. Violeta era la «chivata» a ojos de la primogénita y las peleas solían terminar a golpes, sobre todo cuando su madre no estaba.

Por otra parte, la ruina financiera familiar provocó un cambio radical en la personalidad del padre de las niñas. Debido a sus constantes preocupaciones, se convirtió en una persona tacaña y obsesionada con el dinero, sumamente estricta e incapaz de dar el más mínimo afecto. Violeta, muy disgustada con aquella actitud, incluso llegó a preguntarle a su madre: «¿Por qué no te divorcias de él?».

Para evadirse de las peleas en casa, Violeta prefería visitar a sus abuelos en el pueblo de Monos Petri, un refugio de aprendizaje y cariño en el que se pasaba horas divirtiéndose con los animales que tenían en el viñedo. Allí supo lo que era la armonía, el respeto y la paz, y empezó a descubrir la música y la escritura. No obstante, los recuerdos de su infancia siempre fueron «un territorio borroso», dado su tremendo «esfuerzo por borrar el pasado».

Los parias

Para anular el Tratado de Trianón y devolver parte de Transilvania a Hungría, el 30 de agosto de 1940 los cuatro ministros de Asuntos Exteriores de Rumanía, Hungría, Alemania e Italia participaron en el Segundo Arbitraje de Viena en el Palacio de Belvedere de la capital austríaca [4]. Este pacto se llevó a efecto días después de que las tropas húngaras hubiesen entrado en el territorio transilvano con el fin de ocuparlo. La anexión se desarrolló pacíficamente porque la población los recibió «con gran alegría», recordaba Violeta. Sin embargo, el régimen de Miklós Horthty —regente de Hungría desde marzo de 1920 hasta octubre de 1944— promulgó una serie de leyes antisemitas que definían a los judíos como parias de la sociedad. A partir de entonces, para evitar el contacto en las escuelas, separaron a los niños judíos de los cristianos y estudiaban en aulas distintas y a horas diferentes. También se propagaron e intensificaron los actos contra los judíos: sus amigos y compañeros de juego durante años ahora los insultaban y apedreaban. «Sufríamos la persecución en todo momento», describió Violeta, que en aquella época se sentía impotente porque no podía defenderse ni caer en provocaciones. Eran tiempos delicados para la población judía, ya que una denuncia era suficiente para una multa desmesurada.

Hasta principios de marzo de 1944, la familia Friedman vivió en una constante inquietud y preocupación: la madre insistía en emigrar a Canadá, porque presentía que los acontecimientos iban a empeorar. Sin embargo, tras pedir ayuda a su hermana, que residía en ese país, les fue imposible conseguir los papeles necesarios. «Quería sacarnos a toda costa del infierno que preveía», relataba Violeta.

El 19 de marzo de 1944, Alemania invadió Hungría y, a partir de ese momento, se obligó a los judíos a portar la estrella de David en un sitio visible —en el brazo o en el pecho—, se les prohibió salir a la calle después del anochecer, y, además, tuvieron que soportar que quienes hasta entonces habían sido sus amigos, conocidos o vecinos cristianos les retirasen el saludo por miedo a ser identificados como colaboracionistas. Aún guardaban cierta esperanza de que la guerra terminase pronto y pudiesen evitar la deportación —ya circulaba el rumor de los guetos y los campos de concentración, aunque se ignoraba la existencia de las cámaras de gas y los asesinatos en masa—, pero, cuando a principios de mayo los denominados «cruces flechados»*, en coordinación con la Policía de Seguridad alemana[5], irrumpieron en miles de hogares judíos, supieron que ya no tendrían escapatoria y que comenzaría su «destrucción».

---

* Miembros del Partido de la Cruz Flechada, partido político húngaro, fascista pro-alemán y antisemita, similar al partido nazi, liderado por Ferenc Szalas.

Las autoridades detuvieron y enviaron a miles de judíos a Oradea-Mare, actual capital del departamento de Bihor, donde los recluyeron en un gueto ubicado en un antiguo mercadillo de animales domésticos, en condiciones infrahumanas y a la espera de que llegara el resto de los prisioneros. «Cuando se habla de guetos, uno se imagina los guetos que tantas veces vemos en Varsovia y en Cracovia, mientras que en Hungría nada de esto estaba organizado», aclaraba Violeta. Los arrestados vivían con lo puesto, en los propios puestos de los tenderos, al aire libre, sin baño ni posibilidades de aseo, con una lona a modo de techo y paja en el suelo. Tampoco portaban objetos de valor, dinero o recuerdos de sus vidas, aunque lo peor era que apenas disponían de alimentos; el hambre empezó a hacer mella y muchos perecieron sin llegar a conocer su siguiente parada. En solo dos meses, los nazis trasladaron a 440.000 judíos en ciento cuarenta y cinco trenes desde Hungría a los campos de concentración, la mayoría de ellos a Auschwitz[6]. Violeta y toda su familia —padres, hermana, abuelos y bisabuela— también permanecieron en el gueto durante varias semanas, «pero, al lado de lo que aún nos esperaba, aquello era un verdadero lujo».

A la izquierda

A finales de mes, los nazis procedieron a su deportación, para lo cual utilizaron largos trenes de ganado con rejillas minúsculas de ventilación. Durante todo el trayecto, entre cien y ciento veinte personas convivieron hacinadas como sardinas en lata en cada uno de los vagones, sucios y malolientes, sin posibilidad de tumbarse o sentarse, sin agua ni comida y rodeados de sus propios excrementos. El viaje hasta el campo de concentración de Auschwitz-Birkenau duró «tres larguísimos días y noches» en los que todos viajaban «hacia la muerte», aunque en ese momento nadie era consciente de lo que implicaba «ese lugar con nombre de infierno». Los nazis habían engañado completamente a los judíos: les habían hecho creer que iban a trabajar cuando, en verdad, los llevaban al matadero.

En plena noche, el tren llegó a la estación del recinto concentracionario y fue recibido por decenas de soldados alemanes y de prisioneros veteranos del campo procedentes de *Sonderkommandos,* los denominados «comandos especiales» de trabajo, integrados normalmente por hombres judíos que, amenazados por los nazis, trabajaban obligados en la eliminación de víctimas de las cámaras de gas[7].

Los *Sonderkommandos* actuaban como un elemento de distracción durante la bienvenida a los presos: recibían a los recién llegados, les daban indicaciones sobre lo que tenían que hacer y los tranquilizaban si tenían miedo. De esta forma se evitaba que se produjesen motines o que se desatase el pánico.

Después de bajar de los vagones y soltar sus pertenencias, con la promesa de que serían guardadas, la familia Friedman y los demás pasajeros fueron obligados a formar filas de a dos, separando a los hombres de las mujeres y los niños. Posteriormente, un médico de las SS, Josef Mengele, los señalaba diciendo «derecha» o «izquierda», así, con un ligero y simple movimiento de brazo, decidía quién debía vivir o morir de entre los cientos de miles de personas que llegaban al campo.

> El recuerdo de aquellos momentos es para mí imborrable: mi padre y mi abuelo alejándose de nosotras, mi madre cogiendo a mi abuela del brazo, yo agarrándome a mi vez al de mi hermana…

Cuando llegó el turno de Eva y Violeta, Mengele las envió a la izquierda, mientras que su madre y su abuela fueron a la derecha. Aquella fue la última vez que vieron con vida a sus familiares. Esa misma noche, todos fueron asesinados en la cámara de gas por orden del conocido «Doctor Muerte». La joven tenía catorce años recién cumplidos cuando se quedó huérfana.

La primera noche

El proceso de selección se sucedía a un ritmo frenético, entre gritos de «*Schnell! Schnell!*», pues nadie debía percatarse de lo que ocurría en realidad: todos estaban condenados a muerte. Mientras que a los menores de dieciséis y los mayores de cuarenta y cinco años los enviaban a la fila de «poco aptos» para trabajar —esto es, los ejecutaban de forma casi inmediata—, al resto los utilizaban como trabajadores esclavos, lo que aplazaba un tiempo su asesinato.

Si Mengele se hubiese fijado más en el aspecto de Violeta, la húngara habría fallecido en la cámara de gas junto a sus padres y abuelos, pero aquella noche su aspecto confundió al nazi: la joven llevaba un pañuelo en la cabeza y unos zapatos de tacón de su madre. Aquel atuendo y el hecho de ir del brazo de su hermana mayor le salvaron la vida: «A Mengele debí de parecerle mayor de lo que era, y fui enviada con ella al lado equivocado».

Después de la selección se repitió el mismo proceso de desinfección que en el resto de los campos de concentración: una vez desnudas, les afeitaron la cabeza, las obligaron a ducharse con agua fría y, todavía mojadas, les entregaron unos zuecos y unos andrajos de presas. «Sin pelo, cubiertas de harapos, despojadas bruscamente de nuestra personalidad e identidad, nuestro aspecto era tan increíble que a Eva y a mí nos costó mucho reconocernos», narraba Violeta, que, junto a su hermana, gritaba desesperada el nombre de sus padres y abuelos para poder reunirse con ellos. Sin embargo, su voz se quebró después de que varias prisioneras checoslovacas y polacas, conocedoras de los entresijos del campo, les explicaran cuál había sido el destino de los «no aptos» y en qué consistían las cámaras de gas.

> En aquel instante yo comencé a llorar desesperadamente: nunca más volvería a ver a mi madre, a la que tanto quería. Y seguí llorando hasta que el hambre, el frío, la enfermedad y todo tipo de sufrimientos físicos y psíquicos terminaron por secarme las lágrimas al cabo de unas semanas. Todo se agotaba dentro de mí, incluso el llanto.
>
> Nunca, jamás en mi vida, por muchos años que pueda llegar a vivir, olvidaré aquella primera noche. Esa es la noche que nunca podré superar…

Birkenau

En la primavera de 1940, la construcción del complejo de Auschwitz, símbolo universal del Holocausto, se encomendó a prisioneros de guerra soviéticos, polacos y judíos, y se llevó a cabo bajo la supervisión alemana. Debían edificar un solo campo de veintidós edificios sobre terreno pantanoso en uno de los barrios de la localidad polaca de Oświęcim. Sin embargo, durante los siguientes años y hasta su liberación en enero de 1945, el recinto aumentó sus infraestructuras en tal medida que terminó albergando tres campos principales y cuarenta subcampos: Auschwitz I, o *Stammlager* (campo de concentración), Auschwitz II, o Birkenau, establecido como *Vernichtungslager* (campo de exterminio) y Auschwitz III, o Monowitz, el *Arbeitslager* (campo de trabajo)[8]. Se estima que en sus instalaciones fueron asesinadas 1.100.000 personas, de las que un millón eran judíos, lo que lo convierte en el mayor centro de exterminio masivo de esta población[9].

Los tres campos principales de Auschwitz, con sus respectivas secciones y barracones, estaban separados entre sí por cercas de alambre de púas electrificado, y contaban con más de ocho mil oficiales de las SS y decenas de guardianas que realizaban funciones de vigilancia y ejecución de los prisioneros, y que patrullaban sin cesar por cada rincón de las instalaciones acompañados de sus perros[10].

En Birkenau, el campo estaba, a su vez, dividido en secciones para las mujeres y para los hombres; tenía un área destinada para familias romaníes deportadas de Alemania y de otras regiones, como Austria o el protectorado de Bohemia y Moravia, y una zona para las familias judías deportadas del gueto de Theresienstad[11].

A Violeta y a su hermana mayor las asignaron al campo de Birkenau, es decir, al campo de la aniquilación. Todos los internados allí estaban «destinados a la cámara de gas antes o después». Por esta razón, en ese momento no les tatuaron un número en el brazo, ya que se reservaba para los seleccionados a trabajos forzados.

A diferencia de los edificios de ladrillo del campo principal, Birkenau estaba formado por barracones de madera, que se parecían más a cuadras de caballos que a cualquier recinto habitable, con paredes de mampostería de doce centímetros, techos sin tejas, suelos de tierra y una única puerta de entrada[12].

Violeta y su hermana mayor fueron asignadas a la sección C, que, como ella misma recordaba, constaba de «treinta y dos barracones, dos letrinas y una enfermería, la antesala de las cámaras de gas», y cada bloque disponía de obsoletas literas de tres pisos donde tenían que dormir hasta doce internas.

> En cada uno de aquellos jergones —que medían unos dos metros de ancho por tres de largo— nos apretábamos para dormir doce mujeres, unas en un sentido y otras en el contrario, de forma que los pies de unas chocaban contra la cabeza de las otras.

Pese a que la capacidad total de la barraca era de setecientas prisioneras, la superpoblación del campo provocó que viviesen hasta mil doscientas personas en condiciones sanitarias deplorables. El hacinamiento en estos habitáculos era tan agobiante que las reclusas no podían descansar ni dormir adecuadamente. Asimismo, la falta de oxígeno provocaba asfixia, crisis nerviosas y agotamiento, además de un elevado índice de mortalidad[13].

Por otra parte, la ausencia de aislamiento y el terreno pantanoso en el que estaban ubicados los *Blocks* empeoraban las condiciones de vida, porque, según explicó la nazi María Mandel —una de las *Aufseherinnen* responsables del campo de mujeres de Auschwitz-Birkenau— ante el tribunal que la juzgó en Cracovia en 1947, el lugar «no había sido canalizado, el barro llegaba hasta las rodillas, en los módulos no había suelo, las paredes tenían concavidades húmedas y fangosas, y había una grave falta de agua. Tanto por dentro de los barracones como por fuera, había cuerpos amontonados y nadie los retiraba»[14].

> Las pocas veces que nos permitían salir de allí, hacia cualquier lado donde yo mirara solo veía campos y campos, todos separados por alambradas de espino electrificadas. Tocar una alambrada significaba la muerte instantánea, si los centinelas de las torres de vigilancia no abatían antes de un disparo al que osara acercarse[15].

Pero el miedo no eliminaba la necesidad de buscar a sus seres queridos. Eva y Violeta aprovechaban las pocas salidas hacia los lavabos, próximos al barracón de los hombres, para desgañitarse gritando el nombre de su padre.

> ¡Friedman Miklós, avisen a Friedman Miklós! Pero fue en vano. No podíamos creer que estuviera muerto.

Las selecciones

A diario, estos barracones se vaciaban rápidamente y se completaban enseguida con otros prisioneros que llegaban en nuevos transportes. El objetivo de los nazis era cubrir los cupos de las cámaras de gas y de los crematorios para que la maquinaria no parase ni de día ni de noche. Tenían perfectamente previsto un cierto número de muertos diarios y, si no alcanzaban la cifra solo con los más débiles, buscaban prisioneros de otros sectores, independientemente de que estuviesen sanos y capacitados para el trabajo, para no reducir el ritmo.

> Es difícil explicar nuestra relación con aquellos lugares de muerte. [...] Los nazis jamás mencionaban la palabra en nuestra presencia, pero era obvio que las cámaras de gas y los crematorios existían. Los rumores, las constantes desapariciones inexplicables, el terrible e incesante olor de los cuerpos eran pruebas suficientes. [...] Yo me debatía constantemente entre aceptar o no su existencia.

Ni Violeta ni sus compañeras querían creer que lo que allí estaba pasando era el exterminio de millones de seres humanos. La negación de esa verdad las ayudaba a sobrevivir en su constante estado de desesperación y lucha. «Aquella mentira», como lo denominaba Violeta, era su «esperanza para seguir viviendo» y salir para contarlo. Aunque «luego lo que ocurrió es que era imposible contarlo»[16].

Las selecciones suponían momentos de auténtico terror. En cuanto los guardias cruzaban las puertas de los barracones, con sus látigos y sus «temibles pastores alemanes», ordenaban a las prisioneras que se alineasen al lado de un murete que dividía la estancia. Las seleccionadas siempre eran las más débiles, de aspecto enfermizo o delgadas, las más ancianas y también las más jóvenes. Este era el caso de Violeta, que reunía todas las condiciones para ser elegida: una niña con un físico muy deteriorado. «Y, en efecto, cada vez que hacían una de aquellas selecciones, era escogida», relataba. Decenas de veces fue obligada a pasar al otro lado del murete, pero su «ansia de vivir» fue más fuerte que el miedo o la debilidad.

> Estaba obsesionada con la idea de que, mientras no traspasara las puertas que conducían fuera del recinto, seguiría viva. Y hacía todo lo humanamente posible para no traspasarlas. Cada vez que era seleccionada, en cuanto me parecía que los alemanes no me estaban mirando, saltaba de nuevo al otro lado. Así logré salvarme un día y otro, arriesgándome sin duda a que me pegasen un tiro en el acto si se daban cuenta.

En una ocasión, Violeta no logró saltar el murete ni volver a la fila y, junto a las otras seleccionadas, tuvo que cruzar el patio hacia las puertas del campo. No obstante, a pocos metros de llegar a la salida, ella no estaba a dispuesta a morir, avistó la entrada de la cocina y se metió dentro. Nadie se dio cuenta y consiguió salvar su vida.

A partir de entonces, Violeta perdió la noción del tiempo y solo guardó en su memoria situaciones muy concretas que años después seguirían borrosas o fragmentadas. La desnutrición y los sufrimientos que vivió hasta su liberación influyeron de tal manera en su salud que padecía un estado de alteración parecido «al efecto de ciertas drogas». Como consecuencia, nunca pudo precisar las fechas específicas de las humillaciones, las indignidades, los desprecios o las torturas. Violeta, «sometida a una presión inimaginable», rememoraba aquellos momentos como si los acabara de vivir, pero sin situarlos en la línea del espacio-tiempo.

Esqueletos insalubres

Aunque la mayor parte del tiempo Violeta y sus compañeras permanecían tiradas en sus jergones, a las cuatro de la madrugada los SS las hacían salir a la *Appellplatz* para proceder al recuento de las treinta y cinco mil personas que conformaban el campo. Sin importar si era invierno o verano, durante esas horas, que se hacían interminables, tenían que permanecer de pie e inmóviles, porque quien osase hacer cualquier movimiento, hablar o sentarse corría el riesgo de ser fustigada con acritud. Al regresar al barracón, las internas se amontonaban nuevamente en sus literas a la espera de otro recuento, una nueva selección o la visita diaria a las letrinas y al lavabo. En aquel ansiado momento, las presas se peleaban por llegar primero, porque todas acudían en tropel y no tenían apenas tiempo para asearse o hacer sus necesidades.

Uno de los incidentes más horribles que presenció Violeta ocurrió precisamente en este lugar, cuando las apelotonadas internas luchaban para lavarse, aunque fuese durante unos segundos. En ese instante aparecieron los vigilantes, látigos en mano y azuzando a los perros, y comenzaron a golpearlas.

> Aquello se convirtió en una escena aterradora: las de atrás empujaban hacia la puerta delantera tratando de salir; las que estaban delante se resbalaban en el agua que chorreaba por todas partes, y eran brutalmente pisoteadas por la masa histérica… Mientras, los alemanes se divertían sádicamente contemplando los cadáveres.

Hasta 1944, el *Frauenlager** de Birkenau no contó con ningún baño destinado exclusivamente para las presas, por lo que

* Campo de mujeres, en alemán.

tenían que aliviar sus necesidades en los inodoros construidos en el interior del barracón y ser ellas mismas quienes los vaciasen en la parte trasera del emplazamiento. La estabilidad de estos sanitarios colectivos era tan endeble que a menudo las mujeres caían en las heces dentro la cavidad[17] y no podían limpiarse por falta de agua. Este fue uno de los mayores problemas de Birkenau, ya que el agua que había en sus instalaciones fue declarada no potable ni apta para el consumo, lo que explicaba que el campamento se encontrase en tan malas condiciones de salubridad.

A veces, las guardianas les ordenaban excavar zanjas alrededor de los canales de desagüe de las cocinas para obtener el líquido residual o recoger el agua de lluvia de los charcos que se formaban en período de tormentas para lavar los platos y las ropas. En consecuencia, se producía una virulenta propagación de enfermedades contagiosas como la fiebre tifoidea, la sarna, el paludismo o la tuberculosis, que causaron la muerte a muchas prisioneras del campo[18].

La ausencia de alimentos también suponía un hándicap para la supervivencia. Hombres y mujeres con una delgadez extrema —apenas alcanzaban los treinta y cinco o cuarenta kilos— únicamente recibían sopas claras, que ocasionalmente estaban aderezadas con cáscaras sucias de patata o carne podrida de caballo, y un mendrugo de pan negro. Con esa mínima ingesta calórica, los prisioneros, tan delgados que parecían esqueletos vivientes, aguantaban los agotadores pases de revista diarios y los trabajos forzados. En cuanto desfallecían, eran enviados a la cámara de gas.

La inanición, la extenuación y la escasez de ropa apropiada —el pijama de rayas de algodón apenas los protegía del frío y la humedad— provocaron cuantiosos fallecimientos por hipotermia y entumecimiento. Por si esto fuera poco, en el campo de las mujeres, las guardianas prohibieron a las presas que se cambiasen habitualmente de ropa. Esta norma acarreó nuevas epidemias y la transmisión de infecciones a través de la ropa sucia o mal lavada[19].

Unidas en la miseria

Violeta no se libró de ninguna de estas circunstancias de hambre, frío, falta de higiene, agotamiento extremo y enfermedad. En una ocasión se despertó con una fiebre tan alta que sus propias compañeras impidieron que se la llevasen a la *Revier* —las últimas enfermas no habían regresado— y, tras identificar los síntomas, le diagnosticaron malaria. La única manera de conseguir la quinina que haría remitir la enfermedad era acudir al «mercado negro», dirigido por las propias enfermeras con el beneplácito de los nazis, donde la «moneda de cambio» era la ración diaria de pan que recibían las prisioneras. Tanto Violeta como Eva entregaron sus porciones a una sanitaria, pero también lo hizo la señora Rodan, madre de una amiga. A Violeta le emocionó mucho que la mujer tuviese ese gesto de solidaridad sin pedir nada a cambio: «Fue capaz de renunciar a una parte fundamental de su sustento por mí. Nunca olvidaré su nombre ni su bondad». Poco después la señora Rodan fue seleccionada para la cámara de gas.

Además de la malaria, Violeta contrajo una tuberculosis ósea, localizada en su columna vertebral, de la que padeció toda la vida y que le dejó unas secuelas dolorosísimas. Para distraerse de sus dolencias físicas, la jovencita soñaba con comer algún plato delicioso del pasado y sentarse «en una habitación cálida, junto a una chimenea». Así lograba engañar a su mente para evadirse de aquel infierno.

Por otra parte, la relación entre las hermanas Friedman mejoró a raíz de la tragedia. Desde el día que las trasladaron al gueto y después de su liberación de Auschwitz, Eva y Violeta no volvieron a protagonizar una sola pelea. «Permanecimos unidas en nuestra miseria y nuestro sufrimiento», escribió la benjamina. En las breves charlas que tenían a diario a través de la alambrada de espino electrificada, Violeta se mostraba apática e inmersa en una profunda crisis; era incapaz de aclimatarse a las pésimas condiciones de vida, al contrario que Eva, que parecía soportar mejor la situación. Sin embargo, en pleno verano de 1944, los nazis seleccionaron a la mayor de las hermanas para trabajar en una fábrica de aviones próxima a Birkenau. Ese día, Eva se rompió en mil pedazos y no paró de sollozar desde el otro lado de la cerca. «Fue entonces cuando realmente comprendió lo que estaba pasando» y que ya no podía volver a atrás ni pedir perdón a sus padres por su comportamiento rebelde.

Ante esta situación, Violeta trató por todos los medios de colarse en su grupo y acompañarla, pero los nazis la echaron de la fila y tuvo que regresar al otro lado del murete. En aquel momento, la pequeña temió que enviaran a su hermana a la cámara de gas, y este miedo permaneció en ella hasta el día de su liberación, casi seis meses después.

Explosión en el «Sonderkommando»

Llegó el mes de octubre y con él la tremenda explosión del *Sonderkommando*. El incidente fue clave para los acontecimientos posteriores, ya que el grupo de prisioneros judíos polacos encargados de la limpieza de las cámaras de gas, es decir, de sacar los cadáveres de sus compañeros para después introducirlos en los hornos crematorios, acababa de rebelarse contra el sistema concentracionario alemán. Con una vida «espantosa» y viviendo «entre cadáveres», los *Sonderkommando* decidieron planificar la destrucción de estas instalaciones de muerte. La idea se fraguó durante el verano, cuando, en colaboración con otros internos de las fábricas de munición, reunieron la cantidad suficiente de material explosivo para dinamitar las cámaras de gas. Sin embargo, en el último momento algo falló y solo estalló una de ellas.

> Aprovechando la confusión y los destrozos, alrededor de ochenta hombres trataron de huir. A la mayor parte de ellos los cogieron inmediatamente. Lo más penoso de aquella historia fue que los pocos que lograron escapar fueron detenidos por los habitantes de los alrededores y devueltos a los alemanes. Todos ellos, junto con varios cientos de miembros de los otros *Sonderkommando,* murieron aquella misma noche junto a las ruinas de la cámara volada. Fueron obligados a tenderse boca abajo en grupos de diez, y asesinados de un tiro en la nuca. Algunos días más tarde, cinco SS se paseaban por el campo exhibiendo con orgullo las medallas recibidas. El comandante de Auschwitz, en su arenga a los soldados, señaló el hecho de que era la primera vez que las tropas de un campo eran condecoradas por el *Reichsführer* Himmler con las Cruces de Hierro por su «conducta heroica al sofocar una revuelta».

Aproximadamente un mes más tarde, los SS entraron en el barracón donde se encontraba Violeta y, a gritos, ordenaron a las presas que formasen una fila y caminasen hacia la salida del campo: se procedía a su inmediato traslado en un tren de pasajeros hacia Wysoka*, en el voivodato de Lubuskie, a cuatrocientos cincuenta kilómentros de Birkenau. En este nuevo destino, las condiciones de habitabilidad de unas mil mujeres

* En su libro, Violeta duda del nombre del pueblo donde la envían e indica que se trata de Wysokie Wies (nombre polaco) o Hochwald (nombre alemán), cuando en realidad se trata de Wysoka, en el condado de Międzyrzecz, en el voivodato de Lubuskie.

mejoraron relativamente: pasaron a vivir en una antigua fábrica de ladrillo, sin hacinamientos ni catres para compartir entre doce, y, aunque tenían que dormir en el suelo, les dieron un plato y una cuchara de aluminio para poder comer caliente dos veces al día. No obstante, este inesperado «privilegio» escondía una letra pequeña: caminar decenas de kilómetros a diario, sin zapatos y con apenas unos andrajos puestos, para cavar trincheras en la tierra congelada. La durísima tarea se prolongó desde noviembre de 1944 hasta el 20 de enero de 1945. Durante este tiempo murieron unas cincuenta mujeres y enfermaron más de cien.

> Nuestras condiciones físicas eran tan lamentables que apenas teníamos fuerzas para levantar una pala, y cada jornada de aquel nuevo infierno helado, nuestra resistencia disminuía más, agotadas por las larguísimas marchas y el trabajo, debilitadas por lo insuficiente de nuestro alimento. Estábamos exhaustas psicológica y físicamente.

La salud de Violeta empeoró hasta alcanzar el estado de depauperación y, puesto que difícilmente podía mantenerse en pie, fue declarada incapaz para el trabajo y catalogada como *musulmana* (término despectivo que los nazis utilizaban para definir a los presos que se convertían en esqueletos vivientes y tenían grandes descarnaduras). Tenía unas horribles llagas en la boca y en un pie, y cada vez que trataba de rascarse «las picaduras de los piojos solo tocaba los huesos». Las «condiciones eran tan repelentes e insoportables» que la adolescente solo deseaba morir.

> Se me habían agotado todas las fuerzas para seguir viviendo. Solo quería acabar con mis sufrimientos, morirme, poder estar de nuevo con mi querida madre, en el otro mundo.

LIBRE A MEDIAS

La mañana del 20 de enero de 1945, la suerte cambió para Violeta: los SS habían decidido evacuar el recinto ante la llegada inminente de los rusos. Primero se llevarían a las aptas y después a las enfermas. Enseguida los nazis iniciaron una «marcha de la muerte» con ochocientas treinta mujeres —de las que solo sobrevivieron cincuenta—, en dirección a Bergen-Belsen, mientras que las cien restantes, las más débiles, permanecían en el recinto de ladrillo a la espera del siguiente traslado. Este último grupo de moribundas, del que Violeta formaba parte, estaba vigilado por un cocinero alemán que había recibido la orden de entregarles comida envenenada. Por suerte, jamás llevó a cabo su misión.

Tres días después, el ejército ruso procedió a su liberación, pero Violeta contaba que no recordaba haber sentido alegría o felicidad alguna por su libertad, sino que había tenido que esperar varias horas hasta poder reunir las fuerzas suficientes para buscar algo de comida con otras compañeras en el pueblo. Completamente desnutrida, engulló la comida con tanta impaciencia que su estómago se hinchó sobremanera y sufrió fuertes diarreas. «Era tal el ansia contenida que no podía parar de comer», narraba.

Puesto que la guerra continuaba, era imposible moverse de aquel lugar, así que las mujeres esperaban deseosas el momento de regresar a sus hogares. Además, su liberación real tendría que esperar, porque los rusos catalogaron a las supervivientes de «colaboradoras de los nazis» y las enviaron a otro campo de concentración.

> En cambio, los supervivientes de los campos que fueron liberados por los Aliados, norteamericanos, británicos o franceses, tuvieron mucha mejor suerte. Los americanos, especialmente,

se ocuparon magníficamente bien de todos ellos, llevándolos a hospitales, alimentándolos y repatriándolos cuando fue posible.

En el mes de abril, Violeta y otras presas fueron trasladadas a Katowice, ciudad a cuarenta kilómetros de Auschwitz que desde enero de 1944 se había convertido en uno de sus subcampos[20], pero que, en aquel momento, ya estaba bajo el mando de las tropas soviéticas. Al llegar a las instalaciones, se encontraron con miles de prisioneros de guerra italianos y alemanes en unas condiciones de trabajo igualmente duras, aunque con alguna que otra comodidad: disponían de sus propias camas y dormían en cuarteles, tenían «comida suficiente, aunque mala» y más libertad de movimientos que la que les habían concedido los nazis. Pero, sobre todo, destacaba que no había cámaras de gas. «He de confesar que, después de todo lo que habíamos pasado, casi sentíamos que llevábamos una existencia normal», se reconfortaba Violeta.

Una vez finalizada la guerra y tras la rendición total de Alemania el 8 de mayo de 1945, los prisioneros, hombres y mujeres, entusiasmados ante la noticia de que al fin podrían regresar a sus casas, esperaban que su liberación se produjese de forma casi automática. Sin embargo, los rusos no les permitieron salir de los campos.

Un grupo de judíos de la ciudad de Oradea, próxima a la húngara Marghita, se enteraron de que las prisioneras estaban retenidas en el campo y, en consecuencia, idearon un plan de fuga con un tren que se había organizado exclusivamente para ayudar a escapar a sus camaradas: las presas debían aprovechar la noche para salir del campo, caminar unos cincuenta o sesenta kilómetros hasta el punto de encuentro y, una vez allí, subirse a un camión que las llevaría hasta el ferrocarril.

En junio de 1945, Violeta y varias compañeras siguieron las indicaciones pertinentes y se fugaron de Katowice sin que ningún vigilante las descubriese. «Muertas de miedo», pero «a la vez eufóricas», subieron al transporte que las condujo hacia la libertad.

Tras varios días de viaje en aquel tren, entraron en la ciudad de Oradea. Allí las enviaron a un hospital, donde las alimentaron y las ayudaron a ponerse en contacto con sus familiares. Aquellos momentos fueron una «extraña mezcla de alegría y tristeza, la insoportablemente dolorosa sensación de soledad que la pérdida de tantos seres queridos nos causaba, las inmensas cicatrices del terror y el sufrimiento físico que todos llevábamos dentro…».

Para Violeta, el regreso a casa fue casi tan duro como el momento de la deportación. Durante la ida, todo había sido relativamente soportable gracias a que estaba junto a sus seres queridos, pero la vuelta supuso enfrentarse a la verdad de que no volvería a abrazarlos y de que estaba completamente sola. Poco antes de que su tren saliese hacia Marghita, la adolescente decidió pasear por las calles de Oradea con la esperanza, como tantos otros supervivientes, de ver una cara conocida. Así fue cómo se reencontró con un tío de su madre, que la miró «atónito, incapaz de reconocerme» y la acogió en su casa.

Regreso a Marghita

Un par de días después de que Violeta se encontrase con este familiar, apareció Eva, a la que su hermana creía muerta. Las jóvenes se fundieron en un emotivo abrazo y a los dos días partieron en un convoy hacia su ciudad natal. Ninguna mencionó el calvario sufrido; solo querían regresar a casa y recuperar sus vidas. Sin embargo, su hogar había sido ocupado por desconocidos, los muebles y las pertenencias habían desaparecido y todo a su alrededor las hacía sentirse unas extrañas, así que, de forma provisional, se instalaron con unos primos maternos.

A partir de entonces, comenzó el proceso de recuperación, en el que tuvieron que aprender a sobrellevar la ausencia de sus padres y abuelos, a superar el vacío de no tener un hogar, a reconstruirse física y psicológicamente y a convivir con la tristeza. Aquellas «heridas de nuestros cuerpos y nuestras almas» trajeron consigo graves consecuencias. Por un lado, Violeta no fue capaz de dormir por las noches y sufrió de insomnio crónico. En cuanto se quedaba a solas de noche, en la oscuridad, volvían la angustia, el miedo y el dolor de sus recuerdos en Auschwitz.

> Mientras estaba acompañada, todo era soportable. Pero cuando me quedaba sola, y sobre todo en las largas noches en las que no podía dormir, mi situación se me hacía insostenible. Entonces me refugiaba en sueños conscientes, que me mantenían apegada a la vida. Imaginaba que mi madre seguía viva. [...] Aquellos sueños eran lo único que calmaba mis dolores físicos, o al menos hacía que mi atención se desviara de ellos. Y, sobre todo, me ayudaban a superar la desesperación.

También tuvo serias secuelas físicas. Cada vez que realizaba movimientos tan sencillos como agacharse, sentarse o ponerse de pie, aparecían unos dolores muy agudos en la columna vertebral. Durante un tiempo, las molestias fueron pasajeras y Violeta apenas les prestó atención. «Después de todo lo que había soportado, eso me parecía insignificante», afirmaba. Sin embargo, tras diagnosticársele tuberculosis ósea, en 1947 se sometió a su primera operación de columna, pero ni esa ni las cirugías posteriores consiguieron nunca enderezarle la espalda. Violeta padeció cifoescoliosis, una enfermedad que provoca una curvatura anormal de la columna vertebral, vista tanto de frente como de lado. «Ella nunca pudo caminar recta, siempre caminaba un poco inclinada hacia delante», cuenta su hija Patricia.

De Canadá a Caracas

Para volver a la normalidad, Violeta intentó a toda costa olvidar los padecimientos y centrarse en disfrutar del presente.

> Nos invadió una fiebre de bailes y festejos continuados. No se trataba de celebrar la vida, sino de paliar nuestro incurable desarraigo y, sobre todo, de aturdirnos, de huir del pasado y del presente inmediato en un salto desesperado hacia delante, de ocultar detrás de la música y la alegría nuestras tristezas y recuerdos.

Además, hubo una ola de casamientos, principalmente entre los más jóvenes, un curioso fenómeno que dio lugar a la celebración de matrimonios cada quince días y al nacimiento de los primeros bebés. Poco a poco la vida empezaba a normalizarse y los retazos del Holocausto se disipaban.

En cuanto Violeta se recuperó de su primera operación de columna, las hermanas Friedman decidieron emigrar a Canadá, donde las esperaba su tía materna Ilus. Sin embargo, la huida no salió cómo esperaban: Eva fue detenida y obligada a quedarse en Hungría, mientras que la benjamina pudo marcharse con la ayuda de su primo Joska. Tras atravesar Budapest y Viena y obtener un permiso de acogida como huérfana que su tía había enviado desde Otawa, Violeta llegó a Montreal en febrero de 1949.

A punto de cumplir diecinueve años, la muchacha tenía el aspecto «de una mujer vieja» en contraste con el de «una niña muy infantil, tímida, ignorante y profundamente acomplejada» a la que le era imposible «superar la soledad ni la tristeza».

A lo largo de los siguientes años, la superviviente de Auschwitz aprendió a hablar cinco idiomas: español, inglés, francés, alemán e italiano. Tal era su habilidad idiomática que podía mantener conversaciones en distintas lenguas sin inmutarse. Además, se graduó como diseñadora mientras trabajaba en una fábrica de vestidos, lo que le aportó cierta estabilidad económica. Sin embargo, su permanente estado de sufrimiento la hacía sentirse «extraña y desplazada» en un país que no era el suyo.

La idea del suicido comenzó entonces a ser recurrente. No lograba encontrar el equilibrio y la tranquilidad que necesitaba, pero tampoco recurrió a un profesional hasta años después.

A finales de la primavera de 1951, la vida de Violeta dio un nuevo giro gracias a un viaje a Caracas en compañía de su amiga Yvonne. Allí fue cortejada por primera vez y descubrió el amor: Jancsi, un hombre húngaro y divorciado, socio de un conocido, la invitó a salir. Tras una romántica comida en las montañas de los alrededores de Caracas conectaron y, aquel mismo día, dijo: «Con este hombre me podría casar». En noviembre de ese mismo año, la pareja contrajo matrimonio en Montreal.

Esa «conveniente» decisión la «llevó a cometer errores, entonces y después». Violeta pensaba que casarse sería una buena forma de huir del sentimiento de soledad que la atormentaba. Pasadas unas semanas, la pareja se mudó a Venezuela y muy pronto empezaron los problemas. Jancsi sacó a relucir un carácter violento, no le prestaba atención alguna, se pasaba el día fuera de casa y, cuando regresaba, apenas le dirigía la palabra. «Realmente me trataba mal», contaba Violeta. «Me había casado fundamentalmente para no sentirme sola» y estaba más sola que nunca, con «un profundo dolor en mi corazón».

Con el nacimiento de sus dos hijos, Ricardo, en 1954, y Patricia, en 1956, afloraron aún más miedos en Violeta. Se veía a sí misma como «una madre asustada, incluso angustiada» porque «la idea del peligro constante se exacerbaba». Solo estaba tranquila cuando los tenía cerca.

Pese a que los pequeños llenaron de alegría la casa, la situación matrimonial empeoraba a pasos agigantados. «Yo ya no quería a Jancsi, y estaba convencida de que él tampoco me quería a mí», pero la ruptura tardó años en llegar. En 1963, su hija Patricia sufrió un gravísimo accidente a lomos de un caballo y aquel susto precipitó la separación de la pareja y la decisión firme de Violeta de trasladarse a España junto a sus dos hijos.

Nueva vida en España

En septiembre de 1965, Violeta, Ricardo y Patricia se instalaron en Madrid no sin dificultades. Las diferencias culturales y sociales entre España y Venezuela complicaron los inicios de la familia en España —hay que recordar que Violeta era divorciada—, pero, gracias al encanto físico e intelectual y al carisma de nuestra protagonista, las cosas pronto mejoraron y Madrid se convirtió, ya para siempre, en su lugar de residencia.

Pese a la alegría y a la felicidad que mostraba, a las numerosas fiestas que daba y a las que asistía, y a estar rodeada siempre de gente, cuando llegaba la noche y se encontraba a solas, los recuerdos de su pasado le provocaban frecuentes llantinas y aparecía el insomnio.

Patricia, ajena a la dramática historia de su madre, «la veía llorar y sufrir», pero «yo no sabía por qué lloraba». De hecho, «pensaba que era porque se había divorciado de mi padre o porque se había ido mi hermano*». Aún tardaría casi dos décadas en descubrir la verdad de aquellas lágrimas, pero, entre tanto,

* Ricardo regresó a Caracas para vivir con su padre en 1967.

Patricia solo veía cómo su madre se derrumbaba en cuanto llegaba el crepúsculo o cuando celebraban las navidades. Estas fiestas eran especialmente tristes porque «estábamos las dos solas», así que, para mitigar la falta de compañía, viajaban a algún hotel en la costa. Era su forma de evadirse.

Madre e hija

Los problemas con el descanso llevaron a Violeta a dormir de día y a permanecer despierta durante la noche. En esas horas, aprovechaba para cocinar, leer, traducir libros, ver la televisión, jugar al bridge o celebrar sus famosas fiestas. Ello no implicaba que no estuviera siempre pendiente de los cuidados y las actividades escolares de su hija. «Nunca me faltó como madre. Si alguna vez yo estaba enferma, siempre estaba conmigo», asegura Patricia, que admite que Violeta la tenía «demasiado hiperprotegida y mimada». Por este motivo, cuando tenía diecisiete años, la joven decidió marcharse a un colegio mayor: necesitaba valerse por sí misma y salir del radio de protección materna.

En ocasiones, la convivencia entre madre e hija llegó a ser de lo más tensa, sobre todo por el carácter dominante de Violeta, con la que «era muy difícil dialogar. Lo que ella dijera tenía que hacerse. No había blanco, gris o negro. No. Todo era blanco o negro. Si ella decía blanco, tenía que ser blanco». No obstante, a partir de los años ochenta, Violeta comenzó a suavizar su temperamento y a hacerse más dialogante, aunque a la vez se comportaba de un modo absorbente y reclamaba más atenciones a causa de su deterioro físico.

Pese a las «peloteras» que tenía con su madre, Patricia cuenta con gran emoción y alegría multitud de momentos vividos junto a ella. Entre otras muchas anécdotas, recuerda que los domingos jugaban al Monopoly en compañía de dos grandes amigos de su madre, que se pasaban noches haciendo tartas o tardes escuchando desde música tradicional rusa a canciones de Frank Sinatra.

Durante este tiempo, Violeta regresó varias veces a Rumanía para visitar a su hermana Eva, cuya acogida siempre fue calurosa, beneficiosa y hasta «casi curativa». Pero, tras el viaje realizado en 1972, Violeta entró en una profunda crisis.

> El peso de mi propia historia se hizo tan abrumador, tan insoportable, que sentí que había alcanzado el límite de sufrimiento al que ninguna persona debería llegar. Ya no podía más. A pesar de todos mis esfuerzos, la vida se me derrumbaba. [...] La sensación de vacío y fracaso pesaba sobre mí mucho más que todos los éxitos. Y la eterna, la permanente soledad.

Aquella sensación de que había llegado al límite hizo que se decidiese a buscar ayuda profesional. Su psiquiatra la enseñó entonces a transformar sus reacciones, a sentirse «por encima de los problemas diarios» y a reconectar con esa niña de «adolescencia truncada» a la que comenzaba a recordar y a querer con más fuerza que nunca. En el ínterin que estuvo en tratamiento psiquiátrico, el profesional le aconsejó que escribiera un diario con el que poder exorcizar sus demonios. Violeta terminó sus memorias a finales de marzo de 1975 y estas se recopilaron en un libro que se publicó en 1995.

A partir de la terapia, Violeta empezó a afrontar la vida de otra forma y a restablecerse anímicamente, a pesar de sus importantes dificultades físicas. Además de la tuberculosis ósea que con los años acabaría dejándola en un estado cercano a la inmovilidad, la salud de Violeta se vio resentida por unos problemas respiratorios agravados por su adicción al tabaco, que no abandonó hasta agosto de 1994, «después de una gravísima crisis» que casi le cuesta la vida.

Sin embargo, ninguna dolencia o trauma podía empañar la felicidad que sentía estando con sus nietos. Desde el mismo día en que nació el primero, en 1985, Violeta empezó a ejercer de «superabuela», dice su hija. Los paseaba orgullosa, cocinaba para ellos y su paciencia aumentó de forma «impresionante».

La relación con los cuatros niños siempre fue muy estrecha, especialmente con los hijos de Patricia, que, al vivir muy cerca, solían visitarla casi a diario. Con ellos abrió mucho su corazón y les explicó sin tapujos su pasado durante el Holocausto. Esta actitud distaba mucho de la que había adoptado siempre con sus propios hijos, a los que había mantenido alejados y protegidos de sus fantasmas. Con la segunda generación, sin embargo, perdió «el miedo a hablar y tenía mucha más facilidad de lenguaje que conmigo», explica Patricia. Según los expertos, y así me lo recuerda ella, ese comportamiento fue muy habitual entre los supervivientes del genocidio nazi.

Su lucha contra Degrelle

Durante treinta y nueve años había «guardado silencio y tratado de olvidar lo inolvidable, de convencerme a mí misma de que jamás había vivido todo aquel horror sin límites», contaba Violeta. Pero los recuerdos hacían que fuese «una mujer débil y vencida» hasta que, a finales de 1984, tras escuchar en una emisora de radio un coloquio sobre los experimentos del doctor Mengele, algo «se movió entonces dentro» de ella. Aquello cambió su «vida definitivamente». Agarró el teléfono, llamó al programa *Directo, directo,* presentado por el periodista Julio César Iglesias, en Radio Nacional de España, y dijo alto y claro: «Yo fui víctima de Mengele». Sin embargo, el espacio radiofónico ya llegaba a su fin y no dio tiempo a que su llamada entrase en directo. El presentador le propuso charlar otro día y, tras entrevistarla, su historia captó la atención de todos los medios.

Violeta había perdido el miedo a alzar la voz, a hablar, y se había convertido «en alguien que deseaba, que necesitaba afrontar su pasado y el de los suyos». Fue entonces cuando sus hijos descubrieron su trágica historia.

Patricia siempre fue consciente de que su madre había perdido a su familia en Auschwitz y de que era una víctima del Holocausto, al igual que su padre, pero durante muchos años no profundizó en este asunto. «A lo mejor yo me evadía, a lo mejor yo tampoco lo quería saber. Y mi madre me protegía, no quería que yo supiera, ni quiso transmitirme lo que ella había sufrido. Creo que era un tema como tabú», asegura.

Por su parte, Violeta justificaba su mutismo con el argumento de que no quería que Ricardo y Patricia creciesen en el odio. Aunque ella había sido víctima de prejuicios raciales y culturales, no deseaba que sus hijos «cayeran en ese error respecto a otros seres humanos». Habría sido una «injusticia y una brutalidad que yo enseñase a mis hijos a odiar o a temer a personas que nada tenían que ver con ese asunto y que tal vez jamás lo hubieran consentido», decía.

Unas semanas después de escuchar el coloquio en *Directo, directo,* ya en 1985, un informativo nocturno de Televisión Española emitió las declaraciones de Léon Degrelle, excoronel de las SS y fundador en Bélgica del Partido Rexista, en las que se lamentaba de la exhumación del cadáver de Josef Mengele, entre otras afirmaciones «aún más graves». Dijo con soberbia que «el millón de dólares que el Centro Simon Wiesenthal* había ofrecido como recompensa por la captura de Mengele lo

---

* Organización judía mundial de derechos humanos que investiga el Holocausto y el odio en un contexto histórico y contemporáneo. Su nombre se debe a Simon Wiesenthal, el célebre «cazanazis» austríaco.

iban a dedicar ahora a su propia captura». Violeta se sintió horrorizada al escuchar una «afirmación absolutamente falsa», no solo porque el Gobierno de Israel nunca había tenido interés en capturar al «Doctor Muerte», sino porque, de haber querido, tampoco hubiese podido. «Según los tratados internacionales, los israelíes solo podían juzgar a aquellos criminales de guerra que cometieron actos contra el pueblo judío, y en el caso de Léon Degrelle no había ninguna prueba al respecto», aclaraba la húngara en su libro de memorias. Por tanto, «su captura habría sido inútil».

Además, Degrelle profirió «una diatriba antisemita contra Simon Wiesenthal y afirmó que seguiría siendo fiel a su ideología hasta la muerte». Es decir, al nazismo.

> —¿Se arrepiente usted de algo, señor Degrelle?
>
> Él contestó, con fuerte acento de erres arrastradas y gran arrogancia:
>
> —Solo me arrepiento de que Hitler haya perdido la guerra.

Aquella intervención consternó enormemente a Violeta, que no daba crédito no solo a que este criminal hubiera residido en España bajo el amparo de Franco y siguiera haciéndolo impunemente, sino a que tantos años después del Holocausto la propia televisión pública española pudiera darle algún tipo de credibilidad y le permitiera defender al Führer. «Me quedé atónita», recordaba Violeta.

Cruce de cartas

En cuanto hubo terminado el informativo, Violeta llamó a TVE y les recriminó la emisión de la entrevista, así como que hubiesen dado voz a semejante genocida y sus patrañas, pero solo obtuvo excusas. Parecía que nadie se percataba del calado de aquellas declaraciones ni de quién las hacía. Léon Degrelle no solo era un refugiado nazi en España ayudado por la Falange Española —operaba bajo la identidad de Juan Sánchez-Dupré—, sino que residía en un lujoso chalé de Benalmádena y dirigía una constructora que había realizado numerosas obras para el régimen franquista. Además, compaginaba su trabajo con su faceta de «escritor», ya que se dedicaba a «escribir panfletos repletos de tesis nazis», y con la de coleccionista de arte y amante de la arquitectura.

En consecuencia, Violeta escribió una carta al diario *El País,* que se publicó el 17 de julio de 1985, en la que protestaba por la entrevista al exgeneral nazi Degrelle y lo acusaba de ser un verdugo.

> En la retaguardia, los *Waffen SS* hicieron matanzas gigantescas y supongo que él, en su condición de general, debió de dar órdenes sin cesar. Degrelle no mintió cuando dijo que él no había matado a nadie; solo dio las órdenes[21].

La contestación de Degrelle ante las acusaciones de Violeta no se hizo esperar y, seis días después, *El País* recogió su versión de los hechos en la sección de «Cartas al Director» bajo el título de «Degrelle se defiende»:

> Me da pena contradecir a una mujer, sea o no judía. La señora Violeta Friedman (¡Violeta!, ¡qué nombre tan bonito!) me ha descrito en su carta como un verdugo, ordenando «matanzas gigantescas». [...] Lamento contestar que nunca di órdenes como las que imagina el entusiasmo de dicha señora. No las di, ni tampoco tuve nunca ocasión de darlas. Primero: no luché nunca en la retaguardia; no falté a ninguno de los combates de mis soldados en la línea de fuego. Segundo: dudo mucho que

alguna unidad de *Waffen SS* se haya dedicado a tales «matanzas»[22].

Ese mismo mes, el exgeneral belga concedió también una entrevista a la revista *Tiempo,* y en ella no solo negaba el genocidio nazi, sino que ironizaba sobre los campos de exterminio y emitía toda clase de juicios ofensivos de tono racista y antisemita[23]:

> ¿Los judíos? Mire usted, los alemanes no se llevaron judíos belgas, sino extranjeros. Yo no tuve nada que ver con eso. Y, evidentemente, si hay tantos ahora, resulta difícil creer que hayan salido tan vivos de los hornos crematorios.
>
> A mi juicio, el doctor Mengele era un médico normal y dudo mucho de que las cámaras de gas existieran alguna vez, porque hace dos años que hay una recompensa en Estados Unidos para aquel que aporte pruebas de las cámaras de gas. Son cincuenta millones de dólares y todavía no ha ido nadie a recogerlos[24].

A Violeta le afectó profundamente que un nazi negara con total impunidad la existencia de las cámaras de gas, así que trató de contactar con el director de la revista, el periodista Julián Lago, para dar su versión de los hechos. «Pretendía disponer del mismo espacio para contestar a tantas declaraciones nocivas y falsas de Degrelle», pero Lago se negó a atenderla. Aquello sumió a la superviviente en una gran tristeza e impotencia y la traumatizó hasta tal extremo que no pudo conciliar el sueño durante semanas. Le estaban impidiendo hablar «mientras los verdugos tenían acceso a la voz pública» y sus «derechos estaban siendo pisoteados».

La batalla judicial

Finalmente, «la vieja luchadora se despertó» y decidió recurrir a la vía legal para defender su honor. Se enfrentaría con quien fuera, donde fuera y «en defensa de lo que consideraba tan solo justo. Ya no temía a nadie». Violeta acababa de iniciar un proceso judicial que se tornaría en largo y doloroso emocionalmente, pero que, en último término, supondría sentar doctrina constitucional y la antesala de la reforma del Código Penal en materia de racismo.

Violeta interpuso una demanda civil contra Léon Degrelle por sus declaraciones, que menoscababan su honor y atentaban directamente contra él, y, en consecuencia, la convertían en una embustera. En la denuncia solicitaba que se prohibiera al demandado «hacer manifestaciones semejantes, que se diera publicidad al texto de la sentencia en la revista *Tiempo* y en el Telediario del primer canal de TVE a su costa, y que se me indemnizara en concepto de reparación por el daño moral. Dicha indemnización sería destinada a aquellas asociaciones de ciudadanos españoles que padecieron los campos de concentración y exterminio nazis».

Los siguientes seis años y medio de batalla judicial supusieron un enorme sufrimiento para la superviviente, que vio cómo se apelaba a la libertad de expresión para absolver a Degrelle. Durante este tiempo, Violeta se dedicó también a recordar públicamente su experiencia como prisionera en los campos de concentración a través de entrevistas y conferencias que impartía para que la tragedia del Holocausto no fuera olvidada y para que algo así no volviese a ocurrir. «Esa obligación» de recordar, como ella decía, le dio sentido a su vida, la mantuvo fuerte y, ante todo, «viva».

> Me resultaba muy doloroso reabrir las heridas que nunca habían cicatrizado —ni cicatrizarán—. Tuve que encontrar un

antídoto contra la asfixia que aquel esfuerzo me provocaba, una razón lo suficientemente importante para llevarlo adelante. Comencé a repetirme a mí misma, hasta convencerme, que era una necesidad y una obligación con los muertos, con todos los millones de seres inocentes asesinados. Yo tenía el deber moral de informar a las nuevas generaciones y a las venideras, de contar que existió un régimen en un pasado no muy lejano con una ideología satánica, vil, criminal, que estaba dispuesto a destruir y aniquilar premeditadamente a todo un pueblo. Y, lo que es aún peor, que logró millones de seguidores, actores directos y cómplices para poder llevar a cabo esa gigantesca matanza industrial única en la historia.

La lucha de Violeta no fue solamente contra Léon Degrelle, sino contra el olvido del Holocausto, el negacionismo, la mentira y la trivialización de la Historia. Defensora a ultranza de los derechos humanos, la libertad y la democracia, la judía luchó por la verdad, que era la única forma posible de combatir la intolerancia y el racismo.

Pese a las heridas que aún tenía sin cerrar y a su profunda tristeza, hablar y exteriorizar todo el horror ayudó a Violeta a superar sus traumas desde un punto de vista psicológico. «La lucha la mantuvo muy activa», a pesar de su cada vez más deteriorada salud, recuerda Patricia. Por aquel entonces, Violeta apenas tenía ya movilidad, por lo que aparecía públicamente postrada en una silla de ruedas con una bombona de oxígeno, aunque con una vitalidad y una fuerza constantes.

Su mayor deseo, cuenta su hija, era que las «semillas del odio» no brotasen de nuevo, y si para ello tenía que alzar la voz y convertirse en altavoz de los que ya no estaban, vencería sus propios miedos para repetir sin cesar ese «nunca más». La muerte de once millones de personas «hubiera sido en vano si los que sobrevivimos a aquel infierno no hablásemos por ellos, cuyas voces están condenadas al silencio eterno», escribió Violeta en sus memorias.

Reforma del Código Penal

Tras un largo y difícil proceso judicial, llegó la histórica sentencia del Tribunal Constitucional del 11 de noviembre de 1991 que consagraba el derecho al honor y a la verdad. En su sentencia 214/1991, el órgano constitucional español «declaraba nulas las sentencias anteriores y reconocía mi derecho al honor y, por tanto, el derecho al honor de una colectividad: el pueblo judío», escribió Friedman. De las treinta y siete páginas de las que constaba la sentencia, reproducimos a continuación unas líneas de su hoja treinta y una, que constatan la esencia del veredicto*.

> El odio y el desprecio a todo un pueblo o a una etnia (a cualquier pueblo o a cualquier etnia) son incompatibles con el respeto a la dignidad humana que solo se cumple si se atribuye por igual a todo hombre, a toda etnia, a todos los pueblos. Por lo mismo, el derecho al honor de los miembros de un pueblo o etnia, en cuanto protege y expresa el sentimiento de la propia dignidad resulta, sin duda, lesionado cuando se ofende y desprecia genéricamente a todo un pueblo o raza, cualesquiera que sean. Por ello, las expresiones y aseveraciones proferidas por el demandado también desconocen la efectiva vigencia de los valores superiores del ordenamiento.
>
> [...] Ni el ejercicio de la libertad ideológica ni la de expresión pueden amparar manifestaciones o expresiones destinadas a menospreciar o a generar sentimientos de hostilidad contra determinados grupos étnicos, de extranjeros o inmigrantes, religiosos o sociales, pues en un Estado como el español, social,

* Referencia *BOE*-T-1991-30063.

> democrático y de Derecho, los integrantes de aquellas colectividades tienen el derecho a convivir pacíficamente y a ser plenamente respetados por los demás miembros de la comunidad social.

Los fundamentos jurídicos de esta sentencia sentaron doctrina y constituyeron un valioso instrumento legal para prevenir y luchar contra cualquier forma de discriminación, racismo, antisemitismo y xenofobia. El Pleno del Congreso de los Diputados aprobó el día 16 de febrero de 1995, con el consenso de todos los grupos parlamentarios, la Proposición de Ley Orgánica de modificación del Código Penal, mediante la que se tipificaba la apología del delito de genocidio en su artículo 607.2.

> La difusión por cualquier medio de ideas o doctrinas que nieguen o justifiquen los delitos tipificados en el apartado anterior de este artículo, o pretendan la rehabilitación de regímenes o instituciones que amparen prácticas generadoras de los mismos, se castigará con la pena de prisión de uno a dos años.

A raíz de esta reforma, la negación del Holocausto comenzó a estar penalizada en España. Sin embargo, por un error de interpretación, en el año 2007, el artículo 607.2 quedó suprimido del ordenamiento jurídico por una decisión del Tribunal Constitucional en respuesta a un recurso de inconstitucionalidad de la Audiencia de Barcelona en aras de la libertad de expresión. Pero en 2015, gracias a una nueva reforma del Código Penal, se incorporó el artículo 510 sobre los «delitos de odio», en el que se castiga con penas de prisión a quienes «públicamente fomenten, promuevan o inciten directa o indirectamente al odio, la hostilidad, la discriminación o la violencia contra un grupo, una parte del mismo o una persona determinada por razón de su pertenencia a aquel, por motivos racistas, antisemitas u otros referentes a la ideología, religión o creencias, situación familiar, la pertenencia de sus miembros a una etnia, raza o nación, su origen nacional, su sexo, orientación o identidad sexual, por razones de género, enfermedad o discapacidad».

Contra la intolerancia

La victoria en los tribunales supuso una inyección de optimismo y energía para Violeta. Aquello le sirvió para sumarse al Movimiento contra la Intolerancia, presidido por Esteban Ibarra, con quien, además de forjar una estrecha amistad, se volcó en relatar su experiencia ante los alumnos de centenares de colegios y universidades de toda España. «Ella venía a nuestros actos incluso con la oposición de sectores de la comunidad judía, porque estaba rompiendo con una regla no escrita que era "hay que ser silenciosos, no hay que salir mucho a nivel público". Era un lujo ir con ella, levantábamos el centro educativo, se paraban las clases para hablar de la memoria del Holocausto», contaba Ibarra en una entrevista para TVE[25]. Patricia recuerda cómo «los alumnos se quedaban con la boca abierta y empatizaban mucho» al escuchar hablar a su madre.

El maridaje entre Violeta y el Movimiento contra la Intolerancia funcionó tan bien que en 1995 fue nombrada presidenta de honor. Ella fue «nuestra referencia hasta que falleció», reconocía Ibarra.

En aquellas ponencias, Violeta dio clases magistrales de tolerancia, respeto, diversidad y resistencia. Nunca expresó el más mínimo odio hacia el pueblo alemán. «No todos los nazis son alemanes ni todos los alemanes son nazis. No se puede globalizar», decía. Porque, aunque ella «detestaba a los nazis, le daban náuseas y vómitos —asegura Patricia—, no por ello a los alemanes». Asimismo, Violeta insistía siempre en que manifestarse contra el negacionismo era la única vía posible para que las voces de los asesinados fuesen escuchadas. «Si el eco de sus voces se apaga, pereceremos», insistía. Por eso «apelo a la juventud para que sepa qué es el nazismo, la xenofobia y el racismo. Lo que nos trajo y lo que nos puede traer».

Violeta inculcó estos mensajes y valores a sus hijos desde pequeños, así como a sus nietos. «La palabra odio no puede existir», decía Violeta, que resaltaba también la importancia de la honestidad, la bondad y la tolerancia.

A lo largo de su periplo para dar testimonio del Holocausto, Violeta se encontró con dos posturas completamente enfrentadas: por un lado, la del rechazo de un sector defensor del nazismo y, por el otro, la de una gran mayoría que se conmovió con su relato.

Así lo demuestra una carta que un hombre de Pamplona escribió a Violeta y a la que tuvo acceso el periodista Iñaki Gabilondo en abril de 1994. El por entonces presentador del programa *Gente de primera* en TVE sacó a relucir este escrito durante la charla que mantuvo con Violeta en directo[26]:

> —Dice: «Me la imagino a usted llegando al campo de Auschwitz como un pájaro blanco en un montón de carbón. Su inocencia…». Estas cartas deben darle a usted la impresión de que cumple la misión que se trazaba cuando se decía: «Hay que vivir un día más», ¿no?
>
> —Exacto. Yo tengo una obligación y es que no puedo permitir la falsificación. No puedo permitir que toda esa gente que quiere borrar el pasado para limpiar la imagen de Hitler. Empecé a hablar y luchar por tres motivos: mantener la memoria histórica, atestiguar el pasado y luchar contra la falsificación de la Historia y el resurgimiento del nazismo. Yo sé que cada vez que hablo hay personas que llaman y dicen que es mentira. Pero a mí eso me trae sin cuidado porque yo sé cuál es la ver-

> dad. Y sé que puedo llegar a algunas personas cuando hablo; para mí es la mayor compensación que puedo esperar, como esta carta.

«Mis memorias»

La época de la alegría por el fallo judicial y de su lucha por la tolerancia coincidió también con algunos grandes disgustos en la vida de Violeta, como la muerte de su hermana Eva, que falleció a causa de sus problemas respiratorios crónicos. Además, su propio estado de salud empeoró notablemente tras sufrir un ataque de broncoespasmo en Venezuela durante una visita a su hijo Ricardo. Después de estar treinta y dos días intubada y en cuidados intensivos, logró salir adelante y dejó el tabaco, aunque por entonces sus pulmones ya se encontraban demasiado dañados.

Los siguientes seis años que transcurrieron hasta su fallecimiento, Violeta se volcó en los suyos. Para ella «era una obsesión tener una familia», explica Patricia. Sus hijos y sus nietos eran su «pastilla de la felicidad» y se sentía contenta de haber cumplido su mayor deseo: aumentar la familia y estar rodeada de seres queridos.

> Para todos los seres humanos es imprescindible tener raíces, pertenecer a algo y a alguien, y para mí es un placer de un significado muy especial ver a mis nietos correr hacia mí, oírlos decir abuela o mami, que es como suelen llamarme. En aquellos años, yo dividía mi lucha entre el pasado y el futuro, la alegría y la tristeza, la esperanza y el dolor. Trataba de afrontar el futuro y ahora también de resolver el pasado.

Violeta nunca regresó al campo de concentración de Auschwitz-Birkenau porque durante años no halló en sí misma las fuerzas suficientes para pisar de nuevo aquel suelo que había sido testigo de tantos horrores. «Ahora quizá podría volver —le decía a Iñaki Gabilondo en la citada entrevista—, porque durante esos diez últimos años, que tanto he luchado, de alguna manera me he endurecido y tal vez podría ver por última vez lo que fue aquello. Pero ya no estoy en condiciones de volver ahí». Su estado físico se lo impedía.

Adiós multitudinario

En el verano del año 2000, tres meses antes de fallecer, a Violeta le diagnosticaron cáncer de vejiga que, junto a su tuberculosis ósea y a las múltiples secuelas tras su paso por el campo de exterminio, hicieron que tuviese un final muy difícil y triste. Fue hospitalizada de urgencia en Madrid y «sufrió hasta el último instante». Antes de su muerte el 4 de octubre, «se quitó el oxígeno, las gafas nasales, me dio la mano y con una sonrisa en los labios me dijo: "Perdóname". Le contesté: "Perdóname tú por no poderte ayudar más". Y cerró los ojos para siempre», relata Patricia con un nudo en la garganta.

Su multitudinario funeral en el cementerio judío de Madrid congregó a centenares de personas que vivieron con emoción el último adiós a Violeta Friedman. Su despedida estuvo cargada de mucho simbolismo y de una inmensa admiración. «Debo reconocer la poca importancia que yo le daba a la lucha de mi madre», asegura Patricia. Sin embargo, tras su muerte comenzó a ser plenamente consciente de la misión esencial y relevante que Violeta había llevado a cabo en los últimos años. «Qué importante es mi madre —pensaba la hija cuando tantísimos desconocidos le dieron el pésame—. Qué importante es lo que ha hecho. Es el icono de la lucha contra el negacionismo en España». De todo ello «me di cuenta cuando murió. Qué pena. Me han quedado tantas preguntas… Y mucho de lo que conozco de ella es gracias al libro que escribió. Tengo tantas dudas, y cuanto más lo leo más dudas tengo. Siempre digo que qué pena que no se lo hubiese preguntado entonces».

Cuenta Patricia que su madre llegó a ser tan querida y venerada por quienes la conocieron que, durante todos estos años tras su fallecimiento, se ha encontrado en muchas ocasiones con gente que le narra anécdotas conmovedoras. Así, cuando Violeta murió, un niño de tan solo cuatro años, «muy inteligente, que solo quería hablar de Egipto» y que vivía en su misma urbanización, quedó desconsolado tras la noticia, pues tenían un vínculo especial. Recientemente, Patricia se encontró al que hoy ya es un joven y este le confesó que, después de que Violeta le contase su lucha contra Léon Degrelle, quiso estudiar Derecho y ser juez. La conexión que Violeta establecía con cualquier persona, independientemente de la edad, era impresionante. «Mi madre era así».

Entre los homenajes y galardones que concedieron en vida a Violeta, destacan la medalla del VII Centenario de la Universidad Complutense de Madrid, en abril de 1995; el premio Mujer Progresista de 1995, de la Federación de Mujeres Progresistas; la Beca de Honor de la Residencia de Estudiantes Fernando de los Ríos, entregada por el entonces rector de la Universidad Carlos III, Gregorio Peces-Barba, en 1999; la Medalla al Mérito Social del Ayuntamiento de Madrid, a finales de 1995, y el Premio a la Tolerancia a título póstumo, concedido por la Comunidad de Madrid en 2002.

La fundación

En una época como la actual, en la que la palabra «negacionista» está tan a la orden del día a causa de la pandemia de COVID-19, Patricia dice: «Si mi madre viviese y escuchase a los llamados “negacionistas de mascarillas”, yo creo que le saldría una urticaria, que no se la curaría ningún dermatólogo». Violeta siempre le decía: «Si tú eres una persona culta y conoces la Historia, no puedes ser negacionista». De ahí la importancia de «transmitir la verdad con la educación», porque «cuanta más incultura y menos formación», mayor es la proliferación de grupos intolerantes. Precisamente para que no se perdiesen los valores que ella transmitía, Violeta siempre deseó crear una fundación.

Su ilusión se materializó diez años después de su muerte, cuando su hija rescató los estatutos que había redactado su madre con el abogado Alberto Benasuly y constituyó la Fundación Violeta Friedman, de la que es presidenta. «Es un legado muy importante —dice Patricia—. Tengo el orgullo de presidirla para honrar la memoria de mi madre y proseguir su lucha, muy en especial contra el antisemitismo, la judeofobia, el racismo y la intolerancia». Sin embargo, Patricia preferiría no sentir ese «orgullo» cada vez que nombra a su madre, porque eso supondría que Violeta no sufrió tales padecimientos. «Yo siempre deseé que hubiera nacido con una vida normal», reconoce con tristeza.

No obstante, a medida que transcurre el tiempo, estar inmersa en la fundación y en la labor que debería haber continuado su madre hace que Patricia «la tenga más cercana» en su corazón. Además, está segura de que «ahora mismo, en algún rincón, nos está viendo y debe de estar contenta de que su lucha siga viva, que las semillas que sembró han crecido y siguen dando fruto».

> Sé que mi voz se pierde en el ruido del tiempo, en el devastador ruido del tiempo. Espero que las nuevas generaciones puedan oír mi ruego: que ellas continúen mi trabajo. Que no nos olviden.

Nadie olvidará las palabras de dolor, dignidad y coraje cívico que Violeta Friedman desplegó en esta lucha intensa y constante contra el olvido y la ideología criminal del odio.

NOTAS

[1] Todos los detalles biográficos y las referencias en primera persona sobre Violeta Friedman están extraídas de su libro *Mis memorias* (edición digital), Centro Safarad Israel y Ateinco, 2020.

[2] Entrevista con Patricia Weisz, hija de Violeta Friedman, el 15 de diciembre de 2020.

[3] Violeta Friedman, *Mis memorias,* ob. cit., pág. 24.

[4] Jaques Pirenne, *Rumanía, desmembrada en provecho de Hungría y Bulgaria*, Éxito, Barcelona, 1961, págs. 288-289; y Olivia Manning, *Así fue la Segunda Guerra Mundial.* Volumen 14, Noguer, Barcelona, 1972, págs. 313-317.

[5] «Hungría después de la ocupación alemana», en la Enciclopedia del Holocausto del United States Holocaust Memorial Museum (USHMM).

[6] Ibíd.

[7] Saul Friedländer, *Nazi Germany and the Jews, 1933–1945*, Harper Perennial, Nueva York, 2009, págs. 355-356.

[8] Jewish Gen, *The Global Home for Jewish Genealogy*, el sitio global de la genealogía judía.

[9] Datos del Museo Estatal de Auschwitz-Birkenau aportados por Yad Vashem.

[10] USHMM.

[11] Ibíd.

[12] Mónica G. Álvarez, *Guardianas nazis. El lado femenino del mal* (10ª edición), Edaf, Madrid, 2019, pág. 115.

[13] Ibíd.

[14] Ibíd.

[15] Violeta Friedman, *Mis memorias,* ob. cit., pág. 36.

[16] Entrevista de Iñaki Gabilondo a Violeta Friedman en *Gente de primera* de TVE, 7 de abril de 1994.

[17] Mónica G. Álvarez, ob. cit., pág. 119.

[18] Ibíd.

[19] Ibíd.

[20] *Auschwitz from A to Z. An Illustrated History,* Auschwitz-Birkenau State Museum, 2013.

[21] Extracto de la carta escrita por Violeta Friedman al diario *El País,* 17 de julio de 1985.

[22] Extracto de la carta que Léon Degrelle publicó en *El País,* 23 de julio de 1985.

[23] Dato recogido en el apartado de biografía de la web *VioletaFriedman.com.*

[24] Artículo «Cazadores de nazis vendrán a España para capturar a Degrelle», *Tiempo,* 29 de julio de 1985.

[25] «Violeta Friedman: el peso de 40 años de silencio», en el programa *Shalom* de TVE, 1 de noviembre de 2020.

[26] Entrevista de Iñaki Gabilondo a Violeta Friedman en *Gente de primera*, en TVE, 7 de abril de 1994.

Vuelta a la normalidad

Durante los últimos diez años de mi carrera profesional como escritora, he investigado y profundizado sobre algunos de los hechos más impactantes y desconocidos de la Segunda Guerra Mundial. Si en el año 2012, *Guardianas nazis. El lado femenino del mal* supuso conocer a las asesinas más despiadadas del nazismo, manos ejecutoras e implacables del Tercer Reich —lo que me dejó completamente devastada—, en 2018, y tras escribir otros dos libros de distinta temática, quise centrarme en el testimonio de aquellos prisioneros que, gracias al amor, pudieron salir con vida de los campos de concentración. ¿Realmente era posible amar y enamorarse en aquel infierno? La respuesta fue un sí rotundo que plasmé en *Amor y horror nazi,* con relaciones tan entrañables como las de Howard y Nancy, Manya y Meyer o Paula y Klaus. Ellos son el ejemplo viviente de que el amor es, sin lugar a dudas, el motor que mueve el mundo por encima del dinero, la política, el éxito o el poder. Son la esperanza de que podemos crear un mundo mejor alejados de la barbarie.

Durante la elaboración de ambos ensayos tuve momentos en los que me sentí exhausta y rota de dolor y, en plena vorágine de presentaciones y promoción en los medios de comunicación, mi estado de ánimo fue una montaña rusa de emociones encontradas: por un lado, sentía una necesidad imperiosa de pregonar a los cuatro vientos unas historias terribles para que las generaciones más jóvenes conociesen unos hechos que jamás deberían volver a repetirse; por el otro, se habían apoderado de mí la angustia y la impotencia por no poder hacer nada para cambiar un pasado que cae como una pesada losa sobre la espalda. Por eso, tras *Amor y horror nazi,* decidí darme un tiempo para recuperarme y escribir sobre otros temas alejados del Holocausto. Sin embargo, un año después, mi querida editora, Lola Cruz, me puso delante un nuevo proyecto sobre mujeres españolas supervivientes en los campos de concentración, cuyas historias ya había tocado ligeramente en *Guardianas nazis*. No voy a negar que, de primeras, me sentí halagada, pero necesité un par de semanas para reflexionar si estaba preparada o no para enfrentarme una vez más a un tercer libro de estas características. Nuevamente, afloraron en mí múltiples miedos e inseguridades, e incluso tristeza. Sabía a lo que me exponía emocionalmente si decía que sí: volver a escudriñar la muerte y la tortura. Sin embargo, esta oportunidad literaria, unida a un gran sentimiento de responsabilidad de mantener vivo el recuerdo de los supervivientes, me llevó a aceptar y a iniciar lo que es hoy *Noche y Niebla en los campos nazis*.

En otoño de 2019, empecé a buscar información sobre las españolas que fueron enviadas a los campos de concentración nazis y descubrí que la mayoría habían sido deportadas al campo de Ravensbrück y, desde allí, trasladadas a otros recintos. Fue entonces cuando decidí visitar aquellas instalaciones: necesitaba caminar por aquel lugar para entender la amalgama de sentimientos que las protagonistas expresaron públicamente tras su liberación.

A finales de enero de 2020 pisé aquel infierno. Recuerdo sentir que entraba en otro mundo y que, poco a poco, se instalaba en mí la congoja. Aguanté las lágrimas hasta que accedí al crematorio. Una vez allí, lloré desconsoladamente: no podía quitarme de la cabeza que miles de mujeres y niños fueron asesinados sin piedad alguna.

Horas después, y ya de vuelta en el hotel, guardé todo el material fotográfico y la documentación, y traté de recomponerme anímicamente. Aquella experiencia tenía que servirme para coger fuerzas y dejar a un lado ese pesar. De regreso a España, emprendí una profusa investigación para localizar y recuperar todos los datos y documentos existentes sobre estas mujeres, pero llegó la pandemia por COVID-19 y el estado de alarma, y no pude continuar. Durante los tres meses que permanecimos encerrados, me estanqué, me sentía incapaz, me ponía a llorar y me entraba una angustia tremenda cada vez que intentaba continuar con mi labor de investigación. Poco a poco, esas sensaciones se fueron diluyendo tras volver a la tan ansiada «normalidad»: recobré la ilusión y empecé a cabalgar por la red, a leer decenas de libros, visionar documentales, a hablar con multitud de expertos y a contactar con organismos e instituciones sobre el Holocausto. Lo primero que tenía que saber era si aún seguían vivas y, en caso de que hubiesen fallecido, si habían tenido descendencia.

Teresa del Hoyo, de la Amical de Ravensbrück en Barcelona, fue la primera persona que me abrió la puerta virtual a toda la documentación y fotografías de nuestras protagonistas, con la «única condición» de que fuese objetiva y me ciñese a los datos. Yo le respondí: «Sé que no nos conocemos personalmente, pero te doy mi palabra de que así será». Y a partir de ese instante nos intercambiamos multitud de mensajes y llamadas telefónicas en las que me trasladó todo su apoyo y el de su organización. También obtuve un respaldo similar de la Amical de Mauthausen y de su presidente, Enric Garriga. Gracias a ambas entidades, pude contactar con varios familiares de estas deportadas y descubrir que, desgraciadamente, todas habían fallecido. Sin embargo, sus hijos y sus nietos aún vivían y, ¿quiénes mejor que ellos y sus testimonios para nutrir de anécdotas, pensamientos, emociones y vivencias las biografías de estas once heroínas? Para mí era fundamental darles voz. Afortunadamente, la mayoría quiso hablar y han sido claves para la creación de *Noche y Niebla en los campos nazis*.

Gracias a la Amical de Ravensbrück localicé a Carme Rei Grangé, sobrina de Conchita, que muy amablemente me respondió a un correo electrónico emplazándome a una charla telefónica; Juan Manuel, miembro de la Amical de Mauthausen, me puso en contacto con Pilar Gimeno, sobrina de Elisa Garrido. Y, entre tanto, pude encontrar al resto de seres queridos a través de una ardua y farragosa búsqueda por Internet y las redes sociales. De hecho, a raíz de esta investigación he comprobado una vez más la famosa teoría de los «seis grados de separación»: cualquiera puede «estar conectado a otra persona a través de una cadena de conocidos que no tiene más de cinco intermediarios». Además, en los casos más imposibles y aparentemente inaccesibles, tuve la suerte de contar con la ayuda de grandes profesionales de los medios de comunicación, que me facilitaron el mejor modo de llegar hasta ellos.

No obstante, las restricciones por la pandemia impidieron que viajase a París, Cataluña, Aragón, Galicia y Valencia, como tenía previsto, para conocer a los familiares de las supervivientes protagonistas del libro. Ni siquiera me reuní con los que viven en Madrid: había que extremar la prudencia debido a la situación sanitaria. El último recurso fueron las videollamadas, un medio aparentemente frío, pero que resultó ser tan cercano que cada entrevista se convirtió en una charla sin reloj, sin preguntas, solo una narración conexa de la que yo me limitaba a ser una mera espectadora. Cada uno de los hijos, nietos, sobrinos o amigos de las protagonistas abrió su corazón y su memoria sin remilgos, brindándome una confianza ciega, de la que me siento muy agradecida, y que llegó a emocionarme. Fueron conversaciones repletas de sonrisas y risas, de nostalgia, melancolía, tristeza y lágrimas, pero también de esperanza y orgullo por haber compartido con sus madres, tías, abuelas y amigas una parte de sus vidas. Ellas fueron su modelo a seguir gracias a su fuerza, valentía, serenidad, lucha y optimismo, por lo que contarme cualquier cosa, por pequeña que fuese, era traerlas de nuevo a la vida y mantener vivo su recuerdo.

A lo largo de mi investigación, también me topé con muchas otras deportadas españolas, igual de relevantes que las que aquí he plasmado, pero de las que me resultó inviable localizar a familiares vivos. La alicantina Marita Pomares, cuya historia aparece en uno de los libros de Mercedes Núñez, siempre fue recordada y admirada por sus camaradas: sobrevivió a Ravensbrück al fugarse durante las «marchas de la muerte» y fue condecorada como Oficial de la Légion d'Honneur por el Gobierno francés. La turolense Secundina Barceló sufrió interminables interrogatorios a base de palizas y de vejaciones por parte de la Gestapo antes de llegar a Ravensbrück y, una vez en el campo, ayudó a las presas más débiles y castigadas dándoles apoyo moral y participando en sabotajes. La valenciana Virtudes Cuevas, conocida como «Madame Carmen», estuvo en la Resistencia francesa y, tras su liberación, mantuvo una gran amistad con la sobrina de De Gaulle y fue distinguida con los grados de Caballero, Oficial y Comandante de la Légion d'Honneur francesa.

Una de mis espinitas clavadas ha sido el testimonio de la superviviente Annette Cabelli, una griega de origen sefardí que escapó de la muerte en Auschwitz y que obtuvo la nacionalidad española en 2015. Cuando logré dar con su gran amiga Linda Sixou, su mano derecha en todas sus intervenciones públicas, y cerrar una fecha para hacerle una entrevista telefónica, ya había llegado la Navidad de 2020. Quedamos en hablar durante las fiestas, pero la familia de Cabelli prohibió cualquier visita debido a su delicado estado de salud, así que pospusimos nuestra conversación. El 10 de enero de 2021, Annette fallecía a los 95 años. La noticia supuso un jarro de agua fría para la elaboración del libro. Y, aunque la muerte impidió que la conociese, sentí que le debía un último homenaje. De ahí que haya incluido una de sus citas al comienzo del libro y que Linda pusiese el broche de oro a la historia de Annette Cabelli con el siguiente mensaje:

> Annette, mi amiga, era una persona llena de vida, a pesar de que había vivido tantas cosas tremendas en su juventud. Para ella era muy importante testimoniar y por eso le dije que la acompañaría hasta que no pudiera hacerlo. Sus testimonios conmovían mucho a los jóvenes porque siempre decían que no era lo mismo escuchar y ver a Annette que leerlo en los libros de historia. Solíamos terminar cada testimonio con una canción sefardí para aliviar la atmósfera. A veces unas personas se juntaban con nosotras a cantar. En aquel momento, toda la tristeza abandonaba su rostro para dejarlo totalmente iluminado: era el poder de la música, de la historia, del pasado judeoespañol tan importante para nosotras dos.

Gracias a todos estos hilos que hallé en el camino y de los que fui tirando, tejí una madeja que conforma la obra que tienes en tus manos, mi querido lector, y que me ha enseñado una de las lecciones más importantes de la vida: luchar por la libertad, la justicia, la igualdad y la dignidad humana siempre vale la pena.

Estas mujeres son unas heroínas y mantener viva su imagen, así como la de aquellos que jamás elevaron la voz por miedo, debe tener su sitio en la historia y no solo como un recuerdo del siglo pasado. Las voces de la deportación son las voces de la libertad y de la lucha contra toda clase de fascismo y, por tanto, jamás han de ser silenciadas. Y, pese a que la mayoría han ido pereciendo con el transcurrir de los años, la misión de las nuevas generaciones es coger su relevo y manifestarse contra todo aquel movimiento o ideología que atente contra la virtud de la democracia, la memoria histórica y los derechos humanos. De no hacerlo, el esfuerzo y la vida de estas supervivientes y la muerte de aquellas que perecieron en los campos de concentración no habría servido de nada. Se lo debemos.

Agradecimientos

En primer lugar, me gustaría dar las gracias a mi jefa Lola Cruz porque, aunque nuestros caminos se cruzaron en 2012, tuvieron que pasar siete años para que finalmente pudiésemos llevar a cabo este proyecto tan maravilloso y del que me siento tan orgullosa. Gracias por tu paciencia y profesionalidad, por la tranquilidad que me transmitiste desde el comienzo, por tus consejos, el intercambio de ideas y, sobre todo, por tu cariño. Sin tu apoyo y comprensión el libro no hubiera sido posible. Gracias de corazón. A Ana Rosa Semprún, directora de Espasa, por la confianza puesta no solo en mí sino en unas historias de lucha inigualables que seguro tocarán el corazón de los lectores.

A mi editora Beatriz Roca por el esfuerzo, las horas sin reloj, el entusiasmo y por tratar con tanto mimo no solo el libro sino a mí. Gracias por tu ilusión y temple en los momentos más estresantes. Y al resto del equipo de la Editorial Espasa por vuestro tesón para que todo salga perfecto. Sé que no ha sido nada fácil.

A Olvido, Elisa, Neus, Monique, Alfonsina, Lise, Constanza, Mercè, Conchita, Lola y Violeta, las once protagonistas de *Noche y Niebla en los campos nazis,* por vuestra inagotable lucha contra el fascismo en pos de la libertad, la justicia y la igualdad. Vuestra fortaleza pese a las inhumanas desgracias que os tocaron vivir es todo un ejemplo de valentía. Solo espero que las generaciones venideras os recuerden con el mismo cariño y admiración que lo hago yo. Os llevaré siempre en mi corazón. Y sirva este libro como mi más sincero homenaje a vosotras, pero también a todas las mujeres resistentes, deportadas y supervivientes de la Segunda Guerra Mundial.

Gracias a las familias Fanjul, Garrido, Català, Cánovas, Bueno, Ricol, Martínez, Núñez, Grangé, García Echevarrieta y Friedman por dejar que me colase en vuestras vidas y en vuestros recuerdos. Por permitirme ahondar en vuestra memoria y por facilitarme toda la información y las fotografías que necesitaba para escribir estas once magníficas historias de lucha y resistencia. En especial a Eloína, Vanessa, Pilar, Sylvie, Margarita, Marie-Christine, François, Hélène, Michel, Françoise, Délia, Pablo, Carme, Christian, Milagro, Pascual y Patricia. A todos, gracias.

A Elisenda Belenguer y a Santiago Carrillo Menéndez, amigos de Neus y Lise, por aportar vuestro granito de arena y contar anécdotas de lo más divertidas. Gracias.

Al Mahn- und Gedenkstätte Ravensbrück (Memorial de Ravensbrück en Fürstenberg/Havel) y, en especial, a Sabine Arend, Monika Schnell y Hannah Sprute por toda la documentación y las fotografías proporcionadas para el proceso de investigación, además de por ayudarme a que mi visita al campo de concentración fuese lo mejor posible. A Teresa del Hoyo del Amical de Ravensbrück por tu especial amabilidad y diligencia a la hora de ponerme en contacto con los familiares de estas deportadas españolas y por enviarme las biografías, documentos e imágenes imprescindibles para que cada historia fuese lo más completa posible. A Enric Garriga y Juan Manuel Calvo Gascón de Amical de Mauthausen y otros campos y de todas las víctimas del nazismo en España por darme todas las facilidades del mundo para contactar con los descendientes de estas supervivientes y contribuir con vuestras publicaciones a solventar todas las dudas que tenía. Al Arxiu Josep Serradell-Román, y en especial a Manolo Moreno, por tu gentileza y por la recopilación del archivo fotográfico de Neus Català. A Yéssica San Román, directora del área de Educación, Holocausto y Antisemitismo del Centro Sefarad Israel de Madrid, por ayudarme a encontrar a la superviviente sefardí Annette Cabelli, aunque finalmente la muerte quiso que jamás se produjese ese esperado encuentro. Agradecer a Linda Sixou por las emotivas palabras sobre su gran amiga Annette y que quiso que incluyese en este libro a modo de homenaje tras su fallecimiento.

Al Museo Nacional de Auschwitz-Birkenau, al United States Holocaust Memorial Museum (USHMM) y al ITS Bad Arolsen, por permitirme utilizar su hemeroteca y por la documentación y el material fotográfico que me enviaron para completar esta obra.

A las periodistas Almudena Ariza de TVE, Rosa Prieto, de *La Opinión de Coruña,* y a María Díaz por responder a mi llamada cuando necesité más información sobre algunas de estas mujeres, en especial, de sus familiares, y ponerme en contacto con Margarita Català, Pablo Iglesias Núñez y Santiago Carrillo Menéndez. A la fotógrafa Sofía Moro, de *El País,* por cederme algunas de las mejores fotografías que se han hecho de Lise London y porque sin ti me hubiese sido imposible encontrar a sus hijos Michel y Françoise. Gracias por todo, compañeras.

A las traductoras y transcriptoras de alemán y francés que han formado parte de este proceso literario. A Sandrine Félix, Caroline Picquot y Beatriz Roca por incorporarse a esta aventura y hacerme tan fácil entender toda la documentación y comunicarme con los protagonistas del libro. Un millón de gracias.

Al Grupo Paraninfo por enviarme uno de sus ejemplares de la revista *Clarín*. Al productor de Dacsa Produccions, Xabier Crespo, por darme acceso al visionado de su película *Más allá de la alambrada*. A Ediciones del Oriente y del Mediterráneo por enviarme los dos volúmenes que Lise London publicó bajo el título *La madeja del tiempo.* Al Ayuntamiento de Lleida por informarme sobre el próximo homenaje que rendirán a Neus Català en su villa. A Maite Flores y Janina Vilana del Ayuntamientos de Berga por la fotografía del mural que el consistorio dedicó a Alfonsina Bueno Vela en una de sus calles.

A mis chicas del barco televisivo de *Está Pasando,* en Telemadrid, capitaneado por mi queridísima Inés Ballester, por ser no solo amigas y compañeras de batallas dialécticas sino también el timón de la cordura durante y después del maldito confinamiento. Os admiro y os quiero a partes iguales. Gracias por vuestro apoyo.

A Paloma Ramón, mi hermana de vida, por las conversaciones sin reloj, por poner música a las palabras y utilizar la magia de tu esencia para conseguir que mi creatividad salga a flote en un abrir y cerrar de ojos.

A Javier Silvestre, mi *mañico* del alma, por hacerme reír a manos llenas y sacar partido a las penas para convertirlas en nuestras mejores aliadas. Porque Aragón y Castilla siempre estarán unidas en mi corazón.

A Tania Ruiz, por aguantar mis nervios, inseguridades, sinsabores y ausencias. Por sacar lo mejor de mí y conocerme como la palma de tu mano después de veinticuatro años (y lo que te rondaré...) de maravillosa amistad. Porque más que amiga eres familia y eso no hay distancia ni barrera en el mundo que lo rompa.

A mis «fantásticas» Omaira y Manuela por estar a mi lado y soportar el «monotema» con tanta paciencia y no dejar nunca que perdiese las ganas de seguir escribiendo.

A mis *Piparras* Itziar, Mapi y Flavia por convertiros en imprescindibles. ¡Lo que ha unido Mérida que no lo separe nadie!

A mi Verito, mi suegra del alma, gracias por tu cariño y apoyo. ¡Ah! Y por algún que otro tirón de orejas.

A Chus, porque sé que está viendo todo desde arriba; te pienso cada día.

A mis amados padres, Rosa y Toño, por tantas y tantas cosas… Por darme la vida, por enseñarme los valores humanos indispensables que me han convertido en toda una mujer, por abrazarme en mis momentos tristes y hacerme reír a carcajadas, por respetar mis silencios y mis angustias, porque sin ellos la vida no tendría ningún sentido.

Al hombre de mi vida, José Antonio, porque desde que nació no he podido dejar de quererle con locura, con esa necesidad inexplicable de cuidarle y ayudarle en todo momento. Gracias mi querido hermano por brindarme tu amistad y por hacerme sentir la hermana más especial sobre la faz de la tierra.

A Bea, por dejarte la piel y también las lágrimas al editar este libro: has hecho un trabajo extraordinario. Por darme la mano cuando flaqueaba, por acompañarme en mis locuras y bailar al son de nuestra Mariah Carey. Por ser la luz que guía mi camino y también mi inspiración diaria. Por tu comprensión, sentido del humor, apoyo y amor sinfín. Eres mi certeza. Siempre.

Al resto de mis «incondicionales», que no os olvido, por formar parte irremediablemente de mí. A todos ellos, la más sincera de las gratitudes. Una parte de este libro es de todos ellos.

Glosario

Achtung!: ¡Atención!

Appell: Recuento de las prisioneras del campo, en posición de firmes durante horas.

Appellplatz: La gran plaza central del campo de concentración en la que se daban las instrucciones y las órdenes y donde mañana y tarde se hacía el recuento de los prisioneros: el *Appell.*

Arbeitslager: Campo de trabajo.

Aufseherin: Guardiana.

Aufseherinnen: Plural de guardiana.

Aufstehen!: ¡Levántense!

Betrieb: Taller.

Block: En el lenguaje del campo, barracas de las prisioneras. Oficialmente, sección del campo con varias barracas.

Blockova: Jefa de barraca.

faul: Gandula.

Französiche: Francesa.

Frauenlager: Campo de mujeres.

HASAG: Hugo Schneider AG, complejo industrial administrado por el campo de concentración de Buchenwald que se dedicaba a fabricar obuses para la *Luftwaffe*.

Kaninchen: Conejillo de Indias.

Kapo: Prisionera elegida por las guardianas nazis para supervisar a sus compañeras, que tenía mejores condiciones en el campo de concentración. Eran conocidas por su brutalidad.

Kommandantur: Comandancia.

Kommando: Designa un equipo de trabajo o un servicio del campo. El *Kommando* exterior es un campo anexo dependiente de un campo. Se subdivide a su vez en distintos *Kommandos* de trabajo.

Lagerpolizei: Policía del campo.

Lagerstraße: Calle del campo.

Luftwaffe: Fuerza Aérea de la Alemania nazi.

Nacht und Nebel (NN): Noche y niebla. Las presas NN, además de estar privadas de libertad, tenían prohibida cualquier comunicación con el exterior y estaban condenadas a desaparecer, es decir, su destino era la cámara de gas.

Oberaufseherin: Guardiana supervisora principal.

Obermeister: Capataz.

Raus!: ¡Fuera!

Reichsführer: Oficial de más alto rango de las SS.

Revier: Enfermería del campo.

sauber: Limpia.

Scheisskolonne: Columnas de mierda.

Schnell!: ¡Rápido!

schön: Bonita, guapa.

Sicherheitspolizei (SiPo): Policía de seguridad nazi.

Sonderkommando: Kommandos especiales de trabajo, integrados normalmente por hombres judíos que, amenazados por los nazis, trabajaban obligados en la eliminación de víctimas de las cámaras de gas.

Stammlager: Campo de concentración.

Stubendista: Se trata de una adaptación del vocablo alemán *Stubendienst,* que significa «cuartelero, cuartelera».

Sturmabteilung (SA): Tropas de asalto nazis.

Vernichtungslager: Campo de exterminio.

Waschraum: Lavabo y sala de desinfección.

Zyklon B: Nombre comercial del pesticida a base de cianuro utilizado por los nazis en los campos de concentración para asesinar a millones de personas en las cámaras de gas.

Fuentes consultadas

Bibliografía

Abril, Margarida, *D'un roig encès. Evocacions sobre un símbol del comunisme català,* Fundació Pere, Edita Debarris, Barcelona, 2004.

Albertí, Santiago y Elisenda, *Perill de bombardeig! Barcelona sota les bombes (1936-1939),* Albertí Editors, Barcelona, 2006.

Armengou, Montse y Belis, Ricard, *Ravensbrück, l'infern de les dones,* Angle Editorial, Barcelona, 2007.

—, *Ravensbrück, el infierno de las mujeres,* Belacqua, Barcelona, 2008.

Auschwitz-Birkenau State Museum, *Auschwitz from A to Z. An Illustrated History,* 2013.

Calvo Gascón, Juan M, Dentro de poco os podré abrazar. Supervivientes aragoneses supervivientes de los campos nazis, CELAN-Gobierno de Aragón, Andorra (TE), 2021 (2ª edición).

Casanova, Julián, *República y Guerra Civil.* Vol. 8 de la *Historia de España,* Crítica/Marcial Pons, Barcelona, 2007.

Català, Neus, *Memoria i lluita,* Fundación Pere Ardiaca, Barcelona, 2006.

—, *De la resistencia y la deportación. 50 testimonios de mujeres españolas,* Generalitat de Cataluña, Barcelona, 2015.

Courtois, Peschanski y Rayski, *Le sang de l'étranger. Les immigrés de la MOI dans la Résistance,* Fayard, París, 1989.

DUFAYEL, Pierre-Emmanuel, *Un convoi de femmes 1944-1945,* Éditions Vendémiaire, París, 2012.

ESCUER GOMIS, Joan, *Memorias de un republicano español deportado al campo de Dachau,* Editorial Amical de Mauthausen y otros campos y de todas las víctimas del nazismo de España, Barcelona, 2007.

ESCUER MARTÍNEZ, Délia, *Cuando pienso en ella,* obra de teatro, diciembre de 2020.

ESPANYOL VALL, Ramón, *Breve historia del Holocausto,* Ediciones Nowtilus, Madrid, 2011.

FONDATION POUR LA MÉMOIRE DE LA DÉPORTATION, *Livre Mémorial,* París, 1996.

FONTANA, Pablo, *Memorias traumáticas entre propagandas y subversión. La representación del exterminio nacionalsocialista en el cine de la URSS y la RDA durante el Deshielo,* tesis doctoral para la Facultad de Filosofía y Letras de la Universidad de Buenos Aires en Historia, año 2017.

FRIEDLÄNDER, Saul, *Nazi Germany and the Jews, 1933-1945,* Harper Perennial, Nueva York, 2009.

FRIEDMAN, Violeta, *Mis memorias* (edición digital), Centro Safarad Israel y Ateinco, Madrid, 2020.

G. ÁLVAREZ, Mónica, *Guardianas nazis. El lado femenino del mal* (10ª edición), Editorial Edaf, Madrid, 2019.

G. MORRISON, Jack, *Ravensbrück: everyday life in a women's concentration camp 1939-45,* Markus Wiener Publishers, Princeton, 2010.

GÓMEZ CASAS, Juan, *Historia de la FAI,* Fundación Anselmo Lorenzo, Madrid, 2002.

GORKIN, Julián, *El revolucionario profesional: testimonio de un hombre de acción,* Aymá, Barcelona, 1975.

HERNÁNDEZ DE MIGUEL, Carlos, *Los últimos españoles de Mauthausen. La historia de nuestros deportados, sus verdugos y sus cómplices* (edición digital), Ediciones B, Barcelona, 2015.

LAVAL, Pierre, *Laval parle… Notes et mémoirès rédigés à Fresnes, d'août a octobre 1945. (Préface de sa fille, Mme. Josée Laval de Chambrun),* Beranger, París, 1948.

LLOR SERRA, Montserrat, *Vivos en el averno nazi. En busca de los últimos supervivientes españoles de los campos de concentración de la Segunda Guerra Mundial,* Editorial Crítica, Barcelona, 2015.

LONDON, Artur, *La confesión. En el engranaje del Proceso de Praga,* Ikusager Ediciones, Vitoria, 2000.

LONDON, Lise, *La madeja del tiempo. Memoria de la resistencia,* Ediciones del Oriente y del Mediterráneo, Guadarrama, 1995.

—, *La madeja del tiempo. Roja primavera,* Ediciones del Oriente y del Mediterráneo, Guadarrama, 1996.

MANNING, Olivia, *Así fue la Segunda Guerra Mundial.* Volumen 14, Noguer, Barcelona, 1972.

MARTÍN I RAMOS, Josep Lluís, *Rojos contra Franco. Historia del PSUC 1939-1947,* Edhasa, Barcelona, 2002.

MARTÍNEZ DE SAS, María Teresa, *Diccionari biogràfic del moviment obrer als països catalans,* Edicions de la Universitat de Barcelona i l'Abadia de Montserrat, Montcada i Reixac, 2000.

NÚÑEZ TARGA, Mercedes, *Cárcel de Ventas,* Colección Ebro, Editions de la Librairie du Globe, París, 1967.

—, *El carretó dels gossos. Una catalana a Ravensbrück,* Edicions 62, Barcelona, 2005 (2ª edición).

—, *Destinada al crematorio. De Argelès a Ravensbrück: las vivencias de una resistente republicana española,* Editorial Renacimiento, Sevilla, 2011.

PENNENTIER, Claude y BOULLAND, Paul, *Le Maitron. Dictionnaire biographique, mouvement ouvrier, mouvement social: de 1940 á mai 1968,* Editions de l'Atelier, París, 2014.

PIRENNE, Jaques, *Historia Universal: Rumanía, desmembrada en provecho de Hungría y Bulgaria,* Éxito, Barcelona, 1961.

PONS PRADES, Eduardo, *Morir por la libertad: españoles en los campos de exterminio nazis,* Vosa, Madrid, 1995.

—, *Los senderos de la libertad. Europa 1936-1945,* Flor del Viento, Barcelona, 2002.

ROIG, Montserrat, *Los catalanes en los campos nazis,* Ediciones Península, Barcelona, 2017.

SALAS LARRAZÁBAL, Ramón, *Historia del Ejército popular de la República,* La Esfera de los Libros, Madrid, 2006.

SALISBURY, Harrison, *The 900 Days; the Siege of Leningrad,* Da Capo Press, Cambridge, 2003.

SÁNCHEZ CERVELLÓ, Josep y AGUDO, Sebastián, *Las Brigadas Internacionales: Nuevas perspectivas en la historia de la guerra civil y el exilio,* Publicacions Universitat Rovira I Virgili, Tarragona, 2015.

SERRANO I BLANQUER, David, *Les dones als Camps nazis,* Editorial Portic, Barcelona, 2003.

SODIGNÉ-LOUSTAU, Jeanine, «L'accueil des réfugiés civils espagnols de 1936 à 1940. Un exemple: la région Centre», *Matériaux pour l'histoire de notre temps,* 44 (1996), págs. 42-47.

SOLÉ I SABATÉ, Josep María y VILLARROYA, Joan: *España en llamas. La guerra civil desde el aire,* Temas de Hoy, Madrid, 2003.

TERMES, Josep y CÒNSUL, Arnau, *La Guerra Civil a Catalunya,* Ediciones 62, Barcelona, 2005.

TERRES, Robert, *Double jeu pour la France 1939-1944,* Grasset et Fasquelle, París, 1977.

THOMAS, Hugh, *Historia de la Guerra Civil Española,* Ruedo Ibérico, Madrid, 1976.

WERTH, Alexander, *Russia at War 1941-1945,* Skyhorse Publishing, Nueva York, 2017.

WINGEATE PIKE, David, *Españoles en el holocausto. Vida y muerte de los republicanos en Mauthausen,* DeBolsillo, Barcelona, 2015.

MEDIOS DE COMUNICACIÓN

Prensa

Abc: «La batalla del Alcázar de Toledo, el encarnizado asedio que forjó una leyenda», 14 de septiembre de 2013.

AsturiasLaica.org: «Asturianos en campos de concentración», 5 de mayo de 2019.

BBC.com: «El campo de concentración nazi del que no se habla», 24 de enero de 2015.

Cadena Perpètua (núm. 63): «Xerrada "Neus Català, Memòria i LLuita"», Santa Perpètua de Mogoda, 2015.

Canopé, le réseau de création et d'accompagnement pédagogiques: «Yvonne Châtelaindéportée à Ravensbrück Kommando d'Holleischen (1926-2014)».

Cazarabet conversa con…: Pablo Iglesias Núñez, sobre el libro *El valor de la memoria. De la Cárcel de Ventas al campo de Ravensbrück,* de Mercedes Núñez Targa.

Clarín (núm. 134)*:* «El olvido tiene nombre de mujer», marzo-abril de 2018.

Diari ARA: «La meva mare sempre va desconfiar d'Espanya i mai hi va voler tornar», 22 de diciembre de 2018.

Diario 7 días Alhama: «Cinco alhameños, héroes de la libertad ante el nazismo», 20 de mayo de 2018.

Diario de Levante: «Carcaixent rescata a sus héroes del nazismo», 27 de febrero de 2019.

El Correo: «Refugios de vida para Gernika», 27 de abril de 2008.

El diario La Mañana: «La Vall Fosca homenatja l'última supervivent catalana al camps de concentració, Conxita Grangés», 27 de julio de 2019.

elDiario.es: «La escalera de la muerte de Mauthausen y la crueldad de los SS alemanes», 5 de mayo de 2015.

elDiario.es: «La familia de una combatiente antifascista recuperará los bienes que le robaron los nazis: "Nunca imaginé que podríamos conseguirlos"», 30 de octubre de 2018.

elDiario.es: Declaraciones de Josep Cánovas, sobrino de Braulia, para el artículo «La familia de una combatiente antifascista recuperará los bienes que le robaron los nazis», 30 de octubre de 2018.

elDiario.es: Declaraciones de Marie-Christine para el artículo «La familia de una combatiente antifascista recuperará los bienes que le robaron los nazis», 30 de octubre de 2018.

El Español: «Cómo fue aquel 6 de octubre de 1934 en el que estalló la revolución en Asturias y Cataluña», 6 de octubre de 2018.

El Faro de Vigo: Entrevista de Mercedes Núñez, 1977.

El Mundo: «Sesenta españoles supervivientes de los campos de concentración serán indemnizados por Alemania», 10 de junio de 2001.

El Mundo: «Sin novedad en el Alcázar de Toledo: la victoria que hizo dictador a Franco», 27 de septiembre de 2016.

El Mundo: «Semana Trágica: la otra vez que ardió Barcelona», 28 de julio de 2018.

El Noticiero Universal: Entrevista de Mercedes Núñez, 22 de noviembre de 1980.

El País: Extracto de la carta escrita por Violeta Friedman, 17 de julio de 1985.

El País: Extracto de la carta que Léon Degrelle publicó en el diario, 23 de julio de 1985.

El País: «Siemens, demandada por "explotación" durante la guerra», 5 de octubre de 1989.

El País: «Las grandes perdedoras», 4 de abril de 1999.

El País: «Regreso al infierno de Ravensbrück», 17 de abril de 2005.

El País: «Pepita Carpena, luchadora libertaria de Mujeres Libres», 10 de junio de 2005.

El País: «Supervivientes españolas en el infierno nazi», 13 de junio de 2010.

El País: «Lise London. La última brigadista», 12 de diciembre de 2011.

El País: Santiago Carrillo escribió: «Lise London, una heroína de la lucha antifascista», 4 de abril de 2012.

El País: Palabras de Jacinto Antón en su artículo «La paloma de Ravensbrück», 13 de abril de 2019.

El País: «Un museo en su casa recordará a Neus Català», 17 de abril de 2019.

El País: «Neus Català ya tiene su calle en París», 4 de octubre de 2019.

El Periódico: Entrevista de Mercedes Núñez, 21 de noviembre de 1980.

El Pèsol Negre (núm. 63), 2014.

Grand Delta de La Provence: «Lucien Garrido a connu l'horreur de la répression», 15 de febrero de 2001.

Hispania: «Pinceladas de la deportación», II época, número 19.

L'Avenç (núm. 203): dossier «Els camps nazis. 60 anys després», mayo de 2005.

La Tierra (núm. 342): 26 de enero de 1932.

La Vanguardia: 7 de noviembre de 1934, 31 de octubre de 1935 y 6 de noviembre de 1935.

La Vanguardia: «Arthur London, el autor de *L'aveu,* murió a los 71 años en el exilio de París», 9 de noviembre de 1986.

La Vanguardia: «La España democrática rinde homenaje a los supervivientes de las Brigadas Internacionales», 5 de noviembre de 1996.

La Vanguardia: «Barcelona bajo las bombas», 24 de noviembre de 2004.

La Vanguardia: 29 de enero de 2009.

La Vanguardia: «Tres días bajo las bombas», 16 de marzo de 2013.

La Vanguardia: «El recuerdo de la Gernika catalana», 18 de mayo de 2014.

La Vanguardia: «El ejército franquista entra en Barcelona», 25 de enero de 2019.

La Vanguardia: «¿Por qué la Semana Trágica de Barcelona?», 26 de julio de 2019.

La Voz de Asturias: «Historias de la Algodonera de Gijón», 7 de mayo de 2019.

LaDepeche.fr: «Toulouse. L'Ordre du Mérite pour Conchita Ramos», 16 de octubre de 2008.

Memòria antifranquista del Baix Llobregat: «Testimonios de deportados de los campos de la muerte», octubre de 2008.

Montserrat Minobis: Entrevista a Mercedes Núñez, noviembre de 1980.

Nous Horizons (núm. 213): «Neus, fundadora de les JSUC y del PSUC», 2016.

Pasado y Memoria. Revista de Historia Contemporánea (núm. 7): «Género e identidad política femenina en el exilio: mujeres antifascistas españolas (1946-1950)», 2008.

Público.es: «Figueres, la Gernika de Catalunya», 5 de abril de 2013.

Publico.es: «Elisa Garrido, la libertaria que voló una fábrica nazi de bombas», 8 de noviembre de 2019.

Público.es: «Campo de Argelès: la pesadilla de 100.000 republicanos», 3 de diciembre de 2019.

Sputnik News: «Olvido Fanjul, la española víctima del nazismo», 30 de abril de 2020.

Tiempo: «Cazadores de nazis vendrán a España para capturar a Degrelle», 29 de julio de 1985.

Triunfo (núm. 753): «Lise y Artur London: El camino de la libertad», 2 de julio de 1977.

Televisión

TV3: Entrevista a Constanza Martínez Prieto y Joan Escuer realizada por el escritor Josep Maria Espinàs, 11 de febrero de 1993.

TV3: *Els Matins* vive en directo la recogida de las pertenencias de Braulia Cánovas y entrevista a sus hijos desde Bad Arolsen (Alemania), 17 de diciembre de 2018.

TV3: *El convidat* entrevista a Neus Català, 13 de abril de 2019.

TVE: Entrevista de Iñaki Gabilondo a Violeta Friedman en *Gente de primera,* 1994.

TVE: *Shalom* emite el reportaje «Violeta Friedman: el peso de 40 años de silencio», 1 de noviembre de 2020.

TVE Cataluña: *Personatges: Neus Català,* entrevista de Montserrat Roig, 1 de enero de 1978.

TVE Cataluña: Entrevista de Mercedes Núñez, marzo de 1986.

Documentales

«Más allá de la alambrada», Sorolla Films, 2005.

«El rojo de las cerezas. La memoria de Lise London», Gobierno de Aragón, 2012.

Conferencias

YouTube: Comité Feminista del Instituto Miguel Hernández de Alhama de Murcia homenajea a Braulia «Monique» Cánovas Mulero con motivo del Día Internacional de la Mujer, 8 de marzo de 2019.

Asturiaslaica.com: «De Gijón a los campos de concentración nazis / Estudiar y difundir la historia del exilio asturiano de la guerra civil», organizada por el Ateneo Obrero en colaboración con FAMYR, Amical de Mauthausen y otros campos, y del Grupo Eleuterio Quintanilla, en Gijón, 3 de enero de 2019.

Radio

Radio Murcia: *A vivir que son dos días:* entrevista a Marie-Christine Jené, 16 de noviembre de 2018.

Entrevistas

Carme Rei Grangé, sobrina de Conchita Grangé, el 13 de noviembre de 2020.

Christian Ramos, hijo de Conchita Grangé, correo electrónico recibido el 20 de diciembre de 2020.

Délia Escuer Martínez, hija de Constanza Martínez, el 15 de noviembre de 2020.

Eloína Blanco Fanjul, hija de Olvido Fanjul, el 21 de diciembre de 2020.

François Jené, hijo de Braulia Cánovas Mulero, el 23 de noviembre de 2020.

Françoise y Michel London, hijos de Lise London, el 24 de noviembre de 2020.

Hélène Lussan, nieta de Alfonsina Bueno, el 21 de noviembre de 2020.

Margarita Català, hija de Neus Català, el 17 de noviembre de 2020.

Marie-Christine Jené, hija de Braulia Cánovas Mulero, el 15 de noviembre de 2020.

Milagro Mongort Olaso, sobrina de Lola García Echevarrieta, el 19 de noviembre de 2020.

Pablo Iglesias Núñez, hijo de Mercedes Núñez, el 12 de diciembre de 2020.

Patricia Weisz, hija de Violeta Friedman, el 15 de diciembre de 2020.

Pilar Gimeno, sobrina de Elisa Garrido, el 24 de noviembre de 2020.

Santiago Carrillo Menéndez, hijo del político y secretario del Partido Comunista de España, Santiago Carrillo, amigos de la familia London, el 23 de febrero de 2020.

Sylvie Verdi, sobrina de Elisa Garrido, el 25 de noviembre de 2020.

Instituciones

Amical de Mauthausen y otros campos y de todas las víctimas del nazismo en España.

Amical de Ravensbrück.

Aragoneses deportados a los campos nazis.

Auschwitz-Birkenau State Museum.

Ayuntamiento de Alhama de Murcia.

Ayuntamiento de Berga.

Ayuntamiento de Lleida.

B Llibertari: Web de información del Bagués y el Berguedà.

Comité Internacional de la Cruz Roja.

Deutsches Historisches Museum.

Enciclopedia del Holocausto del United States Holocaust Memorial Museum (USHMM).

International Tracing Service (ITS Archives) en Bad Arolsen.

Jewish Gen, The Global Home for Jewish Genealogy: el sitio global de la genealogía judía.

KZ-Gedenkstätte Flossenbürg, página oficial del propio campo de Flossenbürg.

Museo de la Ciencia y de la Tecnología de Cataluña (MNACTEC).

Portal de Archivos Españoles (PARES).

The Jewish Virtual Library.

VioletaFriedman.com

Yad Vashem.

LOS CAMPOS NAZIS

Vista del campamento y la enfermería de Ravensbrück con la carretera del campamento 1; en la parte delantera, el techo del ala del garaje, detrás, las chimeneas de la cocina de los prisioneros, hacia 1941.

Vista de un *Appell* con los prisioneros, las barracas y el búnker de castigo en la parte trasera.

Bloque de celdas, la prisión del campo, alrededor de 1941.

La enfermería, 1940-1941.

Prisioneras cargando vagonetas, hacia 1941.

Cuatro prisioneras realizan trabajos de excavación en el complejo residencial de las **SS** bajo la supervisión de una guardiana nazi.

Himmler pasando revista en el campo de Ravensbrück.

Emplazamiento del búnker de castigo con el edificio de la lavandería al fondo.

El crematorio.

Las dos primeras filas representan las tapas de aluminio de las urnas para la cremación en las que se grababan los nombres, las fechas de nacimiento y de fallecimiento de las prisioneras, así como el número de la piedra de identificación para la incineración. Las dos siguientes filas son las piedras de identificación para la incineración, que se introducían junto a los cuerpos que había que cremar para después ser identificados.

Pasillo de fusilamiento con la inscripción: «Aquí fueron asesinadas con un tiro en la nuca cientos de mujeres y niñas por parte de las SS».

El denominado «Lugar de recuerdo y conmemoración de Ravensbrück»: una parte del muro histórico del campo en la actualidad.

Parte del muro dedicado a las prisioneras españolas (*Spanien*).

La escultura *Tragende* (La que lleva), de Will Lammert, con el lago Schwedt de fondo.

Las casas donde residían los SS.

El centro de control de la Gestapo en Saarbrücken utilizó un campamento de barracas en Neue Bremm como prisión policial ampliada, desde principios de 1943 hasta finales de 1944.

Instalaciones de la fábrica HASAG en el campo de Leipzig.

Prisioneros judíos trabajando forzosamente en las instalaciones de la fábrica de armamento pesado **HASAG**, donde se producían los famosos lanzagranadas antitanques.

Vista general del campo de Mauthausen, 5 de mayo de 1945.

Prisioneros obligados a trabajar para construir el campo de concentración y el campo de exterminio de Mauthausen, 1939.

Un guardia de honor soviético apostado junto a la «escalera de la muerte de Gusen», en la cantera de Wiener Graben del campo de Mauthausen. 5 de mayo de 1945.

Prisioneros obligados a cargar un bloque de granito y subir por la «escalera de la muerte de Gusen» hasta la cima de la cantera.

Entrada del campo de Auschwitz con el lema «El trabajo os hará libres».

El campo de exterminio de Auschwitz II-Birkenau con las vías del tren.

Fotografía aérea tomada el 15 de diciembre de 2019 en Oświęcim, Polonia, que muestra los restos de los barracones para prisioneros en el antiguo campo de exterminio de Auschwitz II-Birkenau.

Área de lavado para las presas liberadas en el campo de Bergen-Belsen, 1945.

Mujeres judías preparan la comida en el campo de Bergen-Belsen. A su lado tienen un montón de zapatos de los prisioneros muertos, 1940.

Hombres de las SS capturados en Bergen-Belsen son obligados a llevar los cadáveres de sus víctimas a camiones para su entierro, abril de 1945.

Fosa común de judíos exterminados en un campo de concentración.

© Popperfoto/Getty Images.

Guardianas nazis obligadas tras la liberación de Bergen-Belsen a descargar cadáveres para ser enterrados en fosas comunes, abril de 1945.

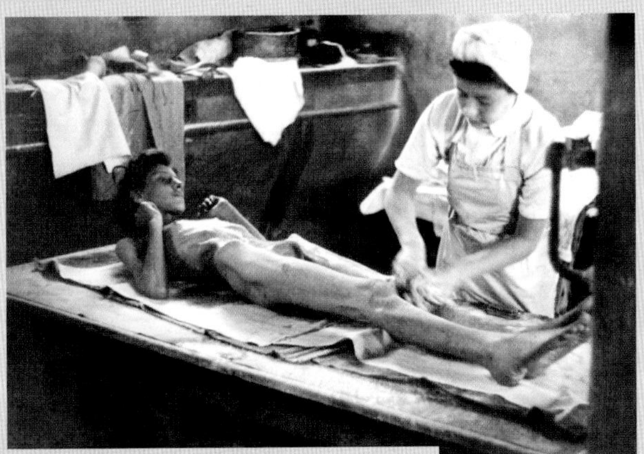

© Galerie Bilderwelt/Getty Images.

Tratamiento médico a una superviviente de Bergen-Belsen tras la liberación, abril de 1945.

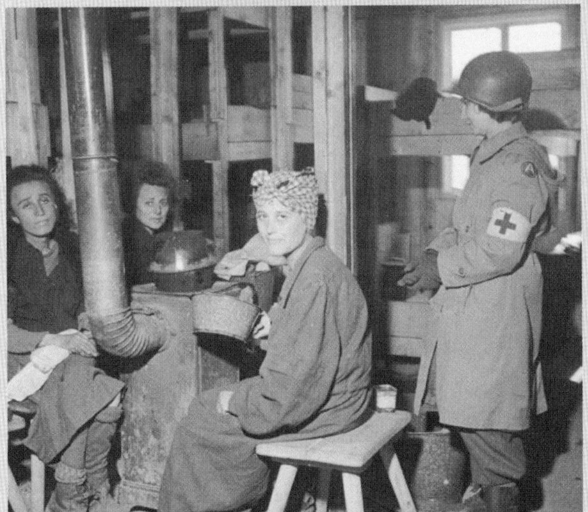

© David E. Scherman/The LIFE Picture Collection/Getty Images.

Supervivientes del campo de concentración de Penig se sientan alrededor de una estufa mientras una enfermera estadounidense espera a las fuerzas aliadas tras la liberación.

OLVIDO FANJUL CAMÍN

Imagen tomada en Tarbes (Francia) de Olvido (derecha) con una amiga.

Gerardo Blanco y Olvido Fanjul, posiblemente en Francia.

Olvido (izquierda) con otra amiga en Tarbes.

Con su hija Eloína en Gijón, 1971.

Gerardo y Olvido en la boda de su hija Amelia, en Francia, 1977.

Imagen de 1977.

Olvido (izquierda) y su amiga Blanca.

Olvido y Gerardo con sus nietas, Vanessa y Melodie (bebé), en Francia.

Manuel (hijo), Eloína (hija), Olvido y sus nietas Gemma y Vanessa, 1983.

Foto familiar de Gemma (nieta), María Jesús (nuera), Olvido, Vanessa (nieta), Eloína (hija) y Manuel (hijo) en Burdeos (Francia), 1985.

Imagen de 1995 con Amelia (hija), Melodie (nieta), Gerardo, Olvido y Gemma.

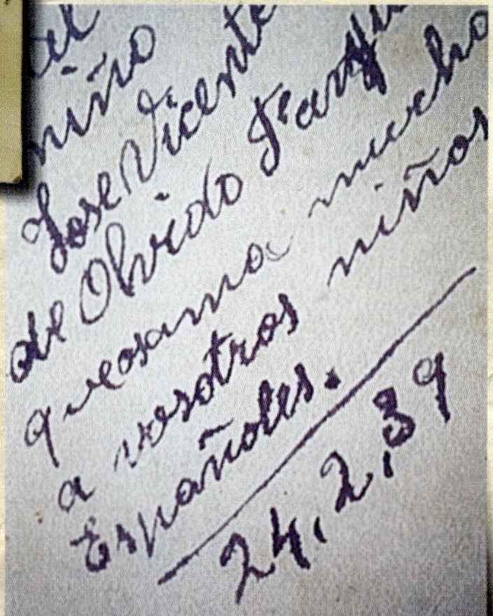

Dedicatoria de Olvido a José Vicente Martínez, «el niño de Bañugues», al que cuidó en Pushkin (Rusia), 1939.

ELISA GARRIDO GRACIA

Elisa Garrido durante su juventud.

© Pilar Gimeno.

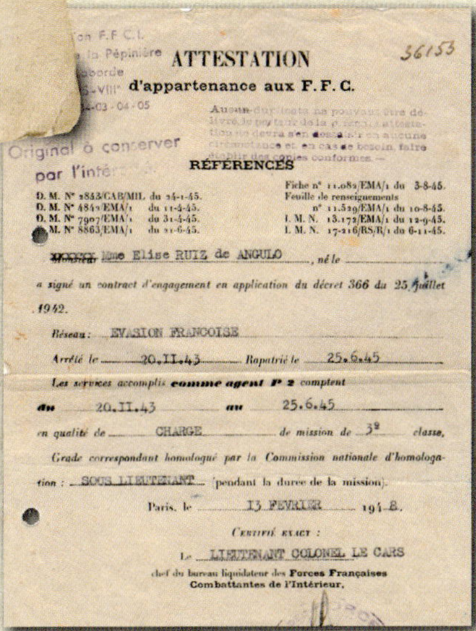

ATTESTATION

d'appartenance aux F. F. C.

RÉFÉRENCES

D. M. N° 2843/CAB/MIL du 24-1-45.
D. M. N° 4849/EMA/1 du 11-4-45.
D. M. N° 7907/EMA/1 du 31-4-45.
D. M. N° 8863/EMA/1 du 21-6-45.

Fiche n° 11.082/EMA/1 du 3-8-45.
Feuille de renseignements n° 11.529/EMA/1 du 10-8-45.
I. M. N. 13.172/EMA/1 du 12-9-45.
I. M. N. 17-216/RS/R/1 du 6-11-45.

Mme Elise RUIZ de ANGULO, né le

a signé un contract d'engagement en application du décret 366 du 25 juillet 1942.

Réseau: EVASION FRANCOISE

Arrêté le 20.II.43 Rapatrié le 25.6.45

Les services accomplis comme agent P 2 comptent

du 20.II.43 au 25.6.45

en qualité de CHARGE de mission de 3º classe,

Grade correspondant homologué par la Commission nationale d'homologation : SOUS LIEUTENANT (pendant la durée de la mission).

Paris, le 13 FEVRIER 1948.

Certifié exact :

Le LIEUTENANT COLONEL LE CARS

chef du bureau liquidateur des Forces Françaises Combattantes de l'Intérieur.

Certificado de pertenencia a las Fuerzas Francesas del Interior (FFI) y a la red «Evasión Françoise», 1948.

© Pilar Gimeno.

Elisa con su marido, Marino, y su sobrina, Sylvie, en Toulouse (Francia), 1948.

© Sylvie Verdi.

Imagen de Elisa con su sobrina en las calles de Toulouse, 1949.

© Sylvie Verdi.

© Sylvie Verdi.

Marino, Elisa, Manuel (hermano de Elisa) y familia, en Lunel (Francia), 1950.

© Pilar Gimeno.

Elisa (derecha) junto a su marido, Marino (en el centro de pie), y sus padres.

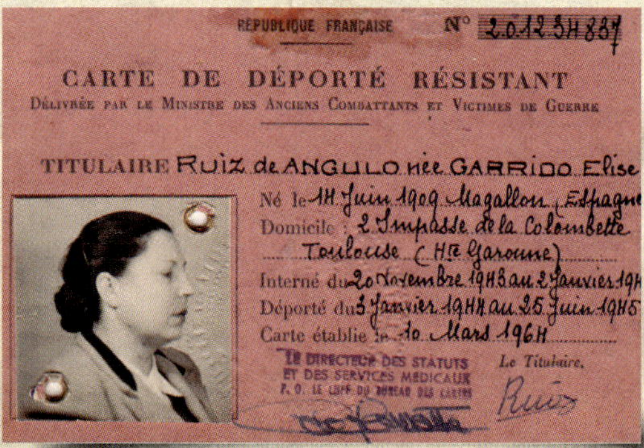

RÉPUBLIQUE FRANÇAISE N° 2.0.12 3H 837

CARTE DE DÉPORTÉ RÉSISTANT

Délivrée par le Ministre des Anciens Combattants et Victimes de Guerre

TITULAIRE Ruiz de ANGULO née GARRIDO Elise

Né le 14 Juin 1909 Magallon (Espagne

Domicile : 2 Impasse de la Colombette

Toulouse (Hte Garonne)

Interné du 20 Novembre 1943 au 2 Janvier 194

Déporté du 3 Janvier 1944 au 25 Juin 1945

Carte établie le 10 Mars 1964

LE DIRECTEUR DES STATUTS ET DES SERVICES MEDICAUX

Le Titulaire,

Carnet de deportada resistente, 1964.

© Pilar Gimeno.

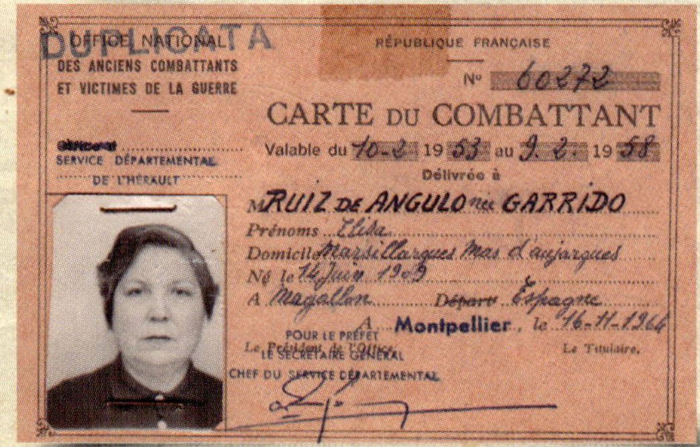

DUPLICATA

OFFICE NATIONAL DES ANCIENS COMBATTANTS ET VICTIMES DE LA GUERRE

RÉPUBLIQUE FRANÇAISE

N° 60272

CARTE DU COMBATTANT

SERVICE DÉPARTEMENTAL DE L'HERAULT

Valable du 10-2 1953 au 9.2. 1958

Délivrée à

M RUIZ DE ANGULO née GARRIDO

Prénoms Elisa

Domicile Marsillargues Mas d'aujargues

Né le 14 Juin 1909

A Magallon Départ Espagne

A Montpellier, le 16-11-1964

POUR LE PRÉFET LE SECRÉTAIRE GÉNÉRAL

CHEF DU SERVICE DÉPARTEMENTAL

Le Titulaire.

© Pilar Gimeno.

Carnet de combatiente, 1964.

Elisa (centro) con su hermana, Paca, y su cuñado.

© Sylvie Verdi.

En la boda de Sylvie, celebrada en Lunel, 1970.

© Sylvie Verdi.

© Pilar Gimeno.

Bonita imagen de Elisa.

Con familia y amigos en Toulouse, 1972.

© Sylvie Verdi.

NEUS CATALÀ PALLEJÀ

© Margarita Català.

Neus en la escuela de Els Guiamets.

© Margarita Català.

Neus, Rosanna (su sobrina) y Albert durante la guerra.

© Margarita Català.

En la casa de reposo Las Hortensias, Suiza, 1945. Neus está en la segunda fila, a la izquierda.

© Arxiu Josep Serradell-Román.

Bailando en una casa de reposo en Suiza, febrero de 1946.

© Arxiu Josep Serradell-Román.

Neus (a la derecha) junto a sus compañeras de la Unió de Dones de Catalunya, en Toulouse (Francia), 1947.

Félix Sancho y Neus Català.

Con su hija Margarita en Saint-Mandé (Francia).

Junto a su marido y su hija en el Zoo de Vincennes, Saint-Mandé.

Neus después de la guerra.

MODÈLE NATIONAL – SÉRIE SPÉCIALE
Références : IM. n° 10 EMGO/FFI du 8 février 1945
IM n° 4560 FFCI/FI du 9 mai 1947

IVe RÉGION MILITAIRE
État-major
Bureau F.F.C.I. régional
N° 2060 BR FFCI/FI-Sp.
C.A. 4
9.3.1948 BORDEAUX

CERTIFICAT D'APPARTENANCE
AUX FORCES FRANÇAISES DE L'INTÉRIEUR

LE GÉNÉRAL COMMANDANT LA IVe RÉGION MILITAIRE, certifie que :
Madame ROGER Neige alias
né le 15 Juin 1916 à Espagne
actuellement domicilié à 7, rue Richaume PARIS 18e
A SERVI DANS LES FORCES FRANÇAISES DE L'INTÉRIEUR
au titre des formations suivantes, comprises dans l'ordre de bataille des Unités F.F.I. et dans les départements ci-après :
DORDOGNE F.T.P.F. – GROUPE ROLAND du 31.5.43 au 12.11.43
du au
du au

Circonstances particulières antérieures
Le 12.11.1943 Madame ROGER Neige
a été arrêtée et déportée à Ravensbruck le 31.1.1944
Libérée le 5 Mai 1945

La présente attestation constitue un Certificat de présence au Corps.
Elle a été établie à l'intention de la dite
domicilié à l'adresse ci-dessus

A BORDEAUX, le 9 Mars 1948

Le Général de C.A. DUCHE
Commandant la IVe Région Militaire
par délégation, le Lt-Colonel ROBIN
Chef du Bureau Régional F.F.C.I

Références particulières éventuelles: Déportée rapatriée

NOTA. — La présente pièce est le certificat d'appartenance original ; le détenteur ne doit pas s'en séparer, sauf provisoirement et contre reçu, dans les procédures administratives s'il y a lieu.

Certificado de pertenencia a las Fuerzas Francesas del Interior (FFI), 1948.

Neus y Margarita, 1953.

Paseando por las Ramblas de Barcelona con su hija Margarita y su sobrina Rosanna, 1957.

Neus durante la presentación de su libro *De la resistencia y la deportación* en Barcelona junto a su marido Félix Sancho (izquierda) y su amigo Alfred Simó.

Otra imagen de la presentación del libro, esta vez con Pere Ardiaca.

Celebración de su 90 cumpleaños.

Pasqual Maragall le hace entrega de la Cruz de Sant Jordi, Barcelona, 2005.

© Amical de Ravensbrück.

© Arxiu Josep Serradell-Román.

Neus con su amiga Elisenda Belenguer, julio de 2006, Barcelona.

© Margarita Català.

Con Margarita en 2012.

© Margarita Català.

Neus junto a compañeras del Comité Internacional de Ravensbrück.

© Margarita Català.

Mural dedicado a Neus Català en el barrio barcelonés de Poble Nou, 2021.

BRAULIA CÁNOVAS MULERO

Fotografía de Braulia tomada en Agde (Francia), 1941.

Imagen de 1947.

Con su marido, Manolo Jené, 1948.

Otra imagen con Manolo, 1955.

Con su hijo, François, 1955.

Bonita imagen con François, 1957.

Con Manolo y su hija
Marie-Christine, 1967.

La familia Jené-Cánovas
durante la comunión de
Marie-Christine, 1969.

Braulia en 1972.

Durante su condecoración como *Officier de la Légion d'Honneur* (Oficial de la Legión de Honor), 1988.

Braulia (primera por la derecha) junto a otras supervivientes en una reunión de deportados resistentes, 1988.

El anillo y el reloj de Braulia que Bad Arolsen devolvió a la familia Jené-Cánovas, 2018.

Posando con sus hijos, François y Marie-Christine, 1990.

ALFONSINA BUENO VELA

Josep Ester y Alfonsina Bueno junto a su hija Angelina, 1933.

Con Angelina en Banyols, 1942.

Josep y Alfonsina (sentada a la izquierda) durante una asamblea de la Federación Española de Deportados e Internados Políticos (FEDIP) en Toulouse (Francia), 1945.

Josep, Alfonsina y Angelina, Toulouse, 1947.

© Hélène Lussan.

Josep y Angelina
paseando por
Toulouse, 1950.

Imagen de Josep
y Alfonsina junto
a un amigo.

© Hélène Lussan.

© Amical de Ravensbrück.

Alfonsina sujeta a su
nieta Hélène mientras
Angelina sostiene una
tarta, Toulouse,
17 de abril de 1959.

Angelina, Hélène
y Alfonsina,
Toulouse, 1960.

© Hélène Lussan.

© Hélène Lussan.

Por las calles de Toulouse con su nieta, 1960.

© Hélène Lussan.

Josep con Hélène.

© Amical de Ravensbrück.

Alfonsina Bueno, 1961.

© Hélène Lussan.

Con su hija Angelina.

© Ayuntamiento de Berga.

Mural dedicado por el Ayuntamiento de Berga a Alfonsina Bueno.

ELISA RICOL LÓPEZ (LISE LONDON)

Lise London, sentada a la izquierda, con su hermana Fernanda, de pie, 1931.

Imagen de Lise realizada en Moscú, 1934.

Artur London y Lise, Moscú, 1935.

Con su hija Françoise, 1939.

Primavera de 1942.

Fotografía de Lise tomada por la Policía cuando fue encarcelada en 1942.

Lise en París, 1945-1946.

Con Artur, otoño de 1955.

© Michel London.

Toda la familia London en Praga, 1956.

Los Carrillo y los London en Bulgaria, 1956.

© Santiago Carrillo Menéndez.

© Santiago Carrillo Menéndez.

Santiago Carrillo con su mujer y Lise, a la izquierda. Bulgaria, 1956.

© Michel London.

Lise en los años noventa.

Imagen tomada durante el encuentro de los Brigadistas Internacionales (BBII) en Sitges (Barcelona) con motivo del 65.º aniversario de la creación de las BBII. Octubre de 2001.

© SMORO.

© Michel London.

En el pueblo de su padre, Cuevas de Cañart, en 2004.

En su habitación del hospital de Manhes, a 35 kilómetros de París. Noviembre de 2011.

© SMORO.

CONSTANZA MARTÍNEZ PRIETO

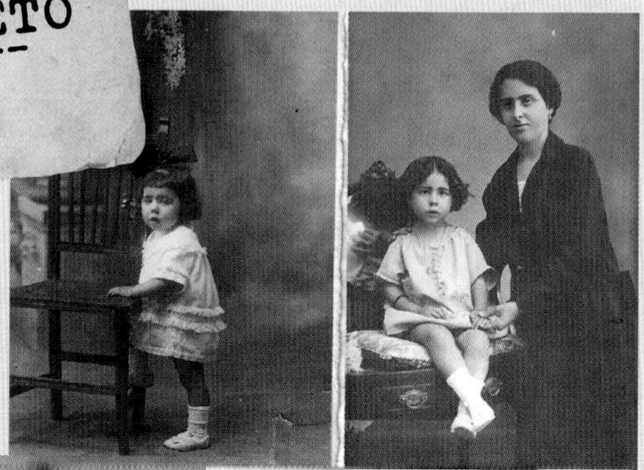

Constanza con su madre, 1919.

Constanza (derecha) con una amiga, 1938.

Ficha policial de Constanza al ser detenida. Nantes (Francia), 1942.

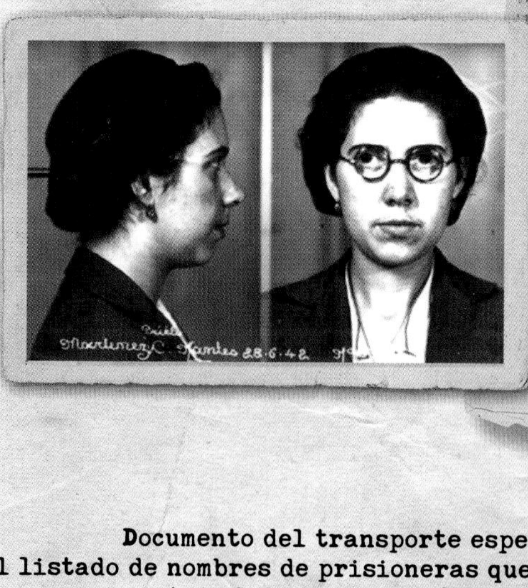

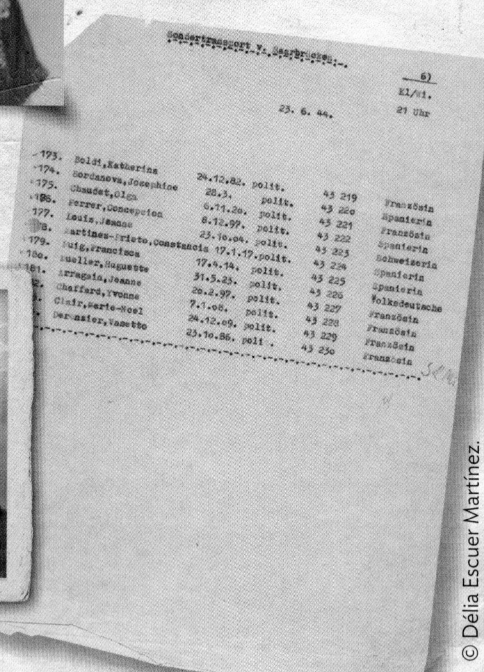

Sondertransport v. Saarbrücken.-

6)
Kl/Wi.

23. 6. 44. 21 Uhr

173.	Boldi, Katherina	24.12.82.	polit.	43 219	Französin
174.	Bordanova, Josephine	28.3.	polit.	43 220	Spanierin
175.	Chaudet, Olga	6.11.20.	polit.	43 221	Französin
176.	Ferrer, Concepcion	8.12.97.	polit.	43 222	Spanierin
177.	Louis, Jeanne	23.10.04.	polit.	43 223	Schweizerin
178.	Martinez-Prieto, Constancia	17.1.17.	polit.	43 224	Spanierin
179.	Puig, Francisca	17.4.14.	polit.	43 225	Spanierin
180.	Mueller, Huguette	31.5.23.	polit.	43 226	Volksdeutsche
181.	Arragain, Jeanne	28.2.97.	polit.	43 227	Französin
182.	Chaffard, Yvonne	7.1.08.	polit.	43 228	Französin
183.	Clair, Marie-Noel	24.12.09.	polit.	43 229	Französin
184.	Dernazier, Vasetto	23.10.86.	polit.	43 230	Französin

Documento del transporte especial de Saarbrücken donde aparece el listado de nombres de prisioneras que había que transferir. Entre ellos se encuentra el de Constanza (número 178) y abajo el de Mercedes Núñez, referida aquí como Francisca Puig (número 179). 23 de junio de 1944.

Joan Escuer, su futuro marido, y Constanza cuando regresaron de los campos en 1945.

Joan y Constanza junto a sus hijos, Juan y Délia.

Con Délia en Normandía (Francia), 1958.

RÉPUBLIQUE FRANÇAISE N° 2.0.01.36212

CARTE DE DÉPORTÉ RÉSISTANT

Délivrée par le Ministre des Anciens Combattants et Victimes de la Guerre

TITULAIRE : ESCUER née MARTINEZ Constance

Né(e) le 16-1-1917 MADRID (Esp.)

Domicile : 10, Av. St Rémy 93 - St DENIS

Interné(e) du 29 Juin 1942 au 14 Juin 1944

Déporté(e) du 15 Juin 1944 au 2 Juin 1945

Carte établie le 30 Juillet 1968

Le Directeur des Statuts et des Services Médicaux

Le Titulaire,

Carnet de deportada resistente, 1968.

© Amical de Mauthausen.

Constanza y Joan en el campo de concentración de Dachau, 1990.

© Amical de Mauthausen.

El presidente del Gobierno Felipe González saluda a Constanza como miembro de la delegación de la Amical de Mauthausen, 1991.

© Délia Escuer Martínez.

Constanza y Joan celebran sus 50 años juntos.

© Délia Escuer Martínez.

Imagen tomada en 1995.

MERCEDES NÚÑEZ TARGA

Imagen de Mercedes en los años veinte.

Mercedes Núñez en su infancia.

Excursión de Amics del Sol en Port del Comte (Lleida). Mercedes es la primera por la izquierda. Octubre de 1935.

Otra imagen de la excursión. Mercedes es la primera por la derecha.

Dibujo de Mercedes durante su estancia en la cárcel de Ventas, 1940.

Autorretrato en la cárcel de Ventas, 1941.

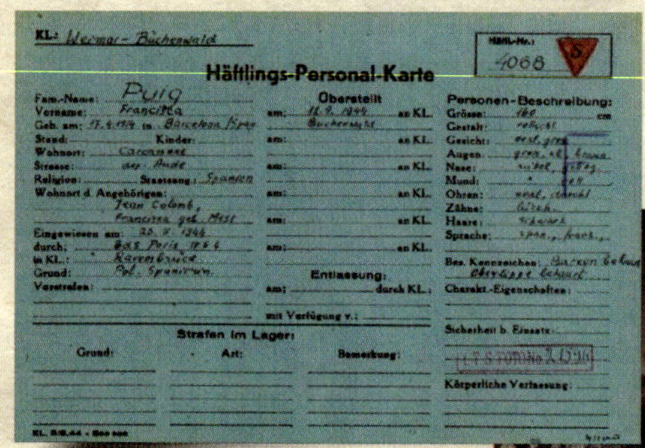

KL: Weimar-Buchenwald

Häftlings-Personal-Karte

Häftl.-Nr.: 4068

Fam.-Name: Puig

Vorname: Francisca

Überstellt

Personen-Beschreibung:

Entlassung:

Strafen im Lager:

Grund: | Art: | Bemerkung:

Körperliche Verfassung:

Ficha de prisionera del campo de concentración de Buchenwald, referida aquí como Francisca Puig, 1944.

Mercedes testificando en el juicio contra el oficial de la Gestapo René Bach en Carcassonne (Francia), 27 de julio de 1945.

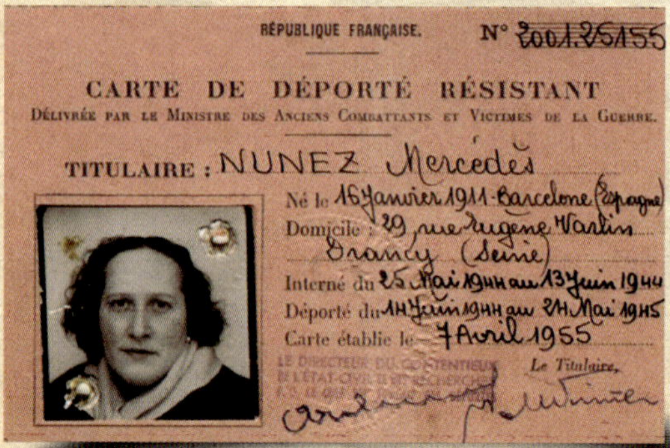

RÉPUBLIQUE FRANÇAISE. N° 2001.25155

CARTE DE DÉPORTÉ RÉSISTANT

Délivrée par le Ministre des Anciens Combattants et Victimes de la Guerre.

TITULAIRE : NUNEZ Mercedes

Né le 16 Janvier 1911 - Barcelone (Espagne)

Domicile 29 rue Eugène Varlin Drancy (Seine)

Interné du 25 Mai 1944 au 13 Juin 1944

Déporté du 14 Juin 1944 au 24 Mai 1945

Carte établie le 7 Avril 1955

Le Titulaire.

Carnet de deportada resistente, 1955.

Medardo Iglesias (su marido), Mercedes y Pablo en los Bajos Pirineos franceses, 1958.

Con Pablo en el Pont de l'Alma (París), 1959.

En Allos (Alpes franceses), agosto de 1966.

Imagen tomada en París durante la manifestación «Paz en el Vietnam», 1968.

Mercedes en Vigo, 1983.

En Barcelona durante el acto de homenaje a las Brigadas Internacionales. Mayo de 1983.

CONCHITA GRANGÉ BELETA

© Carme Rei Grangé.

Conchita en 1937.

© Carme Rei Grangé.

Elvira Ibarz, María Castelló y la niña Conchita Grangé en Toulouse (Francia), 1927.

© Carme Rei Grangé.

Josepa (madre de Carme Rei Grangé) y Conchita en Sète (Francia). Verano de 1945.

© Carme Rei Grangé.

Una «Grangerada» en Bagnères-de-Luchon (Francia), 1956.

© Carme Rei Grangé.

Conchita (centro) junto
a sus padres y hermanos,
Andorra, 1963.

© Carme Rei Grangé.

Christian y Carme, hijo
y sobrina de Conchita,
en Pobla de Segur (Lleida),
1972.

© Amical de Ravensbrück.

Conchita recibe la Medalla
de la Orden Nacional de
la Legión de Honor del
Gobierno francés, 1975.

© Carme Rei Grangé.

Con Lise London en
Annecy (Francia), 2002.

© Carme Rei Grangé.

En 2008 Conchita recibió la Medalla al Mérito Nacional elevada al Grado de Comendador.

© Carme Rei Grangé.

Durante una charla a estudiantes en el Museo de la Deportación en Toulouse, 2010.

© Carme Rei Grangé.

Placa homenaje delante de la casa donde vivieron sus padres en Torre de Capdella (Lleida), 2019.

© Carme Rei Grangé.

En su casa de Toulouse, 2012.

© Amical de Ravensbrück.

Funeral de Conchita en Cornebarrieu, cerca de Toulouse, 2019.

LOLA GARCÍA ECHEVARRIETA

Joaquín Olaso y Lola, marzo de 1924.

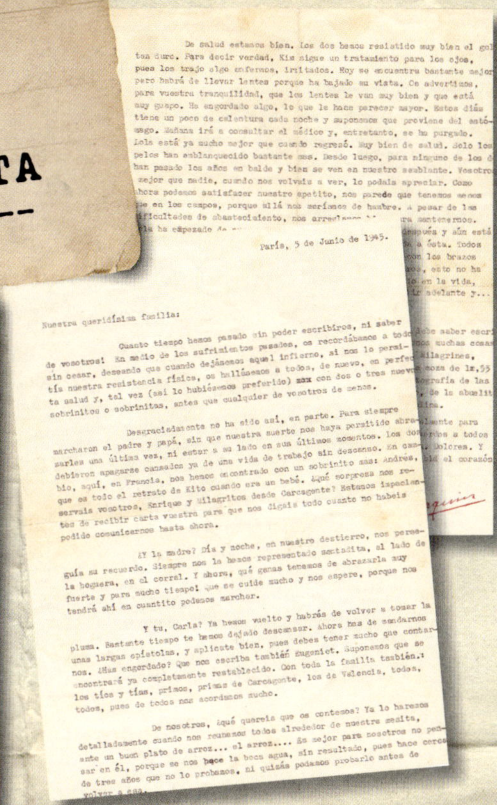

De salud estamos bien. Los dos hemos resistido muy bien el gol
tan duro. Para decir verdad, Kim sigue un tratamiento para los ojos,
pues los trajo algo enfermos, irritados. Hoy se encuentra bastante mejor
pero habrá de llevar lentes porque ha bajado su vista. Os advertimos,
para vuestra tranquilidad, que los lentes le van muy bien y que está
muy guapo. Ha engordado algo, lo que le hace parecer mayor. Estos días
tiene un poco de calentura cada noche y suponemos que proviene del estó-
mago. Mañana irá a consultar el médico y, entretanto, se ha purgado.
Lola está ya mucho mejor que cuando regresó. Muy bien de salud. Solo los
pelos han emblanquecido bastante más. Desde luego, para ninguno de los d
han pasado los años en balde y bien se ven en nuestro semblante. Vosotro
mejor que nadie, cuando nos volvais a ver, lo podais apreciar. Como
ahora podemos satisfacer nuestro apetito, nos parede que tenemos menos
que en los campos, porque allá nos moríamos de hambre. A pesar de las
dificultades de abastecimiento, nos arreglamos ... ra mantenernos.
... la ha empezado ... después y aún está
... a ésta. Todos
... con los brazos
... esto no ha
... en la vida,
... adelante y...

París, 5 de Junio de 1945.

Nuestra queridísima familia:

Cuanto tiempo hemos pasado sin poder escribiros, ni saber
de vosotros! En medio de los sufrimientos pasados, os recordábamos a todo
sin cesar, deseando que cuando dejásemos aquel infierno, si nos lo permi-
tía nuestra resistencia física, os hallásemos a todos, de nuevo, en perfec
ta salud y, tal vez (así lo hubiésemos preferido) xxx con dos o tres nuevo
sobrinitos o sobrinitas, antes que cualquier de vosotros de menos.

Desgraciadamente no ha sido así, en parte. Para siempre
marcharon el padre y papá, sin que nuestra suerte nos haya permitido abra-
zarles una última vez, ni estar a su lado en sus últimos momentos. Los dos
debieron apagarse cansados ya de una vida de trabajo sin descanso. En cam-
bio, aquí, en Francia, nos hemos encontrado con un sobrinito más: Andrés,
que es todo el retrato de Kito cuando era un bebé. ¿Qué sorpresa nos re-
servais vosotros, Enrique y Milagritos desde Carcagente? Estamos impacien-
tes de recibir carta vuestra para que nos digais todo cuanto no habeis
podido comunicarnos hasta ahora.

¿Y la madre? Día y noche, en nuestro destierro, nos perse-
guía su recuerdo. Siempre nos la hemos representado sentadita, al lado de
la hoguera, en el corral. Y ahora, qué ganas tenemos de abrazarla muy
fuerte y para mucho tiempo! que se cuide mucho y nos espere, porque nos
tendrá ahí en cuantito podamos marchar.

Y tu, Carla? Ya hemos vuelto y habrás de volver a tomar la
pluma. Bastante tiempo te hemos dejado descansar. Ahora has de mandarnos
unas largas epístolas, y aplícate bien, pues debes tener mucho que contar-
nos. ¿Has engordado? Que nos escriba también Eugeniet. Suponemos que se
encontrará ya completamente restablecido. Con toda la familia también.:
los tíos y tías, primos, primas de Carcagente, los de Valencia, todos,
todos, pues de todos nos acordamos mucho.

De nosotros, ¿qué quereis que os contemos? Ya lo haremos
detalladamente cuando nos reunamos todos alrededor de nuestra mesita,
ante un buen plato de arroz... el arroz.... Es mejor para nosotros no pen-
sar en él, porque se nos hace la boca agua, sin resultado, pues hace cerca
de tres años que no lo probamos, ni quizás podamos probarlo antes de
volver a esa.

... debe saber escri
... mos muchas cosas
... Milagrines,
... moza de 1m,55
... fotografía de las
... de la abuelit
... ina.
... mente para
... mos a todos
... Dolores. Y
... el corazón

Carta enviada por Lola y Joaquín tras la liberación. París, 5 de junio de 1945.

Lola García Echevarrieta.

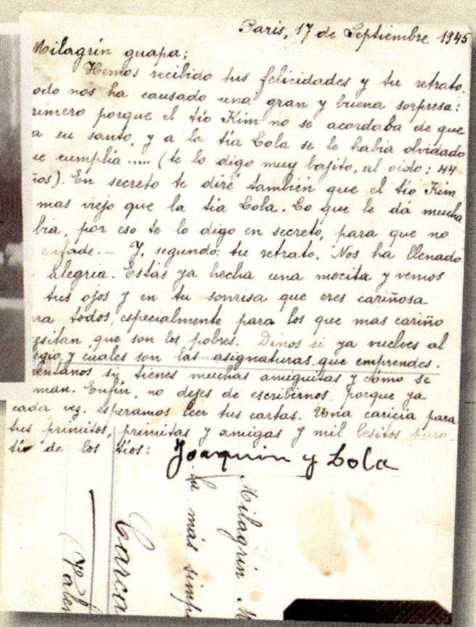

París, 17 de Septiembre 1945

Milagrín guapa;
Hemos recibido tus felicidades y tu retrato.
odo nos ha causado una gran y buena sorpresa:
rimero porque el tío Kim no se acordaba de que
a su santo, y a la tía Lola se le había olvidado
e cumplía ..... (te lo digo muy bajito, al oido: 44
ños). En secreto te diré también que el tío Kim
mas viejo que la tía Lola. Lo que le dá mucha
bia, por eso te lo digo en secreto, para que no
enfade.- Y, segundo: tu retrato. Nos ha llenado
alegría. Estás ya hecha una mocita y vemos
tus ojos y en tu sonrisa que eres cariñosa
ra todos, especialmente para los que mas cariño
esitan que son los pobres. Dinos si ya vuelves al
egio y cuales son las asignaturas que emprendes.
entanos si tienes muchas amiguitas y cómo se
man. Enfin, no dejes de escribirnos porque ya
cada vez esperamos leer tus cartas. Una caricia para
tus primitos, primitas y amigas y mil besitos para
tí de los tíos: Joaquín y Lola

Postal de Lola y Joaquín a su sobrina Milagro, 17 de septiembre de 1945.

El matrimonio en marzo de 1949.

Lola, Milagros Olaso (hermana de Joaquín) y Joaquín, agosto de 1951.

El abrigo de pieles que Lola usaba en Rusia y que actualmente conserva su sobrina Milagro.

Este es el colgante de plata que Lola le regaló a Milagro.

Dos dibujos realizados por Lola en mayo de 1915.

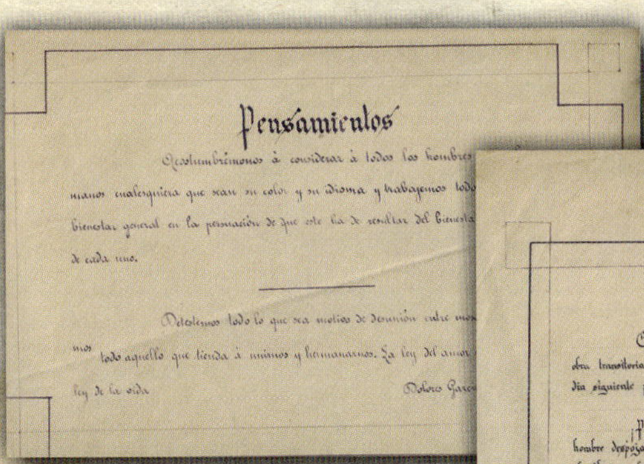

Pensamientos

Acostumbrémonos á considerar á todos los hombres
manos cualesquiera que sean su color y su idioma y trabajemos todo
bienestar general en la persuasión de que este ha de resultar del bienesta
de cada uno.

Detestemos todo lo que sea motivo de desunión entre no
mos todo aquello que tienda á unirnos y hermanarnos. La ley del amor
ley de la vida

Dolores Garc

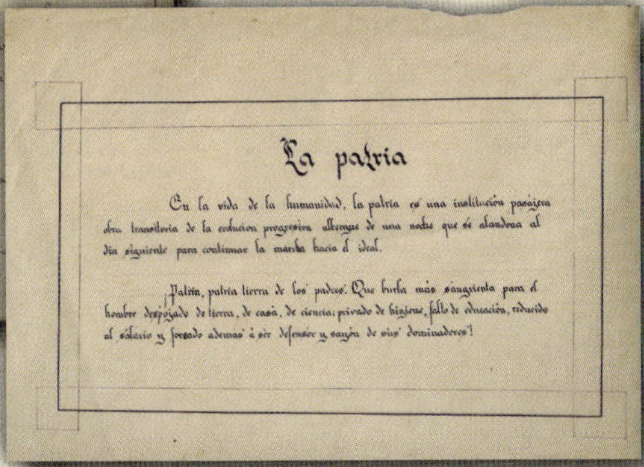

La patria

En la vida de la humanidad, la patria es una institución pasajera obra transitoria de la evolución progresiva albergue de una noche que se abandona al día siguiente para continuar la marcha hacia el ideal.

¡Patria, patria tierra de los padres! Que burla más sangrienta para el hombre despojado de tierra, de casa, de ciencia; privado de hogares, falto de educación, reducido al salario y forzado además á ser defensor y sayón de sus dominadores!

«Pensamientos» y «La patria», dos de los poemas escritos por Lola.

Las tumbas de Joaquín Olaso y Lola García Echevarrieta en el cementerio parisino de Thiais.

VIOLETA FRIEDMAN

Fotografía familiar de Violeta (la más pequeña) junto a sus padres, abuelos maternos, hermana y tío.

Violeta y su hermana Eva, 1931.

A margitai gyermekműkedvelők szép sikerrel mutatták be a »Tessék beszállni« című opere
A szereplők: Állósor: Friedmann Eva, Leichtmann Olga, Lővinger László, Klein Imi, W
Ilonka, Horváth Erzsike, Bor Bubi, Pollák László, Gázmár Imre, Neufeld Sanyika, Brüder Mi
Asch Gizike, Ohlbaum László. Középen: Péterffy Ilona főrendező és Vadász Pál rendező. Ülő
Guttmann Rózsi, Grosz Rózsi, Salamon Kató, Weinstein Erzsike, Mandelbaum Eliza, Fried
Evike, Friedmann Ibolya, Györkováts Lilike. Elől ülnek: Glück Bandi, Vadász Peti, Brüder

Eva (sentada) y Violeta (de pie) formaban parte de una banda de niños y actores *amateurs* en Marghita (Rumanía), 1936.

Violeta en 1947.

Con su tía Ilus en Montreal (Canadá), 1950.

Imagen de 1953.

Violeta y sus hijos, Ricardo y Patricia, 1957.

Otra imagen con sus hijos, 1961.

Fotografía
tomada en 1966.

© Patricia Weisz.

© Patricia Weisz.

Violeta con su famoso coche,
1968.

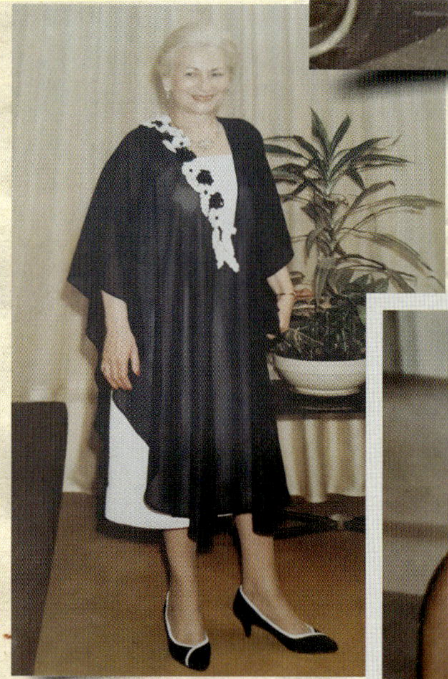

© Patricia Weisz.

En la boda de
Patricia, 1984.

© Patricia Weisz.

Con sus nietos (hijos de Patricia)
en 1991.

© Patricia Weisz.

Cuadro de Violeta pintado por su gran amigo Juan Adriansens.

© Patricia Weisz.

Hermosa imagen de Violeta.

© Tallandier/Rue des Archives/Bridgeman Images/Album.

El *Obersturmbannführer-SS* belga Léon Degrelle y el jefe de Policía de las SS en Francia Carl Oberg en París, 5 de marzo de 1944.

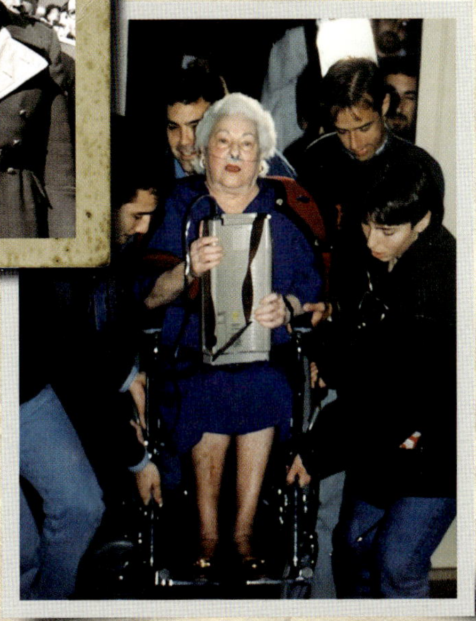

© Patricia Weisz.

Imagen de 1997. Violeta tuvo un final muy difícil y triste.